Georg Hermanowski   Nikolaus Kopernikus

Georg Hermanowski

NIKOLAUS KOPERNIKUS

Zwischen Mittelalter
und Neuzeit

Styria – Reprint

Umschlagfoto: Portrait, 16. Jh., Muzeum Okregowe in Toruń,
fotografiert von Zbigniew Smoliński, Toruń
Bilder im Text: Privatarchiv Georg Hermanowski

Verlag Styria Graz Wien Köln
Alle Rechte vorbehalten
Umschlaggestaltung: Christoph Albrecht
1996 Sonderausgabe
Styria – Reprint
ISBN 3-222-11592-3

Inhalt

Doch unter allen Entdeckungen und Überzeugungen möchte nichts eine größere Wirkung auf den menschlichen Geist hervorgebracht haben, als die Lehre des Copernicus. Kaum war die Welt als rund anerkannt und in sich selbst abgeschlossen, da sollte sie auf das ungeheure Vorrecht Verzicht thun, der Mittelpunkt des Weltalls zu seyn. Vielleicht ist noch nie eine größere Forderung an die Menschheit geschehen: denn was ging nicht alles durch diese Anerkennung in Dunst und Rauch auf: ein zweytes Paradies, eine Welt der Unschuld, Dichtkunst und Frömmigkeit, das Zeugniß der Sinne, die Überzeugung eines poetisch-religiösen Glaubens; kein Wunder, daß man dieß alles nicht wollte fahren lassen, daß man sich auf alle Weise einer solchen Lehre entgegensetzte, die denjenigen, der sie annahm zu einer bisher unbekannten, ja ungeahnten Denkfreiheit und Großheit der Gesinnungen berechtigte und aufforderte.

Johann Wolfgang von Goethe

Da ich von der copernicanischen Theorie vollkommen überzeugt bin, hält mich eine heilige Scheu ab, etwas anderes vorzutragen, sei es zum Ruhm meines Geistes oder zum Gefallen der Menschen, die sich zum größten Teil an der Fremdartigkeit dieser Theorie ärgern. Mir genügt der Ruhm, für Copernicus, der am Hochaltar den Gottesdienst besorgt, mit meiner Entdeckung die Tür des Gotteshauses zu bewachen.

Johannes Kepler

Es wird gedacht eines neuen Astrologi, der wolle beweisen, daß die Erde bewegt würde und umginge, nicht der Himmel oder das Firmament, Sonne und Monde; gleich als wenn einer auf einem Wagen oder in einem Schiffe sitz und bewegt wird, meinete, er säße still und ruhete, das Erdreich aber und die Bäume gingen um und bewegten sich. Aber es gehet jetzt also: wer da will klug sehn, der soll ihm nichts lassen gefallen, was Andere machen, er muß ihm etwas eigens machen, das muß das Allerbeste sehn, wie ers machet. Der Narr will die ganze Kunst Astronomiae umkehren. Aber wie die heilige Schrift anzeiget, so hieß Josua die Sonne still stehen, und nicht das Erdreich.

Martin Luther

Ein Europäer ohne Reisepaß

Nikolaus Kopernikus, eine der bedeutendsten Persönlichkeiten des Abendlandes, hat der Nachwelt hinsichtlich seiner Herkunft, seines Namens und seiner „Nationalität" manch ein Rätsel aufgegeben, das die Wissenschaftler – und nicht allein sie – et cum et sine ira studioque zu lösen versuchten und noch immer versuchen.

Der Name des großen Astronomen, den die Familiennamen der Eltern – Koppernigk nach dem Gut Köpperning bei Neiße, Watzenrode nach dem Dorf Wazygenrode bei Schweidnitz – als schlesischer Herkunft ausweisen, tritt im Verlauf der Jahre 1497 bis 1543 – also zu Lebzeiten seines Trägers – bereits in 36 verschiedenen Schreibweisen auf. Die erste erhaltene Urkunde, an deren Zustandekommen Kopernikus selbst mitgewirkt hat, nennt ihn Coperning, während er im Register der Doktoranden der Universität Ferrara als Copernich eingetragen ist. Der ermländische Bischof Mauritius Ferber wie auch das Domkapitel des Ermlands bevorzugten die Schreibweise Coppernic, während die herzöglich-preußische Kanzlei sich zu Cupernick bekannte. In der Preußischen Chronik des Simon Grunau (1510–1530) heißt er Koppernick. Daneben treten zu jener Zeit die lateinischen Versionen Copernicus und Coppernicus immer häufiger auf.

Kopernikus selbst bediente sich während seines Lebens verschiedener Schreibweisen: 1503 unterzeichnet er mit Copernik, 1509 bis 1511 vorwiegend mit Coppernicus, nach 1511 mit Coppernic, 1514 mit Coppernig und ab 1524 meist mit Copernicus. Copernicus steht auch über seinem Hauptwerk.

Bis zum Ende des 18. Jahrhunderts war dann die Schreibweise Copernicus vorherrschend. Erstmals tritt bei Johann Gottfried Herder – der das Latein nicht besonders liebte und es als „verstaubt" zu verdrängen versuchte – im „Teutschen Merkur" von 1776 die Version Kopernikus auf, der sich der Nestor der preußischen Geschichtsschreibung, Voigt, 1839 anschloß. Auch die Thorner Überlieferung übernimmt 1786 diese Schreibweise, die Ende 1942 als „offiziell verbindlich" für den

Schulgebrauch innerhalb des Deutschen Reiches erklärt wird. Diese Verfügung ist bis heute nicht aufgehoben worden und wird in West und Ost respektiert. Die drei führenden Enzyklopädien (Brockhaus, Herder, Meyer) haben das Stichwort Kopernikus unter „K" gesetzt – letztere hat in Klammern (Copernicus, Coppernicus) als möglich hinzugefügt.

Im „Duden, dem großen Wörterbuch der deutschen Sprache", Bd. 4, Mannheim 1978, findet man unter dem Stichwort „kopernikanisch" den Vermerk: „nach dem dt. Astronomen N. Kopernikus"... In „Der große Duden", Leipzig 1957, steht ebenfalls unter „kopernikanisch": „Kopernikus, poln. Kopernik, dt. Koppernigk, Astronom und Naturforscher." Unter „C" fehlt in beiden Wörterbüchern jeder Hinweis.

Der Schreibweise Koppernicus respektive Kopernikus bedienten sich auch eine Reihe namhafter Kopernikus-Forscher: so Franz Hipler 1869, Eugen Brachvogel 1925–1943, Hans Schmauch 1932, 1953 und in einer Ausgabe des Göttinger Arbeitskreises, 1955.

Warum wir uns in diesem Buch zur lateinischen Form des Namens entschlossen haben? Uns überzeugte der Einwand Eugen Brachvogels: „Es gibt zahlreiche Träger des Namens Coppernic (oder einer seiner Varianten), aber es gibt nur *einen* Copernicus, seitdem die Druckbuchstaben der ‚Revolutiones orbium coelestium' diesen Namen zum geistigen Besitz der Menschheit und die erkenntnistheoretische Betrachtung ihn zum Symbol machten."

Namenszug des Nikolaus Kopernikus

Warum wir die deutsche Schreibweise (K statt C) wählten? Nun vorerst: der wohl bedeutendste Kopernikus-Biograph Leopold Prowe gestattet es: „Wer im Deutschen dem Purismus huldigt, der mag statt des lateinischen C im An- und Auslaute seines Namens immerhin ein K substituieren..." Doch nicht als „Purist" taten wir es, wie sehr die deutsche Sprache solche heute nötig hätte! In einem Werk, das den Anspruch erhebt, „volkstümlich" zu sein, sollte den Belangen der größtmöglichen Leserzahl Rechnung getragen werden. Seit 40 Jahren lehren die Schulen in Ost und West „Kopernikus". Unter diesem Namen informieren fast alle Nachschlagewerke, nur die Wissenschaftler und einige Fanatiker – für die wir nicht schreiben! – sind weitgehend beim „C" stehengeblieben, obwohl das Latein in den deutschen Schulen immer mehr das von Herder beschworene Schicksal erfährt. „Kopernikus" ist schließlich, und auch das spielt keine zu unterschätzende Rolle, das gemeinsame Erbe *aller* deutsch Sprechenden in Ost und West, in Nord und Süd.

Blieb die „offizielle Schreibweise" im getrennten Deutschland auch einheitlich, so divergiert doch die Auffassung hinsichtlich der „Nationalität" des Kopernikus.

Während alle westdeutschen und die nach ihnen georteten Nachschlagewerke ihn den „deutschen Astronomen" nennen, während die bekannte deutsche Biographie „Die Großen Deutschen" ihn selbstverständlich mit einbezieht, sprechen fast alle ostdeutschen Publikationen – an ihrer Spitze die „Festschrift aus Anlaß der 500. Wiederkehr des Geburtstages von Nicolaus Copernicus", Berlin-Ost 1973, vom „großen polnischen Universalgelehrten".

Festzustellen wäre vorerst: Zur Zeit des Nikolaus Kopernikus gab es keine Nationen im heutigen Sinne. Der Landesherr der Familie Koppernigk, der jüngste Sohn Jagellos, König Kasimir IV., war seit 1440 Großfürst (magnus dux) von Litauen, seit 1447 König (rex) von Polen; 1454 heiratete er Elisabeth von Österreich, nachdem ihm vom Preußischen Bund die Schutzherrschaft über Preußen angetragen worden war; er übernahm 1464 auch die Schutzherrschaft über das Fürstbistum Ermland, wurde 1466 Herr und Erbe (dominus et heres) des Königlichen Preußen, der Ordenshochmeister mußte ihm den Treueid leisten; 1471 erwarb er die Krone Böhmens, 1490 die Krone Ungarns. Welche „Nation(en)" vertrat er wohl – welche „Nation" vertrat seine Krakauer Kanzlei? Es gab damals noch kein nationales Denken.

Stellen wir die hypothetische Frage: Wie hätte ein Reisepaß – ein Geleitbrief des Landesherrn – für Nikolaus Kopernikus ausgesehen?

Drei Antworten darauf:

bis zum Jahr 1503:

KÖNIGLICHES PREUSSEN

Nikolaus Koppernigk,
Staatsangehörigkeit: königlich-preußisch –
gez. Kasimir IV., dominus et heres Prussiae,
Krakau, den...

von 1503 bis 1510:

FÜRSTBISTUM ERMLAND

Nicolaus Coppernicus,
Staatsangehörigkeit: ermländisch –
gez. Lukas Watzenrode, Fürstbischof von Ermland,
Heilsberg, den . . .

nach 1511:

DOMKAPITEL DES FÜRSTBISTUMS ERMLAND

Nikolaus Copernicus,
Staatsangehörigkeit: ermländisch –
gez. Der Kanzler des Domkapitels,
Frauenburg, den . . .

Nikolaus Kopernikus, der seine Werke lateinisch schrieb, der aus dem Griechischen ins Lateinische übersetzte, der auch Briefe und Gutachten in deutscher Sprache verfaßte, hat mehrfach Preußen (das Königliche Preußen – im Gegensatz zum späteren Herzogtum Preußen!) sein Vaterland genannt.

Hermann Kesten nennt ihn den „König der Humanisten" – als „großer Europäer" wurde er anläßlich der 500. Wiederkehr seines Geburtstages 1973 gefeiert und „Leuchte des Abendlandes" genannt. Ein Europäer ohne Reisepaß, der mit Dante Alighieri sprechen konnte: „Meine Heimat ist die Welt überhaupt." Eine Gestalt der Vergangenheit – die als leuchtendes Vorbild in die Gegenwart hereinstrahlt und in die Zukunft zu weisen vermag.

Kindheit im Kulmerland

Der Urgroßvater des Nikolaus Kopernikus, Niklas Kopernigk, erwarb 1396 in Krakau das Bürgerrecht. Seinen Namen leitet man vom lateinischen cuprum – Kupfer her; ein Name, der um diese Zeit auch in Breslau und Thorn bekannt war. Der Großvater, Johannes Koppernigk, lebte als Kaufmann in der Königsstadt und führte einen Fernhandel. Nikolas, der Vater des Astronomen, verließ als Kaufmann 1460 Krakau und zog nach Thorn. Er handelte mit ungarischem Kupfer; seine Handelspartner waren die Städte Danzig, Thorn und Breslau. Er war ein vermögender Mann, so vermögend, daß er den Preußischen Bund mit Geldern unterstützen konnte.

1464 heiratete Nikolas Koppernigk Barbara, die Tochter des Kaufmanns Watzenrode, der seit 1440 Schöffe, später, bis zu seinem Tode, Schöffenmeister der Thorner Altstadt war und mehrere Güter wie auch einen Weinberg im Kulmerland besaß.

Die Watzenrodes waren gegen Ende des 13. Jahrhunderts aus Wazygenrode bei Schweidnitz nach Münsterberg gezogen, hatten dort, wie später auch in Breslau, der Stadt Schöffen und Ratsherrn gestellt und kamen 1370 nach Thorn, wo sie schon im Jahr darauf im Rats- und Schöffenkollegium ihren Sitz einnahmen. Christina Watzenrode, die Schwester der Mutter des Kopernikus, war mit Tiedeman Allen, dem Bürgermeister von Thorn, verheiratet.

Der Vater des Kopernikus schloß die Ehe vermutlich als reifer Mann, „um die 40 Jahre alt", als „Mann in einer gefestigten Stellung". Am 10. März 1469 trat Nikolas Koppernigk mit seiner Familie in den Dritten Orden des heiligen Dominikus ein. Ihnen wurde die hohe Ehre zuteil, vom Provinzial der Dominikanerprovinz persönlich aufgenommen zu werden.

Aus der Ehe gingen vier Kinder hervor, zwei Jungen und zwei Mädchen. Andreas und Nikolaus entschieden sich für den geistlichen Stand, damit für ein Leben im Zölibat. So war der Name Koppernigk verurteilt, mit ihnen zu erlöschen. Barbara trat ins Kloster der Zisterzien-

Die Stadt Thorn

serinnen in Kulm ein und wurde dort später Äbtissin. Katharina heiratete den Krakauer Kaufmann Bartel Gärtner, der nach Thorn zog und später Schöffe wurde. Sie schenkte ihm drei Mädchen. Zwei von ihnen heirateten Kaufleute, die eine Andreas Wachsschlager aus Thorn, die andere Klemens Möller aus Stargard. Die dritte Tochter, Christine, zog ein Leben als Nonne unter der Obhut ihrer Tante im Kulmer Kloster vor, hielt es aber dort nur bis 1528 aus. Dann kehrte sie ins weltliche Leben zurück, heiratete den Heerpauker Herzog Albrechts von Preußen, Kaspar Stulpawitz, und zog mit ihm nach Königsberg.

Soweit die Familiengeschichte des Nikolaus Kopernikus, der am 19. Februar 1473 in Thorn, in der St.-Annen-Straße, geboren wurde und bereits als zehnjähriger Junge seinen Vater verlor. Sein Vormund wurde der Bruder der Mutter, Lukas Watzenrode, geboren in Thorn, der in Krakau und Köln studiert hatte und als Magister zum Rechtsstudium nach Bologna gegangen war, wo er 1472 Vorsteher der „Natio Germanorum" wurde und im Jahr darauf, im Geburtsjahr des Nikolaus Kopernikus, im kanonischen Recht promovierte. Nach Thorn zurückgekehrt, war er Domherr in Kulmsee geworden, später Rechtsberater des

Bischofs Olesbicki, ehe dieser den Erzbischofsstuhl von Gnesen erhielt.
Seit 1479 war Lukas Watzenrode auch Domherr in Frauenburg, wo er
1489 – nach dem Tode Nikolaus von Tüngens – zum Fürstbischof von
Ermland gewählt wurde. Eine steile Karriere, eine hohe Auszeichnung
für ihn, wenn man bedenkt, daß dreißig Jahre zuvor ein Fürstbischof des
Ermlands – Äneas Silvius Piccolomini – zum Papst (Pius II.) gewählt
worden war.

Der Onkel kümmerte sich fortan um das Schicksal der beiden Neffen,
wurde ihr „zweiter Vater" und lenkte die Jungen in die gleiche Bahn, die
er selbst so erfolgreich eingeschlagen hatte.

Nach dem Tode seines Schwiegervaters hatte der Vater des Kopernikus das Haus in der St.-Annen-Straße geerbt, in dem die Kinder geboren
wurden, dazu ein zweites, ein „Eckhaus" in derselben Straße. Das
Geburtshaus des Nikolaus Kopernikus war bald nach Gründung der
Stadt erbaut worden. Es hatte einen Keller aus roten Ziegeln, ein hohes
Dielengeschoß, ein Wohngeschoß und Dachböden, war mit Friesen und
Maßwerk geziert, mit Ornamenten geschmückt und bemalt. Die Fassade
war mit Blendnischen und einem Staffelgiebel ausgestattet. Die Familie
wohnte hier bis 1480, dann zog sie in das „glasierte Haus" am
Altstadtmarkt, nach seinen glasierten Ziegeln benannt, das der Vater
1468 bereits erworben hatte. Seit 1465 war er Stadtschöffe, konnte jedoch
nicht Stadtrat werden, da sein Schwager Allen einen Sitz im Stadtrat
hatte und es nur einem Mitglied einer Familie möglich war, dort vertreten
zu sein.

Am Altstadtmarkt lag auch der Artushof, in dem am 19. Oktober
1466 der Zweite Thorner Friede unterzeichnet worden war. Hier stand
das Rathaus aus dem 13. Jahrhundert, hier standen die prächtigen
Patrizierhäuser, die Städtische Waage, das Gerichtsgebäude. Hier gab es
wappengeschmückte Weinkeller „Zum Löwen", „Zu den Schwänen",
„Zu den Hähnen", „Zum Drachen", „Zur Krone", in denen sich die
Kaufleute und Patrizier trafen. Hier spielten sich Festlichkeiten und
Schaustellungen ab.

Nach dem Tode des Vaters, 1483, blieb die Mutter mit den beiden
Söhnen, der Tochter Christina und deren Mann in diesem Haus wohnen.
Sechs Jahre lang konnten sie ein Leben ohne finanzielle Sorgen führen,
bis 1489 die Unterstützung durch den Onkel, Lukas Watzenrode, begann,
der in diesem Jahr Landesherr des Fürstbistums Ermland geworden war.

So wuchs der junge Kopernikus in seiner Geburtsstadt auf, in der
Handelsfeste an der Weichsel, die am rechten Stromufer lag, in der
bedeutendsten Stadt des Königlichen Preußens neben Kulm, die man die
„Königin der Weichsel" nannte. Der Deutsche Ritterorden hatte,

nachdem er den Strom überschritten, 1231 Alt Thorn gegründet. Fünf Jahre später wurde der „Sammelplatz der Kreuzfahrer" an die heutige Stelle verlegt, um ihn vor Überschwemmungen zu sichern. Die Pfarr-kirche, St. Johannes geweiht, wurde erbaut; Franziskaner aus Breslau bauten die Marienkirche. Um 1250 erstand die Ordensburg, bald darauf wurde die Neustadt angelegt und in ihr 1308 St. Jakob erbaut. Thorn trieb Handel mit Schlesien, Polen, Ungarn. 1454 wurden Altstadt und Neustadt vereinigt. Aber die Altstadt blieb der Sitz der Patrizier und Kaufleute, während sich in der Neustadt die Handwerker sammelten.

1358 waren Thorner Ratsherren Mitbegründer des Bundes der Städte von der deutschen Hanse in Lübeck gewesen. Sie hatten 1396 den Kommandanten der von der Hanse besetzten Stadt Stockholm stellen dürfen, 400 Thorner hatten 1404 die belagerte Hansestadt Wisby entsetzt. Thorn hatte das Privileg der „Thorner Niederlage" erhalten. Nach ihm konnten Kaufleute, die ihre Waren ins Ordensland einführten, dieses nur über Thorn betreten. Innerhalb der Mauern der Stadt lebten damals etwa 10.000 Menschen, weitere 10.000 außerhalb. Die Stadt war berühmt ob ihrer „schönen Bauten und Dächer" aus gebrannten Ziegeln, „herrlicher als jede andere Stadt, die ihrer Lage und Schönheit gleich-kam". Eine sechs Meter hohe Stadtmauer hatte 30 Wehrtürme und -tore, davor zog sich ein zehn Meter breiter Wassergraben. Wehrtürme und Basteien waren mit Keramikfriesen und bemaltem Putz geziert, Reich-tum und Kunstsinn hatten hier ein festes Bündnis geschlossen.

1420 war die Ordensburg in Flammen aufgegangen. Thorn war eine der 19 Städte, die sich 1440 zum „Bund vor Gewalt" – dem Preußischen Bund – zusammengeschlossen hatten. Die Altstadt hatte dabei eine führende Rolle gespielt. „Gott zu Lobe, unserem Herrn Hochmeister, seinem Orden und seinen Landen zu Ehre", hieß es, als der Bund in Marienwerder besiegelt wurde. Aber bald sah es anders aus. Am 4. Februar 1454 kam es zum endgültigen Bruch mit dem Orden; am 27. Mai 1454 zog König Kasimir IV. in Thorn ein. Auf dem Altstädti-schen Markt huldigten ihm die Städte Thorn und Kulm sowie der Adel des Kulmerlandes. Der Jagellone trat die Schutzherrschaft über das Königliche Preußen an; im Zweiten Thorner Frieden wurde er, 1466, „Herr und Erbe Preußens".

Nicht fern vom Elternhaus stand die Johanneskirche mit der „schönen Madonna von 1400", in der Nikolaus Kopernikus getauft und sein Vater begraben worden war. Hinter der Kirche lag die Pfarrschule von St. Johann, in der Andreas und Nikolaus zu strebsamen und gottesfürchtigen Knaben erzogen wurden. Hier lernten sie ihr Latein, hier wird Nikolaus vielleicht schon die ersten Eindrücke von der

Nikolaus Kopernikus aus Thorn

Astronomie erhalten haben. Die Lehrer an dieser Schule genossen hohe Bildung. Als Dr. jur. Lukas Watzenrode 1474 in die Heimat zurückkehrte, unterrichtete er an dieser Schule. Die Jungen lernten eifrig, in der freien Zeit zogen sie zur Weichsel hinaus, die damals noch von keiner Brücke überspannt war. Eine knappe Stunde außerhalb der Stadt besaß die Familie einen Weinberg. Dort weilten sie an manchem Nachmittag, schauten sehnsuchtsvoll den Segelschiffen nach, die aus aller Welt in die Hansestadt kamen, blickten verstohlen zum Kloster hinüber, das versteckt im Grün schlummerte, wo der Friede zu Hause zu sein schien, oder sahen dem Fährmann zu, der Bürger und Fremde über den Strom brachte.

Schiffe aus London, aus Brügge, aus Venedig gab es öfters zu sehen; Menschen mit fremden Gesichtern, in bunten Gewändern. Sie hörten das harte Fluchen der Seeleute, die schleppenden Lieder der Flößer, wenn es Abend wurde und diese vor der Stadt ihre Feuer anzündeten, die Nacht durchwachten, ehe sie beim ersten Morgengrauen die breiten Holzflöße weiter stromabwärts treiben ließen. Mit Nord und Süd, Ost und West führte Thorn Handel; der Hafen war Umschlagplatz für allerlei Waren: Tuche, Erze, Bernstein und Spezereien. Groß war der Bedarf an lebenswichtigen Gütern vor allem im Osten, wo das Land erst vor hundert Jahren besiedelt worden war.

Das unvergeßliche Ereignis für Nikolaus Kopernikus ist jedoch der Besuch König Kasimirs IV. in Thorn gewesen, als der König und Landesherr zu Verhandlungen mit den preußischen Städten die Weichsel abwärts gefahren kam. An der Anlegestelle, am Weichselufer, erwarteten ihn die kirchlichen Würdenträger in Festgewändern, Mönche mit Kerzen säumten den Weg zur Innenstadt, voraus zogen die Zünfte mit ihren bunten Fahnen, die Schützengilde und die Stadtwache.

Der König verließ das Schiff; am Ufer reichte ihm Bischof Stefan von Kulm das Kreuz zum Kuß. Bürgermeister und Stadträte begrüßten ihn, geleiteten ihn zur Johanneskirche, wo der Bischof das Tedeum anstimmte. Nach dem Festgottesdienst ging es zum Königssaal im Rathaus. Ob sich Nikolaus Kopernikus damals unter den spalierbildenden Knaben der St.-Johannes-Schule befand, ist nicht überliefert worden; gewiß war er an jenem Tag in Thorn, auch wenn er damals bereits die Schule der Brüder vom Gemeinsamen Leben, das Kulmer Partikular, besucht haben sollte.

Obwohl Thorn eine Stadt war, die lebte und leben ließ, die Wohlstand versprach, in der Kaufleute es zu etwas bringen konnten, wenn ihnen Fleiß und Ausdauer gegeben waren, obwohl dort dem Tüchtigen alle Tore offenstanden, fühlten sich die Koppernigks stärker vom nahen Kulm angezogen, der Bischofsstadt ohne Bischof, in der Barbara Klosterfrau war und Tante Katharina im Benediktinerkloster lebte.

Kulm hatte seine höchste Blüte an der Wende des 13. zum 14. Jahrhundert erlebt. Auf Einladung des Stadtrates waren die Brüder vom Gemeinsamen Leben, eine Klerikergemeinschaft, die aus der „devotio moderna" in den Niederlanden hervorgegangen war, angeregt von Florentius Radewijns, die Ende des 14. Jahrhunderts in Deventer unter Gerhard Groote eine Schule gegründet hatte, aus Zwolle ins Kulmerland gekommen, um hier ein „Partikular" zu errichten. An erster Stelle stand bei ihnen Bibelfrömmigkeit, orientiert an der Mystik des Bernhard von Clairvaux (Clervaux); die Laien sollten die Bibel in ihrer Muttersprache lesen. Sie widmeten sich der Seelsorge, der Jugenderziehung und pflegten auch handwerkliche Arbeiten. Ihr bedeutendster Zögling war der große Philologe und Humanist Erasmus von Rotterdam gewesen, der das Neue Testament aus dem Griechischen ins Lateinische übersetzt und somit die Grundlage für Luthers spätere Bibelübersetzung geschaffen hatte. Neben dem Studium des klassischen Latein konnte man bei ihnen, im „Partikular", auch das Druckerhandwerk erlernen – in einer eigenen Druckerei, die sie der Schule angeschlossen hatten.

Auch die Stadt Kulm war 1231 vom Deutschen Orden angelegt. 1243 war gemäß der Bulle von Rieti vom Papst das Bistum errichtet worden, zusammen mit Ermland, Pomesanien und Samland. Hier wurde die Kulmer Handfeste begründet, nach der die meisten vom Orden eroberten und von Rittern, Bischöfen und Domkapiteln gegründeten Städte ihre Rechte erhielten. Das Kulmische Recht war geltendes Recht, der Schöffenstuhl in Kulm die höchste Gerichtsinstanz. Kulm hatte lange als die Hauptstadt des Ordens gegolten.

Die St.-Marien-Kirche, 1233 dotiert, zählte zu den prächtigsten Kirchenbauten des Ordens. Papst Urban IV. hatte in Kulm den Bau einer Universität nach dem Muster von Bologna genehmigt. Leider wurde sie nicht errichtet. Doch die Packhäuser um den Markt zeugten davon, daß die Stadt, was den Fernhandel betraf, hinter Thorn nicht zurückzustehen brauchte.

Gewiß bedurfte es der Fürsprache eines Domherrn und einer Ordensfrau, wollte ein Schüler, der nicht in Kulm geboren war, ins „Partikular" Aufnahme finden. Onkel Watzenrode war fest entschlossen, seinem Neffen die bestmögliche Erziehung zukommen zu lassen, die damals erreichbar war.

Die Wahl des Lebensweges – soweit Nikolaus selbst wählen durfte und nicht Mutter und Onkel bestimmten – fiel in sein achtzehntes Lebensjahr, in dem er mit dem Reifezeugnis des „Partikulars" die Würde eines „cives academicus" erwarb. Die Entscheidung fiel nicht im Elternhaus. Seit zwei Jahren war Onkel Watzenrode Bischof von Ermland und als solcher souveräner Landesherr. Seine alten Beziehungen nach Krakau, die guten Verbindungen der Familien Koppernigk und Watzenrode, vor allem aber die Tatsache, daß der bischöfliche Onkel selbst in der Königsstadt sein Studium begonnen hatte, nicht zuletzt der gute Ruf, den die Krakauer Universität genoß, waren dafür entscheidend, daß Nikolaus sein Studium in der Metropole begann, die die Weichsel mit Thorn verband. Der Anblick der Weichsel sollte verbürgen, daß die Trennung keinem zu schwer fiel. Die Mutter hing an ihren Kindern; Katharina wohnte mit ihrem Mann Bartel nicht weit vom Elternhaus entfernt in der Innenstadt. Zu Andreas, der noch zwei Jahre das Kulmer Gymnasium besuchen mußte, ehe er zur Universität gehen konnte, wie auch zu Barbaras Kloster war es nur eine Tagesreise. Und Nikolaus – dies blieb als Trost – würde sich in Krakau nicht allzu fremd fühlen, Bartel Gärtners Verwandte lebten dort. Sie könnten sich seiner ein wenig annehmen, soweit das Studium ihm freie Stunden lassen würde.

Als Student in der Königsstadt

Daß Nikolaus Kopernikus seine Studien in Krakau begann, mag am Einfluß seines bischöflichen Onkels gelegen haben, den es ebenfalls an die dortige Universität gezogen hatte und der bemüht war, den Neffen auf die gleichen Bahnen zu lenken, verständlich aber wird es wohl erst, wenn man Hartmann Schedels Weltchronik aus dem Jahr 1493 aufschlägt und darin liest:

„In Krakau gibt es eine berühmte Universität, die reich an vielen und sehr gelehrten Männern ist, wo viele freie Künste gelehrt werden. Das Studium der Astronomie hat das höchste Niveau erreicht, und wie mir viele erzählten, gibt es in ganz Deutschland kein besseres."

Wohl war dieses hervorragende Astronomiestudium der stärkere Magnet.

Die Krakauer Universität war 1362 nach dem Vorbild der Prager von König Kasimir gegründet worden. Sie war sein Hätschelkind, das bei anderen wenig Liebe erfuhr und nach seinem Tode rasch verfiel. 1400 wurde sie von König Wladislaw II. neu gegründet, in Erfüllung des Testaments seiner 1399 verstorbenen Gattin Hedwig, durch deren Heirat der Großfürst von Litauen – als solcher Jagello genannt – polnischer König geworden war. Hedwig, die jüngste Tochter Ludwigs I. von Ungarn und der Elisabeth von Bosnien, wünschte, daß nach dem Vorbild der theologischen Universität Paris eine „neue Universität" gegründet werde, für die auch der Krakauer Bischof ein Gebäude zur Verfügung stellte. Als Jan Hus am 6. Juli 1415 auf dem Scheiterhaufen in Konstanz verbrannt wurde, verließen viele Professoren und Studenten die Prager Universität, an der Hus 1401 Dekan der Artistenfakultät gewesen war. Sie kamen nach Krakau und brachten wertvolle Manuskripte mit, die den Grundstock der Jagellonen-Bibliothek bildeten.

Die Krakauer Universität hatte, als Nikolaus Kopernikus dorthin kam, jährlich 2000 Studenten, von denen die Hälfte etwa aus dem „Ausland" kam.

Im 15. Jahrhundert war die Fakultät der „Schönen Künste" als die

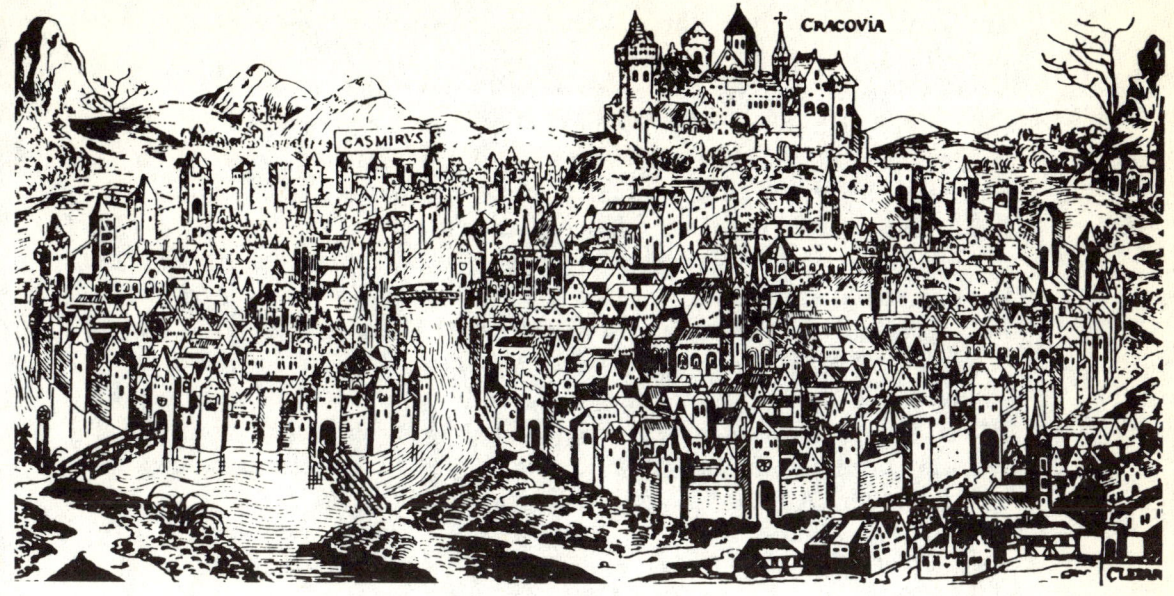

Die Königsstadt Krakau

„unterste" für alle Studenten obligatorisch. In ihr wurden die „Sieben Freien Künste" gelehrt: Grammatik, Rhetorik, Dialektik, Mathematik, Arithmetik und Geometrie, Musik, Astronomie und Astrologie. Jeder Student mußte in dieser Fakultät ein vierjähriges Grundstudium absolvieren, dann erst konnte er Bakkalaureus werden. Bakkalaureus aber wurde nach dem Grundstudium nur jeder vierte Student. Nur jeder zwanzigste brachte es zum Magister.

Nur der Magister durfte unterrichten; nicht allein an der Universität – sondern überhaupt an jeder Schule. Jeder Dorfschullehrer mußte Magister sein.

Der Magister der „Schönen Künste" war obendrein Voraussetzung für jedes Fachstudium, das sich dem Grundstudium anschloß, war die Voraussetzung für den Eintritt in eine der „höheren" Fakultäten: Philosophie, Medizin, Jurisprudenz, Theologie. Die Professoren der Fakultät der „Schönen Künste" studierten in den höheren Fakultäten und waren gleichzeitig in den „unteren" Lehrer.

Die meisten Studierenden lebten in Studentenhäusern, den sogenannten Bursen, die eine strenge Hausordnung hatten. Sie mußten die Statuten genau befolgen, lebten unter beständiger Aufsicht. Nicht nur um den Studieneifer ging es dabei, sondern auch und vor allem um den Lebenswandel der Studenten. Sie sollten der Universität Ehre machen, dazu gehörte vor allem, daß sie ihre Schulden bezahlten und sich außerhalb des universitären Lebens als würdige „cives academici" benahmen.

Den Professoren war es gestattet, private Wohnheime zu unterhalten, sie mußten sich jedoch verpflichten, auch hier die Satzungen voll gelten zu lassen und deren Durchführung zu überwachen, also strengste Aufsicht zu führen. Viele sahen in der Unterhaltung eines Studentenheims einen willkommenen Nebenverdienst.

Nikolaus Kopernikus lebte in Krakau in der Burse Jerusalem, nahe dem „Großen Kollegium", in dem sich die astronomischen Instrumente befanden und die meisten astronomischen Manuskripte verfaßt wurden. Von den 68 Studenten war er als der 32. im Wintersemester 1491/92 immatrikuliert. Die Eintragung lautete: „Nicolaus Nicolai de Thorunia solvit totum", was besagte, er sei in die Fakultät der Freien Wissenschaften aufgenommen worden. Er studierte in Krakau Mathematik, Astronomie und den Aristoteles, auf dem die Unfehlbarkeit der damaligen Universität beruhte.

Im 8. Jahrhundert hatten arabische Gelehrte den Aristoteles wiederentdeckt. Sie hatten seine Werke ins Arabische übertragen; diese Übersetzungen bildeten die Grundlage für die lateinischen Texte, die ab dem 11. Jahrhundert im christlichen Abendland bekannt wurden und immer mehr Anhänger fanden. Im Jahr 1255 wurde von der Pariser Artistenfakultät das Studium des Aristoteles generell vorgeschrieben.

Was bei Aristoteles besonders bestach, war das von ihm fundierte Prinzip der Erfahrung: Alles Denken beruht auf der Beobachtung von Tatsachen. So wurde die Logik zur fundamentalen Wissenschaft. Es störte nicht, daß damit die klassische philosophische Tradition des Abendlandes auf der Lehre eines Thrakiers fundiert wurde, der in seiner Heimat wegen Gottlosigkeit angeklagt und verbannt worden war. Auch in die abendländische Theologie drang die Aristotelische Lehre immer mehr ein, zumal die These einer von Gott nach dem Grad der Vollkommenheit hierarchisch geordneten Ordnung des Universums sich aus ihr ablesen ließ. Obwohl die Physik und Metaphysik des Griechen den Scholastikern nur in der oft stümperhaften Übersetzung über das Arabische ins Lateinische bekannt geworden waren, wurden sie unveräußerliche Bestandteile einer Universalbildung, die man anstrebte. Vor allem, als die Aristotelische Lehre durch die Dominikanermönche Albertus Magnus und Thomas von Aquin zum endgültigen Durchbruch gebracht wurde.

Albert „der Große" war der erste Scholastiker, der die gesamte Philosophie des Aristoteles – einschließlich der arabischen Kommentare – systematisch für die Theologie und Philosophie nutzbar machte.

Andere Richtungen wurden zwar nicht generell ausgeschlossen, fanden aber nur Gnade, wenn sie sich bruchlos in die Verbindung von Aristotelischer Lehre und christlicher Offenbarung einfügen ließen.

Thomas von Aquin, der das Werk Alberts fortsetzte und Aristoteles gleich hinter die Evangelisten und Kirchenväter rückte, schuf mit Hilfe der Aristotelischen Philosophie jenes einheitliche System, das für die gesamte Theologie Geltung gewann. Er integrierte das Aristotelische Weltbild in die christliche Theologie. Darüber hinaus wurde fortan das gesamte Universum in Aristotelischer Form interpretiert, wurden neben der Metaphysik auch Physik und Astronomie „Aristotelisch ausgerichtet". So wurde Aristoteles zur höchsten Autorität in der wissenschaftlichen Welt erhoben; wurde das Universalgenie aus Thrakien zur Richtboje für die abendländische Welt. So konnte an die Spitze des Universitätsstudiums das Studium des „ganzen Aristoteles" treten.

Wie hoch im ausgehenden 15. Jahrhundert Mathematik und Astronomie im Kurs standen, zeigte die Tatsache, daß allein an der Krakauer Universität 16 Professoren diese Fächer lehrten, unter ihnen der weitbekannte und hochberühmte Albert Blar de Brudzewo, mit Vaternamen Brudzewski, seit zwanzig Jahren die Leuchte der Krakauer Universität. Mit 25 Jahren war er Bakkalaureus geworden, später Magister, Professor und Dekan der Artistenfakultät. Dann hatte er Theologie studiert und in Krakau eine Domherrenstelle bekommen. 1494 verließ er die Königsstadt.

Sein berühmtes Werk „Commentariolus super Theoricas novas Georgii Purbachii" – ein Kommentar zu der Lehre des Wiener Astronomen Georg von Peuerbach – bildete die Grundlage seiner Vorlesungen, zu denen, wie es heißt, „zahlreiche Hörer aus Mitteleuropa, darunter auch zukünftige Professoren der Astronomie in Heidelberg, Wien und Wittenberg" kamen. Kopernikus hat bei Albert Blar de Brudzewo „Wichtigstes für sein späteres Leben" erfahren, so die „Sicherheit des mathematischen Wissens, die Schärfe des Blicks, die erhabene Einfachheit der Beweisführung". Wahrscheinlich hat er nicht nur dessen Vorlesungen gehört und dessen Schriften gelesen, sondern sein Wissen auch im persönlichen Gespräch erweitern können, denn Brudzewski war der Vorsteher der „Bursa Hungarorum", des Studentenhauses, in das dem jungen Kopernikus die Empfehlung des ermländischen Bischofs Eingang verschafft hatte. Während der vier Grundstudienjahre wußte er sich diesem Lehrer besonders verbunden.

Zu zwei weiteren Hochschullehrern stand er in freundschaftlichem Verhältnis: zu Laurentius Rabe, Corvinus genannt, und zu dem Humanisten Konrad Celtis.

Albert Blar de Brudzewo

Corvinus war mit Celtis befreundet, er war ein Dichter, wurde als Verfasser einer Kosmographie bekannt und nach dem Studium, wahrscheinlich auf Empfehlung seines Freundes Kopernikus, als Stadtschreiber nach Thorn berufen. Er war der erste, der die künftige Bedeutung seines Freundes ahnte. Gleich nach Beginn des neuen Jahrhunderts zeugt er von Kopernikus:

„Er erkundet den schnellen Lauf des Mondes und die wechselnden Bewegungen des Brudergestirns – und das ganze Firmament mit den Wandelsternen, die wunderbare Schöpfung des Allvaters; er weiß, von staunenswerten Prinzipien ausgehend, die verborgenen Ursachen der Dinge zu erforschen."

Celtis war nach Krakau gekommen, um Blar de Brudzewo zu hören. Er hatte hier, zwei Jahre vor dem Eintreffen Kopernikus', die literarische Gesellschaft „Sodalitas Vistulana" gegründet, der gebildete Bürger, junge Professoren und kirchliche Würdenträger angehörten. Beim Wein führte man wissenschaftliche Gespräche über Geographie und Philosophie; vor allem aber beschäftigte man sich mit der antiken Literatur und der Poesie.

Vorlesungen wurden gemeinsam besucht; in der Freizeit machte man Ausflüge in die nähere Umgebung von Krakau. Man ging gemeinsam zur Jagd. Die Mitglieder der Gesellschaft gaben sich fortschrittlich, sie verliehen dem akademischen Leben eine neue, eine besondere Note. Der Geist der Renaissance hielt hier Einzug.

Konrad Celtis war es auch, der auf seinen Streifzügen nach alten lateinischen Werken im Jahr 1493 in Nürnberg die Handschrift der Werke der Roswitha von Gandersheim, die lange im Kloster St. Emeram in Regensburg geruht hatte, der Vergessenheit entriß und die Legenden, Dramen wie das Ottolied, begeistert feierte, um sie 1501 in einer ersten gedruckten Ausgabe dem Kurfürsten Friedrich dem Weisen von Sachsen vorzulegen.

Trotz aller Strenge, trotz aller Statuten, gab das Studentenleben wenig Anlaß zur Langeweile. In den Hörsälen führte man erbitterte Debatten; nach den Vorlesungen kam es nicht selten zu wilden Händeln. Man sang und feierte Feste, wie sie fielen. Man nahm Anteil am bürgerlichen Leben und am bürgerlichen Brauchtum, zuweilen wurden die Studenten auch zum Bürgerschreck.

Manch einen mag es verwundern, daß das Studium der Astronomie, mehr noch der Astrologie, ein obligatorisches war. Das hatte seinen Grund. Selbst der hochbetagte Kaiser Friedrich III., der Habsburger, der sich in seinen alten Tagen vornehmlich der Gartenbaukunst widmete, huldigte der Alchemie und der Astrologie. Auch förderte die Kirche das Studium der Astronomie; sie brauchte die Astronomen zur Festlegung ihrer Feiertage, die angesichts des stets schwankenden Kalenders zuweilen tüchtig durcheinandergerieten. Ferner benötigte der Handel die Astronomie: Kaufleute verließen sich auf deren Erkenntnisse, wenn sie zur See fuhren und Waren in die letzten Winkel der Welt brachten.

Das Studium forderte viel Zeit, doch es blieben immer noch freie Stunden zu einem Gang durch die Stadt, zur Teilnahme an deren Leben. Und obwohl Nikolaus Kopernikus aus einer Stadt kam, die nicht kleiner war als Krakau, erlebte er hier zum ersten Male die „große weite Welt". Im handelsmächtigen Thorn gab es so manches, doch keinen Königshof, der dieser Weichselstadt ihr eigentliches Gepräge gab.

Die Burg auf dem Wawel war der Magnet.

Krakau, schon 965 als Handelsplatz zwischen der Krim und Prag erwähnt, erlebte nach fast dreihundertjährigem Bestehen einen Untergang. Stadt und Burg wurden bei den Mongoleneinfällen 1241/42 fast völlig zerstört. Die Stadt mußte 1257 neu gegründet werden, nach Magdeburgischem Recht. Ab 1320 wurden hier die polnischen Könige gekrönt.

Im 14. und 15. Jahrhundert erlebte Krakau seine Blütezeit; die Landesmetropole war Zentrum der Renaissancekultur. Obendrein war sie Schnittpunkt der Handelsstraßen von England und Flandern nach Ungarn und Böhmen wie auch zur Ostsee hin. Schedel schrieb 1493 in seiner Chronik:

„Krakau wird von zwei hohen Mauern mit Wehrtürmen, Toren und Befestigungen umgeben; vom Fluß umflutet, dessen Wasser in Gräben geführt wird und zahlreiche Mühlen bewegt; in der Stadt finden wir sehr viele schöne Häuser und riesige Heiligtümer."

Der Krakauer Marktplatz zählte zu den größten Europas im Mittelalter. Hier standen die riesigen Tuchhallen. Die Bürgerhäuser, eng aneinandergeschmiegt, waren mit bunten Ziegeln gedeckt. Die Glasurziegel der Giebel strahlten im Sonnenlicht, kunstvoll mit Ornamenten verziert. Die Straßen waren gepflastert, es gab bereits Bürgersteige und eine Kanalisation.

Neben dem Burgberg, der Residenz der Könige, war der 1365 geweihte Dom, die königliche Begräbniskirche, der wichtigste Anziehungspunkt. Die Andreaskirche, zu Beginn des 12. Jahrhunderts begonnen, die Franziskanerkirche, die Dominikanerkirche, die Katharinenkirche und die Fronleichnamskirche gaben der Stadt ein gottesfürchtiges Gepräge.

Fesselten den Studenten bereits das Bild und das Leben in einer solchen Stadt, so konnte Nikolaus Kopernikus in Krakau darüber hinaus während seiner vier Studienjahre eine Reihe geschichtlicher und künstlerischer Höhepunkte erleben. Erwähnt sei der Empfang des Königs in der Universität 1492. Hier erlebte er die Pompentfaltung des Hofes. Ein Ereignis, das nur von der Tatsache in den Schatten gestellt wurde, daß Albert Blar de Brudzewo in diesem Jahr persönlich eine Vorlesung über Aristoteles hielt, ein ungewöhnlicher Glücksfall für jeden Studenten.

Ein Ereignis, das die Welt bewegte, war die Vollendung des Hochaltars für die Marienkirche, eines Meisterwerkes ohnegleichen – fast ein Wunder der Zeit. Zwölf Jahre hatte Veit Stoß, der Sohn der Stadt Horb am Neckar, von Nürnberg nach Krakau kommend, an diesem spätgotischen Schnitzaltar gearbeitet. Sein Thema war das Leben der Mutter Gottes gewesen: im Mittelschrein der Tod Mariens, auf den beweglichen Flügeln die sieben Freuden und Leiden der Gottesmutter, die Krönung Mariens im Gespänge und in der Predella die Wurzel Jesse.

Wer diesen Altar aufmerksam betrachtete – und dazu bot sich Nikolaus Kopernikus manche Gelegenheit –, konnte einen Eindruck vom Aussehen der Königsstadt, vom Leben ihrer Bürger, ihrer Trachten, der Innenausstattung ihrer Häuser gewinnen. Der Altar war zugleich ein

Kulturdokument des ausgehenden 15. Jahrhunderts. Sein Gold floß über in das rubinrote Licht, das die drei farbigen Glasfenster aus dem 14. Jahrhundert filterten. Weiter kündete der Altar von einer Zeitenwende, vom Übergang des Mittelalters in die Neuzeit innerhalb der Menschheitsgeschichte. Veit Stoß, der im Alter von 29 Jahren mit diesem Werk begonnen hatte, hatte die Tradition der Antike auf seine Art entdeckt. Die Porträts der Krakauer Bürger ließen die heraufkommende Renaissance ahnen. „Ich bin ein Mensch, und nichts, was menschlich ist, ist mir fremd", hätte über diesem Meisterwerk stehen können, das 13 Meter hoch und 11 Meter breit den Hochchor der Kirche füllte.

Künstler und Humanisten besuchten die Stadt, allein um diesen Altar zu sehen, in der Veit Stoß noch immer weilte. Schon hatte er nach Nürnberg zurückkehren wollen, doch der bevorstehende Tod des Königs hielt ihn zurück, dem er ein weiteres Meisterwerk widmen sollte, die Grabplatte für König Kasimir IV. aus rotem Marmor.

Der Tod des Königs war das zweite geschichtliche Ereignis, dessen Zeuge Kopernikus wurde. Die Großen des Abendlandes versammelten sich in Krakau: Gesandte aus aller Welt, päpstliche Legaten, Männer des Hofes, Männer von Adel, Humanisten, Bischöfe, Professoren und Künstler, alle kamen, um einen König zu Grabe zu tragen, kamen bald darauf erneut, um der Krönung eines neuen Königs beizuwohnen. Kasimir IV. starb; Johann Albrecht wurde gekrönt. Beide waren Söhne der Stadt Krakau.

Andreas Kasimir IV., um den sich die Legende der Unsterblichkeit wob, war 45 Jahre lang polnischer König gewesen, ehe er das Szepter seinem Sohn Johann I. Albrecht übergab, der als der Schöpfer des Sejms, des polnischen Reichstags, und als Festiger der Stellung des Adels in die Landesgeschichte einging.

Fast gleichzeitig starb im fernen Rom Papst Innozenz VIII., der geldgierige, korrupte Genuese, der zum Türkenkrieg aufgerufen hatte, der im Rufe eines Erpressers stand, weil er den Hexenwahn begünstigte. Die Hexenbulle „Summis desiderantes" war sein Werk gewesen.

Für einen Augenblick atmete die Welt auf. In der Kirche erwachte neue Hoffnung. Jedoch vergebens. Ihm folgte Alexander VI. aus dem Hause der Borgia, in dessen Pontifikat das Renaissancepapsttum seinen Höhepunkt erreichen sollte: elf finstere Jahre der Heiligen Römischen Kirche.

Nicht weniger schicksalhaft verlief das Jahr 1493. Kaiser Friedrich III., der das Reich zweiundfünfzig Jahre lang regiert hatte und den die Legende ebenfalls in die Nebel der Unsterblichkeit zu hüllen begann, der einundvierzig Jahre lang die Kaiserkrone getragen, zehn Päpste überlebt hatte, starb am 19. August an der Ruhr. Da er die schlechte Gewohnheit besaß, „die Tür mit dem Fuß zuzustoßen", mußte ihm im letzten Lebensjahr ein Bein amputiert werden. „So wird mir und dem Heiligen Römischen Reich ein Fuß abgeschnitten", hatte er spöttisch gesagt. Bei dem einen Fuß sollte es nicht bleiben.

Maximilian I., der Sohn einer portugiesischen Mutter, der Verlobte jener Bianca, der Nichte des Ludovico Sforza aus Mailand, mit der er im Jahr darauf Hochzeit hielt, wurde römischer Kaiser – ein Kaiser, der alles Glück von den Sternen erwartete.

Und während im Jahr darauf die Großen des Reiches in Innsbruck Hochzeit feierten, geschah das Furchtbare in Krakau: Die Pest – der Schwarze Tod – brach aus.

Die Pest! – der Schreckensruf jener Zeit, das graue Gespenst, die Gottesgeißel, der Menschen jeden Standes zu entfliehen suchten, verzweifelt, vom nahen Tode bedroht, vom Verlust ihrer Habe, die sie so mühsam versammelt, vom Verlust ihrer Angehörigen, ihrer Freunde und Feinde. Ein Zeichen des Himmels? So fragten sich viele. Eine Mahnung zur Umkehr, zur Einkehr. Eine Warnung auch an die Adresse der Kirche, die diese mehr als nötig zu haben schien? Ein „Memento mori" an jeden persönlich, vor allem an junge Menschen. Ein „Ändert Euern Sinn!", ein „Findet zurück zum Herrn!": ein Aufruf zum Gelöbnis und zum Opfer, auf daß Gott diese Plage der Menschheit fortnehme, dem Menschen noch eine Chance gönne.

Fluchtartig verließen Bürger und Studenten die Stadt Krakau, in der es bereits die ersten Toten gab. Mit ihnen flohen auch die Brüder Nikolaus und Andreas Koppernigk. Angesichts des Todes und der Vergänglichkeit alles Irdischen, angesichts der menschlichen Ohnmacht und der Allmacht des Sensenmannes entschieden sich beide für den geistlichen Stand. Zur Freude ihres bischöflichen Onkels im fernen Heilsberg, der sich um das „höhere Studium" der Neffen bereits ernste Sorgen gemacht hatte. Mit doppeltem Eifer erfüllte er die freiwillig übernommene „Verpflichtung", versäumte, bei Gott, nichts, um den beiden Jungen auch weiterhin das bestmögliche Studium zu sichern.

Als am 26. August 1495 in Frauenburg der aus Danzig stammende Domherr Johannes Zanau starb, erhielt Nikolaus Kopernikus auf Betreiben des Onkels dessen Domherrnstelle im ermländischen Kapitel, die ihm ein ansehnliches Einkommen sichern, ihn materiell unabhängig machen sollte, unabhängig auch von seiner Familie, um sich den längsten und besten Studien, um sich ganz der Wissenschaft widmen zu können. So wurde ihm – und bald darauf auch seinem Bruder Andreas durch Verleihung der nächsten freiwerdenden Domherrnstelle im Ermland –

Non parem Pauli gratiam requiro
Veniam Petri neq, posco, sed quam
In crucis ligno dederas latroni
sedulus oro

Nikolaus Kopernikus, der Domherr

die Möglichkeit zu einem für die meisten Studenten und Magister seiner Zeit unerschwinglichen Studium in Italien geboten.

Wohl hatte diese Verleihung den mächtigen bischöflichen Fürsprecher im Rücken, doch bleibt zu beachten, daß das ermländische Domkapitel nicht nur Verwandten seines Bischofs gegenüber, sondern in allen anstehenden Fällen dafür entschied, daß seine Mitglieder keine Bildungsmöglichkeit versäumten. Wußte man doch, daß ihr Bildungsstand dem Kapitel zur Ehre gereichte, und gab es damals auch die erforderlichen Mittel, um ein solches Studium zu sichern.

Die Brüder schlugen des Sebastian Brants Warnung „Wer vil studiert, würt ein fantast", die sie ihm Jahr zuvor in dessen „Narrenschiff" lesen konnten, in den Wind. Als Kaiser Maximilian I. im Herbst 1496 seinen auf dem Wormser Reichstag gefaßten Entschluß wahrmachte und „zur Abwehr der Gefahr seitens Türken und Franzosen" ins Stammland seiner zweiten Frau, nach Italien, zog, hatte Nikolaus Kopernikus den Hof des Onkels in Heilsberg nach nur kurzem Aufenthalt bereits wieder verlassen und befand sich auf dem Wege nach Bologna, um dort kanonisches Recht zu studieren, wozu er vom Kapitel einen dreijährigen Studienurlaub erhalten hatte. Zwei Jahre später folgte ihm sein Bruder Andreas dorthin.

Im Reisegepäck führte Kopernikus drei Bücher mit, die ihm eng ans Herz gewachsen waren und die er – nach den eigenhändigen Randnotizen zu urteilen – schon mehrfach gelesen hatte: die „Elemente" des Euklid in einer Ausgabe von 1482, die „Tabulae Directionum" des Regiomontanus, erschienen 1490, und die „Tabulae Astronomiae Alfonsi Regis" aus dem Jahr 1492.

Unter dem Himmel Italiens

Bologna, das einstige Felsina der Etrusker, die römische Kolonie Bononia, nach dem verheerenden Brand von Kaiser Claudius wieder aufgebaut, erneut von den Langobarden zerstört, beherbergte die älteste europäische Universität, gegründet, als die Stadt ihre Blüte als Stadtstaat genoß. 1158 hatte Kaiser Friedrich I. den Professoren und den Studenten einen eigenen Gerichtsstand gewährt. Neben den Doktorenkollegien gab es seit dem Ende des 12. Jahrhunderts die „universitates scholarium", die in „Nationen" zerfielen und jeweils einen Studenten zum Rektor wählten.

Im ausgehenden 15. Jahrhundert war Bologna die bedeutendste der neun italienischen Universitäten und besaß die berühmteste Rechtsschule des christlichen Abendlandes – an der auch Bischof Lukas Watzenrode promoviert hatte. Die Stadt gab die Hälfte ihrer Einnahmen für die Universität aus. Hier wurde hart studiert, dennoch gestaltete sich das Studentenleben viel freier als jenseits der Alpen. Man fühlte sich durch keine Statuten gebunden; das enge Korsett der Bursen war längst gesprengt. Ein Teil der Studenten lebte wie kleine Fürsten. Sie hatten Diener und ihre Geliebte in die Universitätsstadt mitgebracht. Nach den Vorlesungen herrschte volle Freiheit: es wurde gefeiert, getrunken, geliebt. Auch die geistlichen Herren wußten die Freuden dieser Welt zu schätzen, herrschte doch in Rom Alexander VI., ging ihnen der Papst doch mit „gutem Beispiel" voran.

Die hohen Wogen, die das Lotterleben schlug, überschwemmten ganz Italien, brandeten gegen die Mauern der Klöster, die als einzige standhielten. Selbst Stadtväter gaben sich humanistisch, bildungsfreudig, ja bildungshungrig, waren auf ihr Prestige bedacht. Professoren kamen aus dem Ausland zu Diskussionen und Disputationen; manch Feuerwerk des Geistes wurde abgebrannt. Die Schulen stritten um die Wahrheit; wo die Waffen des Geistes sich als zu stumpf erwiesen, kam es zu derben Händeln und Räubereien, wobei man, dem Geiste der Renaissance entsprechend, vor einem Mord nicht zurückschreckte.

Die Matrikel des hochedlen Collegiums der Deutschen erwarb „Dominus Nicolaus Kopperlingk de Thorn grossetos novem" am 6. Januar 1497 bei der Rechtsfakultät. Zur „Natio Germanorum" gehörten auch Dänen, Litauer und Tschechen, hatten auch Ungarn, Schweden und Polen Zutritt.

Am 9. März stand Kopernikus neben seinem Freund und Lehrer Domenico Maria di Novara und beobachtete, wie der Mond den Stern Aldebaran verdunkelte. Neben dem bürgerlichen und kanonischen Recht studierte er eifriger denn je die Himmelskunde. Enge Beziehungen gab es zwischen ihm und seinem Lehrer, dem berühmten Novara, dessen Mitarbeiter und Gehilfe er bald wurde. Gemeinsam beobachteten sie in sternenklaren Nächten den hellen Himmel über Italien – ohne Fernglas natürlich, das damals noch nicht erfunden war. Kopernikus war ein guter Beobachter. Die Vorgänge am Himmel, an jenem Märztag des Jahres 1497, machten einen so großen Eindruck auf ihn, daß er noch nach Jahrzehnten in seinem Hauptwerk, den „Revolutiones", exakt darüber berichtete. Hier kamen ihm die ersten Zweifel an der Richtigkeit des damals allgemein anerkannten Ptolemäischen Himmelssystems. Kopernikus dachte keinen Augenblick daran, diese Zweifel schweigend, gläubig hinzunehmen; hatte es doch schon griechische Astronomen gegeben, die die Sonne von einer beweglichen Erde umkreist sahen, hatte doch im 12. Jahrhundert der Franzose Nikolaus Oresme über die Drehung der Erde nachgedacht, wobei er allerdings ganz in der Gedankenwelt des Aristoteles oder in rein theologischen Erwägungen steckengeblieben war.

Entscheidend für die astronomische Forschung waren die Erkenntnisse der Wiener Astronomenschule gewesen. Hier hatten Georg von Peuerbach und Johannes Müller aus Königsberg im Frankenland, Regiomontanus genannt, um die Mitte des 15. Jahrhunderts die Grundlagen für ein neues astronomisches Forschen geschaffen, das die Beobachtung an die Stelle der Überlieferung setzte. Ihre Werke wurden im letzten Jahrzehnt des 15. Jahrhunderts an fast allen Universitäten des Abendlands dem Unterricht zugrunde gelegt, so auch in Krakau und Bologna. Kopernikus besaß sie, als er dort studierte. Der Einfluß dieser beiden Lehrer auf sein Denken war unverkennbar, sie lieferten ihm das Fundament, von dem aus er das Ptolemäische Weltsystem stürzen, auf dem er sein eigenes Weltbild errichten sollte.

Georg von Peuerbach, 1424 in Peuerbach an der österreichisch-bayrischen Grenze geboren, nach seinem Heimatort benannt, war der bedeutendste Vertreter der ersten Österreichischen Mathematikerschule, deren Gründer, Johannes Schindel, 1407 von Prag nach Wien gekommen

Regiomontanus

war. Schindels Schüler war Johann von Gmunden, den Äneas Silvius Piccolomini „singularis astronomus" genannt hat. Dessen Schüler wiederum war Georg von Peuerbach, der die von seinem Lehrer begonnene Bearbeitung der „Tabulae Alphonsianae" weiterführte und 1460 die „Tabulae eclipsium" herausgegeben hat, durch die die Astronomie „aus dem undurchdringlichen Chaos gerettet" und auf den „geradesten Weg zur Wahrheit" geführt wurde. Georg von Peuerbach verdankte die Astronomie das hohe Ansehen, das sie zu Beginn des 16. Jahrhunderts genoß. Er hatte sein Studium in Wien mit dem „Magister Artium" abgeschlossen, war dann nach Frankreich und Italien gegangen, um die „Männer seiner Zeit" kennenzulernen. In Rom besuchte er Nikolaus von Cues, dessen Buch „De docta ignorantia" er besonders liebte. Alsdann lehrte er in Ferrara Mathematik und Astronomie, kehrte jedoch nach Wien zurück, um ab 1450 seine Lehrtätigkeit an der dortigen Universität fortzusetzen. Peuerbach war der „geistige Vater" des Regiomontanus – eigentlich Johannes Müller –, 1436 in Oberfranken geboren und als „Wunderknabe" mit zwölf Jahren bereits zum Mathematikstudium an die Leipziger Universität gekommen, um von dort 1452 zu Peuerbach nach Wien zu gehen.

Um die Werke des Ptolemäus klarer und richtiger interpretieren zu können, lernte er Griechisch. Nach dem Tode Peuerbachs, 1461, ging er nach Italien, um dort nach griechischen Handschriften zu forschen. In der Widmung seiner „Epitome" an Kardinal Bessarion nennt er seinen Lehrer Peuerbach „einen Mann von lauterstem Charakter und eine Leuchte auf jedem Gebiet der Wissenschaften, in der Mathematik jedoch gelehrter als alle Männer seiner Zeit". Das Unternehmen Peuerbachs, den „ganzen Ptolemäus" in klarere und kürzere Form zu bringen – das nach dem sechsten Buch durch den Tod des Lehrers ins Stocken geraten war –, setzte Regiomontanus fort. Er begab sich 1462 nach Ferrara, wurde an die Universität Padua berufen und ging von dort nach Florenz, wo er einen Kalender entwarf, in dem er – für die Kirche von größter Wichtigkeit – für dreißig Jahre das Datum des Osterfestes bestimmte. Nach einem Aufenthalt in Rom kehrte er nach Wien zurück. Als Österreich in die Kämpfe um Böhmen verwickelt wurde, ging er 1471 nach Nürnberg, getreu seinem Grundsatz: „Andere mögen Kriege führen, Du aber, Regiomontanus, studiere!"

An Jakob von Speyer in Viterbo schrieb er 1468:

„Wir scheinen in der Tat weit hinter unseren Vorfahren zu stehen, die, sobald sie die Schriften der alten Philosophen von Grund auf sich angeeignet hatten, bestrebt waren, ihre eigene Meinung und ihre Beobachtungen hinzuzufügen, und zwar auf das Kritischste, auf daß die Wissenschaft selbst durch fortgesetzte Erweiterungen und Zusätze wachse und lebendig bleibe. Wir dagegen lesen weder die Hauptwerke auf diesem Gebiete, noch forschen wir, wenn sich einmal Himmel und Beobachtungen nicht decken, jemals weiter, sondern bleiben wie autoritativ gläubige Betschwestern den Alphonsischen Tafeln und deren Töchter anhangen, als handle es sich um göttliche Offenbarungen, die niemals eine Korrektur und Kritik erfahren werden."

Drei Jahre später beschwerte er sich in einem Brief an Reder in Erfurt über die schlechte Übersetzung der Codices und ihre unfachmännische Interpretation. Er forderte, die Gestirnbewegungen ganz von neuem zu erforschen oder wenigstens die Erkenntnisse zu verbessern, und berief sich dabei auf die Autorität des Ptolemäus: „Unsere Waffen sollen nicht Kampfriemen, nicht Mörser, nicht Sturmböcke oder Geschütze sein, sondern die Strahlen des Aristarchs und Ptolemäus, denn es gilt, den Kampf gegen die Irrtümer der Wahrheit, Feinde, durch die nicht nur die Lehre von den Gestirnen, sondern überhaupt alle Mathematik beschmutzt wird, auf daß dieser einst neue und verbesserte und wenn möglich unvergängliche Bücher entstehen."

Um diesen Kampf für die Wahrheit aufnehmen zu können, gründete

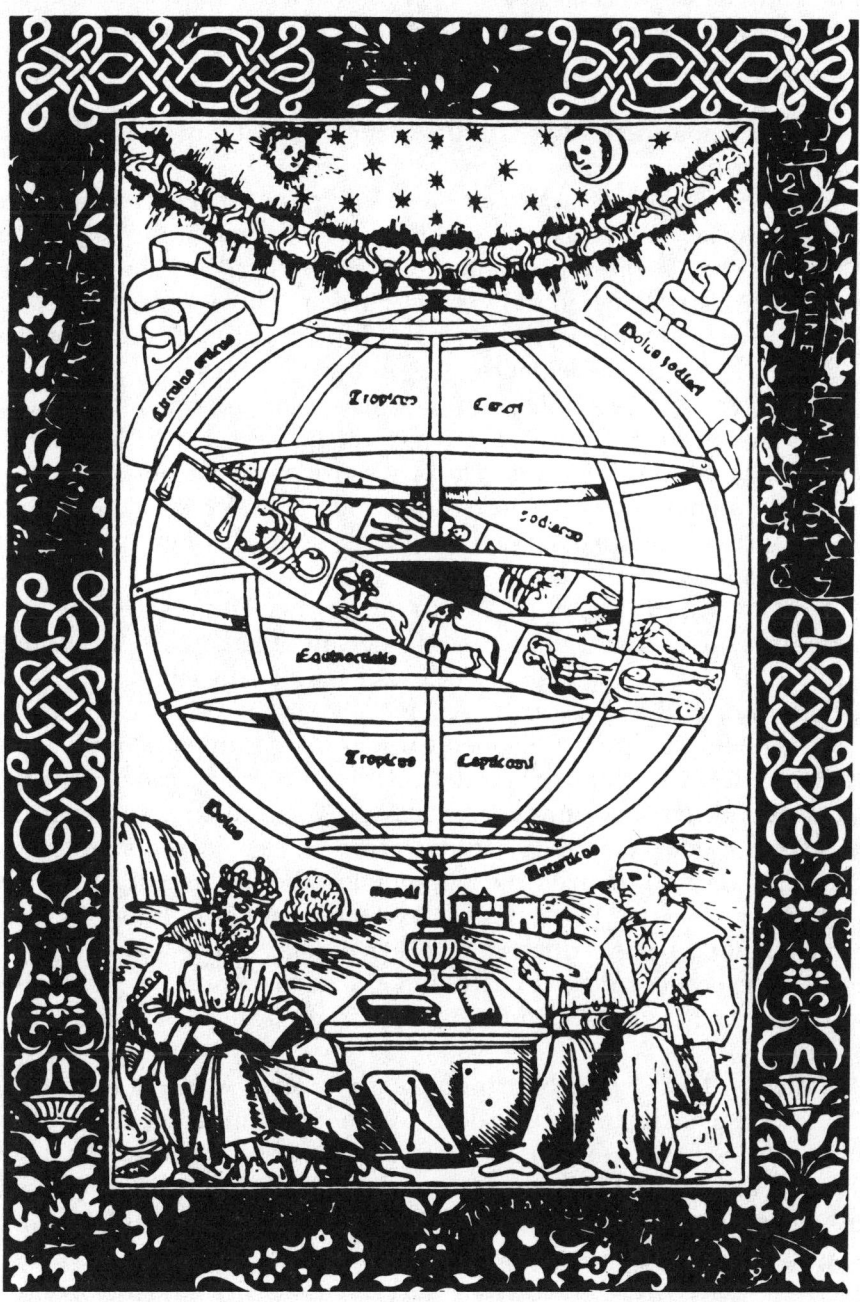

Die ,,Epytoma'' des Peuerbach

er mit Hilfe eines Mäzens in Nürnberg eine eigene Druckerei und eine Werkstätte zur Herstellung von astronomischen Instrumenten. Er stellte Richtstäbe aus Messing für die Beobachtung der Sonne, des Mondes und der übrigen Gestirne her, Winkelmaße für die Messung der Abstände der Gestirne voneinander und Armillare zur Feststellung der Örter und Bewegungen der Gestirne.

In seiner Druckerei erschienen – als Huldigung an Peuerbach – dessen „Novae theoriae" und aus eigener Feder ein Almanach, die „Ephemeriden", in dem für 32 Jahre – bis zum Jahr 1505! – für jeden Tag die wahren Bewegungen der Planeten festgelegt wurden. Dazu kamen klassisch-griechische Schriften, der Almagest des Ptolemäus, „Magna Compositio" betitelt, und die „Elemente" des Euklid.

Papst Sixtus IV. berief Regiomontanus als Bischof nach Regensburg; 1475 rief er ihn nach Rom, wo er eine Kalenderreform einleiten sollte. Dieses Vorhaben mußte aufgeschoben werden, da Regiomontanus im Jahr darauf an der Pest starb, nur 39 Jahre alt. Sein Werk setzte Johannes Schoner fort, der sich später um die Herausgabe des Hauptwerkes des Kopernikus bemühte.

Das also waren die Lehrer des Frauenburger Domherrn, der es mit seinen Forschungen sehr genau nahm, der unwiderlegbare Sicherheiten haben wollte, ehe er es wagen würde, zur Sonne zu sprechen: Steh still; ehe er es wagte, die Erde zu bewegen.

Neuen Mut zu ihrem Forschen gab den Astronomen jener Tage die Kunde von der Entdeckung Vorderindiens durch Vasco da Gama, der 1497 ausgefahren war, um den Seeweg nach Indien zu finden, und 1498 das Kap der Guten Hoffnung erreichte – wie schon in Kopernikus' Krakauer Studienzeit die Kunde von der Landung des Kolumbus in San Salvador die Herzen der Astronomen hatte höher schlagen lassen. Behaupteten sie doch mit vollem Recht, einen Löwenanteil an diesen weltverändernden Entdeckungen zu haben: Die Astronomie ersetzte damals ja die fehlenden Navigationsgeräte, den Kalender und die Uhr.

In diesem Jahr der Hochstimmung, 1498, kam Andreas Koppernigk nach Bologna, nachdem er über den Onkel eine Domherrnstelle und vom Kapitel ein Stipendium erhalten hatte. Der Bruder führte ihn in das bewegte Studentenleben ein. Neben den Rechten studierte Nikolaus Mathematik und Astronomie und beschäftigte sich in seiner Freizeit mit der griechischen Grammatik. Obwohl es für einen Geistlichen als ketzerisch galt, die Sprache der Griechen zu ergründen, wollte er unbedingt die Texte der griechischen Astronomen im Urtext lesen. Er büffelte daher Tag und Nacht; sein Eifer kannte keine Grenzen.

Anders als er dachte Andreas über das Studium. Obwohl auch sein Eifer keine Rüge verdiente, wollte er doch das für ihn völlig neue, ungezügelte Studentenleben kennenlernen und, wenn möglich, auch genießen. Er schloß Bekanntschaft mit sehr wohlhabenden Studenten. Zu spät erst merkte er, wie teuer das Leben in Bologna und wie dürftig im Vergleich dazu sein Monatssalär war. Wer hier etwas gelten wollte, mußte etwas springen lassen. Wer sich gut unterhalten wollte, mußte viel springen lassen.

Trotz des immerhin nicht unbeachtlichen Zuschusses seitens des Domkapitels, trotz ihrer nicht kärglichen Einkünfte gerieten die Brüder Koppernigk eines Tages in arge Geldverlegenheiten. Es blieb ihnen nichts anderes übrig, als Schulden zu machen. Diese wuchsen ihnen bald über den Kopf; und als ein ermländischer Geistlicher auf dem Wege nach Rom durch Bologna kam, bestürmten sie ihn um Geld. Doch es stellte sich rasch heraus, daß sie an einen armen Pilger geraten waren, der ihnen nicht aus der Verlegenheit helfen konnte, wie gern er es auch getan hätte, zumal es sich um die Neffen seines Bischofs handelte.

So wandten sie sich schließlich an den in Rom weilenden Frauenburger Domherrn Bernhard Sculteti, einen gebürtigen Pommer, der zugleich Pfarrer von St. Marien in Danzig war, und baten ihn, für sie bei einer Bank Bürgschaft zu leisten, auf daß sie ihre Schulden bezahlen könnten und vor Verfolgung sicher wären. Gern half Sculteti den leichtsinnigen Bischofsneffen. An seinen Herrn in Heilsberg berichtete er: „. . . haben die Herren Neffen an starkem Geldmangel gelitten" – und ergebenst bat er um Ausgleich.

Noch am 4. März 1500 machte Nikolaus Kopernikus in Bologna eine astronomische Beobachtung. Über seine Erkenntnis aber schwieg er. Hatte man ihn gewarnt? War er Zeuge gewesen, als man in dieser Stadt Giorgio da Novara „wegen freier Reden und Gedanken" öffentlich auf dem Scheiterhaufen verbrannt hatte? Anfang April 1500 verließ er die Universität und pilgerte nach Rom, um die Karwoche in der Hauptstadt der Christenheit zu verbringen. Aus einer Woche sollte ein Jahr werden.

200.000 Christen aus aller Welt strömten im Jubiläumsjahr 1500 zur Osterfeier nach Rom. Der Papst hatte einen Ablaß ausgeschrieben. Der Auferstehungstag sollte zum Triumphtag der Kirche werden. Die Stadt, die damals rund 70.000 Einwohner zählte, konnte die Pilger kaum fassen.

Rodrigo de Borgia (Borja), Alexander VI., der Renaissancefürst auf dem Papstthron, stand im Mittelpunkt des glanzvollen Festes, das weit mehr weltlichen als kirchlichen Prunk zu bieten vermochte und für den Papst in erster Linie ein großes Familienfest war. Rom war nicht nur das Herz der Christenheit, Rom war der Nabel der Welt, der Hort aller schönen Künste. Hier traf sich das Dreigestirn jener Zeit: Donato d'Angelos, Bramante genannt, der geniale Planer und Baumeister, war aus Mailand gekommen, um in Rom Santa Maria della Pace zu bauen und den Plan für einen neuen Petersdom zu entwerfen; an seiner Seite sah man den siebzehnjährigen Schüler Peruginos aus Perugia, Raffaelo Santi, der dazu ausersehen war, Bramantes Plan zu verwirklichen, Baumeister von St. Peter zu werden; und man sah Michelangelo, den „letzten Bildhauer der Antike", der gerade rechtzeitig zum großen Fest seine Pietà für St. Peter vollendet hatte.

Und doch fiel auch ein Schatten über das Fest der Feste. Es war eine Jubiläumsmedaille geprägt worden, die das Bild Savonarolas mit einem Strahlenkranz trug; diese Medaille fand unter den Pilgern reißenden Absatz, ein jeder wollte sie besitzen. Ganz Italien, ganz Europa sprach von dem Dominikanermönch, 1452 in Ferrara geboren, von dem hageren, engbrüstigen Asketen mit den Flammenaugen im blassen Gesicht, dem Prediger von Florenz, dem Reformator, der sein Jahrhundert in die Schranken gefordert und dem Alexander VI. das Predigen verboten hatte. Seine Johannäischen Bußpredigten, seine heroische Frömmigkeit, seine prophetische Sendung waren unvergessen.

Gegen das Geschehen in Florenz und Rom hatte er im wahrsten Sinne des Wortes gedonnert, gegen die weltlichen und geistlichen Fürsten, in deren Bereich „die Rache als Recht, der Straßenraub als Brauch, Gewaltsamkeit und Gift als geläufige Mittel gelten, die ersehnte Macht an sich zu reißen".

Diesem Mönch galt Nikolaus Kopernikus' besonderes Interesse. Hatte er doch die Astrologie, die auch der Frauenburger Domherr als Wissenschaft verwarf, „Basis allen Aberglaubens" genannt. Er hatte den Kampf gegen den Papst aufgenommen und diesem ins Gesicht geschleudert: „Er glaubt nicht an Gott!"

Im Mai 1498 war er auf dem Platz der Signoria gehängt und anschließend auf dem Scheiterhaufen verbrannt worden. Seine Asche hatte man in den Arno gestreut. Der Versuch einer Kirchenreform, einer Säuberung der Wissenschaften war mit Hilfe des Galgens und des Feuers erstickt worden. Nach seinem Tode aber bewunderte alle Welt den mutigen Mönch; schon verehrten ihn wahre Christen als Heiligen und Märtyrer.

War dieses Schicksal für Kopernikus eine Warnung? Mahnte es ihn zu äußerster Vorsicht? Erinnerte es ihn an das Wort bei Matthäus „Seid klug wie die Schlangen und ohne Falsch wie die Tauben"?

Wie es bei den wandernden Humanisten üblich war, hielt auch Nikolaus Kopernikus im Jubiläumsjahr in Rom eine Reihe mathematischer und astronomischer Vorträge. Hier erläuterte er zum ersten Male in vagen Umrissen vor einer erlesenen Hörerschaft sein neues Weltbild. Dem Neffen des Fürstbischofs öffneten sich viele Tore. Professoren aller Fakultäten und Universitäten weilten in der Heiligen Stadt; er sah seine Lehrer aus Krakau und Bologna wieder. Er sprach mit ihnen über die Erkenntnisse, die er gesammelt hatte, sie tauschten die durch Beobachtungen gewonnenen Erfahrungen aus. Am 6. November 1500 beobachtete der Astronom schräg über dem Petersdom eine Mondfinsternis.

Inzwischen war der Studienurlaub abgelaufen. Doch erst am 27. Juli 1501, als auch der Urlaub des Bruders beendet war, erschienen Nikolaus und Andreas vor dem Frauenburger Domkapitel. Andreas erhielt sogleich eine Urlaubsverlängerung, da er als „geeignet erachtet wurde, den Studien zu obliegen". Nikolaus dagegen sollte seine Domherrnpflichten in Frauenburg wahrnehmen. Er bezog das ihm 1499 zugeteilte Vorwerk in der Nähe des Backsteindoms, hielt nach zwei Dienern und drei Pferden Ausschau, die ein Domherr nach dem Kapitelstatut besitzen mußte. Doch erneut sprang Onkel Watzenrode für den Neffen in die Bresche.

Vor der Vollversammlung des ermländischen Kapitels beantragte Nikolaus Kopernikus, unterstützt von den Empfehlungen des Bischofs, weitere drei Jahre Urlaub, um sich dem Studium der Medizin widmen zu können, auf daß er künftig „dem Bischof und den Frauenburger Amtsbrüdern ärztlichen Beistand leisten könne".

Das Domkapitel gab seine Zustimmung und bewilligte neben den Einkünften eine Sonderzulage, damit er in Padua, dessen Universität hinsichtlich der medizinischen Wissenschaft als die beste galt, studieren konnte.

Vom alten Patavium ging die Sage, daß der Trojaner Antenor die Stadt im Jahr 1184 vor Christus gegründet habe. Hier wurde 59 vor Christus Titus Livius geboren. Otto der Große erhob Padua zur Grafschaft, 1164 wurde es unabhängige Stadtrepublik, 1405 kam es zu Venedig und wurde fortan die „Stadt der Veneter" genannt. Das Reiterstandbild des Gattamelata von Donatello war Wahrzeichen der Stadt. Donatello hatte auch den Hochaltar für die 1232 erbaute Grabkirche des hl. Antonius geschaffen, in der – unter den Fresken Mantegnas – täglich Pilger aus aller Welt beteten.

Zeitig zum Wintersemester 1501 traf Kopernikus in Padua ein. An der Spitze der Artistenfakultät, zu der die Medizin gehörte, stand Pomponatius, ein Gelehrter von Weltruf. Er hatte ein Buch „Von der Unsterblichkeit der Seele" veröffentlicht, in dem er nicht nur die verstandesmäßige Beweisführung, sondern auch die Ansicht des Aristoteles in Frage gestellt hatte. Kopernikus meldete sich bei Marcus Antonius della Torre, für den Leonardo da Vinci, das Universalgenie jener Tage, die anatomischen Zeichnungen herstellte. Leonardo war 1500 von Mailand nach Florenz gekommen, ihm standen alle Paläste offen. Er war nicht nur ein genialer Baumeister, Maler und Bildhauer, sondern hatte sich auch als Naturforscher einen Namen gemacht. Er studierte die Anatomie des Menschen, beschäftigte sich mit der Geometrie, zeichnete geographische Karten und erforschte die Technik seiner Zeit.

Gelehrt wurden in der medizinischen Fakultät die „Fieber und Krankheiten oberhalb des Herzens bis zum Kopf" und die gleichen „unterhalb des Herzens bis zu den Füßen". Im ersten Jahr bildeten die „Kanons" des Avicenna die Grundlage, im zweiten die Schriften des Hippokrates, im dritten die Bücher Galens.

Kopernikus interessierte sich, den Randaufzeichnungen in seinen Büchern zufolge, für die praktische Medizin, war er doch nach Padua zum Studium gekommen, um seinen Amtsbrüdern später helfen zu können. Zur Chirurgie hatten Geistliche keinen Zugang. Obwohl er nie die Priesterweihe empfangen hatte, galt er im weiteren Sinne doch als Kleriker; und Klerikern war das Brennen und Schneiden am menschlichen Körper verboten, da es als Eingriff in die Schöpfung Gottes galt. Dies blieb den Badern vorbehalten. Ein Domherr durfte nicht zum Messer greifen.

Es gab in Padua einen „Giardino di Medici", einen Kräutergarten, in dem die Studenten die Heilpflanzen studieren konnten und in dem sie gern verweilten. Die Universität war bis 1493 über die reiche Stadt verteilt, die Fakultäten waren in Privathäusern oder kirchlichen Gebäuden untergebracht. 1493 wurden sie ins „Hospicium Bovis", die „Herberge zum Ochsen", zusammengelegt, in einen von einer Mauer mit einem Turm umgebenen Gebäudekomplex.

Die Medizin steckte um 1500 noch weitgehend in den Kinderschuhen, sie wartete auf jenen Theophrastus Bombastus von Hohenheim, genannt Paracelsus, der, als Kopernikus an der 1303 in Padua gegründeten Universität studierte, noch im Kanton Schwyz die Schulbank drückte. Aber vielleicht ging es Kopernikus auch mehr um den Einfluß der Gestirne auf die Gesundheit; vielleicht glaubte er, Krankheiten aufgrund der Konstellation der Planeten heilen zu können?

Immerhin, seine Rezepte wie die Randnotizen in den von ihm benutzten Lehrbüchern verraten, daß es ihm in erster Linie um die „praktische Anwendung" ging.

„Ein Absud aus Tamariskenwurzeln", heißt es da, „heilt gegen die Blattern des Aussatzes." Oder aber: „Saft aus Eichen hilft gegen Fisteln

Nikolaus Kopernikus als Arzt

und Geschwüre." Gegen die Gicht empfiehlt sich „Obstbaumsaft, dreimal in Bier aufgekocht, zum Essen getrunken". Kleie hilft bei Blähungen und Magenschmerzen. Kopernikus verweist auf die „Pandekten über die Weide", wo man ein „Mittel gegen Hühneraugen" findet.

Ein Rezept gegen Magenkrankheiten lautet wie folgt:

„Zusammensetzung des Weinsublimats, das dem Magenkranken helfen soll, gemäß des Mönchs Bernard: Nimm 2 Quart sublimierten Weines, 4 Drachmen gedörrter Feigen, Zimt, Gewürznelken und Safran zu je 5 Drachmen. Vermische alles und seihe es in ein sauberes Gefäß. Gebrauche es bequemlich und nicht mäßig. Wenn Gott will, hilft es."

Kopernikus legte beim Medizinstudium keinen Übereifer an den Tag. Sein Augenmerk galt daneben dem gründlichen Erlernen der griechischen Sprache. Auch seiner Astronomie blieb er treu. Bald las er die griechischen Autoren im Urtext, studierte weiterhin Jurisprudenz und bereitete sich – nicht in der Medizin, sondern im kanonischen Recht – auf ein Abschlußexamen vor.

Wieder mußte er erfahren, daß die hochberühmten italienischen Universitäten von einem überaus teuren Pflaster umgeben waren und selbst auch hohe Ansprüche an den Geldbeutel stellten. Darum entschloß er sich, sein juristisches Examen in Ferrara abzulegen, an der kleinen, 1391 gegründeten, doch inzwischen weitbekannten Universität, die obendrein an die Prüflinge nicht so hohe Anforderungen stellte.

Ferrara, die Hauptstadt des Staates, in dem die Fürsten Este regierten, hatte zwar eine kleine Universität, war aber eine „große“, prächtige Stadt, mit ihren 70.000 Einwohnern damals größer als Rom. Auf dem 1385 errichteten Castello Estense, der Burganlage, residierte Ercole I. Die Adelspaläste Diamanti und Schifanoia zeugten vom Reichtum des kleinen Staates, der ein Zentrum des Humanismus war und in dem das kulturelle Leben blühte.

In Ferrara hatte 1438/39 das Unionskonzil von Florenz getagt. Mächtig erhob sich die Kathedrale mit dem noch unvollendeten Kampanile. Die juristische Fakultät der Universität befand sich neben der San-Francesco-Kirche. Im Hause des Mathematikers Bianchi waren einst Peuerbach und Regiomontanus Gäste gewesen. Herzog Azzo II. aus dem Geschlecht der Este hatte Kaiser Heinrich IV. nach Canossa begleitet. Dichter und Denker gingen am Hofe ein und aus. Hier wurden die prunkvollsten Feste gefeiert.

1502 hatte Ferrara seinen „goldenen Tag“. Erbprinz Alfonso I. heiratete die „allerschönste Jungfrau“, die Tochter Alexanders VI., Lucrezia Borgia, die Schwester des berüchtigten Cesare Borgia, der den Mut besessen hatte, seinen Kardinalshut abzulegen und Charlotte d'Albret von Navarra in die Ehe zu führen, der seinen Bruder Giovanni umgebracht und seinen Schwager vergiftet hatte, um der geliebten Schwester den Weg in die glanzvollste Ehe der Zeitepoche zu bahnen.

Lucrezia Borgia – „pulcherrima virgo“ –, von der der Chronist berichtet, sie habe Ferrara am Tag ihrer Hochzeit „mit dem Geschenk ihrer bezaubernden Jugend, ihrer strahlenden Schönheit“ beglückt. Am Tage zuvor, so heißt es, habe sie, einer frivolen Laune folgend, den Hofschneider Giovanni zu sich rufen lassen. Nachdem sie alle Hofdamen fortgeschickt hatte, habe sie ihre Oberkleider abgelegt und sich von ihm ein hautenges Festkleid aus wallender Seide und kostbarsten Spitzen anmessen lassen. Sie befahl ihm, damit ihr Herz in diesen festlichen Stunden freier schlagen könne, ihre linke Brust unbedeckt zu lassen, „auf daß sich an dem Anblick dieser vollkommensten aller Brüste, die je ein Weib geziert haben, ganz Ferrara drei Tage lang erfreuen könne“. Der

Doktordiplom des Kopernikus

Erbprinz soll mit offenen Händen, heißt es weiter, Geld unter das Volk gestreut und Ferrara in den Wirbel leidenschaftlichen Vergnügens gestürzt haben.

Im Jahr darauf, Ende Mai, traf Nikolaus Kopernikus in dieser Stadt ein. Er hatte inzwischen, auf daß es ihm nicht an Geld fehle und er unbesorgt die Doktorpromotion vorbereiten könne, eine weitere einträgliche „Würde" erhalten, die eines Scholastikus am Heiligen Kreuzstift zu Breslau.

Die Promotion fand am 31. Mai im Bischofspalast neben der Kathedrale statt. Sie begann mit einer Messe in der Kathedrale. Im Bischofspalast warteten bereits die Examinatoren, an ihrer Spitze der Vikar Giorgio Prisciano, Professor beider Rechte. Die Prüfung bestand aus zwei Teilen; da der erste positiv ausfiel, war der zweite nur noch Formsache.

Es folgte die Überreichung der Doktorinsignien durch den Hauptpromotor: zunächst ein geschlossenes Buch – „auf daß er fortan wisse, daß er das Gelernte im Gedächtnis behalten solle". Das Buch wurde geöffnet – „damit er begreife, daß er sein Wissen durch ständige Übungen zu mehren habe". Der Hauptpromotor setzte Kopernikus das Barett auf – „das er durch Selbstüberwindung und für tapferen Einsatz für seine blühende Akademie verdient habe". Dann steckte er ihm den goldenen Ring an den Finger – „damit er wisse, daß er treu die Gebote der göttlichen Gerechtigkeit zu befolgen habe, wie die Frau treu dem Manne

Der Gelehrte Kopernikus

zur Seite stehen müsse, und daß er, mit dem edlen Metalle vermählt, alles offen und mit reinem Herzen zu tun habe". Es folgte der Friedenskuß – „damit Frieden verdiene, wer Frieden aussäe, und damit er nicht Stifter von Unfrieden, sondern von Frieden und Eintracht sei". Der Kirchennotar notierte:

„Der verehrte und hochgelehrte Herr Nikolaus Copernich de Prussia, Kanoniker von Ermland und Scholastiker der heiligen Kreuzkirche in Breslau, der in Bologna und Padua studiert hat, ist ohne jeden Einspruch vom vorgesetzten Herrn Vikar im kanonischen Recht bestätigt und doktorisiert worden."

Im Herbst 1503 kehrte Nikolaus Kopernikus nach zwölfjähriger Lehr- und Wanderzeit endgültig ins Ermland zurück, Schüler der großen Humanisten, selbst einer von ihnen, wissenschaftlich hochgebildet, universell, Mathematiker, Astronom, Jurist, Arzt, Sprachforscher und ausgezeichneter Kenner der Antike, tolerant gegenüber Göttern und Menschen, intolerant gegenüber der Narrheit und Unwissenheit.

Ein neuer Lebensabschnitt sollte beginnen. Er fiel zusammen mit einer neuen Epoche für Kirche und Welt.

1503 starb in Rom Alexander VI. Ihm folgte – nach 26tägigem Pontifikat des Piccolomini-Papstes Pius III. – ein Staatsmann und Mäzen von hohem Format: Julius II., ein erbitterter Gegner aller Korruption um Thron und Altar, der dem verbrecherischen Treiben der Borgias ein Ende setzte.

Den Domherrn Nikolaus Kopernikus rief die Pflicht. Das Frauenburger Domkapitel hatte ihm das bestmögliche Studium ermöglicht; sein bischöflicher Onkel hatte die übernommene Vaterstelle vorbildlich erfüllt. Jetzt stand er auf eigenen Füßen; in der Tasche den Freibrief des Humanisten, verfügte er über ein Wissen und eine Bildung, die ihm alle Tore öffneten.

Vierzig Jahre sollte er seinem Fürstbistum als Domherr dienen. Frauenburg wurde seine zweite Heimat.

Das Fürstbistum Ermland

Ehe das Fürstbistum Ermland im Herzen des Deutschordensstaates entstand, war das Gebiet von den Prussen, einem Zweig der baltischen Völkergruppe, bewohnt, über den wir nur wenig wissen. Was die Ordenschronik des Peter von Dusburg zu berichten weiß, erscheint unter den Zweckaspekten des Ordens niedergeschrieben. Eines steht fest: Die Prussen hatten kein Oberhaupt, sie lebten in mehreren Gauen, die aus Familienverbänden bestanden, als freie Bauern auf Höfen oder in kleinen Gemeinschaften, betrieben Ackerbau und Viehzucht und kannten eine besondere Vorliebe zum Pferd. Es gab bei ihnen keine Städte, wohl aber Handelsplätze. Gastlichkeit, Friedensliebe und tiefe Religiosität werden als ihre Tugenden hervorgehoben. Sie waren Heiden, verehrten die Natur, kannten jedoch persönliche Gottheiten. Es gab bei ihnen einen Priesterstand und heilige Haine, in denen sie sich zum Gottesdienst trafen. Sie glaubten an ein Fortleben nach dem Tode und ehrten ihre Toten. Ihren Wohlstand verdankten sie dem Bernstein und den Pelztieren. Sie schützten sich gegen Grenzüberfälle und auch gegen die Fremden, die ihnen den Christengott bringen wollten.

So war bei einem ersten Bekehrungsversuch Wojtjech, der Sproß eines tschechischen Fürstenhauses – als Adalbert von Prag bekannt –, im Jahr 997 erschlagen worden. Das gleiche Schicksal erlitt zwölf Jahre später der vom Papst zum Erzbischof der Heiden ernannte, einem altthüringischen Grafengeschlecht entstammende Brun von Querfurt. Zwei Jahrhunderte lang ruhte dann jeder Versuch, diese „höchst unbändige Nation" zum Christentum zu bekehren. 1216 rief Papst Honorius III. zu einem Kreuzzug gegen die Prussen auf, fand aber wenig Gehör.

Doch dann entschloß sich im Winter 1225/26 Konrad von Masowien, den Deutschen Ritterorden zu Hilfe zu rufen, der unter seinem vierten Hochmeister, dem Thüringer Hermann von Salza, den Missionsgedanken aufgriff und geschickt mit dem Staatsgründungsgedanken verband: Die Ausbreitung des Gottesreiches sollte durch die Besiedlung des „Neulandes" im Osten mit dessen Inbesitznahme Hand in Hand gehen.

Hermann von Salza war ein kluger Kopf. Ehe er seinen Landmeister, Hermann Balk, mit einer Handvoll Ordensbrüdern in Bewegung setzte – gefolgt von Kaufleuten, Handwerkern, Bauern und Abenteurern –, sicherte er sich zum Kaiser und zum Papst hin ab. Kaiser Friedrich II. gab ihm eine Besitzgarantie und die Genehmigung zur Staatsgründung in der Goldenen Bulle von Rimini:

„Im Namen der heiligen und unteilbaren Dreifaltigkeit. Amen.

Friedrich II. von Gottes Gnaden Kaiser der Römer, allzeit erhaben, König von Jerusalem und Sizilien. Dazu hat Gott unser Kaisertum hoch über die Könige des Erdkreises gestellt und die Grenzen seiner Herrschaft über verschiedene Zonen der Welt ausgedehnt, auf daß unsere mühevolle Sorgfalt sich auf die Verherrlichung seines Namens in dieser Welt und auf die Verbreitung des Glaubens unter den Heiden richte, wie er denn das heilige römische Reich zur Predigt des Evangeliums geschaffen hat, damit wir nicht weniger die Unterwerfung wie die Bekehrung der Heiden erstreben: wir gewähren also die Gnade der Verleihung, durch die rechtgläubige Männer für die Unterwerfung barbarischer Völker und die Besserung des Gottesdienstes beständige, tägliche Mühen auf sich nehmen und Mittel und Leben unablässig einsetzen.

Daher wollen wir durch den Wortlaut dieses Schreibens allen Gegenwärtigen und Zukünftigen unseres Reiches kundtun, daß Bruder Hermann, der ehrwürdige Meister des heiligen Hauses vom Spitale St. Mariens der Deutschen zu Jerusalem, unser Getreuer, uns den ergebenen Willen seines Herzens genauer offenbart und vor uns dargelegt hat, daß unser Ergebener, Herzog von Massowien und Kujawien, versprochen und angeboten hat, ihn und seine Brüder mit dem sogenannten Kulmer Lande sowie in einem anderen Lande zwischen seiner Mark und dem Gebiet der Pruzzen auszustatten, und zwar so, daß sie die Mühe auf sich nehmen, standhaft in das Preußenland einzudringen und es zu Ehre und Ruhm des wahren Gottes in Besitz zu nehmen.

Wir beachten die sichtbar bereite Frömmigkeit des Meisters, in der er die Erwerbung dieses Landes für sein Haus im Herrn glühend erstrebt, und die Tatsache, daß dieses Land in die Herrschaft des Reiches einbegriffen ist. Wir vertrauen auch auf die Klugheit des Meisters, der ein Mann ist mächtig in Werk und Wort und durch sein und seiner Brüder Bemühen kraftvoll beginnen und die Eroberung des Landes mannhaft durchführen und nicht nutzlos vom Begonnenen ablassen wird, wie mehrere andere, die viel Mühe an die gleiche Sache verschwendeten, und während sie Fortschritte zu machen schienen, Fehlschläge erlitten: Daher haben wir dem Meister die Vollmacht erteilt, in das Preußenland mit den Kräften des Ordenshauses und mit allen Mitteln einzudringen, und überlassen und bestätigen dem Meister, seinen Nachfolgern und seinem Hause für immer sowohl besagtes Land, das er von dem Herzog gemäß seinem Versprechen erhalten wird, und ein anderes Gebiet, das er ihnen geben wird, wie auch alles Land, das er mit Gottes Zutun in Preußen erobern wird, als ein altes und gebührliches Recht des Reiches an Bergen, Ebenen, Flüssen, Wäldern und am Meere, auch daß sie es frei von allem Dienst und Steuer und lastenfrei behalten und gegen niemanden verpflichtet sein sollen.

Durch die Vollmacht dieser Urkunde verbieten wir, daß irgendein Fürst, Herzog, Markgraf, Graf, Dienstmann, Schulze, Vogt oder irgendeine andere Person, hoch oder nieder, geistlich oder weltlich, gegen den Wortlaut dieser unserer Verleihung und Bestätigung etwas zu unternehmen wagt; wer es aber wagt, der mag wissen, daß ihn eine Strafe von 100 Pfund Gold trifft, von denen die eine Hälfte unserer Kammer, die andere den Geschädigten zu zahlen ist.

Zur Erinnerung und steten Festigung dieser Genehmigung und Bestätigung ließen wir diese Urkunde herstellen und mit goldner, durch unsern Majestätsstempel aufgeprägter Bulle befestigen. Dies geschah im Jahr des Herrn 1226, im Monat März in der vierzehnten Indiktion unter der Herrschaft Herrn Friedrichs, von Gottes Gnaden erhabenstem Kaiser der Römer, dem allzeit Erhabenen, König von Jerusalem und Sizilien, im sechsten Regierungsjahre seines Kaisertums, dem ersten im Königreich Jerusalem und sechsundzwanzigsten im Königreich Sizilien. Amen."

Der Papst machte anfangs Einwände. Kreuzzüge richteten sich gegen die „Verächter Christi" – die Prussen aber kannten Christus nicht und konnten ihn somit nicht verachten. Auch das „Bodenregal" konnte hier kaum Anwendung finden. Es ging ja um kein „herrenloses Land"; so ließ sich die staatsrechtliche Grundlage für eine „Inbesitznahme" kaum schaffen. Erst acht Jahre später, 1234, wurde dem Deutschen Orden in der Bulle von Rieti das neueroberte Land im Osten zum „ewigen Besitz" übertragen, doch sicherte sich die Kirche dabei ihren Teil, wie es damals üblich war, ein Drittel.

Bruder Balk hatte inzwischen die Weichsel überschritten, Thorn und Kulm zu Ausgangspunkten für die Prussenmission gemacht. Er ließ Schwert und Kreuz sprechen und gab dem Handelsgeist freie Zügel. Das freie Volk der Prussen wehrte sich gegen die Unterwerfung, konnte diese aber auf die Dauer nicht verhindern. Rom beobachtete die Fortschritte des Ordens und verwies bald auf die Bulle von Rieti, nach der die kirchliche Ordnung in dem eroberten Lande wie auch die Zuteilung des „Drittels" als weltliches Herrschaftsgebiet an die Kirche vom Papst ausdrücklich „vorbehalten" worden war.

Löbau mit bischöflicher Residenz

Am 29. Juli 1243 wurden durch die Teilungsurkunde von Anagni vier Bistümer geschaffen: Kulm, Pomesanien, Ermland und Samland. Der Genuese, Papst Innozenz IV., ein hervorragender Jurist, bekannt als unerbittlicher Gegner Friedrichs II. und aller Staufer, bestätigte diese Regelung noch im selben Jahr. So hatte die Geburtsstunde des Fürstbistums Ermland geschlagen.

1250 wurde im päpstlichen Auftrag vom Kardinallegaten Peter von Albano der erste ermländische Bischof ernannt, der Deutschordenspriester Anselm aus den Landen der Krone Böhmens. Er wählte 1254 das mittlere Drittel der Diözese zu seinem weltlichen Herrschaftsgebiet, erhob 1260 die Kirche zum Heiligen Andreas in Braunsberg zu seiner Kathedrale und begründete das Domkapitel. Papst Urban IV. bestellte ihn – vermutlich auf Anraten des Deutschen Ordens, da er diesem treu ergeben war – 1261 zu seinem Legaten für Böhmen, Mähren wie die Kirchenprovinzen Riga, Gnesen und Salzburg. Er war der einzige Ordenspriester, der jemals den Bischofsstuhl des Ermlands bestieg.

Ermland, die „terra Warmia", 1233 „Ermlandia" genannt, später Wormeland oder auch Warmeland, erhielt 1260 sein Domkapitel mit dem Sitz in Braunsberg, unter dem zweiten Bischof, Heinrich I. Fleming, der einer Lübecker Ratsfamilie entstammte, wurde es nach Frauenburg verlegt, wo auch die Kathedrale erbaut wurde. Heinrich I. Fleming war mit seinem Bruder Johannes und anderen Verwandten ins Prussenland gekommen. Er wurde Mitglied des ermländischen Domkapitels und 1277 dessen Propst. 1278 wählte ihn das Domkapitel zum Bischof, doch der zuständige Erzbischof von Riga versagte die Bestätigung – vielleicht weil er nicht aus dem Deutschen Orden hervorgegangen war, der den Bischofssitz nicht aus der Hand geben wollte, wahrscheinlicher, weil der Rigaer Erzbischof einen eigenen Kandidaten durchsetzen wollte. Der Rechtsstreit wurde in Rom entschieden. Papst Nikolaus III. ernannte Bischof Heinrich und weihte ihn 1279 selbst zum Bischof. Unter ihm erhielt das Domkapitel ein Drittel des Hochstiftes – die Kammerämter Frauenburg, Allenstein und Mehlsack – als weltliches Territorium, in dem es, wie der Bischof in seinem Drittel, die Herrschaft ausübte. Da das Domkapitel des Ermlands dem Deutschen Ritterorden nicht inkorporiert war, hatte dieser auf seine Staatsführung genausowenig Einfluß wie auf die des Fürstbischofs. Es kam öfters zu Auseinandersetzungen mit dem Hochmeister, doch alle Versuche des Ordens, der ermländischen Autonomie ein Ende zu setzen, blieben ohne Erfolg. Wie der Orden in seinem Staat besiedelten im Fürstbistum die Bischöfe und das Domkapitel planmäßig das Land. Sie schufen Dörfer und Güter, gründeten Städte, schufen wirtschaftliche und kulturelle Mittelpunkte. Als erste Stadt erhielt Braunsberg, 1249 erstmals als Brusebergue erwähnt, von Bischof Heinrich I. Fleming 1284 die Handfeste, die Gründungsurkunde.

Sie stand an der Stelle, an der die Passarge die alte Küstenstraße am Frischen Haff kreuzte und an der es bereits eine Prussensiedlung, zum Gau Warmien gehörend, gegeben hatte, wo eine von den Prussen zerstörte Burg gestanden; war 1249 von dem lübischen Ratsherrn Johannes Fleming angelegt und von Bischof Anselm mit lübischem Recht beliehen worden. Auch sie hatten die Prussen vernichtet. Oberhalb der Stelle siedelte Fleming erneut. Von 1343 bis 1442 wurde in Braunsberg die Hallen-Backstein-Kirche St. Katharina erbaut, einer der stolzesten Kirchenbauten. Als Hansestadt war Braunsberg die bedeutendste Stadt des Ermlands.

Eberhard von Neiße, der dritte in der Bischofsreihe, stammte aus der schlesischen Stadt Neiße. Er war bürgerlicher Herkunft. 1284 Notar seines Vorgängers, gehörte er als Pfarrer von Braunsberg seit 1288 dem Domkapitel an, war Domkantor und Kanzler gewesen und hatte seit 1290 als Kapiteladministrator die Kolonisation in der „terra Wewa", im Mehlsackergebiet, begonnen. 1300 hatte das Domkapitel ihn zum Bischof gewählt, und der Erzbischof von Riga hatte diese Wahl sogleich bestätigt. Sein Ziel war die systematische Besiedlung des mittleren Ermlands, des Prussengaues Pomesanien. Er siedelte Schlesier an, unter ihnen zahlreiche Verwandte. Eberhard von Neiße gründete die Städte Heilsberg, Wormditt und Frauenburg. Zum Deutschen Orden stand er in gutem Verhältnis.

Preußenkarte von Heinrich Zell, 1542

Heilesperch war eine Siedlung der Schlesier, in der von 1315 bis 1321 der Bischof residierte und die 1350 endgültig Bischofsresidenz werden sollte. Ort und bischöfliches Schloß erhielten eine Handfeste nach kulmischem Recht. Die Burg Heilsberg wurde in der zweiten Hälfte des 14. Jahrhunderts massiv aus Stein erbaut und war die repräsentativste Burganlage des Fürstbistums. Auf dem Innenhof stand eine überlebensgroße Sandsteinfigur der hl. Katharina.

Wormditt am linken Ufer der Drewenz gelegen, wurde 1313 erstmals urkundlich als Stadt erwähnt. Schon im 14. Jahrhundert gab es hier eine Ringmauer. Der Rathausturm barg die älteste Glocke des Ermlands von 1384. Vom 13. bis zum 15. Jahrhundert wurde an der Basilika des hl. Johannes gebaut, einer der schönsten und geräumigsten Backsteinkirchen des Ostens.

An der Ostküste des Haffes erhob sich, auf einer Düne angelegt, das „Castrum Dominae nostrae", die Frauenburg. 1287 gab es hier bereits Ratsherren und Bürger. Die Stadt war eine Siedlung Niederdeutscher, die mit dem Orden ins Land gekommen waren. 1284 übersiedelte das Domkapitel nach Frauenburg und begann mit dem Bau der Kathedrale.

Mit Bischof Heinrich Wogenap, dem fünften in der Reihe, begann die Kolonisation der „ermländischen Wildnis". Er entstammte einer Elbinger Bürgerfamilie, war Domkustos und Dompropst, ehe er aus dem Kreis der Domherren zum Bischof gewählt wurde. Seine erste urkundlich belegte Handlung war die Gründung der Stadt Guthinstat – Guttstadt –, der er 1329 die Handfeste nach kulmischem Recht ausstellte. Sie wurde von Schlesiern angelegt, in ihr wurde die breslauische Mundart gesprochen. In Guttstadt befand sich das einzige Kollegiatstift des Bistums, 1341 in Pettelkau gegründet, 1343 nach Glottau und bald darauf nach Guttstadt verlegt. Die Pfarrkirche, die zweitgrößte im Bistum, nannte sich daher „halber Dom". Das Kollegiatstift zum heiligsten Erlöser und allen Heiligen besaß wertvolle Kunstschätze und eine umfangreiche Bibliothek. Hier residierten ständig fünf Domherren. Unter diesem Bischof wurde mit dem Massivbau des Frauenburger Doms begonnen.

Unter Bischof Johann von Meißen, vormals kaiserlicher Notar, 1334 Pfarrer in Frauenburg, 1350 zum Bischof gewählt, wurde das Siedlungswerk im mittleren und südlichen Ermland durch Ausgebung zahlreicher Dienstgüter fortgesetzt. Rößel und Seeburg wurden als feste Burgen gegen die Litauereinfälle erbaut. Der Bischof verlegte seine Residenz nach Heilsberg und ließ die dortigen Schloßanlagen ausbauen. Mit dem Bau des Langhauses des Frauenburger Doms wurde begonnen.

1353 gab das Domkapitel der Stadt Allenstein die Handfeste, wo Nikolaus Kopernikus später als Administrator des Kapitels mehrere

Das Kammeramt Allenstein

Jahre residieren sollte. Das Kapitelschloß mit Mühle und Ansiedlung, von dem aus das weltliche Territorium des Kapitels – die ehemaligen prussischen Gaue Gudikus und Bertingen – verwaltet wurde, 1353 erbaut, zählte mit seinem unten quadratischen, oben runden Eckturm zu den festesten Burgen im Osten. Drei Großbrände überstand die Stadt im 15. Jahrhundert. Nur die Burg, die Ringmauern und die dreischiffige St.-Jakobi-Kirche mit ihren kostbaren Netz- und Sterngewölben – nach einer Inschrift bereits 1315 erbaut – blieben von der Zerstörung verschont.

Um die Bedeutung des ermländischen Bischofssitzes zu unterstreichen, ernannte Papst Gregor XI. 1373 den aus einem ritterlichen Geschlecht stammenden ehemaligen Sekretär Kaiser Karls IV. in Prag und 1372 zum Domherrn in Breslau berufenen Heinrich Sorbom, einen Freund des Deutschen Ordens, zum Bischof. Er brachte die erste Kolonisationsperiode mit der Gründung der beiden letzten ermländischen Städte, Bischofstein und Bischofsburg, zum Abschluß, gab Dörfern Waldbesitz und vollendete eine Reihe begonnener Kirchenbauten in Städten und auf Dörfern. Er ließ auch die Heilsberger Burganlage und den Ausbau des Frauenburger Doms fertigstellen. Dem Kapitel gab er 1384 eine neue Satzung, die vor allem das geistliche Leben reformieren sollte, und hielt 1395 die zweite Diözesansynode ab. Unter seinem Pontifikat erreichte die Geschichte des Fürstbistums ihren ersten Höhepunkt.

Nach der vernichtenden Niederlage des Deutschen Ordens bei Tannenberg im Jahr 1410 nahm die Unzufriedenheit der Städte und Adelsgeschlechter mit dem Ordensregime rasch zu. Neunzehn Städte, Thorn und Kulm an der Spitze, schlossen sich zum „Preußischen Bund" zusammen, der sich bald vom Orden lossagte.

Promovierte Juristen auf dem ermländischen Bischofsstuhl versuchten eine Versöhnung zwischen dem Orden und dem Preußischen Bund herbeizuführen, doch es kam zum Krieg. König Kasimir IV. von Polen unterstützte den Bund, dem die Städte immer neue Geldmittel zuführten, während der Orden bereits zuvor das Hochmeisterschloß, die Marienburg, seinen Söldnern verpfänden und mitansehen mußte, wie diese die Burg und eine Reihe anderer befestigter Bauten an den Polenkönig verkauften.

Gegen den Willen des Königs ernannte der Papst den ordensfreundlichen Kardinal Äneas Silvius Piccolomini zum Fürstbischof. Unter Nikolaus V. hatte dieser das Abendland zum gemeinsamen Vorgehen gegen die Osmanen aufgerufen. Er galt als einer der bedeutendsten Humanisten seiner Zeit, war von Friedrich III. zum „poeta laureatus" gekrönt worden. Leider hat er sein Bistum nie betreten; schon im August 1458 wurde er zum Papst gewählt. Als Pius II. bestieg er die römische Kathedra.

Sein Nachfolger wurde der Sekretär der Römischen Kurie Paul Stange von Legendorf, der einer westpreußischen Adelsfamilie entstammte. Seit 1447 hatte er ein ermländisches Kanonikat. Von Rom erhielt er die Weisung, im tobenden Städtekrieg Neutralität zu wahren. Es gelang ihm, einen Sonderfrieden zwischen dem Preußischen Bund und dem Polenkönig zu erwirken. Im Zweiten Thorner Frieden erschienen Bischof und Domkapitel als selbständige Paziszenten. Alle Schutzrechte, die der Deutsche Orden dem Fürstbistum Ermland gegenüber wahrgenommen hatte, gingen auf Kasimir IV., König von Polen, Herzog des Königlichen Preußens, über. Dem Bistum wurde die volle Selbständigkeit unter königlicher Schirmherrschaft zugesichert, doch nach dem Tode des Bischofs, der an der Pest starb, kam es zum Konflikt mit dem König, der den Nachfolger bestimmen wollte. Das Domkapitel entschied sich für Nikolaus von Tüngen, den Sproß einer Wormditter Bürgerfamilie, wie sein Vorgänger Sekretär bei der Römischen Kurie, seit 1459 Kanonikus

Das Kammeramt Mehlsack

bei der Breslauer Domkirche, seit 1465 ermländischer Domdechant, der vom polnischen Reichstag geächtet wurde und zu seinem Metropoliten nach Riga fliehen mußte, um sein Bistum von Livland aus mit Gewalt zu nehmen.

So entstand 1467 der Pfaffenkrieg, der mit dem Petrikauer Vertrag von 1479 endete. Das Ermland, das sich vom dreizehnjährigen Städtekrieg noch nicht erholt hatte, wurde erneut heimgesucht. In der Pfingstnacht 1472 überrumpelte Nikolaus von Tüngen Braunsberg und eroberte von dort aus eine ermländische Stadt nach der anderen. Eine kurze Zeit hatte das Ermland drei Bischöfe gleichzeitig gehabt, doch von Tüngen gelang es, das Bistum fest in seine Hand zu bekommen.

Ebenfalls gegen den Willen des Königs wurde Lukas Watzenrode, der Onkel des Nikolaus Kopernikus, 1489 Fürstbischof. Bald gewann er das Vertrauen des Königs, zumal er den Vorschlag unterbreitete, den Deutschen Orden aus Preußen zu entfernen, da es für ihn hier keine Aufgabe mehr gebe, ihn gegen die Türken einzusetzen. Seine Bemühungen, das Ermland zum Erzbistum zu erheben, scheiterten genauso wie sein Plan, eine Universität zu errichten.

Doch wenden wir uns nun dem Frauenburger Domkapitel zu. Ihm

gehörten zu dieser Zeit sechzehn geistliche Herren an, unter ihnen die vier Prälaten: Dompropst, Domdechant, Domkustos und Domkantor. Da das Kapitel landesherrliche Rechte nicht als Kollektiv wahrnehmen konnte, bestellte es alljährlich am Allerheiligentag einen Domherrn zum Kapiteladministrator oder Landpropst. Dieser verwaltete die Bezirke Mehlsack und Allenstein von der Kapitelburg Allenstein aus.

Beide selbständigen Landesherren – Bischof wie Domkapitel – waren hinsichtlich Verwaltung, Gesetzgebung, Gerichtswesen völlig eigenmächtig. Vom Recht der Münzprägung, das ihnen zustand, machten sie keinen Gebrauch. Der militärische Schutz des Fürstbistums – seine Außenpolitik – oblag bis zum Zweiten Thorner Frieden, 1466, dem Hochmeister als Schirmvogt des Bistums, danach dem König, zugleich Herr und Erbe des königlichen Preußen. In diesem Frieden, dem weder Kaiser noch Papst ihre Zustimmung gaben und der deshalb nie ganz rechtswirksam wurde, verlor der Deutsche Orden das Kulmerland und Pomerellen, das Gebiet um Marienburg, Christburg und Elbing. Das Bistum Kulm wurde kirchenrechtlich Gnesen unterstellt; dem Hochmeister des Ordens wurde auferlegt, als „polnischer Reichsrat" dem König den Treueid zu leisten.

Leibarzt des Onkels in Heilsberg

1503 kehrte Nikolaus Kopernikus nach zwölfjährigem Studium nach Frauenburg zurück. Seit acht Jahren war er schon ermländischer Domherr, doch sein Kapitel hatte ihn kaum zu sehen bekommen, eigentlich nur dann, wenn er vor der Jahresversammlung erschienen war, um sein Subsidium zu erbitten oder seinen Studienurlaub verlängern zu lassen. Selbst das hatte meist der bischöfliche Onkel für ihn besorgt, ohne daß seine persönliche Anwesenheit notwendig war.

Das Domkapitel legte größten Wert darauf, daß der Bildungsstand seiner Mitglieder hoch war; darum zeigte es sich stets recht großzügig, wenn einer der Domherren seine Studien vervollkommnen wollte.

Auch diesmal verließ Kopernikus die Kurienstadt am Frischen Haff bereits nach wenigen Tagen, erneut vom Domkapitel beurlaubt, in dem er bisher noch kein Amt wahrgenommen hatte. Er trat in den unmittelbaren Dienst seines Onkels, des Bischofs, in Heilsberg, wurde Leibarzt eines vor Gesundheit strotzenden Fürsten – das heißt: er fand Muße, sich seinen Himmelsbeobachtungen zu widmen.

Daneben lernte er die große Welt und ihr Ränkespiel kennen. Er ging durch die Schule der staatlichen Verwaltung, machte sich mit den politischen Intrigen und mit der Praxis der Rechtspflege vertraut. Sein Onkel war ein souveräner Landesherr. Das kleine Nest Heilsberg, am Nordrand des Bistums gelegen, wo die Simser in die Alle fließt, in Wälder gebettet, an der Straße von Allenstein nach Königsberg, die der Landpropst des Domkapitels für seine Kurierwagen benutzte, bot in seiner ländlichen Stille kaum Abwechslung. Die landschaftliche Schönheit erfreute zwar das Herz, lud zu Spaziergängen und zu besinnlichem Verweilen ein. Die Sonntagsruhe, die fast immer über dem hügeligen Land lag, der blaue Himmel, an dem sich oft weiße Wolkenberge türmten, all das wirkte beruhigend auf den unsteten Geist, den es beständig vorwärts trieb.

Kopernikus begleitete seinen Onkel oft auf dessen Fahrten durchs Ermland. Er lernte Guttstadt und Rößel kennen, Wormditt, Braunsberg und Tolkemit. Mit dem Reisewagen fuhren sie über die baumgesäumten

Straßen, vorbei an wogenden Kornfeldern oder Rübenäckern, sahen, wie man im Herbst den Flachs erntete, auf dessen Anbau das Bistum besonders stolz war und für den bei Androhung höchster Strafen ein Ausfuhrverbot bestand. Im Winter rollte der Wagen durch die tiefverschneite Landschaft, in der kahle Buchen wie heimatlose Riesenherden kauerten oder blattlose Birken schmalbrüstig, frierend die holprigen Landwege säumten. Sie begegneten Fuhrleuten, die gefällte Baumstämme, fest aneinandergekettet, zur Sägemühle brachten, begegneten Kindern, die mit ihren Schlitten zu den nahen Hügeln hinauszogen, wo sie dem winterlichen Vergnügen nachgingen, sich im Schnee tummelten und die Jahreszeit trotz Frostesstarre und dichtem Schneetreiben auf ihre Weise genossen.

Unter der Schneedecke lugte zuweilen die Wintersaat hervor, ein fadenscheiniger, mattgrüner Teppich über der dunkelbraunen Erde; die Bauern warteten ungeduldig auf den Gertrudistag, den „Tag der heiligen Gärtnerin", an dem die Störche aus Ägypten heimkehrten und mit der Ausbesserung ihrer Nester aus dem Vorjahr begannen.

Kopernikus nahm im Gefolge des Onkels an den westpreußischen Landtagen teil, deren Präsident der Bischof war, fuhr gelegentlich mit zu den Stände- und Reichstagen, nützte die Gelegenheit, um Verwandte in Thorn oder in Krakau wiederzusehen, alte Freunde und Studiengefährten zu besuchen, ehemalige Lehrer und Gönner zu treffen.

Von diesen Reisen brachte er neue Erkenntnisse und neues Studienmaterial mit ins Ermland, zuweilen ein neues Buch, das er in der Königsstadt erworben oder von einem Freunde geschenkt bekommen hatte, so daß er auch in dem „entferntesten Winkel der Welt" über alles auf dem laufenden blieb, was sich ereignete, was in seinen Studienfächern an Forschungsergebnissen oder Theorien hervortrat.

Er war nicht nur Arzt seines Onkels, er war dessen Ratgeber, Gesellschafter und Sekretär. Er verfügte über eine hervorragende Allgemeinbildung, über reiche Kenntnisse auf fast allen Lebensgebieten. Das wußte der Onkel zu schätzen, der sich in der Gegenwart kluger und belesener Männer besonders wohl fühlte. Der Fürstbischof besaß hervorragende geistige Eigenschaften. Darüber hinaus war er ein kluger Diplomat. Unter dem Hochmeister Friedrich von Sachsen war es zu einer Verständigung mit dem Orden gekommen. In der Erkenntnis, daß der unüberbrückbare Gegensatz zwischen Orden und polnischer Krone zu einem Krieg führen müsse, bei dem das Fürstbistum in Mitleidenschaft gezogen würde, fand der Bischof eine Kompromißlösung, wenn auch nur vorübergehend, obwohl er offen zu erkennen gab, daß sein Herz stärker für den König schlug. Sein ausgesprochener Rechtssinn wurde zuweilen durch seine Strenge, ja durch einen zum Starrsinn neigenden Eigenwillen derart gesteigert, daß ein Konflikt kaum ausbleiben konnte. Als der Orden Wilhelm von Isenburg veranlaßte, eine Schmähschrift gegen den Bischof herauszugeben, kam es erneut zum Bruch, der zur Folge hatte, daß die großen Pläne Watzenrodes nicht zur Durchführung kamen. Dabei spielte auch der Rigaer Erzbischof eine nicht gerade rühmliche Rolle, der sich vom Ordenshochmeister nur zu leicht beeinflussen ließ.

Nikolaus Kopernikus war sich stets bewußt, daß er am Hof eines Kirchenfürsten lebte. Auch als Nichtpriester zählte er zu den geistlichen Herren, die in allem den Vorrang genossen.

Sein Onkel unterhielt als selbständiger Souverän Verbindung mit dem Krakauer Königshof, als Bischof aber auch Verbindung mit der Römischen Kurie. Er verhandelte mit den Städten Thorn, Elbing, Danzig. Nur mit Königsberg beschränkte sich der Kontakt auf das Allernotwendigste, denn dem Hochmeister blieb er gram. Er sah im Orden, trotz allem, einen Feind des Fürstbistums und war beständig bemüht, Städte und Stände gegen ihn zu mobilisieren.

Bedacht war er auf die Hebung des religiösen Lebens, besorgt um das Heil der ihm anvertrauten Seelen. Er erließ ein Verbot des Ablaßhandels. Unter seiner Obhut erschienen im Ermland die ersten gedruckten liturgischen Bücher. Er führte das Brevier ein, das Missale. Der Kunst stand er aufgeschlossen gegenüber. Der Frauenburger Dom verdankte ihm seinen Hochaltar, Schloß Heilsberg stattete er auf das trefflichste aus.

Während der Bischof von seinen geistlichen wie weltlichen Aufgaben in Beschlag genommen wurde, blieb dem Neffen reichlich Zeit, als Privatgelehrter seinen Studien nachzugehen. Lag dies doch auch im Interesse des Onkels, der ihn nicht zuletzt deshalb in seine unmittelbare Nähe, nach Heilsberg, gerufen hatte. Als dankbarer und gehorsamer Neffe fühlte er sich dem Bischof verpflichtet. So konnte er nicht umhin, des Onkels Abneigung gegen den Deutschen Orden zu teilen, obwohl er als friedliebender Mensch, der es mit dem Gebot der Nächstenliebe sehr genau nahm, mit einem jeden, diesseits und jenseits der Grenzen, in Eintracht zu leben wünschte und einem jeden hilfsbereit gegenüberstand.

Am Neujahrstag des Jahres 1504 trat Nikolaus Kopernikus zum erstenmal öffentlich als Berater seines Onkels auf. Über Wormditt und Preußisch-Holland waren sie unter frostklarem Himmel zum preußischen Ständetag nach Marienburg gefahren. Von dort ging es nogat-, dann weichselaufwärts nach Thorn, wohin König Alexander einen Landtag einberufen hatte, auf dem er die Huldigung der westpreußischen Stände entgegennehmen wollte.

Hier erfuhr Nikolaus Kopernikus, daß mit seinem Onkel nicht gut Kirschen essen war, wenn man es wagte, dessen Pläne anzuzweifeln oder gar zu durchkreuzen. Selbst dem König trotzte der Bischof, sobald dieser unannehmbare Forderungen stellte.

Das äußere Gepräge, das mit dieser Huldigung wider Willen verbunden war, interessierte Kopernikus kaum. Hätte der Onkel nicht darauf bestanden, daß er bei der Eröffnung des Landtags zugegen sei, wäre er am liebsten für einen oder zwei Tage in Kulm geblieben, um Erinnerungen wachzurufen und alte Freunde wiederzusehen.

Nun, auch die Stadt Thorn zog ihn an. Seine Mutter und seine Schwester lebten dort: Er vergaß darüber fast die Aufgaben, die er zu erfüllen hatte. Der Onkel drückte ein Auge zu, er sah in ihm noch immer den verträumten Studenten. Man müsse ihm Zeit lassen, sich in das neue Leben einzufinden, meinte er. Der Bischof dachte wie seine Kirche – er hatte Zeit, unendlich viel Zeit. Zwölf Jahre Studienzeit, glaubte er, gewiß durch eigene Erfahrung bestärkt, hätten ihre Spuren hinterlassen; von heute auf morgen wandle sich keiner vom Studiosus – zumal vom Studiosus an den freien italienischen Universitäten, die dem Onkel nicht unbekannt waren – zum Leibarzt und Fürstenberater. Onkel Watzenrode fühlte sich dem Neffen weniger als Herr und Bischof als vielmehr väterlich verbunden. Die Familienbande waren ihm heilig, er selbst bedauerte, daß ihm in Thorn nur so wenig Zeit zu Verwandtenbesuchen blieb.

Schon in seiner Schulzeit und später während der Krakauer Studienjahre hatte Kopernikus einen Eindruck vom Königshof gewonnen, nun erfuhr er dessen volle Prunkentfaltung, als er nach dem Tod König Alexanders der Krönung Sigismunds I. in Krakau beiwohnen durfte. Die Großen des Reiches, Vertreter der Kirche und des Deutschen Ordens, der Städte und Stände, der Wissenschaft und des Adels wie auch der höhere und niedere Klerus waren in der Königsstadt zusammengekommen, die einem friedlichen Heerlager glich. Es herrschte Feststimmung. Fahnen und Girlanden schmückten die engen Straßen. Herolde ritten ihren Herren voraus, bahnten ihnen den Weg durch die drängende Volksmenge. Prunkvolle Kleider hoben sich vom schlichten Violett der Bischofsröcke, vom Grau der Ordenskutten und vom Weiß der Rittermäntel ab.

Doch wer ein wenig tiefer zu schauen vermochte, sah, daß nicht jeder Händedruck ein Zeichen der Freundschaft war. Es herrschte in diesen Tagen Burgfriede zwischen dem König und dessen Vasallen, zwischen Schirmherr und Beschirmten, Oberherr und Schutzbedürftigen. Eifersucht schwelte unter den Festgästen; manch einer machte gute Miene zum bösen Spiel. Man tuschelte hinter dem Handrücken, Ränke wurden geschmiedet, Händel ausgetragen und Geschäfte gemacht.

Eines Morgens hatte man einen hohen Herrn an der Straßenecke zusammengeschlagen gefunden; seine Diener hatten Reißaus genommen, um ihr Leben, das ihnen teurer war als das seine, in Sicherheit zu bringen; und heimlich flüsterte man sich zu, die Wachen des Königs hätten einen Burggrafen aus der Weichsel gefischt.

An Erfahrungen reicher kehrte Nikolaus Kopernikus ins stille Heilsberg zurück. Als er die Holzbrücke zum Hochschloß passierte, kam ihm ein Bote entgegen, der eine Hiobsbotschaft brachte. Sein Bruder Andreas sei an der Lepra erkrankt.

Hoffte Andreas auf die ärztliche Hilfe seines Bruders? Kopernikus war ratlos; dieser Krankheit war er bisher noch nicht begegnet, er kannte sie nur vom Hörensagen als eine überaus gefährliche und obendrein ansteckende Seuche, vor der man sich in acht nehmen müßte. Wie würden die Frauenburger Domherren reagieren, wenn sie erführen, daß sein Bruder mit dieser Krankheit behaftet in die Domburg zurückkehrte?

Er hielt es für das Beste, ihn den tüchtigen italienischen Ärzten anzuvertrauen, deren Kenntnisse auf dem Gebiet der Heilkunde ihn während des Studiums nicht selten in Erstaunen versetzt hatten. Obendrein glaubte er, die Wärme des Südens würde dem Erkrankten gewiß besser tun als das kalte, feuchte Klima im Norden. Vielleicht könnte er in Italien gesunden.

Das Domkapitel bewilligte Andreas Koppernigk die Reise nach Rom und einen einjährigen Genesungsaufenthalt in Italien, der stillschweigend mehrmals verlängert wurde. Wie Kopernikus gehofft oder befürchtet hatte, war man froh, den Kranken auf diese Weise abschieben zu können. Was über die Krankheit bekannt war, gehörte zu dem Furchtbarsten, das in jenen Tagen die Menschen in Schrecken versetzte. Man verglich sie mit der Pest, und was das bedeutete, wußte manch ein Domherr aus eigener Erfahrung. 1508 verließ Andreas Koppernigk das Ermland.

Nikolaus Kopernikus lebte in dem großen, viereckigen Backsteinschloß am Zusammenfluß von Simser und Alle, dessen runder Geschützturm im Süden den Anblick einer trutzigen Festung bot. Bischof Heinrich Sorbom hatte dem Bauwerk sein Gesicht gegeben. Er hatte den inneren Schloßhof mit einem Umgang geschmückt und eine „Wasserkunst im Stock" eingerichtet. Mit Vorburg und Gräben erschien die Burg wehrhaft nach außen hin. Das Hochschloß war an den Ecken mit schlanken Türmen und einem trutzigen Bergfried abgeschirmt. Es fehlte jeder Schmuck. Ein Festungswerk mit nur einem einzigen Zugang. Doch feingegliedert war das Innere, mit Gewölben von höchster Vollendung ausgestattet, reich mit Schmuck versehen, eines Fürsten durchaus würdig.

Ein Schloß, das eine bewegte Geschichte hatte: 1410, nach der Niederlage des Deutschen Ordens bei Tannenberg, mußte Bischof Heinrich Heilsberg von Vogelsang – der erste gebürtige Heilsberger auf dem Bischofsstuhl, ein Jurist, der vollauf damit beschäftigt war, sein vom Hungerkrieg heimgesuchtes Land wieder zu ordnen – vor Hochmeister Heinrich von Plauen fliehen, der sich als Zwingherr hier niederließ. Erst nach dessen Tod konnte der Bischof in seine Residenz zurückkehren. Auch Bischof Franz Kuhschmalz mußte Schloß Heilsberg verlassen und außer Landes gehen. Die Burg fiel in die Hände böhmischer Söldner, bis Bischof Paul von Legendorf sie gegen Zahlung von 10.000 Gulden einlöste. Bischof Nikolaus von Tüngen war es anfangs nicht gelungen, Heilsberg den Ständen Preußens zu entreißen. Er nahm die Burg im Handstreich durch eine List. Im Pfaffenkrieg wurde Schloß Heilsberg von dem polnischen Heerführer Jan Bieli belagert. Er führte auf großen Flößen Geschütze heran, um der Festung näher zu kommen, doch konnte er sie nicht einnehmen. Aber nicht nur kriegerische Ereignisse gaben dem Bischofshaus das Gepräge. Bischof Johann Abezier richtete hier die „Stätte des Geistes" ein: Er schuf die Schloßbibliothek und sorgte dafür, daß die Werke der Kirchenväter und anderer Klassiker Aufnahme fanden.

Neben dem Schloß war in Heilsberg die backsteingotische Hallenkirche Peter und Paul das wichtigste Bauwerk. Einst als dreischiffige chorlose Basilika angelegt, 1400 vollendet, wurden die Seitenschiffe 1497 höher gelegt, so daß eine Halle entstand. Wie von grünem Waldkranz umgeben erinnerte sie an den Frauenburger Dom, als hätte derselbe Baumeister sie entworfen.

Streng wie die bischöflichen Bauten – Schloß und Kirche – nach außen hin wirkten, wirkte die Schloßordnung nach innen, die aus dem Jahr 1480 stammte und Nikolaus Kopernikus zuweilen Kummer bereitete. Sie erinnerte ihn immer wieder an die Krakauer Studienzeit, an die dortigen Bursen, wo auch er einer festen Haus- und Studienordnung unterlegen war. Sie einzuhalten fiel ihm umso schwerer, wenn die Umgebung der Stadt im Frühjahr und im Herbst zu Wanderungen in die erwachende oder Abschied nehmende Natur einlud. Nicht daß er sich ein unbeschwertes Studentenleben wie in Bologna wünschte; Kopernikus war ein ernsthafter, ein frommer Mensch, der seine Verpflichtungen als Domherr wie auch das Gebot seines Standes durchaus ernst nahm. Aber wie gern hätte er sich manchmal, statt sich in den Trubel der

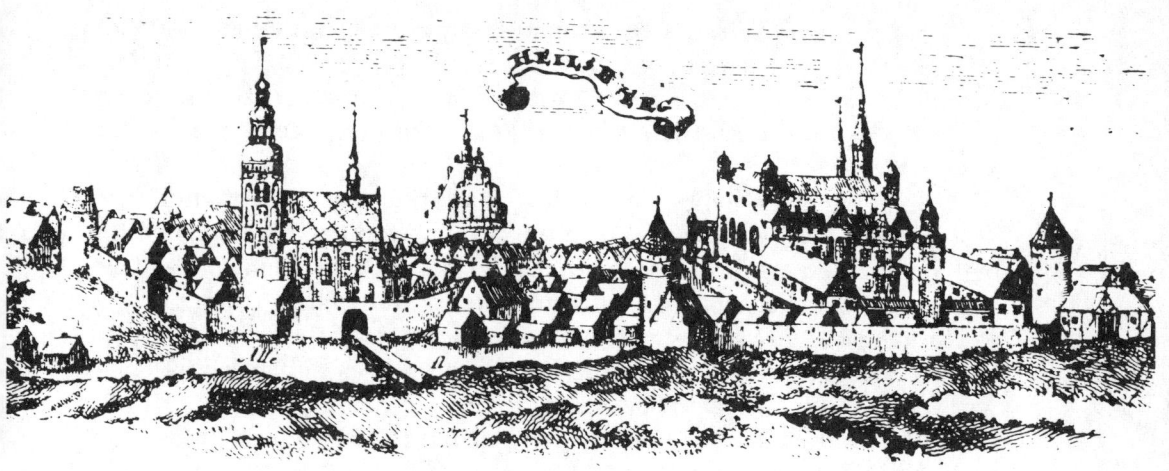

Die Stadt Heilsberg

Landesverwaltung zu stürzen, zu einer privaten Wallfahrt in das stille Glottau begeben, das eine gute Stunde zu Fuß von Guttstadt entfernt lag. Guttstadt konnte er mit dem Kurierwagen zur Kapitelburg Allenstein erreichen, der täglich verkehrte. Ab und zu nutzte er die Gelegenheit, verließ den Wagen auf der Hinfahrt an der Weggabel nach Glottau und benutzte ihn auf der Rückfahrt, um nach Heilsberg heimzukehren.

Glottau bestand nur aus wenigen Häusern, in einer Mulde gelegen, von Wäldern umschlossen. Über das Tal des Quehlbaches hatte sich einst eine Fliehburg der Prussen erhoben, hier hatte es der Überlieferung nach eine heidnische Opferstätte gegeben, die aufgrund einer Hostienlegende später in einen vielbesuchten Wallfahrtsort verwandelt worden war. Schon 1312 hatte es in Glottau einen Pfarrer gegeben, 1313 erhielt der Ort seine Handfeste. Seit 1347 gab es die Wallfahrtskirche, in der des Leidens Christi gedacht wurde.

War Kopernikus zu früh nach Guttstadt zurückgekehrt und mußte er auf den Kurierwagen warten, der ihn beim Storchenturm, in der Südostecke der Stadtbefestigung, aufnehmen sollte, so schaute er in den „halben Dom" hinein, der ihn in zweifacher Hinsicht an Krakau erinnerte. Den Hochaltar hatte Bischof Grabowski nach dem Muster der Domkirche in Krakau fertigen lassen und der Guttstädter Kirche geschenkt. Doch am zweiten Pfeiler links von diesem, als Altarbild für den Trinitätsaltar, hatte die Schule des Veit Stoß den „Gnadenstuhl" geschaffen, ein Holzschnitzwerk, das ihn an den Krakauer Veit-Stoß-Altar erinnerte. Zwischen zwei jonischen Säulen, unten efeuumrankt, eine kostbare Holzschnitzarbeit: die Heilige Dreifaltigkeit. Gottvater hält den Kruzifixus im Schoß, über seinem Haupt in Gestalt einer Taube der Heilige Geist. Noch ein zweites Kunstwerk von unschätzbarem Wert enthielt diese Kirche: die Guttstädter Madonna von 1430 mit einem so überaus mildmütterlichen Blick, daß man ihr gern alle Sorgen anvertraute.

Vor allem aber liebte Kopernikus die Stille des Landes, und seine besondere Liebe galt diesem Land bei Nacht, wenn er zum Sternenhimmel aufschauen konnte, der sich tief über die Erde herabneigte wie eine gläserne Glocke, deren unteren Rand man kaum sehen kann.

Immer, wenn er sich mit seinen astronomischen Studien beschäftigte, verließ er das Schloß, in dem für ein beschauliches Leben wenig Raum war, da ständig Gäste ein und aus gingen, da hier das doppelte Leben eines Fürstenhofes und einer Kurie pulsierte. Mit dem Königsschloß in Krakau konnte man es nicht vergleichen, wohl aber mit anderen Fürstenschlössern, in denen kein Bischof residierte. Dieses Schloß war kein Kloster. Es war eine Arbeitsstätte von Beamten, es war Sitz einer Landesregierung.

Jeder war sich hier seiner Würde bewußt, Kammerdiener hatten wiederum ihre Diener. Dem Bischof zur Seite stand der Generalvikar, ein gestrenger Mann, dem man nachsagte, er habe zwei überaus wachsame Augen, von denen er abwechselnd jede Nacht nur eines schließe. Ihm zur Seite stand der geistliche Richter.

Die Landesregierung setzte sich aus weltlichen Beratern des Landesherrn zusammen, an der Spitze der Landvogt, dem die Gerichtsbarkeit unterstand und der im Kriegsfalle die Mannschaft des Bistums befehligte. Der Scheffer zog den Zins ein, dazu die Naturalienabgaben von Stadt und Land. Er war für die Versorgung der Burg verantwortlich. Die Aufsicht über die Burg führte der Burggraf, dem zugleich das Personal unterstand. Für die Privatgemächer und die persönliche Bedienung des Bischofs war der Kämmerer verantwortlich. Dem Marschall unterstand das Stallwesen. Er war zugleich Protokollchef bei der Tischordnung.

Eine wichtige Funktion hatte der Küchenmeister, der die Oberaufsicht über die Küche führte und dem der Ober- und Untermundschenk, die für Bier, Met und Wein sorgten, der Fischmeister und der Forstmeister unterstanden. Neben den Wäldern sorgte letzterer auch für die „hohlen Bäume", in denen die Bienenzucht gedieh, die für die Kerzen in der Kirche das Wachs lieferte. Hochschloß und Vorburg wurden vom Oberschloßwart und vom Unterschloßwart behütet. Immer wieder waren in der Burg Adelige, Ritter, Kammerjunker, Vikare, Notare und Mitglieder des Klerus zu Gast.

Zum Schloß gehörte eine Domäne mit Ackerland, weiten Waldungen und drei Seen, Höfe und Stallungen bargen einen beachtlichen Viehbestand, herrliche Pferde und scheckige schwarzweiße Kühe, von denen später ein Witzbold behauptete, Preußen hätte von ihnen seine Farben bekommen.

Bauern bewirtschafteten die Felder, Wald- und Seehüter kümmerten sich um Baumbestand, Jagd und Fischfang. Eine strenge Schloßordnung schrieb ein Protokoll vor, das ebenso streng eingehalten wurde. Einmal am Tag, zum Mittagessen, kam der gesamte Hofstaat zusammen. Speisen und Getränke wurden in den Kellerräumen vorbereitet. Die Glocke ertönte – als Zeichen, daß Essenszeit war. Der Hofstaat versammelte sich und zog zur Tür des Fürstbischofs. Sie wurde geöffnet, bellende Hunde stürzten heraus. Der Kirchenfürst trug seine Amtstracht, er wurde vom Kämmerer geleitet. In geordnetem Zug, einer Art weltlicher Prozession, ging es zum Remter, an dessen Eingang das Wasser und die vorgewärmten Handtücher für die Waschung der Hände bereitstanden. Nach der Handwaschung sprach der Hofkaplan das Tischgebet. Dann nahm der Bischof auf erhöhter Estrade Platz, zu seiner Rechten der Generalvikar, zu seiner Linken der geistliche Richter, dann der Landvogt, der Hofkaplan und die Domherren, Äbte, Ordensritter, andere Ritter, die Burgwarte der großen Städte, soweit sie als Gäste in Heilsberg weilten. Keiner durfte sich früher setzen, als bis der Marschall ihm seinen Platz zugewiesen hatte.

Neben dem Bischofstisch stand der Konventtisch, an dem der Scheffer den Ehrenplatz einnahm. Sein Sitz war nicht erhöht. Dieser Tisch war dem Kämmerer, den Junkern, Ratsherren und adeligen Gästen vorbehalten.

Gegenüber, am Notartisch, saßen um den Kapitelnotar die geistlichen und weltlichen Richter, die Burggrafen, Fischmeister, Forstmeister, Keller- und Küchenmeister und als Gäste die Schulzen und Schöffen, die zu den Gerichtssitzungen nach Heilsberg gekommen waren.

Der vierte Tisch war den Dienern zugeteilt. Hier saßen die Kornknechte, die Roßknechte, die Junkerknechte, die Schloßwarte, Heizer, der Turmwächter und der Leibkutscher.

Es folgte der Armentisch, an den täglich eine Reihe Ortsarmer zum Essen geladen war.

Die Tischbedienung hatte ihren eigenen Tisch, an dem neben dem Marschall der Vorschneider, der Truchseß, der Mundschenk und die Knechte Platz nahmen.

Am siebenten Tisch saßen die Kellerangestellten, die Küchenmannschaft; am achten die Diener, die das Essen aufgetragen und beim Essen bedient hatten.

In früherer Zeit hatte es noch einen neunten Tisch, in der Mitte des Remters, gegeben, an dem die Hofnarren, Gaukler und Spaßmacher saßen. Auch hatten die Knaben prussischer Eingeborener, die die Schloßschule besuchten, um Priester zu werden, einen eigenen Tisch gehabt. Bischof Johann II. Styprock war der Gründer der Schloßschule gewesen, die 1497 von der ersten Lateinschule abgelöst worden war.

Im Gegensatz zum Deutschordensstaat hatte sich das Fürstbistum Ermland seit seines Bestehens um die eingesessene prussische Bevölkerung besonders bemüht. Die Ordensritter kannten – auch bei der Besiedlung des Landes – die Eroberung als oberstes Gesetz. Sie wollten Land gewinnen, um es denen zu geben, die mit ihnen „naar Oostland" gezogen waren. Die Bischöfe dagegen wollten die eingesessene Bevölkerung bekehren; das war ihr Hauptgedanke, auch bei der Besiedlung des Landes. Sie ließen den Prussen, soweit wie nur möglich, ihren Besitz und kümmerten sich um die zu Christus Bekehrten, um bei ihnen den neuen Glauben zu festigen. So lag ihnen die prussische Jugend besonders am Herzen. Aus ihr wählten sie fähige Knaben, die auf besonderen Schulen zum Priesterberuf herangebildet wurden. Es lag den Bischöfen daran, so schnell wie möglich Priester aus den Reihen der Prussen zu bekommen, die das Bekehrungswerk erleichtern und den Bekehrungserfolgen Dauer verleihen sollten.

Am Mittagessen mußte auch Nikolaus Kopernikus teilnehmen. Er war jedesmal froh, wenn er nach Absolvierung des Zeremoniells in sein Gemach zurückkehren konnte, zu den Büchern, den selbstgefertigten Instrumenten, die er zur Himmelsbeobachtung brauchte, mit deren Hilfe er den Bahnen der Gestirne folgen, Sonne und Mond an besonderen Tagen, unter besonderen Konstellationen, beobachten konnte.

Anders als das Leben am Hofe verlief das Leben in der Stadt. Hier herrschte „mittelalterliche Ruhe", hier gingen Bürger und Handwerker ihren täglichen Geschäften nach. Nur dann und wann wurde der Arbeitstag unterbrochen, wenn die 1443 mit eigener Willkür ausgestattete Corpus-Christi- und Schützenbruderschaft zur Erhaltung der Wehrhaftigkeit der Bürger zu einer Übung oder zu einer Feier auszog, umschwärmt von groß und klein, die Vorläufer der späteren „Rotröcke", der Heilsberger Bischofsgarde.

Erste „ketzerische" Gedanken

Nach dem Beispiel des achtzehn Jahre älteren Johannes Reuchlin aus Pforzheim las Kopernikus neben den lateinischen auch die griechischen Schriften. Zwar trieb er es nicht so weit wie jener, der seinen Namen gräzisiert hatte und sich Kapnion nannte; vielleicht stand er ihm auch in manchem an Gelehrsamkeit nach. Reuchlin hatte in Paris studiert und war in Rom Giovanni Pico della Mirandola, dem Grafen von Concordia, begegnet, von dem der Rat stammte, auch die hebräische Sprache zu erlernen. Als Anwalt der Schwäbischen Brüder lebte er in Stuttgart; und gerade in diesem Jahr sagte er kühn den Obskuranten den Kampf an, nachdem er erfahren hatte, daß im heiligen Köln die Inquisition unter dem gefürchteten Pfefferkorn alle hebräischen Bücher und Manuskripte verbrennen lassen wollte, „weil sie des Teufels seien".

Einen zweiten Humanisten nahm sich Nikolaus Kopernikus zum Vorbild: den nur vier Jahre älteren Desiderius, genannt Erasmus von Rotterdam, der wie er seine Ausbildung bei den Brüdern vom Gemeinsamen Leben – zwar nicht in Kulm, sondern in Leiden – erhalten hatte. Erasmus hatte wie Kapnion in Paris studiert, sich als Theologe und Philologe dem klassischen Altertum verschrieben und war dabei, griechische Schriften ins Lateinische zu übertragen, obwohl die Inquisition auch ihn bereits gewarnt hatte: „Er ist ein Poet, er spricht Griechisch, also steht es schlecht um sein Christentum!"

In Heilsberg saß der Humanist Nikolaus Kopernikus in einem Seitenflügel des fürstbischöflichen Schlosses über eines dieser „verruchten" griechischen Bücher gebeugt, das er ins Lateinische übersetzen wollte. Es waren die fünfundachtzig erdachten Episteln des Spätbyzantiners Theophylaktos Simokettes, geschrieben um das Jahr 630 nach Christus. Dieses Buch begeisterte Kopernikus; er hatte viele Mußestunden mit der Übersetzung einiger Abschnitte verbracht, nun wollte er es ganz übertragen, um auch seinem Onkel den Genuß dieses köstlichen Werkes zu ermöglichen – oder um seiner Umgebung und den gelehrten Griechisch-Hassern zu beweisen, wie moralisch selbst Teufelswerk sein kann? Er widmete dem Bischof seine lateinische Übersetzung, als diese 1509 bei Johannes Haller in Krakau erschien.

Sein einstiger Krakauer Studienmeister, Laurentius Corvinus, der Rabe, mit dem ihn enge persönliche Freundschaft verband und der jetzt Stadtschreiber in seiner Heimatstadt Thorn war, hatte ein Einführungsgedicht zu dieser Ausgabe geschrieben und darin die Stadt, der er diente, gepriesen, „weil sie treffliche Männer hervorgebracht, unter denen der Bischof Lukas durch Frömmigkeit, Ernst und Würde sich auszeichnet, dem auch ein großer Teil Preußens untertänig ist – Ermland, unter seiner Herrschaft glücklich. Ihm steht treu zur Seite, wie dem Äneas einst der treue Achates, der gelehrte Mann, der dieses Werk aus der griechischen in die lateinische Sprache übertragen hat. Er erkundet den schnellen Lauf des Mondes und die wechselnden Bewegungen des Brudergestirns – und das ganze Firmament mit den Wandelsternen, die wunderbare Schöpfung des Allvaters; er weiß, von staunenswerten Prinzipien ausgehend, die verborgenen Ursachen der Dinge zu erforschen."

Hier wurde zum allerersten Male auf des Kopernikus „Himmelforschung" hingewiesen. Auf eine Arbeit, die den Frauenburger Domherrn bis zu seinem Lebensende nicht mehr zur Ruhe kommen lassen sollte.

Doch etwas anderes beunruhigte ihn schon jetzt: Er fühlte sich zwar durch dieses Gedicht geschmeichelt und gönnte vor allem seinem Onkel das hohe Lob; doch angesichts des „durch Frömmigkeit, Ernst und Würde" sich auszeichnenden Bischofs mag ihm ein wenig bange geworden sein, zumal diese „Episteln" auch ausgesprochene Liebesgeschichten enthielten. So sah er sich verpflichtet, seine Übersetzung dieses Büchleins – nicht nur „hinsichtlich der geschmähten heidnischen Sprache", in der Simokettes es nun einmal geschrieben hatte, sondern auch hinsichtlich des Inhalts – in seiner Widmung zu rechtfertigen. Vorsicht ist nun einmal die Mutter der chinesischen Porzellankiste; das wußte man schon damals, und manch einer hat die leichtfertige Zurückweisung dieser Weisheit auf dem Scheiterhaufen oder mit der Verbannung bezahlen müssen. Gib acht, die Inquisitoren gehn um!

„Hochwürdigster Herr und Vater des Vaterlandes", schrieb er, „ganz vortrefflich hat meiner Ansicht nach Theophylaktos, der Scholastiker, moralische, ländliche und Liebesepisteln zusammengestellt. Sicherlich hat ihn dabei die Erwägung geleitet, daß Abwechslung vorzüglich zu gefallen pflege. Sehr verschieden sind ja die Neigungen der Menschen, sehr Verschiedenes ergötzt sie. Dem einen gefällt die Gedankenschwere, dem anderen das durch seine Leichtigkeit Ansprechende; Ernstes liebt der eine, einen anderen zieht das Spiel der Phantasie an. Da sich die Menge also an ganz Verschiedenem erfreut, hat

Theophilacti scolasti-
ci Sunocati eple morales: rurales
et amatorie interpretatione latina.

Titel des Buches, das Kopernikus aus dem Griechischen übersetzte

Theophylaktos Leichtes mit Schwerem, Leichtfertigkeit mit Ernstem abwechseln lassen, so daß der Leser gleichsam wie in einem Garten aus der reichen Menge der Blumen wählen kann, was ihm am besten gefällt. Alles Dargebotene aber gewährt einen so großen Nutzen, daß seine Gedichte nicht nur Episteln zu sein scheinen, als vielmehr Regeln und Vorschriften für eine zweckmäßige Gestaltung des menschlichen Lebens. Beweis dafür ist ihre inhaltsreiche Kürze.

Theophylaktos hat seine Stoffe verschiedenen Schriftstellern entnommen und in gedrängter Kürze sehr lehrreich zusammengestellt. Den moralischen und ländlichen Gedichten wird kaum jemand ihren inneren Wert absprechen. Anders dürfte man vielleicht über die Liebesepisteln urteilen, die nach ihrem Titel leichtfertig und ausgelassen anmuten können. Aber wie der Arzt die bittere Medizin durch Beimischung von Süßem zu mildern pflegt, um sie dem Kranken annehmbar zu machen, also sind auch die leichtfertigen Gedichte beigegeben; sie sind übrigens so rein gehalten, daß sie ebensogut den Namen moralische Episteln führen könnten. Unter solchen Umständen erachte ich es für unbillig, daß die Episteln des Theophylaktos nur in griechischer Sprache zu lesen seien. Um sie allgemeiner zugänglich zu machen, habe ich, soweit meine Kräfte ausreichten, sie ins Lateinische zu übersetzen versucht.

Dir, hochwürdigster Herr, widme ich nun diese kleine Gabe, die freilich in keinem Verhältnis steht zu den Wohltaten, welche ich von Dir empfangen habe. Alles, was ich durch mein geistiges Vermögen erschaffe und nutze, erachte ich mit vollem Recht als Dir gehörig. Unzweifelhaft ist ja wahr, was Ovid einst an Caesar Germanicus geschrieben hat: ‚Nach deinem Blick fällt und steigt mein Geist empor.‘"

Eine so liebevolle, überaus dankbare Widmung konnte der väterliche Onkel nicht zurückweisen; was blieb ihm anderes übrig, als sowohl die „griechischen Ketzereien" wie auch die „Übersetzungen von Liebesgeschichten" seines Domherrn-Neffen zu decken? Gewiß wird er an dieser Schrift seine Freude gehabt haben, auch wenn er – genau so diplomatisch wie sein Neffe! – dies nach außen hin nicht kundtat. War er doch ein Freund und Förderer aller Wissenschaften – warum nicht auch dieser? –, und liebte er doch das geschliffene Wort. Auch dürfte ihn die „Erotik" des Theophylaktos kaum verwirrt haben, zumal in jenen Tagen für Kirchenfürsten in dieser Hinsicht kaum ein „tabu" bestand. Daß sich die „Liebesepisteln" in diesem Bändchen weder im Kleide des Apulejus noch in dem des Plautus präsentierten, mag der „Brief der Thetis an Anaxarch" verraten, der noch Jahrhunderte später jedem Institut für höhere Töchter als Musterlektüre dienen konnte:

„Du kannst nicht gleichzeitig Thetis und Galatea lieben. Denn Leidenschaft richtet sich nicht nach zwei Seiten aus; die Liebesgötter bleiben ungeteilt, zweifache Liebe kann keiner ertragen. So wie die Erde nicht von zwei Sonnen erwärmt werden kann, duldet auch die Seele nicht zwei Liebesflammen."

Die astronomische Anspielung auf die zwei Sonnen mag der Geschichte für Kopernikus einen zusätzlichen Reiz gegeben, den Onkel aber schien die Übersetzung für die Wissenschaft gewonnen zu haben. Plötzlich hatte auch er Lust, sich mit den Schriften der Alten zu beschäftigen. Ja, kurz darauf nahm er Verbindung mit der Stadt Elbing auf und machte den Stadtvätern den Vorschlag, in den Mauern ihrer Stadt eine Universität zu gründen. Leider zeigten die biederen Kaufleute und Handwerker wenig Interesse an seinem Plan.

Verärgert zog er sich zurück. Kurz zuvor hatte es neuen Zwist mit dem Krakauer Hof gegeben. Auch Danzig und Thorn bereiteten ihm einigen Kummer. Auf dem letzten Ständetag war nicht alles nach seinen Wünschen verlaufen. Die offene Feindschaft gegenüber dem Orden wurde ihm zur seelischen Belastung. Wie gern hätte er – wie sein Neffe – Zuflucht bei privaten Studien gesucht. Doch konnte sich ein Landesherr dies nicht leisten, dafür blieb keine Zeit.

Zwist und Kampf machen den Menschen rechthaberisch, lassen ihn zuweilen mürrisch erscheinen.

Im Jahr 1510 schien alles schiefzugehen. Auch mit dem Domkapitel überwarf er sich. Lukas Watzenrode wurde alt. Der plötzliche Tod des Hochmeisters Friedrich von Sachsen mahnte ihn an sein eigenes Ende.

Es kam zur Auseinandersetzung mit seinem Neffen, den er ob seines ruhigeren, ausgeglicheneren Lebens zu beneiden begann. Der Dank, den Nikolaus seinem Onkel schuldete, war durch die Widmung seiner Epistel-Übersetzung keineswegs abgetragen. Das wußte er nur zu gut. Er gab sich alle Mühe, den alten Mann zu begreifen, nahm manches in Kauf, versuchte weiterhin mit ihm auszukommen.

Doch hatte das Frauenburger Domkapitel bereits in der Allerheiligensitzung des Jahres 1510 beschlossen, Nikolaus Kopernikus nach Frauenburg zurückzurufen. Er war in dieser Sitzung, an der er selbst teilgenommen hatte, zum Cancellarius des Kapitels gewählt worden; schon wenige Wochen später sollte er, zusammen mit seinem Kollegen, dem Domherrn Fabian von Lossainen, zu einer Visitationsreise nach Allenstein aufbrechen. Sie sollten das kirchliche Leben im Gebiet des Domkapitels überprüfen und ausstehende Gelder einziehen.

Das war Nikolaus Kopernikus' erstes Domherrnamt. In einem Rechnungsbuch der Domkustodie verewigte er sich: „Nikolaus Kopernikus cancellarius subscripsit."

Als Cancellarius erhielt er im Jahr darauf den Auftrag, den Fürstbischof als Vertreter des Domkapitels zur Hochzeit Sigismunds I. nach Krakau zu begleiten. Mit ihm sollte der Domherr Georg von Delau reisen.

So kam es nach knapp einem Jahr zu einem Wiedersehen mit Onkel Watzenrode. Sechsspännig brachen sie mit einem Reisewagen in die Königsstadt auf. Als sie zwischen Marienburg und Marienwerder in Stuhm haltmachten, wurden sie dort von dem „ehrsamen Bürgermeister und einem Ratsherrn der Stadt Danzig" erwartet, die um die Fürsprache des Bischofs beim König nachsuchen wollten.

Eine Danziger Chronik weiß darüber zu berichten: „Anno 1512, den Montag nach Prisce, kamen die ehrsamen und namhaftigen und weisen Herrn Mathis Zimmermann, Bürgermeister, und Lucas Reding, Rathmann, nach Stuhm gegen Mittag und ließen sich alsbald des Herrn

Bischofs Gnaden von Ermland ansagen, und seine Gnaden begehrte, daß sie zur Stund bei seiner Gnaden wollten kommen.

Aber da die Herren auf das Schloß kamen, stunden an der Treppen die achtbaren würdigen und hochgelehrten Herrn Jorge van der Dele und Herr Nikolaus Kopernikus, Domherren zu Frauenburg, und empfingen die Herren, mit ihnen gehend in ein Gemach; daselbst saßen sie mit ihnen eine zeitlang, dann kam der Burggraf und bat die Herren im Namen des Bischofs zu Gast, was die Herren annahmen, und der Herr Bürgermeister sagte zu Herrn Jorge van der Dele, daß sie der Meinung gekommen wären und in der Hoffnung, seine Gnaden solle ihnen eine gnädige Audienz gegeben haben, darauf der gemeldete Herr Jorge van der Dele antwortete, es kann auch wohl geschehen. Unlängst danach kam des Herrn Bischofs Gnaden und behielt bei sich die besagten Domherren."

Anderntags ging es weiter weichselaufwärts, über Graudenz, Kulm, Thorn, nach Krakau.

Sigismund I. feierte eine glanzvolle Hochzeit, die seiner Krönung an Prunk und Pomp kaum nachstand. Wieder waren die Großen des Reiches, Fürsten und Bischöfe, Äbte und der Adel in großer Zahl aufgeboten. Man feierte mehrere Tage lang. Draußen vor der Stadt zündete man Feuer an. Auf den Wiesen wurde getanzt, ganze Ochsen wurden am Spieß gebraten. Es war einer der größten Festtage, die das Haus der Jagellonen erlebte. Die Besucher waren besonders zahlreich gekommen, da der König im Anschluß an seine Hochzeit den Reichstag einberufen hatte.

Die beiden Domherren erfüllten ihre Repräsentationspflicht am königlichen Hof und zogen sich dann sogleich nach Thorn zurück, wo Nikolaus Kopernikus noch einige Tage verweilen wollte, ehe sie nach Frauenburg zurückkehrten.

Bischof Watzenrode nahm am Reichstag teil. Als er wenige Wochen später die Heimreise antrat, überraschte ihn ein heftiges Fieber. Auch er mußte in Thorn haltmachen. Nikolaus Kopernikus war nicht mehr sein Leibarzt; so konnte ihm keiner den Vorwurf machen, er habe den Onkel im Stich gelassen. Lukas Watzenrode starb nämlich in Thorn.

Trauer herrschte in Frauenburg, als die Nachricht vom Tode des Bischofs dorthin gelangte. Aber trotz aller Trauer rüstete man sogleich fieberhaft zur Wahl eines Nachfolgers. Der Bischof war zu unerwartet gestorben, noch hatte sich keiner Gedanken darüber gemacht, wer ihm wohl nachfolgen könnte. Um dem König zuvorzukommen, und ehe sich diesem Gelegenheit bot, einen Vorschlag nach Frauenburg zu senden, einigte man sich auf den Domherrn Fabian von Lossainen, mit dem Nikolaus Kopernikus seine erste Inspektionsreise ins Gebiet von Allenstein gemacht hatte. Von Lossainen war der Sproß eines alten ermländischen Adelsgeschlechtes. Ein Mann des Ausgleichs und der Mitte, würde man heute sagen, der sich mit seinem bescheidenen Wesen nie in den Vordergrund gedrängt hatte und somit für den König wie den Orden ein reichlich unbeschriebenes Blatt war. Er hatte sich bisher als guter Verwaltungsbeamter erwiesen; die Außenpolitik hatte ihn kaltgelassen. Er war zwei Jahre vor Kopernikus dem Frauenburger Domkapitel beigetreten, ebenfalls nach langjährigem Studium, und hatte in Italien den Doktorhut der Rechte erworben. Er würde in seinem Amt sogleich nach allen Seiten die Hand der Versöhnung ausstrecken. Es wurde ihm nachgesagt, er habe keine Feinde, und so war kaum zu erwarten, daß sich der König gegen seine Wahl stellen würde. Dazu war er ein frommer Mann, der es mit den heiligen Schriften sehr genau nahm und immer wieder jene Stelle zitierte, die da sagte, man solle dem Kaiser geben, was des Kaisers, und Gott, was Gottes ist.

Man hatte sich nicht verrechnet. Der König ergriff die ihm zugestreckte Hand, und noch im Jahr seiner Wahl konnte der neue Bischof mit ihm den Zweiten Petrikauer Vertrag schließen, nach dem der König künftig das Recht haben sollte, vier Domherren als Kandidaten für den Bischofssitz vorzuschlagen, doch müßten diese Domherren, so hieß es ausdrücklich, in Preußen geboren sein.

Die Astronomie ließ ihn nicht los

Frauenburg, die kleine Residenz um den Dom am Frischen Haff, zählte ganze 1400 Seelen. Auf einer zwanzig Meter hohen, von drei Seiten geschützten Berghöhe erhob sich die vieltürmige Burganlage, in deren Mitte eine mächtige backsteingotische Kathedrale stand, die der Gottesmutter und dem hl. Andreas, dem Schutzpatron des Bistums, geweiht war. 1329 hatte man mit dem Dombau begonnen, 1388 war er vollendet. Der Dom zählte zu den schönsten Bauten der Backsteingotik, da es dem Baumeister gelungen war, alle irdische Schwere des massigen Steins aufzuheben und ein heiter-beschwingtes Gotteshaus zu schaffen.

Von der Domhöhe hatte man einen weiten Blick aufs Haff. Um den Hügel zog sich eine starke Befestigungsmauer, an deren Innenseite die Kurien der Domherren lagen, die diesen als Wohnung und Arbeitsstätte dienten. Starb ein Domherr, wurde seine Kurie neu vergeben. Nikolaus Kopernikus erhielt als Kurie einen vierkantigen Turm, später die „curia coppernicana" genannt. Von hier aus konnte er den Sternenhimmel am besten beobachten. Mehr als die Hälfte seiner astronomischen Beobachtungen hat er hier gemacht.

Der Dom, der eine Ähnlichkeit mit St. Marien in Elbing verriet, war ein turmloses Gotteshaus, nur von vier schlanken Ecktürmchen flankiert. Er hatte ein dreischiffiges Langhaus, einen einschiffigen Chor und eine Arkadenzwerggalerie, einmalig im Osten. Daß er keinen Turm hatte, lag daran, daß er unter Zisterziensereinfluß erbaut worden war.

Das Portal, durch das der Bischof und die Domherren einzogen, befand sich in einem Vorbau.

Eine starke Mauer, mit Rund- und Ecktürmen versehen, gab den Domherrenkurien, dem Bischofspalais, dem Kapitelsaal und nicht zuletzt der Kirche selbst die notwendige Sicherheit. In diese Burgbefestigung war an der Südwestecke das achteckige Erdgeschoß eines freistehenden Glockenturms einbezogen. Im gotischen Verband angelegt, hatte es schwarzlasierte Köpfe der Backsteine. Die kahlen Mauerflächen waren durch ein Rautenmuster belebt. In einer Urkunde von

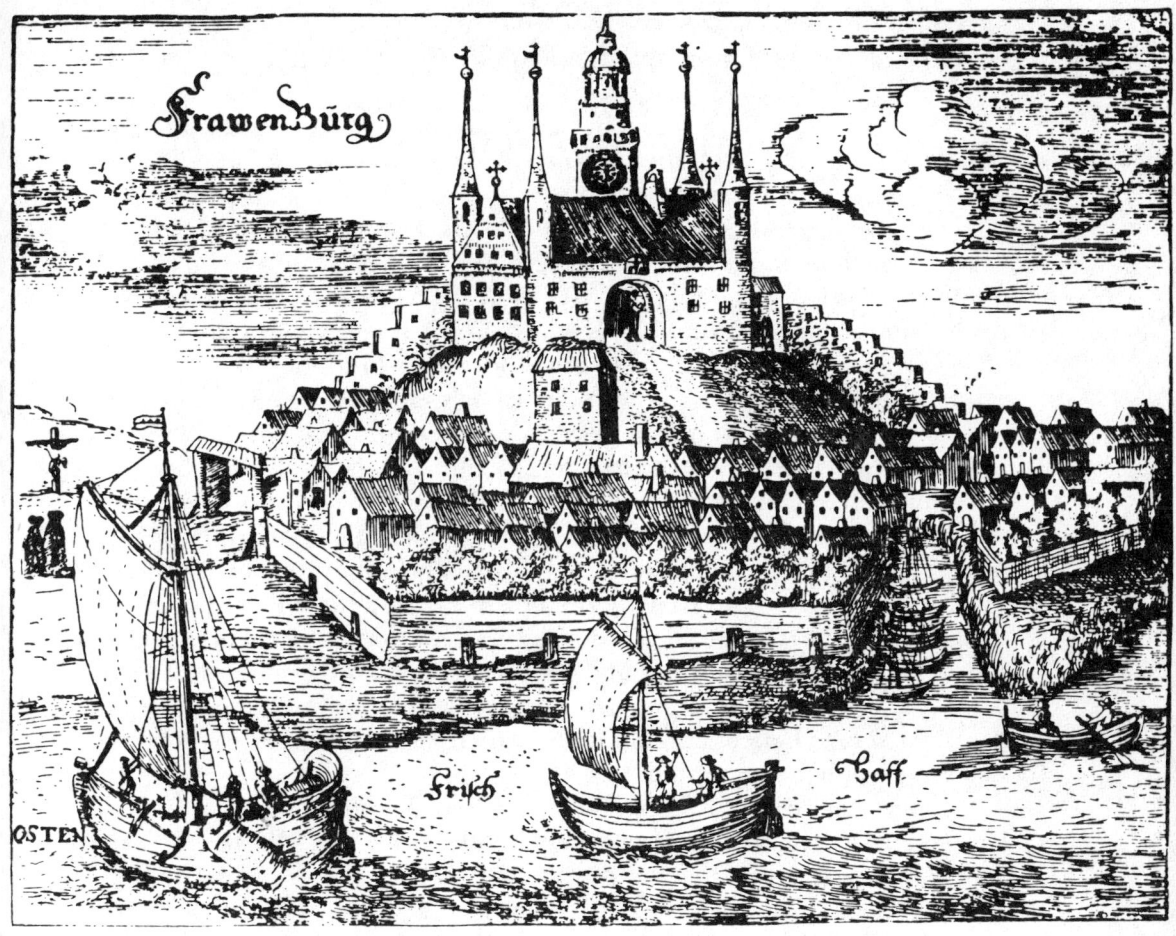

Die Stadt Frauenburg

1448 heißt es: „quando campanile in magna turri et campam major parabantur."

Den Charakter der Wehranlage betonten die beiden gewaltigen Rundtürme, die das Haupttor flankierten. Auch hier hatte man auf schmückende Elemente verzichtet. Fürstbischöfe und Mitglieder des Domkapitels, Ordenshochmeister und königliche Gesandte, Fürsten, Herzöge, Bischöfe, Laien und Priester sind durch dieses Tor geschritten; ein Tor, das wie selten eines Geschichte erlebt hat.

Durch das große Portal im Westen und die reich ausgestattete Vorhalle betrat man das Langhaus der Kathedrale. Über den drei gleich hohen Schiffen „schwebte" das klare Sterngewölbe, das sich hinter dem spitzbogigen Triumphbogen in den Chor weiterzog. Der Hochaltar, nagelneu, aus dem Jahre 1504, in dessen Mittelpunkt vor gemustertem Goldgrund die Jungfrau auf der Mondsichel der Schlange den Kopf zertrat, lud zum stillen Gebet ein.

Der Ort Frauenburg selbst hatte nur wenige Häuser, meist aus Holz erbaut, in deren Mitte die Pfarrkirche St. Nikolai lag, ein kleines, unscheinbares Backsteinkirchlein, der Größe des Ortes angemessen.

Das Domkapitel setzte sich aus sechzehn Domherren zusammen, von denen jedoch niemals alle in Frauenburg weilten. Einige waren zum Studium beurlaubt, andere als Gesandte des Fürstbistums unterwegs, nach Rom, nach Krakau, nach Königsberg. Zuweilen war ein Domherr an einen Fürstenhof abgestellt, um dort einen besonderen Auftrag zu erfüllen, als Sekretär des Königs oder als Schreiber bei der Kurie in Rom.

Die Domherren führten kein Klosterleben. Sie waren berittene Edelleute, die ihren Verpflichtungen, Ämtern, Geschäften nachgingen, Gericht hielten, Burgen verteidigten, inspizierten, Bauernhöfe besetzten.

1512, nach dem Tode des Onkels, war Andreas Koppernigk wieder nach Frauenburg zurückgekehrt. Er litt noch immer an der Lepra, die italienischen Ärzte hatten nicht viel Hoffnung, ihn heilen zu können. Sie konnten ihm nur zeitweise Linderung verschaffen. Nachdem er an der Kapitelsitzung im November und auch an einer Sitzung im darauffolgenden September teilgenommen hatte, verließ er Frauenburg endgültig, um den Rest seines Lebens im sonnigen Italien zu verbringen, wo ihm sein Leiden erträglicher erschien.

Außer den Brüdern Koppernigk weilten damals in Frauenburg die Domherren Fabian von Lossainen, Balthasar Stockfisch, Heinrich Schellenberg, Crapitz und Zander, der Domkustos Clatze, der Domkantor Delau und der Erzdiakon Johannes Sculteti. Drei Domherren befanden sich in Rom, einer studierte in Siena, einer war Sekretär beim König in Krakau, und Tiedemann Giese bekleidete den Administratorposten des Kapitels in Allenstein.

Der sieben Jahre jüngere Giese, ein enger Freund des Nikolaus Kopernikus, stammte aus Danzig. Er war zu Beginn des Jahrhunderts Domherr in Frauenburg geworden, nachdem er zuvor in Leipzig und Basel und auch an italienischen Universitäten studiert hatte.

Auch Giese beschäftigte sich mit der Astronomie. Mehrfach hat er das Bistum auf den preußischen Landtagen vertreten.

Jeder der Domherren besaß außerhalb der Domburg ein geräumiges Wohnhaus und einen Wirtschaftshof. Ein großer Teil der Frauenburger Bevölkerung stand im Dienste der Domherren.

Erst seit 1480 hatten die Domherren feste Wohnungen innerhalb des Mauerrings bezogen, bis dahin hatten sie auf ihren umliegenden Höfen gewohnt. Es hatte sich jedoch als sicherer erwiesen, im Schutze der Mauern zu leben, da Plünderungen und Zerstörungen zwar nicht an der Tagesordnung waren, sich aber immer häufiger ereigneten.

So besaß auch Nikolaus Kopernikus zwei Wohnungen in Frauenburg. Auf der Domburg bewohnte er seinen Eckturm, dessen oberer Raum in den Wehrgang mündete. Dort gab es einen balkonartigen Vorbau, der sich besonders gut für die Himmelsbeobachtungen eignete.

Welchen Wert das Domkapitel den Himmelsforschungen seines Domherrn beilegte, geht aus der Tatsache hervor, daß Nikolaus Kopernikus seine Kurie nie zu wechseln brauchte; er durfte sie bis zum Ende seines Lebens behalten. Und doch steht fest, daß die Frauenburger Domherren in ihm allzeit mehr den Arzt als den Astronomen geschätzt haben. Auf den meisten zeitgenössischen Holzschnitten wird er als Arzt dargestellt.

Die Domherren, die in Frauenburg wohnten, waren verpflichtet, die Statuten des Domkapitels zu beachten und sich den herrschenden Gewohnheiten anzupassen. Allerdings ging es dabei nicht allzu streng zu. Kopernikus zählte später zu den Verfechtern strengerer Regeln; an einer späteren Neufassung der Statuten war er maßgebend beteiligt.

Nun, die Domherren waren sehr viel unterwegs, zuweilen wußte man in Frauenburg gar nicht, wer überhaupt anwesend war. Dies änderte sich in etwa, als die Domburg als ständiger Wohnsitz bezogen wurde, doch mußten die geistlichen Herren sich auch weiterhin um ihre Zweitwohnung und ihren Hof außerhalb der Mauern kümmern.

Sie hatten regelmäßig bei den Gottesdiensten anwesend zu sein; ihnen gehörten die Plätze im reichgeschnitzten gotischen Chorgestühl zu beiden Seiten des Hochaltars. Wer nicht die Priesterweihe empfangen hatte – wie Kopernikus –, mußte für die gottesdienstlichen Aufgaben, die ihm zufielen, einen Domvikar als Vertreter stellen. Die Domherren waren weiter verpflichtet, an den Beratungen des Kapitels teilzunehmen, die zu festen Zeiten stattfanden. Fand eine Kapitelsitzung außerhalb dieser Zeiten statt, wurde eine Glocke geläutet.

Auch mußte jeder Domherr das Amt übernehmen, das ihm übertragen wurde, in der Regel für ein Jahr – von Allerheiligen bis Allerheiligen. Nach Ablauf der Amtszeit, oder wenn diese vorzeitig abgebrochen wurde, mußte er schriftlich Rechenschaft ablegen. Dafür gab es die sogenannten Rechnungsbücher.

Kopernikus hat als erstes Amt das des Visitators ausgeübt, mit dem jährlich zwei Domherren betraut wurden. Ihre Aufgabe war es, das Kapitelgebiet zu bereisen und nach dem Rechten zu sehen, Mißstände abzustellen oder zumindest festzustellen, Klagen der Untertanen entgegenzunehmen, Gelder einzuziehen und dem Kapitel die Ergebnisse der Visitation mitzuteilen.

Insgesamt siebenmal, zu verschiedenen Zeiten, wurde Nikolaus Kopernikus das Amt des Kanzlers übertragen. Der Kanzler war Vorsteher der Kanzlei, führte die Akten des Domkapitels, überwachte oder tätigte den gesamten Briefwechsel, fertigte die Urkunden aus oder ließ sie ausfertigen und hatte die Oberaufsicht über alle Verbindungen zu Außenstehenden.

1513 leitete Kopernikus das Brotamt. Er mußte sich um die Gebäude des Kapitels und ihre Instandhaltung kümmern: um das Backhaus, das Malzhaus, das Brauhaus, die Kornmühle am Fuß des Domhügels. Er mußte dafür sorgen, daß jeder seine Pflicht tat und die Erträge ehrlich verteilt wurden. Dem Leiter des Brotamtes oblag auch die Aufsicht über die Gehöfte und Außenwohnungen der Domherren.

Dieses Amt nahm seinen Träger nicht vollauf in Beschlag. Ihm blieb also genügend Zeit, sich den Sternbetrachtungen zu widmen. Domherr Tiedemann Giese hatte aus England eine Sonnenuhr und ein Gerät zur Beobachtung der Tag- und Nachtgleichen kommen lassen. Das interessierte Nikolaus Kopernikus überaus. Fast jeden Tag traten sie auf den „Balkon" hinaus und schauten zum Himmel empor. War dieser klar – leider nicht so oft wie in Italien! –, sahen sie die Sternbilder.

Nikolaus Kopernikus wußte recht gut, wie vieler Beobachtungen es bedurfte, um zum Ziel zu gelangen. Manch eine Himmelskonstellation kehrte erst nach einem Jahr wieder. Es hieß also, unendlich viel Geduld aufzubringen, zu warten und nochmals zu warten, vielleicht ein Leben lang.

Dennoch gehörten die Himmelsbeobachtungen zu Kopernikus' täglichem Leben wie das Essen und Trinken, wie die Pflichten und das Gebet. „Wer sollte nicht, indem er sich anhaltend mit dem Weltall beschäftigt, das so offenkundig in schönster Ordnung aufgestellt ist und durch göttliche Weisheit geleitet wird – wer sollte nicht durch die stete Betrachtung, fast möchte ich sagen, durch den Umgang mit demselben, zu allem Guten angetrieben und zur Bewunderung des Baumeisters geführt werden, der alles geschaffen, in dem die höchste Glückseligkeit ist, in dem alles Gute gipfelt?"

Kein Wunder, daß dieser Mann, der Ordnung und Genauigkeit über alles liebte, dieser wahrhaft mathematische Geist, der in Gott den höchsten Ordner sah, in der Astronomie die „Königin der Wissenschaften", des „freien Mannes am meisten würdig", „getragen von fast allen Zweigen der Mathematik" – kein Wunder, daß dieser Mann, dieser Wissenschaftler, die Astrologie als das Handwerk der Scharlatane

ΚΛ·ΠΤΟΛΕΜΑΙΟΥ

ΜΕΓΑΛΗΣ ΣΥΝΤΑΞΕΩΣ

ΒΙΒΛ· ΙΓ

Liber Bibliothicae Iatmicae

ΘΕΩΝΟΣ ΑΛΕΞΑΝ

ΔΡΕΙΑΣ ΕΙΣ ΤΑ ΑΥΤΑ ΥΠΟΜΝΗΜΑΤΩΝ

ΒΙΒΛ· ΙΑ

CLAVDII PTOLEMAEI Magnae Constructioni, Idest .
Perfectae coelestium motuum pertractationis,
LIB. XIII.

THEONIS ALEXANDRINI
in eosdem Commentariorum
LIB. XI.

BASILEAE
APVD IOANNEM VVALDERVM,
AN. M. D. XXXVIII.

Cum Priuilegio Caesareo ad Quinquennium.

—† M L

Almagest des Ptolemäus aus dem Besitz des Kopernikus

bezeichnete. Und das in einer Zeit, da die Astrologie in höchstem Ansehen stand.

Die Universität Krakau hatte zuweilen keine Professoren für Medizin und Astronomie, doch besaß sie immer einen Astrologen. Und noch ein kurzes Menschenalter später sollte Papst Paul III. – dem Nikolaus Kopernikus sein Hauptwerk gewidmet hat – keine wichtige Sitzung des Konsistoriums, keine Reise ansetzen, ohne zuvor die Sterne zu befragen und den Tag auszuwählen, an dem ihre Konstellation günstig war. In den Augen der meisten Menschen, ob arm oder reich, hoch oder niedrig gestellt, lenkten die Sterne die Geschicke der Zeit. Man lebte im Zeitalter der Astrologen und Horoskope. Das Volk sah in dem großen Regiomontanus, der das umfangreichste Lehrbuch der Astronomie verfaßt hatte, der der größte Mathematiker seiner Zeit war, nichts anderes als einen Zauberer. Als erster hatte er das „Große Astronomische System" des Ptolemäus in der griechischen Urfassung studiert, das die Weisheit der Antike barg:

„Der Himmel ist eine Kugel, die sich fortwährend bewegt."

„Die Erde ist eine Kugel, die keine Bewegung kennt."

„Die Erde ist der Mittelpunkt des Weltalls – wenn auch nur ein Punkt, verglichen mit dem Sternenhimmel."

Daß die Erde eine Kugel sei, daß sich die Sonne täglich um den Himmel und jährlich um die Ekliptik bewege, hatte schon Pythagoras im 6. vorchristlichen Jahrhundert gelehrt. Auch glaubte er zu wissen, daß die Planeten von kristallenen Sphären getragen würden, deren Bewegungen die vom Ohr der Sterblichen nicht vernehmbare „Sphärenmusik" verursachten.

Am stärksten aber hatte die Lehre des Platon-Schülers Aristoteles die Entwicklung der Astronomie beeinflußt. Sein philosophisches System hatte auf dem Gebiet der Naturwissenschaften wie auch der übrigen Wissenschaften im Altertum höchstes Ansehen genossen und galt bis spät ins Mittelalter hinein als unfehlbar. Sich gegen Aristoteles zu stellen, galt als Sakrileg.

Den Höhepunkt hatte die griechische Sternenkunde um 150 nach Christus im Weltgebäude des Ptolemäus erreicht. Es war der Versuch, die Himmelsvorgänge durch das Kreisen aller Himmelskörper um die Erde, die ruhende Mitte des Weltalls, zu erklären. Ptolemäus, um 100 nach Christus in Ägypten geboren, lebte in Alexandria. Er verzeichnete 48 Sternbilder und 1022 Sterne, jeden mit seinem Standort nach Länge und Breite und mit seiner Größe.

Doch schon Eudoxos aus Knidos, zum Kreis des Platon gehörend, hatte im 4. vorchristlichen Jahrhundert ein Sphärensystem geschaffen, das die Bahnen der Planeten erhellte. Er hatte als erster versucht, die Ungleichmäßigkeit in der Bewegung der Planeten zu erklären. Für diese Unregelmäßigkeiten wollte auch im 2. vorchristlichen Jahrhundert Hipparchos aus Nikäa eine Erklärung finden. Ptolemäus aber wich in seinem „Großen Astronomischen System" dieser Schwierigkeit geschickt aus, indem er sagte: „Die Einfachheit der Vorgänge am Himmel darf man nicht danach beurteilen, was uns Menschen als einfach gilt; zumal, wenn man sich auf Erden über den Begriff ‚einfach' keineswegs einig ist. Vom menschlichen Standpunkt aus dürfte kein Himmelsvorgang einfach erscheinen, nicht einmal die Unveränderlichkeit des täglichen Umschwungs, denn gerade dieses in alle Ewigkeit gleiche Verhalten ist bei uns Menschen überhaupt ganz unmöglich . . ."

Nikolaus Kopernikus schwor auf die Lehre des Ptolemäus – wie jeder in seiner Zeit; in diesem Punkt aber war er anderer Meinung. Er ließ diese „Ausflucht" nicht gelten, glaubte fest an eine einfachere, vernünftigere Lösung hinsichtlich der Unregelmäßigkeiten.

Diese Unregelmäßigkeiten hatten es ihm angetan. Sie waren es, die ihn von Anfang an beunruhigt hatten, sowohl die „Unsicherheit der mathematischen Überlieferungen über die zu berechnenden Kreisbewegungen" als auch die „Unregelmäßigkeit des doch vom besten und gesetzmäßigsten aller Meister gebauten Weltalls". „Dies und ähnliches", bekannte er, „hat uns dazu geführt, eine Bewegung der Erde und eine andere Ableitungsart anzunehmen, bei welcher die Gleichmäßigkeit und die Grundlage der Wissenschaft erhalten und die Ursache der Unregelmäßigkeit in der Erscheinung zuverlässiger gestaltet wird."

Kurz gesagt: Die Ptolemäische Lehre vom Weltbau erschien Nikolaus Kopernikus zu kompliziert und deshalb unvernünftig.

Er war keineswegs der erste, der am Weltbild des Ptolemäus gezweifelt hatte. Schon die alten griechischen Astronomen hatten sich Gedanken über die Bewegungen der Himmelskörper gemacht, und Aristarch von Samos war um das Jahr 250 vor Christus zu der Überzeugung gelangt, nicht die Sonne bewege sich um die Erde, sondern die Erde um die Sonne. Also stehe die Sonne im Mittelpunkt des Weltalls.

Bei Cicero hatte Kopernikus gelesen, schon Niketas von Syrakus habe geglaubt, Himmel, Sonne, Mond und alle Sterne stünden still, nur die Erde drehe sich um ihre eigene Achse; daß der Himmel sich in großartiger Bewegung drehe und die Erde stillstehe, sei nur Schein.

Und die Schriften des Plutarch verrieten ihm, daß Herakleides von Pontos und der Pythagoreer Ekphantos ähnlich gedacht hatten und ein anderer Pythagoreer, Philolaos, gelehrt hatte, die Erde drehe sich ums Feuer, und zwar in schrägen Kreisen.

Zweifel am Ptolemäischen Weltbild waren um die Jahrhundertwende laut geworden, als Kopernikus studierte. Doch kein Gelehrter wagte, an der Autorität und Unfehlbarkeit des Ptolemäus zu rütteln. Nikolaus Kopernikus jedoch war bereit, die Wahrheit über jede verbriefte Autorität zu stellen. Und müßte die These des Regiomontanus, ja selbst die des Ptolemäus fallen, ihm ging es allein darum, mit Hilfe der Mathematik und der Königin der Wissenschaften, der Astronomie, das wahre Bild von der allgemeinen Anordnung des Weltalls zu finden.

„Würde man nun annehmen, die Erde drehe sich tatsächlich, sie sei nicht der Mittelpunkt des Weltalls", fragte er sich.

Und siehe, plötzlich erschien alles viel einfacher, eine Lösung begann sich anzubieten. Doch es lag Nikolaus Kopernikus fern, diese neue Theorie zu verkünden. Er wollte beobachten und nochmals beobachten, berechnen und nochmals berechnen, wissenschaftlich ergründen, geometrisch belegen. Erst wenn er absolute Sicherheit hätte, würde er sein Weltgebäude der Gelehrtenwelt und der Öffentlichkeit vorstellen.

Diese Gewißheit besaß er noch nicht, noch lange nicht. Es blieb noch unendlich viel zu prüfen, zu testen, zu vergleichen. Die eigentliche wissenschaftliche Forschungsarbeit lag noch vor ihm.

Der erste Entwurf seines Weltsystems

Wieder einmal hatte Bischof Fabian von Lossainen am Königshof zu Krakau Besprechungen zu führen. Er nahm Nikolaus Kopernikus mit, nicht weil er ihn dort brauchte, sondern weil er ihm die Möglichkeit bieten wollte, seine jüngsten Forschungsergebnisse mit ehemaligen Freunden zu besprechen. Er erinnerte sich gerade rechtzeitig, daß Kopernikus ihn darum gebeten hatte, ihm diese Reise in absehbarer Zeit zu ermöglichen. Der Astronom überschaute nun in etwa sein Weltgebäude. Durch wiederholte Beobachtungen und Überlegungen galt es, die gewonnenen Erkenntnisse zu festigen. Wohl war es Kopernikus möglich, im stillen Frauenburg Vergleiche mit den Ergebnissen der griechischen und mittelalterlichen Naturwissenschaftler anzustellen; was ihm fehlte, war die Gelegenheit, seine Resultate an den neuesten Forschungen zu testen, im Gespräch mit Lehrern und Studenten der Universität zu ergründen, wie seine Zeit dachte, welche Fortschritte man gemacht, seit er die Universität verlassen und sich dem praktischen Leben zugewandt hatte.

Ein paar Studenten hatten sich um ihn gesellt, die jetzt in Krakau studierten. Mehr aus Neugier als aus Wissensdrang stellten sie Fragen an den Gelehrten, dessen Ruf hier als unumstritten galt. Sie lenkten das Gespräch auf die Planetenbahnen und kamen auch auf jene Abweichungen zu sprechen, die Nikolaus Kopernikus so große Sorgen bereiteten.

Ein wenig seltsam schien es, daß der Arzt Kopernikus sich in der Universitätsstadt überhaupt nicht um die Fortschritte in der Medizin kümmerte, sondern sein Interesse allein dem Weltall und den Gestirnen galt. Sie glaubten daraus schließen zu können, daß diese ihm näher am Herzen lagen, und wußten recht bald aus ihm herauszulocken, was ihn besonders bewegte.

Klang nicht, was er ihnen zu erklären versuchte, reichlich ketzerisch? Er beteuerte zwar immer wieder, auf dem Fundament des Ptolemäus aufzubauen, die griechischen Naturforscher besonders zu schätzen, deren Erfahrungen er gesammelt und miteinander verglichen hatte. Er glaubte diese Lehren besser zu verstehen als manch ein anderer, denn er hatte sie nicht in den fehlerhaften lateinischen Ausgaben, sondern im Urtext gelesen, wo manches ganz anders klang. Jedoch versuchte er immer wieder, selbst bei dem großen Ptolemäus, behutsam zwar, aber unerbittlich, was sich über Jahrhunderte als beständig und zuverlässig erwiesen hatte, in Zweifel zu ziehen. War das die Ehrfurcht, von der durchdrungen zu sein er vorgab?

Stellten sie ihm aber Fragen, forderten sie mathematische Beweise, wich er ihnen aus. Er müsse noch beobachten, berechnen, erforschen, vergleichen, wiederholte er immer wieder. Und doch merkten sie ihm an, wie sicher er bereits war. Sein neues Weltgebäude schien auf festen Fundamenten zu stehen, auch wenn dessen Statik noch nicht in allen Einzelheiten errechnet war.

Sie baten ihn, sie flehten ihn an, sie doch mehr wissen zu lassen, sie nicht mit vagen Andeutungen abzuspeisen. Er aber schüttelte den Kopf.

Schließlich versprach er, im Winter, wenn im Ermland Felder und Wälder unter einer dicken Schneedecke lägen, wenn es draußen nichts mehr zu tun gäbe, wenn die langen Abende im Turm begännen, einen ersten Plan niederzuschreiben. Auch Tiedemann Giese, der Freund, hatte ihn dringend gebeten, dieses zu tun. Dieser Plan brauche ja nicht gleich gedruckt zu werden, meinte er, nur für die engsten Freunde solle er bestimmt sein, könne von Hand zu Hand wandern, schließlich hätten doch die Freunde ein Recht darauf.

„Wie sollen wir dich und dein Werk gegen Gerüchte verteidigen", hatte er Nikolaus Kopernikus einmal gefragt. „Du weißt doch selbst, daß nicht jeder deinen Forschungen aufgeschlossen gegenübersteht. Klagt man dich an, gegen Aristoteles gefehlt zu haben, gegen Ptolemäus und seinen Almagest, ist es keinesfalls ausgeschlossen, daß mißgünstige Gelehrte, die dir das eine oder andere anzuhängen wünschen, sich an die Inquisition wenden, sie auffordern, dem Manne den Garaus zu machen, der sich heimlich mit den Schriften der Heiden abgibt und aus ihnen jenen Verrat schöpft, der nur vom Vater alles Bösen stammen kann."

Nikolaus Kopernikus schloß sich, in Frauenburg angekommen, in sein Studierzimmer ein. Er verließ es nur am Morgen, wenn die Glocke zum Gottesdienst rief, und zum Mittagessen. Nachmittags ging er zum Tor hinaus, begab sich zu einem stillen Weiler, wo er zwischen zwei uralten Bäumen völlig ungestört sitzen und seinen Gedanken nachgehen konnte. Dieser „Studiengang" wurde ihm zur lieben Gewohnheit. Er sah, wie die Blätter der Buchen sich verfärbten, wie die Birken kahl wurden. Nur die hohen Kiefern in der Ferne zeichneten sich nach wie vor dunkelgrün vom grauverhangenen Herbsthimmel ab.

Dann fielen die ersten Schneeflocken, ließen sich tänzelnd auf seinem Talar nieder. Vom Himmel sah er jetzt nichts; verbarg sich dieser ihm? Es wurde kühl, und er zog es vor, nicht mehr länger draußen zu verweilen.

In der Woche vor Weihnachten, als Eiszapfen von über einem halben Meter wie hohe Stoßzahnfriese von den Dächern herabhingen, als das Land geborgen unter der weißen Decke ruhte und nur die Kolkraben mit ihrem Gekrächze den Schlaf der Natur störten, setzte er sich eines Nachmittags in seinem Studierzimmer an den schmalen Arbeitstisch, auf dem ein Bücherstapel und ein paar Merkzettel, die meisten noch unbeschrieben, lagen, griff zum Federkiel und begann, den ersten Entwurf seines Weltsystems niederzuschreiben. Grundgedanken über die Bewegungen am Himmel. „Nicolai Copernici De Hypothesibus Motuum Coelestium A Se Constitutis Commentariolus", wie Freunde diese Schrift später überschrieben haben, jenen Entwurf, der lange verschollen war und schließlich, wiedergefunden, als „Commentariolus" in die Geschichte der Astronomie Eingang fand.

Kopernikus schrieb: „Unsere Vorfahren haben, wie ich sehe, eine Vielzahl von Himmelskreisen besonders aus dem Grunde angenommen, um für die an den Sternen sichtbar werdende Bewegung die Regelmäßigkeit zu retten. Denn es erschien sehr wenig sinnvoll, daß sich ein Himmelskörper bei vollkommen runder Gestalt nicht immer gleichförmig bewegen sollte. Sie hatten aber die Möglichkeit erkannt, daß sich jeder Körper auch durch Zusammensetzen und Zusammenwirken von regelmäßigen Bewegungen ungleichmäßig in beliebiger Richtung zu bewegen scheint.

Kalippos und Eudoxos konnten dies freilich trotz Bemühens mittels konzentrischer Kreise nicht erreichen und durch diese allein wieder System in die Sternbewegungen bringen. Es geht nicht bloß um das, was bei den Umwälzungen der Sterne sichtbar wird, sondern auch darum, daß sie uns bald aufzusteigen, bald herabzukommen scheinen. Dies steht aber mit konzentrischen Kreisen am wenigsten im Einklang. Daher schien es eine besondere Ansicht zu sein, daß dies durch exzentrische Kreise und Epizykel bewirkt wird. Und eben darin ist sich die Mehrzahl der Gelehrten einig."

Soweit würde gewiß kein Gelehrter etwas einzuwenden haben. Nun aber galt es, ans Allerheiligste zu rühren.

Mutig fuhr Nikolaus Kopernikus fort: „Aber was darüber von Ptolemäus und den meisten anderen hier und dort im Laufe der Zeit mitgeteilt worden ist, schien, obwohl es zahlenmäßig entsprechen würde, ebenfalls sehr viel Angreifbares in sich zu bergen. Denn es reichte nicht hin, wenn man sich nicht noch bestimmte ausgleichende Kreise vorstellte, woraus hervorging, daß der Planet sich weder auf seinem Deferenzkreise noch in bezug auf den eigenen Mittelpunkt mit stets gleicher Geschwindigkeit bewegte. Eine Anschauung dieser Art schien deshalb nicht vollkommen genug, noch der Vernunft hinreichend angepaßt zu sein."

Soweit seine Feststellungen, nun mußte er mit dem Bericht über seine eigenen Beobachtungen und Überlegungen beginnen.

„Als ich dies nun erkannt hatte, dachte ich oft darüber nach, ob sich vielleicht eine vernünftigere Art von Kreisen finden ließe, von denen alle sichtbare Ungleichheit abhinge, wobei sich alle in sich gleichförmig bewegen würden, wie es die vollkommene Bewegung an sich verlangt.

Da ich die Aufgabe anpackte, die recht schwierig und kaum lösbar erschien, zeigte sich schließlich, wie es mit weit weniger und viel geeigneteren Mitteln möglich ist, als man vorher ahnte. Man muß uns nur einige Grundsätze, auch Axiome genannt, zugestehen."

Das genügte als Vorrede. Nikolaus Kopernikus hatte die sieben Axiome, die er in jahrelanger, mühsamer Forschung entwickelt hatte, vor sich liegen. Er zögerte, sie niederzuschreiben. Er mußte sie noch einmal mit den Ansichten der Alten vergleichen, mußte sie noch einmal an Ptolemäus testen. Er war sich der riesigen Verantwortung bewußt, die er auf sich nahm, wenn er diese Grundsätze dem Papier anvertraute.

Doch er war sich auch der Verantwortung bewußt, die er der Wahrheit gegenüber zu tragen hatte. Ihr die Ehre zu geben, war die höchste Pflicht des Forschers.

Noch ein Zaudern, er wußte, seine Freunde erhielten im Augenblick nichts mehr als überraschende Hypothesen. Die Beweise, die mathematische Rechtfertigung, mußte er ihnen vorerst noch schuldig bleiben. Er mußte ihr Vertrauen zu ihm und zu seiner Arbeit, zu seiner Wahrheitsliebe und seiner Liebe zur Wissenschaft über Gebühr in Anspruch nehmen.

Um der Sache willen durchschlug er den Knoten. Schon stand der erste Satz auf dem Papier: „Für alle Himmelskreise oder Sphären gibt es nicht nur einen Mittelpunkt."

Kopernikus lächelte, als er ihn überlas. Hier hatte der Diplomat Oberhand gewonnen. Nein, diese Aussage war zu vage, sie bedurfte einer Ergänzung.

Ehrlichkeit war das Gebot der Stunde. Und er schrieb: „Die Erde ist nicht der Mittelpunkt der Welt, sondern nur der der Schwere und des Mondbahnkreises."

Es war geschehen, er hatte die Erde entthront. Und mit ihr den Menschen? Hatte er die Erde, auf die Jesus Christus herabgestiegen war, um die sündige Menschheit zu erlösen, aus dem Mittelpunkt des Weltalls gerückt? Hatte er damit Rom versagt, sich als Urbs, als Nabel des Orbis terrarum zu fühlen?

Keine finsteren Gedanken . . . er mußte jetzt fortfahren. Er mußte den neuen Mittelpunkt des Alls aufweisen.

Und er schrieb seinen dritten Satz nieder: „Alle Bahnkreise umgeben die Sonne, als stünde sie in der Mitte, und daher liegt der Mittelpunkt der Welt in Sonnennähe."

Gott Helios lächelte ihm zu. War es Ketzerei?

Genug der Hypothesen! Kopernikus ließ Berechnungen folgen. Der Mathematiker hatte das Wort.

„Das Verhältnis der Entfernung Sonne–Erde zur Höhe des Fixsternhimmels ist kleiner als das vom Erdhalbmesser zur Sonnenentfernung, so daß diese gegenüber der Höhe des Fixsternhimmels unmerklich ist."

Das war ein Verschnaufen. Eine Ruhepause vor dem großen Sturm. Denn nun sollte der fünfte Grundsatz folgen. Nikolaus Kopernikus mußte die Erde, die Jahrtausende geruht hatte, aus ihrem Schlummer wecken und in Bewegung versetzen.

Er sandte die Erde auf ihre Bahn: „Alles, was an Bewegung am Fixsternhimmel sichtbar wird, ist nicht von sich aus so, sondern von der Erde aus gesehen." Diese Erkenntnis schickte er voraus, um ihr sogleich die Hypothese folgen zu lassen: „Die Erde also dreht sich mit den ihr anliegenden Elementen in täglicher Bewegung einmal ganz um ihre unveränderlichen Pole." Und um es ganz klarzustellen, fügte er hinzu: „Dabei bleibt der Fixsternhimmel unbeweglich als äußerster Himmel."

Der die Erde in Bewegung gesetzt hatte, mußte zur Sonne sprechen: „Steh still!" „Alles, was uns bei der Sonne an Bewegung sichtbar wird, entsteht nicht durch sie selbst, sondern durch die Erde und unseren Bahnkreis, mit dem wir uns um die Sonne drehen, wie jeder andere Planet. Und so wird die Erde von mehrfachen Bewegungen dahingetragen."

Und weiter: „Was bei den Wandelsternen als Rückgang und Vorrücken erscheint, ist nicht von sich aus so, sondern von der Erde aus gesehen. Ihre Bewegung allein also genügt für so viele verschiedenartige Erscheinungen am Himmel."

Die Erde stand bis zu dieser Stunde still, die Erde bewegte sich jetzt!

„Mit diesen Voraussetzungen nun will ich kurz zu zeigen versuchen, wie gut die Gleichförmigkeit der Bewegungen gewahrt werden kann."

Das mochte als Hypothese genügen; das mußte die Mathematiker und Astronomen in Erstaunen versetzen, vor allem aber mußte es sie neugierig machen, die Beweise des Kopernikus zu erfahren. Hatten doch auch schon vor ihm Gelehrte behauptet, die Erde bewege sich. Beweise aber waren bisher alle schuldig geblieben.

Nikolaus Kopernikus, der Astronom

Auch Nikolaus Kopernikus enttäuschte darin. Er schloß die Beweise nicht aus, vertröstete die Mathematiker aber auf später.

„Hier jedoch glaube ich", fuhr er unvermittelt fort, „der Kürze halber mathematische Beweise fortlassen zu sollen, und behalte sie mir für ein größeres Werk vor. Doch werden die Größen der Bahnkreishalbmesser hier bei der Erklärung der Kreise selbst mitgeteilt, woraus jeder, der mit Mathematik vertraut ist, leicht ersieht, wie vortrefflich eine solche Anordnung der Kreise mit Berechnungen und Beobachtungen zusammenstimmt."

Dem Kenner also war der Weg gedeutet! Wandte Kopernikus sich mit seinem „Commentariolus" auch nicht ausdrücklich an die Mathematiker, so gab er diesen im folgenden doch bereits den Fingerzeig, ließ sie ahnen, was hinter seinen Hypothesen steckte. Die engsten Freunde wußten gewiß mehr; ihnen mußte dieser Entwurf als Gerippe eines kommenden, umfangreichen, mathematisch bewiesenen Weltgebäudes vorerst genügen.

Aber auch die engsten Freunde glaubte Kopernikus zumindest vor einem Irrtum warnen zu müssen: „Damit nun nicht die Meinung aufkomme, wir hätten die Beweglichkeit der Erde ohne Begründung den Pythagoreern zufolge behauptet, nehme man auch hier schon einen starken Beweis in der Erklärung der Kreise entgegen. Und in der Tat suchen die Naturforscher durch diese die Unbeweglichkeit der Erde am besten zu begründen und stützen sich zumeist auf die Erscheinungen. Dies alles stürzt hier vor allem deswegen in sich zusammen, weil wir gerade der Erscheinungen wegen die Erde in Bewegung setzen."

Die Entschlossenheit, die Überzeugung und die Sprache, mit denen Kopernikus hier seine festen, unumstößlichen Überzeugungen zu begründen versuchte, waren bereits die der „Revolutiones". Die Revolution am Sternenhimmel hatte begonnen. Kopernikus ließ – nun vor allem für die Mathematiker – die Beschreibung der Anordnung der Bahnkreise, der Bewegungen, die an der Sonne sichtbar werden, folgen, die Beschreibung der Bewegungen des Mondes, der drei oberen Planeten: Saturn, Jupiter und Mars, der Venus und des Merkur.

Dann zog er das Fazit daraus: „Und so läuft der Merkur insgesamt auf sieben Kreisen, die Venus auf fünf, die Erde auf drei, dazu der Mond um sie herum auf vier, Mars, Jupiter und Saturn schließlich auf je fünf Kreisen.

Vierunddreißig Kreise reichen also ganz und gar aus, und mit ihnen wird in das gesamte Getriebe des Weltalls und den ganzen Sternenreigen Klarheit gebracht."

Am 1. Mai 1514 befand sich ein Exemplar des „Commentariolus" in Krakau; er wurde im Bücherverzeichnis des Mathias von Miechow erwähnt: „ein Heft einer Planetentheorie", stand dort, „in der behauptet wird, daß die Erde sich bewegt, die Sonne aber ruht."

Kopernikus hatte nicht nur seine Grundgedanken über die Bewegungen am Himmel zu Papier gebracht; er hatte der Wissenschaft, und das war weit wichtiger, einen völlig neuen Weg gewiesen.

Seine erste Revolution galt der Astronomie selbst. Bis dahin hatte sich diese ausschließlich auf Sinneswahrnehmungen gestützt. Die Astronomen vor Kopernikus hatten durchweg die Sterne am Himmel beobachtet, hatten „gespürt", daß die Erde unter ihren Füßen stillstand, hatten zum Firmament aufgeschaut und aus dem „Erspürten" geschlossen, daß Sonne und Gestirne sich bewegten. Jetzt aber kam ein Gelehrter und verkündete, der Augenschein trüge. Er schickte die gesamte bisherige Forschung in die Mottenkiste. Was tatsächlich geschehe, lehrte er, lasse sich mit den Sinnen gar nicht wahrnehmen, es lasse sich allein durchs Denken erschließen. Er fragte nicht nach einem Ort außerhalb der Erde, um diese zu bewegen. Er stand fest auf ihr und bewegte sich mit ihr, weil die im steten Denkprozeß gewonnenen Erkenntnisse ihm diesen Platz „außerhalb der Erde" ersetzten.

Nikolaus Kopernikus stellte das Denken dem sinnlichen Wahrnehmen gegenüber. Er machte sich mit allen Erkenntnissen seiner Vorgänger vertraut, las ihre Schriften, gleich ob Griechisch oder Lateinisch, studierte alle Lehrbücher, verfolgte alle Abhandlungen, die ihm erreichbar waren, und durchdachte all das. Denkend zog er seine Schlüsse daraus.

So konnte, ja so mußte ein völlig neues Weltbild entstehen: das erste Weltbild, das vom menschlichen Denken erschlossen worden war.

„Die Sinneswahrnehmung bedarf zumindest der Nachprüfung, wenn sie als Erkenntnis dienen will!" Diese Feststellung war für die gesamte Astronomie zumindest genauso umwälzend wie das „Steh still!", das der Frauenburger Domherr zur Sonne gesprochen hatte.

Diese neue These war genauso revolutionär, vielleicht noch revolutionärer als der Griff nach der Erde, um sie in Bewegung zu versetzen, ja, als der Griff nach der Erde, um sie aus dem Mittelpunkt des Weltalls zu rücken.

Hier ging eine wissenschaftliche Umwälzung vor sich, die den Namen „revolutio" mehr als verdiente.

Aber es war eine stille Revolution. Eine Revolution ohne Barrikaden und Parolen. Es war eine Revolution, bei der kein Blut vergossen wurde. Still vollzog sie sich im Freundeskreise. Wohl stand die Wissenschaft ihr weitgehend ratlos gegenüber. Aber die ersten Wissenschaftler, die um sie wußten, waren Freunde des Nikolaus Kopernikus. Sie waren Männer, die von dieser „revolutio" nicht überrascht wurden, die seine Arbeits- und Denkmethoden aus dem Umgang mit ihm, aus seinen Briefen kannten. Sie hatten ihn immer wieder ermutigt, diese Umwälzung zu vollziehen, sie hatten darauf gewartet, voller Ungeduld. Sie hatten gedrängt, gefleht, gebeten, er möge doch endlich seine Anschauung schriftlich darlegen. Und sie wußten auch, daß das Werk des Kopernikus noch keineswegs abgeschlossen, daß dieser Entwurf noch nicht endgültig war. Die Forschungsmethode war endgültig – nicht ihr Ergebnis. Auf das Ergebnis aber kam es ihnen vor allem an.

Sie mußten nun Geduld haben, auf die ihnen im siebenten Satz des „Commentariolus" versprochenen mathematischen Beweise warten, auf das größere Werk, an dem Nikolaus Kopernikus seit Jahren arbeitete. Ihnen blieb vorerst nichts anderes übrig, als den gütigen Schöpfer zu bitten, ihrem Freund und Konfrater die Vollendung seiner Aufgabe zu gönnen.

Kapiteladministrator in Allenstein

Im Jahr 1513 starb Papst Julius II. Sein Nachfolger Leo X., der Sohn Lorenzos I. de' Medici, der zweite Renaissancepapst auf der römischen Kathedra, wie sein Vorgänger ein Freund der Humanisten und ein Mäzen der Künste, war vor allem bemüht, den neuen Petersdom fertigzustellen. Sein Kammerherr wurde der ermländische Domherr Alexander Sculteti.

Doch nicht nur nach außen hin wollte der Papst der Kirche Ansehen und Geltung verschaffen; auch ihre innere Ordnung lag ihm am Herzen. Darum wandte er sich an Kaiser und König, Theologen und Astronomen und bat sie um Vorschläge für eine Reform des Kalenders. Ein Problem, das die gelehrte Welt schon seit längerem beschäftigte.

Bei der Kalenderreform, die Sosigenes um das Jahr 46 vor Christus für Julius Cäsar vorgenommen hatte, waren dem Jahr elf Minuten und vierzehn Sekunden zuviel zugeteilt worden; so hinkte der Julianische Kalender inzwischen hinter dem Ablauf der Jahreszeiten um ganze zwölf Tage nach. Die kirchlichen Feste fielen nicht mehr in die vorgesehenen Jahresabschnitte.

Den Heiligenkalender rein zu erhalten und neu zu ordnen hatte schon Papst Sixtus IV. versucht, jedoch ohne Erfolg.

In Rom wurde eine Kalenderkommission gegründet, an deren Spitze der Bischof von Fossembrone, Paul von Middelburg, stand und der auch Alexander Sculteti angehörte. Letzterem ist es wahrscheinlich zuzuschreiben, daß auch Nikolaus Kopernikus aufgefordert wurde, seine Vorschläge einzureichen. Er stand im Rufe eines hervorragenden Mathematikers und Astronomen. Es hatte sich bis nach Rom hin herumgesprochen, daß er sich im Zusammenhang mit seinen Himmelsforschungen auch mit der Kalendermaterie befaßte. Man erwartete von ihm vor allem Vorschläge hinsichtlich der genauen Längenbestimmung des Jahres. Paul von Middelburg, selbst ein bekannter Mathematiker, schien mit dem von Kopernikus vorgelegten Projekt nicht voll einverstanden zu sein. Er polemisierte dagegen, behielt Nikolaus Kopernikus aber weiterhin auf der Liste der ständigen Mitarbeiter, die er 1516 in seiner Schrift „Secundum compendium correctionis Calendarii" bekanntgab.

Kopernikus zog sich einstweilen zurück mit der Begründung, er könne noch keine endgültig gesicherten Angaben machen. Was er tat, tat er überaus gewissenhaft. Einerseits durfte er seinen guten Ruf nicht aufs Spiel setzen, um nicht dadurch sein späteres Hauptwerk zu gefährden, andererseits lag ihm eine dauerhafte Lösung des Problems am Herzen.

Es war nicht seine Art, aus unzureichenden Erkenntnissen provisorische Ratschläge zu filtern, die nach Jahren oder Jahrzehnten wieder revidiert werden müßten. Der Julianische Kalender hatte „ab urbe condita" – 753 vor Christus – bis zur Zeit des Kopernikus herhalten müssen. Eine Reform hätte nur dann Sinn, wenn sie ein Werk zustande brächte, das zumindest über eine gleich lange, wenn nicht gar – den Erkenntnissen der Zeit entsprechend – weit längere Periode Bestand haben würde.

Kopernikus war sich vollauf bewußt, daß er an einer Zeitenwende lebte, die ein neues, gründliches Durchdenken der alten Gesetze und der neuerworbenen Erkenntnisse forderte. Später hat er in der Widmung seines Hauptwerkes die Gründe angegeben, die zu einem Scheitern der Kalenderreform führten: Größe des Jahres und des Monats, Bewegungen der Sonne und des Mondes waren nicht als genügend bestimmt erachtet, genaue Beobachtungen fehlten noch, um dem Papst und den Mathematikern stichhaltige Vorschläge machen zu können.

Erst 67 Jahre später legte Luigi Giglio Papst Gregor XIII. einen revidierten Kalender vor, dessen endgültige Fassung der bayrische Jesuit Christoph Clavius, ein Mathematiker und Astronom, geschaffen hatte. Dieser lagen die „Tabulae prutenicae coelestium motuum" des aus Saalfeld an der Saale stammenden, in Wittenberg lehrenden Astronomen Erasmus Reinhold zugrunde, der sich in seinen astronomischen Schriften auf die kopernikanische Lehre berief. Am 24. Februar 1582 unterzeichnete Gregor XIII. die Bulle, die den Gregorianischen Kalender für die römisch-katholischen Lande als gültig erklärte. Im Oktober 1582 wurde der „Sprung" vom fünften auf den fünfzehnten vollzogen, der die Zeitrechnung in „Ordnung" brachte. Eine immanente Gerechtigkeit im Zeitgeschehen sorgte dafür, daß die Berechnungen des Kopernikus über die Jahreslänge gebührende Beachtung fanden.

Man lebte in einer Zeit des politischen und geistigen Umbruchs. Das Mittelalter war so gut wie überwunden, jedoch noch nicht restlos von der Weltbühne abgetreten. Es gärte in Staat und Kirche; überall wurde der Ruf nach Reformen laut. Die Menschheit verlangte nach Sicherheiten. Auch der Kaiser war bestrebt, sein Reich und seine Herrschaft zu festigen. Er fühlte sich vom Osten her bedroht, solange es mit Ungarn zu keiner Allianz kam.

Schon Friedrich III. hatte vergebens die Hand nach Ungarn ausgestreckt. Jetzt aber schlug die Stunde für das „glückliche Habsburg"; seine Heiratspolitik erwies sich als erfolgreich. Der geplanten Wechselheirat zwischen Maximilians Enkeln und den Kindern König Wladislaws, der verwandtschaftlichen Verbindung zwischen dem Haus Habsburg und der Dynastie der Jagellonen, widersetzte sich Wladislaws Bruder, König Sigismund. Alle Bemühungen des Kaisers, ihn umzustimmen, blieben ohne Erfolg. Doch die Diplomatie fand einen Ausweg.

Der Kaiser schloß ein Bündnis mit dem Zaren, und es schien – man sorgte dafür, daß es so aussah –, als wäre dieses gegen den Krakauer Hof gerichtet. Den Neuverbündeten schloß sich nach kurzen Verhandlungen – deren Intrigenspiel ebenfalls keiner durchschaute – überraschend der Hochmeister des Deutschen Ordens, der Erzfeind Polens, an. Jetzt witterte Sigismund I. ernste Gefahr. Kurzerhand gab er seinen Widerstand auf. Er wußte, gegen Kaiser und Zar konnte er nichts ausrichten, zumal dann, wenn sie mit dem Ordensstaat im Bündnis standen. Die Maus saß in der doppelten Zwickmühle und tat das Gescheiteste, was ihr zu tun übrigblieb: sie handelte, farbenblind, fraß den diplomatischen Köder wie einen Käsewürfel. Im Mai 1515 wurde in Preßburg Hochzeit gefeiert. Habsburger tanzten mit Jagellonen. Und die Folgen dieser Verschwägerung blieben nicht lange aus. Noch im selben Jahr trafen sich Sigismund und Maximilian in Wien, umarmten einander vor aller Augen und taten, als wären Kaiser und König seit Geburt Schwäger gewesen. Dem König fiel es nicht schwer, den Kaiser dazu zu bewegen, den Hochmeister wie einen Stein fallenzulassen und den Beschluß des Thorner Friedens endlich anzuerkennen. Maximilian war ob des gelungenen Streiches so überglücklich, daß er den Friedensvertrag stehenden Fußes bestätigte. Der Hochmeister schnaufte vor Wut; der König lachte sich ins Fäustchen und fühlte sich stark wie nie zuvor.

Nikolaus Kopernikus stand bei seinem Domkapitel inzwischen in so hohem Ansehen, daß man ihm in der Allerheiligensitzung 1516 den wichtgsten Posten anvertraute, den das Kapitel zu vergeben hatte, das Amt des Kapiteladministrators oder Landpropstes. Er wurde damit der erste Mann in einem souveränen Kapitel, dem die Verwaltung der gesamten Kapitelgüter, der Liegenschaften in dem Drittel des Gebietes Ermland unterstand, das dem Kapitel zugesprochen worden war, während das restliche Land bischöfliches Dominium blieb. Kopernikus verwaltete dieses Amt bis 1519 und später noch einmal 1520/21. Über die Kammerämter Mehlsack und Allenstein – dazu den kleinen Bereich um

Frauenburg und seinen Dom – herrschte er als autonomer Souverän im Osten des Abendlandes mit dem Aufgabenbereich eines höheren Verwaltungsbeamten. Ihm oblag die Aufsicht über die beiden Burgen des Domkapitels, die Beamten und Domänen, die ausgedehnten Waldungen und Fischgründe in diesem Gebiet.

Er mußte den Eingang der Abgaben überwachen, die die beiden Städte, die Güter und die über 120 Bauerndörfer an das Kapitel zu entrichten hatten. Pachtdörfer hatte das Kapitel bereits im 13. Jahrhundert gegründet.

Seit 1481 wurde vom Kapiteladministrator genau Buch geführt. Es wurden damals die sogenannten „Locationes mansorum desertorum" angelegt, Verzeichnisse der besiedelten Gebiete und der dort angesetzten Siedler. Der Kapiteladministrator nahm handschriftlich die Eintragungen in diese Wirtschaftsbücher vor.

So lesen wir heute, von Kopernikus' Hand eingetragen, einem Siedler sei zusätzlich Land zugewiesen worden, das nach der Flucht eines anderen brachgelegen habe; ein anderer habe drei Hufen von seinem Nachbarn übernommen, die dieser nicht bewirtschaften konnte; wieder ein anderer bekam ein Pferd, einen kleinen Stier und ein Viertel des Saatgutes zugeteilt; ein weiterer wurde für Jahresfrist von Zins- und Dienstleistungen befreit. Wir erfahren, daß Kopernikus einen Gehilfen namens Hieronymus hatte, der ihn bei seinen Reisen durchs Land, bei seinen Ausritten begleitete, daß sein Diener Szebulski geheißen hatte.

Unsicherheit herrschte in den Grenzgebieten; man befürchtete stets Überfälle; Bauern verließen aus Angst ihre Höfe. Dann kamen wiederum neue Siedler an, die seßhaft gemacht werden mußten. Das Domkapitel war um eine gute wirtschaftliche Entwicklung seiner Gebiete besorgt, die Ländereien sollten etwas abwerfen, man wollte Gewinne erzielen. Äcker, die brachlagen, galt es daher schnellstens wieder zu besetzen, wirtschaftlich zu nutzen.

Dezimierten Seuchen oder Krankheiten den Viehbestand, wurde dieser so schnell wie möglich wieder aufgefüllt oder erneuert. Im Herbst hieß es, darauf zu achten, daß genügend gutes Saatgut vorhanden war. Im Krankheitsfalle war es selbstverständlich, daß sofort Hilfe geleistet und Ersatz für die Erkrankten zur Bestellung der Felder eingesetzt wurde.

Einnahmen und Ausgaben überprüfte der Kapiteladministrator mit besonderer Sorgfalt, hieß es doch ausreichende Mittel für die Zuteilungen des Kapitels bereitzustellen. Mühlen, Gastwirtschaften erhielten verantwortliche Pächter. Von ihrer Arbeit und ihrem Einsatz hing vieles ab. Einen Rückgang der Einnahmen konnte sich das Domkapitel angesichts seiner hohen Ausgaben, seiner Bewilligungsfreudigkeit und der laufenden Preissteigerungen, besonders in Notzeiten, nicht leisten.

Das Ermland wurde im 15. Jahrhundert wiederholt von Seuchen heimgesucht oder von Söldnerbanden geplündert. Nur zu oft mußten Bauern ihre Höfe verlassen, die Äcker unbestellt lassen. Kein Mensch dachte in solchen Zeiten an Fischfang in den vielen Seen. 70 verlassene Gehöfte hat Nikolaus Kopernikus während seiner ersten Administrationszeit neu besetzt; in Abstich, Altkockendorf, Braunswalde, Dietrichswalde, Diwitten, Fittigsdorf, Göttkendorf, Grieslienen, Bertung, Großkleeberg, Hochwalde, Jonkendorf, Klein Kleeberg, Köslinen, Lainau, Likusen, Micken, Mondtken, Nagladden, Nattern, Neu Schöneberg, Piestkein, Plautzig, Salbken, Schönbrück, Spiegelberg, Thomsdorf, Windtken und einer Reihe weiterer Dörfer.

Auch zeichnete der Administrator für die Festlegung des Grundzinses verantwortlich und mußte für dessen Einziehung sorgen. Dazu war er oberster Richter im Land; ihm unterstanden alle geistlichen und weltlichen Beamten.

Ein Mann, der an der römischen Kurie ein und aus gegangen war, der am Hof der Este in Ferrara, am Königshof in Krakau und am Hof des Hochmeisters in Königsberg verkehrt hatte, ein Humanist, Gelehrter, bekannter Mathematiker und berühmter Astronom, Arzt und Doktor juris canonici mußte bei Wind und Wetter von Bauernhof zu Bauernhof reiten, die Ochsen zählen, die Getreidebestände überprüfen, den Brotpreis für die Armen festlegen, ja sogar Kanonen und Büchsen, Pulver, Blei und Pech einkaufen, eine Burg zur Verteidigung rüsten, Söldnern ihren Sold auszahlen – nicht viel hätte gefehlt, und er hätte sogar einen Krieg führen müssen.

Doch Nikolaus Kopernikus tat all dies mit der Gelassenheit des Humanisten; er erledigte seine Aufgaben vorbildlich, so daß das Kapitel ihm dieses Amt immer wieder anvertraute.

Die Burg in Allenstein, in der er residierte, war um die Mitte des 14. Jahrhunderts vom Domkapitel errichtet worden, sie war zweistöckig über doppeltem Kellergeschoß, in dem die Vorräte geborgen und die Gefangenen untergebracht waren, mit drei Flügeln und hohem Turm errichtet. Vom Burghof betrat man sowohl die Kreuzgänge, die zu den Remtern führten, als auch die Kellergeschosse. Es gab hölzerne Wehrgänge und Schießscharten. Im Hauptflügel befanden sich drei Säle; im Westen wohnte der Kapiteladministrator, im Osten befand sich die Burgkapelle, dazwischen lag der Remter für Beratungen und Empfänge. Die Säle waren mit Sterngewölben ausgestattet, mit Fresken ausgemalt und hatten hohe Fenster zum Hof. Vom Wohnraum erreichte Kopernikus über eine Treppe den Turm, von dem aus er seine Himmelsbeobachtungen machte, denn gerade während der Jahre seiner Administratur entstand ein wesentlicher Teil seines Hauptwerkes über die Umwälzungen am Himmel.

An die Wand des Kreuzgangs hatte Kopernikus eigenhändig eine astronomische Tafel gezeichnet, die die Unregelmäßigkeiten beim Umlauf der Erde um die Sonne festhielt. Immer wieder drang nach Allenstein die mahnende Stimme seines Freundes Giese: daß es nicht wenig zum Ruhme Christi beitragen würde, wenn es eine richtige Ordnung der kirchlichen Daten und bestimmte Berechnungen der Bewegungen gäbe, und da er sich von der Begeisterung und dem Wissen des Kopernikus überzeugt, ließe er nicht davon ab, diesen zu der Inangriffnahme der Aufgabe zu überreden, bis er ihn dazu gedrängt hätte.

Das Kapitelschloß lag geschützt in einem Allebogen. Die sumpfigen Ufer des Flusses boten von Süden und Westen her ausreichenden Schutz. Zusätzliche Sicherheit schufen der Lang- und der Pfeiffersee und im Südwesten eine Seenkette, die aus dem Okull-, dem Mottek-, dem Kort- und dem Coinasee bestand. Nach Süden hin gab es einen Stadtgraben, und zur Stadtseite erhob sich ein Wall mit einer Umwehrung.

Früher einmal hatte ein Plankenzaun ausgereicht, um das Schloß nach dieser Seite hin zu schützen; doch seit Schußwaffen Pfeil, Bogen und Speere abgelöst hatten, mußte der Wall mit Weichhäusern, Türmen und einem Wehrgang ausgerüstet werden.

Drei Tore boten Zugang zur Stadt: das Hohe Tor, das Mühlentor und das Niedertor. Zusätzlich gab es in der Stadtmauer drei Pforten.

Der Kurierwagen des Domkapitels fuhr durch das Hohe Tor in die Stadt ein, das aus rotem Backstein im gotischen Verband errichtet war. Die Durchfahrt nahm das ganze Erdgeschoß ein, darüber befand sich in einer Mauernische ein Muttergottesbild.

Das Allensteiner Schloß war zugleich Residenz und Sitz der Verwaltung. Gegen Ende des 14. Jahrhunderts war es erstmals erweitert, neben dem Hauptgebäude war in der Südwestecke ein Häuschen errichtet worden, das dem Schließvogt als Wohnung diente. Auch waren neue Unterkünfte für das Schloßpersonal hinzugekommen, woraus sich ableiten läßt, daß dieses vermehrt worden war. Wehrmauern und Türme hatte man stärker befestigt und erhöht, um der allgemeinen Unsicherheit Rechnung zu tragen. Auch war ein Speicher für 60 Last Getreide angelegt worden, um die Versorgung in Belagerungszeiten zu sichern. Das Schloß war der wichtigste Stützpunkt des Domkapitels. Würde man ihn verlieren, bliebe dem Kapitel nur der Ausweg, in eine der Städte des

Königlichen Preußens zu flüchten oder sich mit Haut und Haar dem Ordensstaat zu ergeben. Frauenburg besaß zwar den Dom und die Domburg und galt somit als das Herz des Fürstbistums; „regiert" aber wurde in Heilsberg und Allenstein.

Dem Kapiteladministrator stand der Verwaltungsapparat zur Seite. Einer der beiden höchsten Verwaltungsbeamten war der Scheffer, der die Aufsicht über die Söller führte, eine Art Landesfourier, Herr über Speise-, Speck- und Salzkammer, Küche, Keller, Bäckerei, Kellerknechte, der für die Mahlzeiten zu sorgen und den Hafer für die Pferde zu beschaffen hatte. Ihm unterstanden Mühle und Brauerei; er verwaltete die Vorräte an Fisch und Wild und kümmerte sich um die Handwerker.

Dem Scheffer stand der Burggraf ebenbürtig zur Seite, der die niedere Gerichtsbarkeit ausübte, in „Halssachen" aber nur die Voruntersuchung durchführen durfte, der Scharwerk und Jagd unter sich hatte und für Wälder, Felder und Plätze verantwortlich war.

Zu den niederen Beamten gehörten der Keiper oder Fischmeister, der die Aufsicht über die Gewässer führte und zugleich für die Fischvorräte in den Hütekästen zu sorgen hatte, dann der Waldknecht, der die Wälder beaufsichtigte und dem, neben der Betreuung der Waldbienen für die Honiggewinnung, die Teerbrenner und das Hofgesinde unterstanden.

Über alles wurde „Buch geführt", und zwar mittels des Kerbstocks, eigentlich zweier Stöcke, von denen einen der Arbeitgeber, den anderen der Arbeitnehmer aufbewahrte und die nebeneinandergelegt „gekerbt" wurden, so daß die Kerben beim erneuten Zusammenfügen übereinstimmten und keiner benachteiligt werden konnte.

Engen Kontakt hielt der Landpropst zum Bürgermeister der Stadt Allenstein und zu den Ratsmännern, die mit diesem die Geschicke der Stadt lenkten, über die der Burggraf ein waches Auge hielt.

Kurz bevor Nikolaus Kopernikus in Allenstein eintraf, hatte die Stadt einen neuen Bürgermeister bekomnen. Der alte Bürgermeister, Peter Schellendorf, war 1516 des Diebstahls bezichtigt und von April bis August in Osterode festgesetzt worden. Er war im Frühjahr mit einer Fuhre Flachs – den auszuführen bei Strafe verboten war – und einigem Geld in der Tasche auf der Fahrt nach Thorn zwischen Allenstein und Osterode, bei Lubainen, vom Allensteiner Burggrafen Christoph Drauwitz und von seinem eigenen Schwager, Österreicher, festgenommen worden. Die beiden wollten ihn nach Allenstein zurückbringen, doch der Gutsherr von Lubainen, Jakob Kykol, hatte dies zu verhindern gewußt. Er hatte die Forderung gestellt, Schellendorf in Osterode vor ein Gericht zu stellen. Der Bürgermeister war beschuldigt worden, 350 Mark, die seiner Frau gehörten, und dreieinhalb Mark, dazu einige Kleider, die bei ihm als Stadtschulzen deponiert waren, mit auf den Weg genommen und somit unterschlagen zu haben.

Schellendorf hatte zu Protokoll gegeben: Im vergangenen Jahr sei eine ihm fremde Frau vom Lande zu ihm gekommen und habe ihm ihre Hand und 350 Mark Mitgift angeboten. Er habe sie geheiratet und nun das Geld als sein Eigentum betrachtet; durch die Heirat habe er den Zorn des Österreicher, seines Schwagers, erregt, der das Geld nach dem Tode seiner Frau zu erben hoffte – daher die Feindschaft. Er habe mit dem Fuder Flachs nach Thorn fahren wollen, sei aber in Lubainen von den beiden überfallen worden, um ihn nach Allenstein zu schleppen und ihn um das Seinige zu bringen. Die dreieinhalb Mark seien ein Depositum, von einem gewissen Kynappel vor fünf Jahren bei ihm hinterlegt; er hafte dafür mit seinem Vermögen. Die Kleider habe er von einem Mälzer aus Allenstein als Entschädigung für einen Schaden genommen, den ihm der Mälzer auf dem Märzhause an seinem Getreide zugefügt. Er sei also kein Dieb und bitte, ihm durch Urteil zu seinem Recht zu verhelfen.

Monatelang hatten die Verhandlungen zwischen Osterode, das dem Hochmeister und dessen Gerichtsbarkeit unterstand, und dem Domkapitel, dem Allenstein unterstand, gedauert. Osterode, durch die Passarge von Allenstein getrennt, die die Grenze des Ermlands nach Westen bildete, wollte genausowenig nachgeben wie Allenstein. So war aus der „Flucht" mit einem Fuder Flachs ein „internationaler Streitfall" geworden. Für den Beklagten war es von äußerster Wichtigkeit, vom Orden abgeurteilt zu werden, da ihm – zumindest seiner Meinung nach – allein die Flachsausfuhr zur Last gelegt werden konnte und diese gesetzlich allein vom Fürstbistum, nicht aber vom Orden verboten war.

Schellendorf kehrte, wie später der erste preußische Geschichtsschreiber, Lucas David, ein Sohn der Stadt Allenstein, in seiner Preußischen Chronik zu berichten wußte, nicht mehr ins Ermland zurück; er wurde Schloßwart des Ordens in Osterode.

Solche Fälle gehörten zum alltäglichen Aufgabenbereich des Kapiteladministrators. Kam es zu einem Streitfall zwischen dem Domkapitel und der Stadt Allenstein, wurde in Frauenburg, bei einem Streitfall zwischen Domkapitel und Orden in Thorn Gericht gehalten. Um nach Thorn zu gelangen und wieder zurückzukehren, brauchte man zu Pferd oder im Reisewagen sechs Tage; nach Frauenburg schaffte man es in drei bis vier Tagen.

War das Schloß Wahrzeichen des Domkapitels, so war das Wahrzeichen der Stadt Allenstein der dreischiffige Hallenbau der Pfarrkirche St. Jakobi, erbaut zu Beginn des 14. Jahrhunderts, dem Patron der Stadt geweiht. Der massige Turm, in den Untergeschossen mit farbigen

Glasursteinen verziert, erhob sich später 67 Meter über die Stadt. Die Kirche war zur Zeit des Kopernikus noch unvollendet; noch leuchtete nicht der Goldene Stern, der die Turmspitze zierte, ein späteres Geschenk eines Bürgermeisters zur höheren Ehre Gottes. Mehrere Großbrände hatte das Gotteshaus heil überstanden. Mittelschiff und Seitenschiffe waren durch zehn glatte achteckige Pfeiler und vier Halbpfeiler voneinander getrennt, auf denen spitzbogige Arkadenbögen aufsaßen. Die Kirche hatte einen gotischen Hochaltar, vor dem Nikolaus Kopernikus oft kniete, wenn er feierlichen Gottesdiensten der Stadt beiwohnte. Die Kirche hatte nämlich keinen Chor, ein Zeichen dafür, daß sie nicht dem Kapitel, sondern der Gemeinde diente und somit ein Chorgestühl für Domherren oder geistliche Kapitelbeamte nicht erforderlich war. Der noch unvollendete Turm, stumpf und massig, der mit der Dachschrägung abschloß, war mit Brettern verschalt. Den einzigen Schmuck bildeten nach außen hin die Zierstücke aus blaugrünem oder gelblasiertem Ton in den Putzfriesen, die die Geschosse voneinander trennten, wie in den Spitzbögen der Blenden.

Im Schatten dieser Kirche, nur ein paar Schritte von ihr entfernt, residierte Kopernikus, der mit eigener Hand in den Putz über dem schlichten Arbeitstisch, an dem er seinen Pflichten nachkam, geritzt hatte:

„Non parem Pauli gratiam requiro, veniam Petri neque posco, sed quam in Crucis ligno dederis latroni, Sedulus oro N. C." (Nicht mit Petrus bitt' ich um gleiche Gnade, nicht die Paulus fand; jene Verzeihung such' ich, die am Kreuze Du gabst dem Schächer, um sie bitt' ich mit Inbrunst. N. C.)

Doch nur selten arbeitete Kopernikus an diesem Tisch. Meist war er unterwegs, zu Pferd oder im Reisewagen. Unerwartet tauchte er hier oder dort zu einer Überprüfung auf; manch eine Sache, die er seinen Beamten hätte anvertrauen können, erledigte er selbst. Wo es irgend möglich war, half er. Er hörte sich die Sorgen seiner Bauern am Feldrand an, wußte manch einen Ausweg, gab manch einen guten Rat. Er tröstete die Familien, wenn Banden durchs Land gezogen waren und ihre Höfe verwüstet hatten.

Besonders an den Grenzen seines Verwaltungsbereichs kam es immer wieder vor, daß Ordenstruppen eingefallen und mit reicher Beute das Bistum wieder verlassen hatten. Für sie war es Freiland, in dem sie ungestraft hausen konnten. Sie durften sich nur nicht erwischen lassen. Hatten sie die Grenze zum Ordensland überschritten, tat ihnen keiner mehr etwas. Die Nordgrenze des Bistums war am meisten gefährdet. Fast alle Klagen kamen aus dem Mehlsacker Bereich.

Zuweilen besuchte Nikolaus Kopernikus Bischof Fabian von Lossainen in Heilsberg. Der aus Lusian, dem späteren Truchsen im Kreis Rößel, stammende Doktor der juristischen Fakultät der Universität Bologna, seit 1493 ermländischer Domherr, seit 1511 ermländischer Bischof, war in Petrikau vom Gnesener Erzbischof in Gegenwart König Sigismunds zum Bischof geweiht worden. Um seine Gesundheit war es nicht zum besten bestellt, mehrmals mußte Nikolaus Kopernikus als Arzt zu ihm gerufen werden. Leider blieb ihm bei solchen Visiten nicht die Zeit, alte Erinnerungen an Heilsberg aufzufrischen, ins Alletal hinabzuwandern, zu seinem Stein, auf dem er früher so oft gesessen und über die Kreisbewegungen der Planeten nachgedacht hatte. Obendrein galt am Bischofshof noch immer das strenge Zeremoniell, dem er sich als Domherr unterwerfen mußte.

Wie unterschied sich dieses doch von der Allensteiner Hofhaltung, die Kopernikus nach eigenem Ermessen und nach praktischen Gesichtspunkten regelte.

Nur den täglichen Gottesdienst in der St.-Annen-Kapelle hatte er beibehalten. Zum Mittagessen traf sich nur, wer gerade im Schloß weilte. Ja, es kam nur, wer Lust dazu verspürte, denn der Landpropst hielt es für Zeitvergeudung, ausgiebig zu tafeln. Er hielt es darüber hinaus auch für unsozial, solange im Lande weitgehend Not herrschte. Es gab viel Armut im Ermland; den Bauern vor allem ging es zuweilen schlecht. Die Zahl der überfallenen Höfe, der gebrandschatzten und von den Ordenssöldnern geplünderten Gehöfte bereitete Kopernikus wachsende Sorgen. Zuweilen verriet eine Rauchfahne dem vorbeireitenden Kapiteladministrator, daß hier vor wenigen Stunden Unheil geschehen war. Er leistete in solchen Fällen vor allem ärztliche Hilfe. Einige Medikamente und ein Medikamentenbuch, an dessen Rand er eigenhändig die landesüblichen Namen der Heilmittel geschrieben hatte oder auch Namen, die der Volksmund diesen beilegte, führte er stets in seiner Reisetasche mit. Er verlangte nichts, wenn er einen armen Bauern oder dessen Familienangehörige kurierte. Er kam wieder, wenn es notwendig war, selbst wenn er einen Umweg machen mußte. Bei aller noch so notwendigen Verwaltungsarbeit stand für ihn der Mensch stets an erster Stelle. Immer war er mit tröstendem Wort oder helfender Hand nahe.

Die Menschen liebten ihren Dompropst. Kinder kamen zur Straße gelaufen, wenn sein Wagen vorbeifuhr. Er hielt an, fragte nach dem Befinden oder Ergehen der Eltern, holte zuweilen ein Stück Brot aus der Tasche und gab es ihnen.

Kopernikus kannte die Menschen in seinem Verwaltungsgebiet recht gut. Er hatte es nicht nur mit den Bauern zu tun, die auf ihren Höfen saßen. Bei Transaktionen traten in der Regel Bürgen auf, der Schultheiß, Nachbarn, Verwandte der Siedler. Bei Festen, zu denen er erschien, traf sich die Familie und darüber hinaus die Sippe. Bauern, die einen Hof neu übernahmen, besuchte er mehrfach, nicht nur, um nach dem Rechten zu sehen, sondern um ihnen bei der ungewohnten Arbeit und dem, was diese mit sich brachte, hilfreich zur Seite zu stehen. Die Bauern wußten, daß sie von ihrem Herrn nie im Stich gelassen wurden. Selbst wenn es zwischen ihnen und dem Domkapitel zu einem Streit kam, versuchte Kopernikus stets, dem Recht die Ehre zu geben, gleich wer bei dem Streitfall den kürzeren zog, der Bauer oder das Kapitel. Er war ein „getreuer" Verwalter, der die Interessen des Domkapitels zu wahren wußte, ohne die der Einwohner auch nur im geringsten zu vernachlässigen.

Im Zeitalter des Humanismus

Hermann Kesten hat Nikolaus Kopernikus den „König der Humanisten" genannt. An der Schwelle vom Mittelalter zur Renaissance war es vor allem an den italienischen Universitäten zu einer Wiederentdeckung der antiken Schriften gekommen. Die Erfindung der Buchdruckerkunst ermöglichte deren Verbreitung. Bibliotheken entstanden, sammelten alles, was an Schriftgut der Alten beim Brand der Bibliothek von Alexandria, bei dem eine halbe Million Bücher verbrannten, überlebt hatte. Es setzte eine breit angelegte Pflege der antiken Schriftüberlieferung ein. Man wollte diese Schriften „so rein als möglich" bewahren.

Vorerst wurden die Aktionen von der Scholastik bekämpft und weitgehend verdrängt. Doch es kam zu einer Gegenströmung im 15. und 16. Jahrhundert. Immer neue antike Handschriften wurden gefunden, die Philologie hatte vollauf zu tun. Es kam zu einer Abkehr von der mittelalterlichen scholastischen Weltanschauung. Die menschliche Persönlichkeit trat immer stärker an die Stelle kirchlicher und staatlicher Autorität. Mit der Veränderung des Gesellschaftsbildes ging die Veränderung des Weltbildes Hand in Hand. Man proklamierte die freie Forschung, das Recht zur Kritik an der Überlieferung, an den bestehenden Einrichtungen.

Man stand an der Wende vom Mittelalter zur neueren Zeit. An die Spitze trat der „Reformator vor der Reformation", der Sohn eines Kanzlisten, der später zum Priester geweiht wurde, und einer verwitweten Arzttochter, Desiderius Erasmus von Rotterdam, ein Wunschkind, wie der Name es sagt, der „erwünschte Liebling". Wichtig seien für den Menschen nur, erklärte er, das Wissen und das Können. Er stellte den Wert der Erziehung in den Vordergrund und setzte sich vehement für die Verbreitung der lateinischen Sprache ein. Romtreu, trat er für eine Verbindung von freier Wissenschaft und Glauben ein. Er hatte enge Beziehungen zu drei Päpsten, Alexander VI., Julius II. und Leo X., stand in Briefverbindung mit Karl V. und bedeutenden Gelehrten und Schriftstellern seiner Zeit, war befreundet mit Thomas Morus, dem Verfasser

Erasmus von Rotterdam

der „Utopia", und schrieb, nach dem Muster von Sebastian Brants „Narrenschiff", ein „Lob der Torheit". Mit einem Zeitgenossen war er verfeindet, mit Ulrich von Hutten, dem „Poeta laureatus", weil er Luther und dessen Reformationsthesen ablehnte, den Reformator zu den „Narren" zählte. Und doch war Erasmus der Vorläufer der Reformation. Nur stand – im Gegensatz zu Luther – ein Glücksstern über seinem Leben.

Erasmus von Rotterdam hatte seine Ausbildung bei den Brüdern vom Gemeinsamen Leben in Deventer und Herzogenbusch erfahren. 1488 war er, nach dem frühen Tod seiner Eltern, ins Augustinerchorherrenstift Steyn bei Gouda eingetreten. Vier Jahre später wurde er Sekretär des Bischofs von Cambrai, erhielt die Priesterweihe und ging 1495 zum Studium nach Paris und von dort nach England.

Im Hause Montjoys in Greenwich lernte er den zweiundzwanzigjährigen, bereits berühmten Thomas Morus kennen. „Was hat je die Natur Milderes, Lieblicheres oder Glücklicheres geformt als das Genie Thomas Morus?", schrieb er in einem Brief. Als er England verließ, lud ihn Heinrich VIII. erneut dorthin ein. „Der Wert Eurer Kenntnisse und Eures

Rates ist uns bekannt", schrieb er eigenhändig an ihn. „Wir werden Eure Anwesenheit unter uns als das Kostbarste preisen, das wir haben." Was den König allerdings nicht daran hinderte, Erasmus zu übersehen, als er in England eintraf.

In England fand Erasmus den Anschluß an den biblisch fundierten Humanismus. In Italien promovierte er 1506 zum Doktor der Theologie; lebte dann in Basel, wieder in England, in den Niederlanden. 1511 schrieb er jene in die Weltliteratur eingegangene Satire „Encomion Moriae" – zu deutsch: Lob der Torheit –, die ihn in Europa rasch bekannt und berühmt machte. In Basel veröffentlichte er 1516 die erste griechische Druckausgabe des Neuen Testaments. Von 1517 bis 1524 schrieb er seine Paraphrasen zum gesamten Neuen Testament, die Grundlage für Luthers Bibelübersetzung wurden. Ablaßfrage und Zölibat waren die beiden Themen, in denen Erasmus von Rotterdam zum Vorbereiter der Reformation wider Willen wurde. In seinem „Lob der Torheit" heißt es:

„Und andere erst! Die bauen auf vermeintlichen Ablaß ihrer Sünden und fühlen sich dabei schon im Himmel. Die Dauer des Fegefeuers berechnen sie mit der Uhr auf Jahrzehnt, Jahr, Monat, Tag und Stunde genau, wie nach der Rechentabelle, fehlerlos."

Und in seinem Kommentar zu Matthäus 19,12:

„Zu dieser Klasse rechnen wir die Leute, die durch Betrug oder Einschüchterung zum Zölibat genötigt werden, wo Hurerei erlaubt, sich ein Eheweib zu nehmen aber verboten ist, dermaßen daß, wenn sie sich eine Konkubine halten, sie dennoch katholischer Priester sind, wenn sie sich aber ein Weib nehmen, verbrannt werden."

Wie reagierte Rom?

Papst Leo X. schrieb im März 1517 an Erasmus:

„Geliebter Sohn, Gruß dir und apostolischer Segen. Die Ehrenhaftigkeit deines Lebens und deiner Sitten, deine vorzügliche Bildung, die außerordentlichen Verdienste deiner Tüchtigkeit, welche nicht nur bestens belegt sind durch die Denkmäler deiner Studien, welche allüberall gefeiert werden, sondern auch durch das Urteil der gelehrtesten Männer, ferner durch die an uns gesandten Briefe zweier sehr berühmter Fürsten, des Königs von England und des Katholischen Königs, sind der Anlaß, daß wir dich mit einer außergewöhnlichen und einzigartigen Gunst bedenken. Darum auch willfahren wir gerne deiner Bitte, um in noch reicherem Maße unsere Zuneigung zu dir auszudrücken, sei es, du seiest selbst Herr deiner Umstände, sei es, der Zufall bestimme ihren Gang. So halten wir es für angemessen, deinen heiligen Eifer, zum Nutzen der Öffentlichkeit sich abmühend, durch angemessene Belohnungen zu noch höheren Leistungen anzuspornen."

Johannes Reuchlin

Erasmus wollte es, im Gegensatz zu Luther, auf keinen Fall zum Bruch mit der Kirche ankommen lassen. Er war ein Mann des Ausgleichs, trotz aller Kritik, die er an ihr übte, immer um diesen bemüht.

Anders ein zweiter Humanist, der Reichsritter Ulrich von Hutten, geboren 1488 auf Burg Steckelberg. Er floh 1505 aus der Klosterschule in Fulda und führte ein stetes Wanderleben als Student. 1513 trat er in den Dienst des Kurfürsten von Mainz, Albrechts II., der ihm ein Studium in Italien ermöglichte. 1515 trat er in Rom offen gegen das Papsttum auf. Er war der Verfasser des zweiten Teils der „Epistolae obscurorum virorum". 1517 wurde er von Maximilian I. in Augsburg zum Dichter gekrönt. Zugleich Gelehrter und Staatsmann, setzte er sich 1519 für Luther ein, ohne sich dessen Lehre anzuschließen. Von ihm wurde der Ausspruch bekannt: „Ich hab's gewagt und will des Ends erwarten."

Bedeutender war der Dritte der Humanisten, der aus Pforzheim stammende Sohn eines armen Boten, Johannes Reuchlin, der sich gräzisiert Kapnion nannte. Er hatte in Freiburg, Paris, Basel und Poitiers studiert. Von byzantinischen Emigranten hatte er Griechisch, von gelehrten Juden Hebräisch gelernt. 1485 in Tübingen zum Doktor der Rechte promoviert, wandte er sich dem Neuplatonismus zu. Er schrieb Komödien und Satiren. Bekannt als Herausgeber der ersten hebräischen Grammatik „De rudimentis hebraicis libri tres", wurde er der Begründer hebräischer Sprachforschung und alttestamentlicher Bibelwissenschaft. Reuchlin war ein glühender Verteidiger der Juden. Die Inquisition machte ihm 1513 den Prozeß. Ein Schiedsspruch in Speyer, 1514, fiel zu seinen Gunsten aus, doch – angeblich nach seiner Parteinahme für die Reformation – verurteilte ihn 1520 der Papst. Er war klug genug, sich zu unterwerfen. Ab 1520 lehrte er Griechisch und Hebräisch an der Universität Ingolstadt, später in Tübingen. Als Antwort auf die „Dunkelmännerbriefe" gab er die „Clarorum virorum epistolae" heraus. Er deckte die Irrtümer in der damals gebräuchlichen lateinischen Bibelübersetzung, der „Vulgata", auf; in jedem Wort, ja in jedem Buchstaben des Alten Testaments witterte er Geheimnisse.

Im Erfurter Augustinerkloster lebte der 1483 in Eisleben geborene Bergmannssohn Martin Luther, der 1512 als Doktor und Professor der Theologie an die Universität Wittenberg ging und gleichzeitig im dortigen Augustinerkloster predigte. Am 31. Oktober 1517 schlug er seine 95 Thesen an die Tür der Kirche zu Wittenberg; die Ankündigung eines akademischen Disputs über den Ablaß. Die Thesen sandte er gleichzeitig an Erzbischof Albrecht. Weder der Bischof noch der Landesfürst, Friedrich der Weise, schritten dagegen ein. Als Luther angegriffen wurde, sandte er im Mai 1518 eine Rechtfertigungsschrift an Papst Leo X. Noch 1519 versprach er dem Papst, „die Ehre der Römischen Kirche zu verteidigen". Er nannte den Papst „einen Daniel unter den Löwen, eine Rose unter den Dornen, ein Lamm unter den Wölfen".

Bei der Disputation auf der Pleißenburg zu Leipzig, im Sommer 1519, hat Luther die Autorität der römischen Kirche in Glaubenssachen nicht mehr anerkannt.

Im September desselben Jahres kam ihm Philipp Schwarzerd, genannt Melanchthon, der Sohn eines Waffenschmieds aus der Pfalz, Professor in Heidelberg, Tübingen, dann Wittenberg, mit der Feststellung zu Hilfe, der Christ sei nicht verpflichtet anzunehmen, was nicht in der Heiligen Schrift stehe.

Die Bannbulle Roms, die darauf folgte, hat Luther vor dem Elstertor in Wittenberg verbrannt.

Die Nachricht von der „Reformation" kam auch in das entfernte Frauenburg. Man hielt sie anfangs für ein Gerücht, jedenfalls maß man ihr keinen besonderen Wert bei. Man hatte Sorgen genug im eigenen Lande. Wittenberg lag „am Ende der Welt", sollte man dort sehen, wie man damit fertig werde.

Kopernikus hatte von Martin Luther gehört, doch die Theologie interessierte ihn weniger. Reformen gab es zur Genüge in jenen Tagen,

Philipp Melanchthon

hatte nicht der Papst selbst versucht, den Kalender der Christenheit zu reformieren?

Übrigens schienen Kaiser und Papst den Thesenanschlag nicht allzu ernst zu nehmen. Domherr Sculteti, der päpstliche Kammerherr, hatte dem Kapitel pflichtgemäß aus Rom berichtet. Es gebe dort keinen offenen Widerstand, schrieb er, man warte gelassen ab. Die Kirche pflegte mit Gelassenheit abzuwarten, sie war für die Ewigkeit gegründet und hatte somit viel Zeit; sie ließ sich stets Zeit, auch in solchen Dingen. Was könne ein Augustinermönch auf die Dauer schon ausrichten, fragte man sich. Ja, wieder ein Ordensmann! Man hatte schon gröbere Kost vorgesetzt bekommen; man erinnerte sich an einen anderen, den Dominikaner Girolamo Savonarola, den Mönch aus Ferrara. Wie hatte der gewettert, was nicht alles getan, um die Kirche zu reformieren! Er war als Sittenprediger aufgestanden, hatte sich an die breiten Kreise des Volkes gewandt. Das Strafgericht rief er über Italien herab und auch über die Kirche. Auch ihn hatte man geduldig gewähren lassen, bis Alexander VI. sich schließlich gezwungen sah, ihm das Predigen zu verbieten. Soweit werde es, im höchsten Falle, mit Luther kommen.

Wer die Thesen dieses Luther las, mußte zugeben: Verglichen mit seinem italienischen Ordensbruder war er ein sanftes Lamm. Nun, wie gesagt, man wollte abwarten. Ein Scheiterhaufen ist schnell hergerichtet. Das hatte Savonarola schließlich am eigenen Leibe erfahren. Es saß jetzt kein Alexander VI. auf dem päpstlichen Thron, sondern ein Leo X., ein Mann der Reformen, dem alles Neue sympathisch erschien.

Auch Kaiser Maximilian, der „letzte Ritter", hatte weit andere Sorgen. Der Untergang des Rittertums bewegte ihn tief, er versuchte, es mit allen Mitteln zu retten. Die alten Heldendichtungen aus grauer Vorzeit interessierten ihn weit mehr als die Thesen eines rebellischen Mönchs. Sie galt es der Nachwelt zu erhalten.

Hans Ried, einem Zöllner am Eisack bei Bozen, hatte der Kaiser den Auftrag gegeben, dreiundzwanzig alte Dichtungen, darunter das Nibelungenlied, die Kudrun, Biterolf, Wolfdietrich, den Erek des Hartmann von der Aue und Fragmente aus Wolfram von Eschenbachs Titurel, zu sammeln und zu einer prächtigen Handschrift zu vereinen. Diese hat er in einem Folio-Pergamentband – der Ambraser-Wiener-Handschrift, wie man diesen später nannte – der Nachwelt überliefert.

Des Kaisers Geheimschreiber, Marx Treitzsaurwein von Ehrentreitz, schrieb nach seines Herrn mündlichen Angaben und Diktaten den „Weißkunig", in dem des Kaisers Leben bis zum Jahr 1513 behandelt wurde. Der Silberkämmerer Siegmund von Dietrichstein schrieb unter der Aufsicht des Kaisers den „Teuerdank", die allegorische Geschichte der Brautfahrt Maximilians zu Maria von Burgund.

Künstler verkehrten am Hofe des Kaisers; Nürnberg war eine Hochburg der Kunst. Da gab es den Albrecht Dürer, der bei seinem Vater das Goldschmiedehandwerk erlernt, dem Michael Wolgemut das Malen beigebracht hatte. In Italien schuf er Landschaftsaquarelle, die zu den schönsten dieser Art zählten. 1495, von mehreren Reisen zurückgekehrt, eröffnete er in Nürnberg eine eigene Werkstatt. Kurfürst Friedrich der Weise und Kaiser Maximilian zählten zu seinen Auftraggebern. Mit seinen Holzschnittzyklen, der Apokalypse, dem Marienleben, der Großen, der Kleinen und mit der Kupferstichpassion hatte er sich als Zeichner und Graphiker von Rang hervorgetan, dann, der Strömung seiner Zeit folgend, den Schwerpunkt auf die Bildnismalerei gelegt, den Menschen in seinen Proportionen ergründet. Er war zur Antoniterkirche nach Isenheim gereist, um dort den berühmten Altar des Matis Neithardt, den sie Matthias Grünewald nannten, zu sehen, den Gipfel der zeitgenössischen Malerei. In den Jahren 1513 und 1514 hatte er seine drei Meisterwerke geschaffen, die Blätter „Ritter, Tod und Teufel", den „Hieronymus im Gehäuse" und die „Melancholia I".

Da gab es die Erzgießerfamilie Vischer, Peter Vischer d. Ä. und dessen fünf Söhne, die elf Jahre lang gemeinsam, von 1508 bis 1519, an dem Sebaldusgrab für die Sebalduskirche gearbeitet hatten. Ein Erzschrein, zu dem Fürsten aus vielen Ländern kamen, den alle sehen wollten. In den Schrein war ein Silbersarkophag eingebettet, an allen vier Seiten mit den schönsten Reliefs geschmückt, ein Kunstwerk der Spätgotik bei ihrem Übergang in die Renaissance.

Und es gab in Nürnberg den Adam Krafft, den Bildhauer, mit Peter Vischer d. Ä. im selben Jahr 1460 geboren, der seine Gestalten aus Sandstein meißelte. Man konnte sie im Chor von St. Sebaldus bewundern, am Sakramentshaus in St. Lorenz, auf dem Relief der Stadtwaage, am Rehbeck-Epitaph in der Dominikanerkirche und an den Kreuzwegstationen auf dem Johannesfriedhof.

Politische Geschäfte kümmerten den Kaiser kaum, Geschäfte der Kirche noch weniger. Kunst und Wissenschaft sollten in seinem Reich blühen; sie allein zählten für ihn, mit ihren Werken und Ergebnissen, Zeugen seiner Zeit, wollte er in die Geschichte eingehen. Daß die Philosophie, bis dahin die Magd der Theologie, an die Stelle ihrer Herrin zu treten begann, daß man den Himmel immer mehr auf die Erde herabholte, daß man statt die Kirchenväter Homer, Sophokles, Aischylos und Euripides zu lesen begann, daß man Plato und Cicero zu den „neuen Heiligen" kreierte, was kümmerte es ihn? Die Kirche sollte ihren Anteil an den Schätzen der Kunst haben; ihr Reich aber war nicht von dieser Welt. Der Kaiser war um sein eigenes Heil und um den Nachruhm besorgt. Ahnte er, daß sein Leben auf sechzig Jahre bemessen war?

Am 12. Januar 1519 starb Maximilian I. in Wels. Kaum war er bestattet, begann ein Intrigenspiel, ein würdeloses Feilschen und Rangeln um die Nachfolge. Es ging den Wahlfürsten nur um persönliche Vorteile, um Privilegien, um eigene Interessen.

Keiner der deutschen Fürsten war bereit, selbst die undankbare Rolle auf der Bühne des Weltgeschehens zu übernehmen, keiner begehrte die Kaiserkrone.

Zwei Kandidaten stritten sich schließlich darum: Franz I. und Karl V. Der Papst, der bei der Kaiserwahl eine bedeutende Rolle spielte, schien beiden gewogen zu sein.

Franz I., der Sohn Herzog Karls von Orleans und der Louise von Savoyen, ein Bruder der Margarete von Navarra, hatte Frankreichs Erbansprüche in Italien aufgegriffen und das Herzogtum Mailand erobert. 1516 hatte er mit den Schweizern den „Ewigen Frieden", dann mit Papst Leo X. das Konkordat von Bologna und schließlich mit Karl I. von Spanien (Karl V.) den Vertrag von Noyon geschlossen. Ein

Martin Luther

Humanist, hochgebildet, ein Freund der Baukunst, der als späterer
Erbauer des Louvre und der Schlösser von Blois und Fontainebleau in die
Geschichte eingegangen ist, verpflichtet dem Humanismus, wollte mit
drei Millionen Krontalern die Stimmen der Wahlfürsten kaufen. Er zog
in den Wahlkampf mit der Parole, was er für ein Kerl sei und wie
unbedeutend sein Gegenkandidat Karl V. Er hatte die Rechnung ohne
den Wirt gemacht. Die Fürsten wollten keinen starken Kaiser, je
unbedeutender der Kandidat war, umso gelegener kam er ihnen.

So wurde am 23. Oktober 1520 in Aachen Karl V. zum Kaiser
gekrönt.

Der Enkel Maximilians I. und Sohn Philipps I. des Schönen und
Johannas der Wahnsinnigen, in Gent geboren, wurde nach dem Tode
Ferdinands II. von Aragonien zum spanischen König proklamiert. Nach
seiner Wahl zum Kaiser entschied er sich 1521 endgültig gegen die
Reformation.

Bis dahin hatten Luthers Thesen ungehindert über die Grenzen

Wittenbergs hinausdringen können. Der Kirchenbann von 1520 war das erste Zeichen zum Einhalt, der Bann des Kaisers im Jahr darauf das bestätigende Signal.

Als „erwählter Römischer Kaiser" forderte Karl V. Martin Luther vor den Reichstag nach Worms. Am 16. April 1521 kam Luther unter kaiserlichem Geleit dort an. Am folgenden Tag wurden ihm die Fragen gestellt: Ob er sich zu den unter seinem Namen erschienenen Büchern bekenne? Ob er deren Inhalt widerrufe? Der kursächsische Hofprediger und Freund Luthers, Spalatin, hat die Rede, die Luther am 18. April vor dem Reichstag hielt, in einem lateinisch verfaßten Bericht festgehalten, der bereits im Mai 1521 in Straßburg im Druck erschien.

Nach dieser Rede tadelte der Sprecher des Kaisers Luther, er hätte seine Antwort nicht zur Sache gegeben. Man wünsche von ihm eine einfache Antwort ohne Spitzfindigkeiten, ob er widerrufen wolle oder nicht.

Darauf Luther: „Weil denn Eure allergnädigste Majestät und fürstliche Gnaden eine einfache Antwort verlangen, will ich sie ohne Spitzfindigkeiten und unverfänglich erteilen, nämlich so: Wenn ich nicht mit Zeugnissen der Schrift oder mit offenbaren Vernunftgründen besiegt werde, so bleibe ich von den Schriftstellen besiegt, die ich angeführt habe, und mein Gewissen bleibt gefangen in Gottes Wort. Denn ich glaube weder dem Papst noch den Konzilien allein, weil es offenkundig ist, daß sie öfters geirrt und sich selbst widersprochen haben. Widerrufen kann und will ich nichts, weil es weder sicher noch geraten ist, etwas gegen sein Gewissen zu tun. Gott helfe mir, Amen."

Tags darauf gab der Kaiser eine Erklärung ab, die wie folgt schloß:

„Nachdem ich die hartnäckige Antwort vernommen habe, die Luther gestern in unser aller Anwesenheit gegeben hat, erkläre ich euch: Es reut mich, daß ich es so lange aufgeschoben habe, gegen diesen Luther und seine falsche Lehre vorzugehen. Ich bin entschlossen, ihn nicht weiter anzuhören, sondern ich will, daß er unverzüglich gemäß dem Mandat nach Hause geschickt werde. Das freie Geleit soll ihm, wie zugesagt, gehalten werden, aber er soll nicht predigen noch dem Volk seine böse Lehre vortragen, und jede Unruhe soll vermieden werden. Ich bin, wie schon gesagt, entschlossen, mich gegen ihn wie gegen einen notorischen Häretiker zu verhalten, und ersuche euch, daß ihr euch in dieser Sache so erklärt, wie es guten Christen ziemt und wie es eure Pflicht und euer mir gegebenes Versprechen verlangen."

Drei Wochen später wurde über Luther die Reichsacht verhängt.

Krieg vor der Haustür

Im November 1519 war Nikolaus Kopernikus' drittes Administrations-
jahr abgelaufen. Er kehrte nach Frauenburg zurück.

Die Spannungen zwischen dem Ordensstaat und dem ermländischen
Bischof wie auch zwischen dem Domkapitel und dem Hochmeister des
Ordens waren nicht geringer geworden. Seit Jahren schon durchzogen
Söldner des Ordens plündernd das Fürstbistum, verheerten das Land mit
„grausamem Mord, Brand, Kirchenraub, Plackerei und feindlichen
Anritten". Es wurde „angefochten, verderbet, zerrissen und zerstört".

Nachdem sich der Bischof beim Hochmeister darüber beschwert hatte,
war ihm erwidert worden, das hätten „etzliche Leute, die niemants
kannte", getan. Doch Fabian von Lossainen kannte die Leute recht
gut. Er ließ dem Hochmeister mitteilen, „er wisse doch auch, daß
solch Raubvolk nicht in der Luft schwebe und seine Pferde nicht aus
der Erde rupfe".

Schließlich war das Ermland von allen Seiten vom Ordensland
umgeben, woher sollten diese Banden kommen, wenn nicht von dort?
Der Bischof wußte es, und die Domherren wußten es mit ihm: Dem
Ordenshochmeister war jedes Mittel recht, galt es, die Gegner mürbe zu
machen, um die im Zweiten Thorner Frieden verlorenen westpreußischen Gebiete wiederzugewinnen. Das blieb vorerst sein wichtigstes Ziel.

Nachdem nun der Kaiser diesen Frieden anerkannt hatte und alle
Verhandlungen erfolglos gewesen waren, blieb Albrecht von Brandenburg kein anderer Ausweg, als sich an seinen Vetter in Berlin zu wenden
und gleichzeitig die Verhandlungen mit dem vom Kaiser enttäuschten
Zaren aufzunehmen.

Der König witterte Gefahr und schickte seine Truppen ins Ermland.
Doch in diesem Augenblick starb der Kaiser, und die Tataren sahen eine
günstige Gelegenheit, ins Königreich einzufallen. Karl V. war auf der
Hut, er wußte nur zu gut, was die Tatarengefahr für das Reich bedeutete.
Sogleich bot er dem König seine Hilfe an. Gemeinsam gelang es ihnen, die
Tataren zurückzuschlagen. Im Dezember 1519 konnte König Sigismund

Die Stadt Braunsberg

mit großem Gepränge in Thorn Einzug halten. Endlich wollte er die noch immer ausstehende Huldigung des Hochmeisters erzwingen.

Jedoch der Hochmeister erschien nicht in Thorn; der Fürstbischof von Ermland begrüßte den König in einer langen lateinischen Ansprache.

Verärgert kehrte Sigismund nach Krakau zurück. Unterwegs erhielt er die Nachricht, der Hochmeister habe mit seinen Truppen die Grenze des Ermlands überschritten und nähere sich der Stadt Braunsberg. Als Schirmherr des Ermlands war er zur Hilfeleistung verpflichtet.

Braunsberg, nur sieben Kilometer von der Mündung der Passarge ins Frische Haff gelegen, die älteste ermländische Siedlung, an einer Stelle, wo der Orden schon 1241 eine feste Burg errichtet hatte, 1284 mit dem Stadtrecht ausgestattet, gehörte der Hanse an; von hier aus fuhren die Schiffe des Bistums in die Niederlande und nach England. Braunsberg war der Hafen des Ermlands, die Lebensader des Bistums.

Im Rathaus, das aus dem 14. Jahrhundert stammte, herrschte als Bürgermeister Philipp Teschner, ein Vetter des Nikolaus Kopernikus. Als er vom überraschenden Vorrücken der Ordenstruppen gegen die Stadt hörte, fürchtete er eine Zerstörung, falls er Widerstand leisten würde, für den er nicht genügend gerüstet war. Er zog es daher vor, dem

Hochmeister die Stadt kampflos zu übergeben. Das Domkapitel in Frauenburg glich, als es davon erfuhr, einer Schar aufgescheuchter Hühner. Kopflos vor Angst und Schrecken eilten die Domherren von der Domburg zu ihren Außenwohnungen und Gütern, schleppten, was nicht niet- und nagelfest war, in das befestigte Hügelrund. Panik war ausgebrochen; bei den täglichen Gebeten standen die Chorstühle leer. Hilf dir selbst, dann hilft dir Gott, schien im Augenblick die Losung der geistlichen Herren zu sein, die wenig Gottvertrauen an den Tag legten.

In einer Sondersitzung, zu der in aller Eile geläutet worden war, beschlossen sie, in der Auseinandersetzung zwischen Orden und König die Neutralität des Fürstbistums auf alle Fälle zu wahren. Was blieb ihnen anderes übrig. Im Ermland sah es verheerend aus. Erst kürzlich hatte eine Seuche das Land heimgesucht. Bischof Fabian von Lossainen hatte seinen Offizial Tiedemann Giese zu Kopernikus geschickt, um Heilmittel und gute Ratschläge zu holen. Kopernikus hatte als Arzt alle Hände voll zu tun.

Zu der Bedrohung durch Krankheit kam noch die durch den Krieg. Das Land lag zwischen den kriegführenden Parteien, es bestand ohnehin wenig Hoffnung, daß es verschont bleiben würde. Der Hochmeister kümmerte sich wenig um die Neutralitätserklärung des Domkapitels. Für ihn hatte die „große Stunde" geschlagen; und was lag näher, als zusammen mit der Rückgewinnung der verlorenen westpreußischen Gebiete auch die Hoheit über das Ermland zu gewinnen. Die Städte des nördlichen Fürstbistums fielen ihm wie überreife Früchte in die Hände. Ordenstruppen zogen bereits gegen Heilsberg, um die Residenz des Bischofs zu stürmen.

Gerade im rechten Augenblick erschienen die Hilfstruppen des Königs, die dieser aufgrund des Petrikauer Vertrages im Falle kriegerischer Bedrohung ins Ermland zu entsenden verpflichtet war, oblag dem König doch der Schutz des Bistums nach außen hin. Als der Hochmeister merkte, daß der König nicht gewillt war, tatenlos zuzusehen und die Eroberung des Ermlands ihn zumindest so sehr schwächen würde, daß er sein eigentliches Ziel nicht mehr erreichen könnte, faßte er den Entschluß, das Ermland zu isolieren.

Er beging die Taktlosigkeit, den Bischof in das von ihm gestohlene Braunsberg zu Friedensverhandlungen einzuladen.

Bischof Fabian dachte nicht daran, dieser Aufforderung zu folgen. Er schickte zwei seiner Domherren dorthin. Aus Braunsberg gewährte Albrecht von Brandenburg dem „würdigen hochgelehrten Herrn Niklas Koppernick freies, sicheres und christliches Geleit, ihm samt seinen Pferden und Knechten".

Die Friedensverhandlungen verliefen, wie vorauszusehen war, ergebnislos, was den Hochmeister derart erzürnte, daß er im Frühjahr 1520 den Befehl zum Sturm auf Frauenburg gab.

Söldner des Königs waren inzwischen zur Verteidigung der Domburg eingetroffen. Ende Januar war es ihnen gelungen, den ersten Ansturm abzuwehren. Die Ordenstruppen sahen ein, daß sie nur unter größten Opfern in die starkbefestigten Anlagen eindringen könnten; sie begnügten sich vorerst damit, alle Domherrenwohnungen, die außerhalb der Mauern lagen, niederzubrennen. Mit ihnen fiel die kleine, ungeschützte Stadt am Frischen Haff den Flammen zum Opfer.

Während die Söldner verbissen weiterkämpften, verließen die Domherren bei Nacht und Nebel die Domburg. Die meisten flohen nach Elbing oder nach Danzig. Sie überließen ihren Staat dem Schicksal und dachten nur an ihr persönliches Heil.

Der Hochmeister zeigte sich unnachgiebig; er befahl, den Kampf nicht eher einzustellen, als bis auch die Domburg in den Händen des Ordens sei. Die Soldaten des Ordens schossen einen Teil der Domburg in Brand. Der Hochmeister hatte „das Nest so zerstören wollen, daß wenigstens während des Sommers kein Vogel mehr darin nisten wollte".

Nikolaus Kopernikus befürchtete, der Hochmeister würde nach der Brandschatzung Frauenburgs nach Allenstein weiterziehen, wohin die wichtigsten Schätze des Domkapitels und des Frauenburger Doms gebracht worden waren, da ja das Allensteiner Schloß als die festeste, am schwersten einzunehmende Burg des Bistums galt.

Mit den wenigen Domherren, die noch in Frauenburg geblieben waren, eilte er darum nach Allenstein, das sie nach zweitägigem Ritt erreichten. Kopernikus trat, ohne besondere Wahl, erneut das Amt des Landpropstes an und nahm damit die Verantwortung für die wichtigste Burg des Kapitels auf sich.

Der Hochmeister rückte in diesem Jahr bis Guttstadt vor. Wormditt hatte er nach wochenlangen Kämpfen eingenommen. Jetzt schien sein Angriff auf das Allensteiner Schloß nur noch eine Zeitfrage zu sein.

Aus Elbing ließ Kopernikus Waffen und Lebensmittel herbeischaffen, um die Burg zur Verteidigung einzurichten.

Die Nachricht vom Fall Guttstadts wirkte beunruhigend, zumal der Hochmeister von dort eine Aufforderung zur Kapitulation nach Allenstein schickte, andernfalls er „Burg und Stadt zerstören lassen" werde. Mit solchen Aufforderungen, das wußte Kopernikus, war nicht zu spaßen, hatte doch der Hochmeister nicht einmal vor der Zerstörung der „Burg der lieben Fraue" haltgemacht, obwohl er vorgab, „im Schutze der Himmelmutter" Krieg zu führen. Der Orden hatte seine eigentliche

Aufgabe im Osten weitgehend vergessen; der Ordensstaat war ein Machtstaat wie jeder andere geworden, allein auf eigene Belange bedacht. Er „führte mehr Krieg, als er Frieden wahrte" – vielleicht war es ein Verzweiflungskampf vor dem endgültigen Untergang, den der Hochmeister voraussehen mußte –, jedenfalls konnte dieser dem Fürstbischof nicht verzeihen, daß er „bischöflich" dachte, sich seinen Raubzügen nicht anschloß, sondern, so gut es eben ging, Neutralität zu wahren versuchte.

Am 16. November 1520 wandte sich Nikolaus Kopernikus an den Schutzherrn des Fürstbistums, „an den Allergnädigsten Herrn und Gebieter, Herrn Sigismund, König Polens von Gottes Gnaden, Großfürst von Litauen, Herrn und Erben von Ruthenien und Preußen", und bat ihn um Hilfe:

„Durchlauchtigster Herr und Gebieter", so begann sein in lateinischer Sprache abgefaßter Brief, „Gnädiger Herr! Wir möchten Eurer Heiligen Majestät unsere ergebensten Dienste entbieten. Gestern Abend haben Feinde Eurer Königlichen Majestät die Stadt Guttstadt erobert, die zwar nicht schlecht mit Mauern gesichert war, jedoch keine ausreichende Mannschaft hatte. Mit Recht werden wir aus diesem Grunde von Unruhe befallen, denn wir selbst sind gegen einen solchen Angriff nicht gesichert und befürchten, daß die schon so nahen Feinde auch uns in Kürze belagern werden."

Kopernikus schilderte darauf kurz die Lage und verwies auf die Bitten der Stadt Guttstadt an den Befehlshaber der Königlichen Majestät, die vergebens blieben, da der Befehlshaber selbst zuwenig Leute hatte, um welche abzugeben. Und er fuhr fort:

„Wir sind uns jedoch bewußt, daß die Gefahr – ähnlich dem ganzen Bistum Ermland – auch Heilsberg bedroht. Wir flehen deshalb Eure Heilige Majestät an, uns so schnell wie möglich zu Hilfe zu eilen und wirksam zu unterstützen. Wir haben nämlich den Wunsch, das zu tun, was ehrlichen und edlen Eurer Majestät ergebenen Leuten zu tun ansteht; sogar wenn wir verloren gehen sollten. Unter den Schutz Eurer Majestät sich begebend, empfehlen und vertrauen wir Euch all unseren Besitz und uns selbst an. Aus Allenstein, am 16. November des Jahres des Herrn 1520. Seiner Heiligen Königlichen Majestät ehrlichst ergebene Diener, Kanoniker und Kapitel der Kirche von Ermland."

Die göttliche Fügung wollte, daß königliche Truppen – obwohl der Brief vom Orden abgefangen wurde und den König nie erreichte – der Burg und Stadt Allenstein zu Hilfe kamen. Kopernikus befestigte die Burganlagen und bereitete alles auf Belagerung und Verteidigung vor.

Schon näherte sich das Ordensheer unter der Führung von Wilhelm

[Handschriftlicher Brief in lateinischer Schrift, beginnend mit einem großen verzierten „S"]

Serenissime princeps et domine Domine Clementissime humillima servitia nostra S. M. vestrae accepta esse cupimus. Hesterno vespere hostes vestri R. Majestatis intercep- perunt oppidum Gutstadt quamvis non parvum munitum moenibus, sed praesidiis militaribus minus suffienter, de quo merito turbamur, qui et non satis adversus tantum impetum promisit summus timeremusque nos etiam ab hostibus in ... in hora obsessum iri. Est nobiscum Grosser de partibus Dolistry cum centum duntaxat militibus socijs, qui nostro monitu scripserat ante paucos dies in ... heilsberg ad Magnificum dominum Jacobum Segenousky vestrae R. Majestatis (compidustore) ut plura ad nos praesidia mitteret, fecerat similiter qui in Gutstadt nihil obtinuimus) Respondet enim non suffiere sibi ut plures viros mitteret. Intelligimus autem etiam circa heilsberg esse periculo, ac proinde circa totum ... Varmien Quapropter S. M. vestram supplices rogamus nobis q primum subvenire dignetur et potenter sunvenire. Volumus enim facere quod viros bonos et honestos decet et Majestati vestrae denotissimos etiam si oportuerit nos extrema pati. Sub cuius praesidium confugientes omnia nostra cum corporibus nostris committimus et commendamus. Ex Allenstein ... Novembris Anno domini M D xx.

E. S. R. Maj .

Denotissimi servitores Canonici et Capituli ecclesiae Varmien

Handschrift des Kopernikus – Brief des Kapitels an König Sigismund I.

von Schönberg, brach eines der Stadttore auf, wurde dann aber durch die Meldung verwirrt, „Spähtrupps hätten in Erfahrung gebracht, der Stadthauptmann habe vermutlich die Absicht, den vordringenden Or- denstruppen in den Rücken zu fallen". Wilhelm von Schönberg gab seinen Truppen den Befehl, Burg und Schloß Allenstein zu umgehen und statt dessen die umliegenden Dörfer zu brandschatzen. Im Kammeramt lagen danach 30 Prozent der Hufen wüst. In Diwitten wurden von 36 Zinshufen 23, in Köslienen von 20 Zinshufen 17 und in Salbken von 13 Hufen 10 zerstört.

Die meisten Kanoniker hatten Allenstein verlassen, aus Furcht, bei der Einnahme der Stadt in die Gefangenschaft des Ordens zu geraten, was sie sich furchtbar vorstellten. Kopernikus war nahezu allein zurückgeblieben, um mit dem militärischen Befehlshaber der Burg, Hendryk Peryk, zu retten, was zu retten blieb.

Die Ordenstruppen besetzten in den kommenden Wochen weitere Teile des Ermlands, dessen Städte fast durchwegs in ihre Hände fielen, brannten Dörfer nieder, plünderten und vertrieben die Bauern. Inzwischen war Domherr Heinrich Schnellenberg zu Kopernikus nach Allenstein geeilt, um ihm bei ersten Hilfsmaßnahmen nach Abzug der Ordenstruppen behilflich zu sein.

In diesem Winter kam Nikolaus Kopernikus kaum dazu, an seine Sterne zu denken. Indessen beschäftigten ihn Bombarden und Hakenbüchsen, Pulver und Blei. Er versuchte, Munition und Pech zu beschaffen, das man damals aus den Mauerscharten kochend auf die anstürmenden Feinde herabzugießen pflegte, um sie in die Flucht zu jagen.

Die Weihnacht des Jahres 1520 wurde in der St.-Annen-Kapelle in aller Stille begangen, während in der benachbarten St.-Jakobi-Kirche die Bewohner der Stadt sich um die strohgedeckte Fachwerkkrippe vor dem Marienaltar sammelten, um dem Kind in Windeln, von Ochs und Esel umstanden, für die Rettung der Stadt und des eigenen Lebens Dank zu sagen.

Nie war das Gebet um den Frieden von Burg und Stadt so inbrünstig zum Himmel aufgestiegen wie in diesem Jahr. Die Gefahr war noch keineswegs vorbei; täglich konnten Söldnerscharen auftauchen, die sich teils in den benachbarten Dörfern aufhielten oder die nahen Städte besetzt hielten. Die Bevölkerung der Stadt bangte, um ihren Bürgermeister geschart; die Nahrungsbestände waren rationiert; die Kornmühle am Fuße des Schlosses ruhte nur am ersten Weihnachtstag. Man beeilte sich, alles Getreide in Mehl umzusetzen. Zwar fürchtete man, der Hochmeister würde rasch handeln und einen Angriff auf Burg und Stadt nicht auf die lange Bank schieben, wollte aber trotzdem auch auf eine längere Belagerung vorbereitet sein.

Es war ein harter Winter; das Land ruhte unter einer dicken Schneedecke. Die Seen, die sonst einen natürlichen Schutz bildeten, waren schon lange zugefroren; das Trinkwasser war knapp. Bei dem knirschenden Frost würden Flammen in wenigen Tagen die ganze Stadt einäschern.

Doch die Gebete der Schloßbewohner wie der Einwohner der Stadt wurden erhört. Gleich zu Beginn des Jahres zog der Hochmeister mit seinen Truppen an der Stadt vorbei. Ihr Ziel war, wie Kundschafter ermitteln konnten, Neumark im Löbauer Land. Sie zogen ins Bistum Kulm ab, dessen Residenz Löbau im nördlichsten Zipfel des Königlichen Preußens, unmittelbar an der Grenze des Ordensstaates lag, nur wenige Kilometer von Grünwalde entfernt, wo der Orden 1410 vernichtend geschlagen worden war.

Die „Turmeule"

Nikolaus Kopernikus hoffte, es werde ihm gelingen, die Neutralität des Bistums weiterhin zu wahren und Allenstein wie das übrige Hoheitsgebiet des Domkapitels aus den Kämpfen herauszuhalten, die sich nach Süden und Westen zu verlagern schienen. Dennoch traf er zusätzliche Sicherheitsmaßnahmen zur eventuellen Verteidigung der Burg. Er ließ die Befestigungen überprüfen und weiterhin Munition und Pech beschaffen.

Ein Aufatmen brachte die Mitteilung des Erzdiakons Johannes Sculteti, der in Elbing weilte: der Kaiser habe Anfang Februar einen Vermittlungsvorschlag gemacht und sei bemüht, alles, was in seinen Kräften stehe, zu tun, um den Frieden zwischen dem König und dem Deutschen Orden wiederherzustellen. Aber auch Sculteti schien der Sache nicht recht zu trauen, denn er ermahnte seinen Konfrater und Freund, „die Hände recht zusammenzuhalten und sie nicht zur Übergabe des Schlosses zu öffnen", und fügte hinzu, er selbst würde, „wenn er nur zwei Röcke hätte, gern einen dahingeben, sobald er das Schloß dadurch erhalten könne". Da er mehr als zwei Röcke besaß, blieb ihm dieses persönliche Opfer erspart. Immerhin versprach er Kopernikus, Lebensmittel nach Allenstein zu senden.

Weit egoistischer dachten die nach Danzig geflüchteten Domherren, die dort das „Domkapitel im Exil" eröffnet hatten. Sculteti fragte beim Dompropst an, ob er den nach Danzig geflüchteten Herren, „die sich das

Domkapitel heißen", das Siegel ausliefern solle, das er wahrscheinlich nach Elbing mitgenommen hatte. Sie zürnten, schrieb er, weil man ihr gutes Geld für Kanonen ausgebe, statt es ihnen nach Danzig zu schicken, wo sie es wirklich brauchten.

Die Domherren hatten es in Danzig gewiß nicht leicht, zumal, wenn die Gehälter ausblieben, ihre Höfe abgebrannt und sie nicht nur arbeitslos, sondern ohne alle Einkünfte dastanden. Obendrein hatte inzwischen die Reformation nach Danzig übergegriffen, so daß die katholischen Herren von der lutherischen Obrig- und Geistlichkeit keine Hilfe erwarten konnten. Da ein Ende des Krieges nicht abzusehen war, machten sie sich um die allernächste Zukunft ernste Sorgen. Es wäre für sie gewiß eine Beruhigung gewesen, wenn der Landpropst ihnen die ausstehenden Gelder nach Danzig geschickt hätte, die er zur Aufrüstung und Verteidigung der Kapitelburg einsetzte, was ihnen im Augenblick doch keinen Nutzen bot.

Auch der Bischof schien dem Hochmeister nicht recht zu trauen. Daß dieser Allenstein, den wichtigsten Punkt des Kapitels, ja des ganzen Bistums, einfach umgangen hatte, wollte ihm nicht einleuchten. Er hielt es für eine List und befürchtete im Frühjahr einen erneuten Vorstoß von Süden her auf Burg und Stadt. Vielleicht suchte der Hochmeister nur eine Verschnaufpause, um mit neuen Kräften und neu gerüstet seinen Plan vollenden zu können. Der Bischof warnte Sculteti, mit dem er ständige Verbindung unterhielt, Albrecht von Brandenburg habe es nach wie vor auf die Burg Allenstein abgesehen, und bat ihn inständig, Hakenbüchsen dorthin zu schicken.

„So habe ich die Büchsen geschickt zur Noth", schrieb Sculteti zur eigenen Rechtfertigung, „wo sie am nöthigsten seyn werden." In einigen Tagen sollten Pulver und Blei nach Allenstein folgen, wenn Kopernikus es für die Bombarden brauche. Er sei bereit, alles zu tun, „damit wir nicht die Vormauer des ganzen Bistums, Allenstein, verlieren".

Wie er über den Hochmeister dachte, verriet er im selben Schreiben. Er nannte ihn „ärger als einen Dieb". Der Vermittlungsversuch des Kaisers hatte Erfolg. Sei es, daß der König unbedingt Frieden wünschte, sei es, daß der Hochmeister inzwischen so große Verluste erlitten hatte, daß ihm ein Erreichen seines Ziels aussichtslos erschien, im April wurde in Thorn ein Waffenstillstand geschlossen.

Wichtige Aufgaben riefen Kopernikus nach Frauenburg zurück. Ohne die alljährliche Allerheiligensitzung des Domkapitels abzuwarten, die ohnehin in der zerstörten Domburg nicht stattfinden konnte, wurde er im Juni zum „Commissarius Warmiae" ernannt, um die Verwaltung in Frauenburg neu einzurichten, da „alles durch den Krieg in völlige

Unordnung geraten war". Unverzüglich begab er sich an die Arbeit. Im Februar 1522 konnten die Domherren in Frauenburg wieder eine Kapitelsitzung abhalten. Sie waren aus Elbing, Danzig und, wohin sie sonst geflüchtet waren, inzwischen zurückgekehrt und hatten versucht, sich in ihren Kurien wieder einzurichten.

Nikolaus Kopernikus hatte seinen Turm völlig verwüstet vorgefunden. Nur das feste Mauerwerk hatte den Sturm überstanden. Er machte zuerst die Turmstube wieder bewohnbar, die ihm als Arbeitsraum diente. Ein gewaltiger Eichentisch füllte beinahe den ganzen Raum. Ein bequemer Stuhl wurde herbeigeschafft, ein Tintenfaß mit Gänsekiel, zwei Kerzen, dazu ein neues „Lattengerüst" zum Messen der Himmelsabstände. Keinen Tag wollte der Astronom versäumen, seinen Forschungen erneut nachzugehen, die er im letzten Jahr so oft hatte vernachlässigen müssen. Arbeit allerdings gab es in Frauenburg auch, nachdem das Allernotwendigste wiederhergestellt war, mehr als genug. Das Domkapitel hatte Nikolaus Kopernikus in seiner Februarsitzung beauftragt, eine Denkschrift über die Friedensreparationen auszuarbeiten, die er zusammen mit seinem Freund Tiedemann Giese dem preußischen Ständetag in Graudenz überreichen sollte. Nicht überall vollzog sich der Wiederaufbau so schnell wie beim Domkapitel; nicht überall hatte man einen Kopernikus. Der Ständetag mußte vorerst vertagt werden; zu allem Überfluß brach in Preußen die Pest aus.

Beim Thorner Waffenstillstand war festgelegt worden, daß der Orden die von ihm besetzten Teile des Ermlands vorerst behalten dürfe. Das war ein schwerer Schlag für das Domkapitel. Handel und Verkehr wurden nahezu lahmgelegt. Bischof und Domkapitel herrschten über völlig zerrissene Gebiete, ohne feste Grenzen. Kein Wunder, daß es fast täglich zu erneuten Übergriffen seitens der Besatzungstruppen kam. Sie hausten im Ermland wie die Vandalen, wußten sie doch, daß sie dieses Gebiet eines Tages wieder verlassen müßten.

Auf dem Graudenzer Landtag, der am 25. Juli 1521 zusammengetreten war, hatte sich das Frauenburger Domkapitel über das rechtswidrige Verhalten und die laufenden Übertretungen des Ordens beschwert, jedoch ohne Erfolg. Als im März 1522 endlich der westpreußische Ständetag einberufen werden konnte, trugen Tiedemann Giese und Nikolaus Kopernikus, die als Abgesandte des Domkapitels erschienen waren, ihre Klagen erneut vor. Obwohl Waffenstillstand herrschte, erreichten sie genausowenig wie acht Monate zuvor.

Nikolaus Kopernikus trug schwer an der Verantwortung, die mit dem Amt des „Commissarius Warmiae" auf seinen Schultern lastete. Er nahm dieses Amt ernst und sah in jedem Rückschlag einen persönlichen

Mißerfolg. Vor allem aber verletzte ihn das sture Verhalten des Ordenshochmeisters, der die Schandtaten seiner Soldaten zu decken versuchte. Jetzt, da in weiten Teilen des Landes Ruhe eingekehrt war, zumindest schwiegen die Waffen, glich das Ermland einem Prellbock zwischen Königlich Preußen und dem Ordensstaat. Einen Teil dieses Prellbocks mußte Kopernikus kommissarisch verwalten.

Als am 30. Januar 1523 Bischof Fabian von Lossainen starb, fiel ihm – bis zum Amtsantritt des Nachfolgers – auch die Verwaltung des bischöflichen Teils des Fürstbistums zu. Diese Last wurde umso härter, als die Hauptleute in den Schlössern des Bischofs dagegen rebellierten. Vor allem in Heilsberg stellte man sich offen gegen diesen Beschluß. Zu den äußeren Unruhen kamen innere hinzu. Kopernikus konnte den neuen Auftrag erst ab Mitte 1523 erfüllen. Er nannte sich jetzt Generaladministrator des Ermlands, zog ins bischöfliche Schloß in Heilsberg ein und residierte dort als Oberherr beider Teile des Bistums. Damit hatte er den Höhepunkt seiner staatsmännischen Laufbahn erreicht. Drei Monate lang nahm er dieses Amt wahr.

Es kam bereits am 14. April 1525 zur Wahl des neuen Bischofs. Diese fiel auf den Danziger Mauritius Ferber, einen Bruder des Bürgermeisters Eberhard Ferber. Er war 1503 in Rom in den Dienst eines Kardinals getreten, 1507 Domherr in Lübeck und Frauenburg geworden. Als Notarius an der Römischen Kurie hatte er in Rom Jura studiert und in Siena 1515 in beiden Rechten promoviert. 1515 erhielt er die Kustodie am Frauenburger Dom, wurde Domherr auch in Dorpat und Reval und hatte daneben mehrere Pfarreien, so St. Peter und Paul wie auch St. Marien in Danzig. Am 17. Juli 1525 bestätigte der Papst die Bischofswahl, am 6. Dezember weihte der Gnesener Erzbischof Mauritius Ferber, der die Verwaltung des Bistums bereits im Oktober übernommen hatte, zum Bischof. Nach dem Krakauer Frieden von 1525 erhielt er sein Bistum in vollem Umfange zurück.

Kopernikus verließ nach dem Eintreffen des Bischofs Schloß Heilsberg für immer, wie er auch von Schloß Allenstein endgültig Abschied genommen hatte, wo er an der Schloßwand seine „Sonnenuhr" und in einer Ecke der Fensterscheibe sein Hauswappen mit den Buchstaben NCAA (Nicolaus Copernicus Administrator Allensteinensis) zurückgelassen hatte, um den Rest seines Lebens auf der Frauenburger Domburg zu verbringen, um dort seinen Domherrenpflichten nachzugehen, alle auf ihn zukommenden Aufgaben zu erfüllen und sein Hauptwerk zu vollenden, was ihm wichtigstes Anliegen war.

Der Sternenhimmel kommt zu seinem Recht

Während der ersten zwanzig Jahre, die Nikolaus Kopernikus zuerst im Dienste des Bischofs, dann des Domkapitels stand, hatte es nur wenige Monate gegeben, in denen ihn der Sternenhimmel nicht gefangenhielt. Obwohl die Ämter, die er betreute, seine ganze Zeit forderten und er ein überaus gewissenhafter Verwalter war, hatte er immer wieder Zeit gefunden, seinem „Hauptgeschäft" nachzugehen. Da er sich als Humanist und Gelehrter stets der Wissenschaft verpflichtet fühlte, widmete er sich ihm mit bewundernswerter Gründlichkeit. Die Beobachtung des Sternenhimmels war für ihn kein bloßer Zeitvertreib. Was er auch erforschte, stets geschah es mit letzter mathematischer Genauigkeit. Jedes Experiment wiederholte er mehrmals, zuweilen Jahr um Jahr. Er ließ sich bei allem Zeit und besaß sogar den Mut, den nur wenige Wissenschaftler aufbringen, Erkenntnisse zu verwerfen, sobald sich herausstellte, daß sie als überholt angesehen werden mußten.

Das Ergebnis seiner Beobachtungen in den ersten zehn ermländischen Jahren hatte er in seinem „Commentariolus" schriftlich niedergelegt, den er nur den besten Freunden zugänglich machte. Auch dieses „erste Gerippe seines Weltbildes" enthielt im Grund nur Thesen, die für ihn jedoch keine bloßen Behauptungen, sondern bereits beweisbare Fakten waren.

Kaum hatte er den „Commentariolus" zu Papier gebracht und aus der Hand gegeben, stellte sich heraus, daß die Vereinfachungen, die er gefunden hatte, nur ein erster Schritt auf dem Wege zum Ziel waren. Das konzentrisch-doppelepizyklische System erwies sich rasch als unhaltbar. Nikolaus Kopernikus hatte die Erde aus dem Mittelpunkt des Weltalls gerückt und die Sonne an ihre Stelle gesetzt. Damit war nicht alles erreicht; schon bald erkannte er, daß sich durch eine geometrische Verschiebung der Sonne weitere Vereinfachungen hinsichtlich der Kreisbahnen erreichen ließen. Er mußte nach einem neuen Mittelpunkt des Alls, außerhalb der Sonne, suchen.

Gewiß, die Planeten bewegten sich um die Sonne, eingeschlossen von der bewegungslosen Sphäre der Fixsterne. Merkur, Venus, Erde, Mars,

Jupiter und Saturn vollzogen ihre Kreisbewegungen, ihre Revolutionen, aber sie vollzogen sie in verschiedenen Zeiträumen, je nachdem, wie weit sie von der Sonne entfernt waren. Die Sonne konnte nicht länger geometrischer Mittelpunkt dieser Umdrehungen bleiben. Der Mittelpunkt mußte woanders liegen.

Nikolaus Kopernikus fand ein exzentrisches, epizyklisches System.

Die Erde war eine Kugel, die sich im Lauf eines Jahres um die Sonne und täglich um die eigene Achse drehte, die ihre Lage aber in gewissen Zeiträumen änderte.

1515 hatte er mit eingehenden Beobachtungen der Sonne begonnen, bis zum Frühjahr 1516 widmete er sich fast ausschließlich der Beobachtung der Sonnenhöhe; ein ganzes Jahr lang. Immer wieder hatte er versucht, die Länge der Sonnenbahn zu berechnen, immer wieder seine Ergebnisse auf Zetteln notiert. Nun wollte er mit Hilfe seines Dreistabes die Höhe des Mondes bestimmen. Er versäumte zwischen 1519 und 1525 keine Mondfinsternis.

Als im November des Jahres 1523 das Domkapitel zu seiner Allerheiligensitzung zusammentrat und die Ämter neu besetzt werden mußten, wollte es ein gütiges Geschick, daß Nikolaus Kopernikus' Freund Tiedemann Giese zum Domkustos gewählt wurde. Das bedeutete: Sie durften das Jahr 1524 zusammen in Frauenburg verbringen, konnten gemeinsam den Himmel beobachten und ihre Erfahrungen austauschen. Das Domkapitel wußte recht gut, was es tat. War doch von einer sicheren Theorie über die Bewegung der Himmelskörper letzten Endes die Festlegung der kirchlichen Feste, des kirchlichen Heiligenkalenders abhängig. Die Himmelsbeobachtungen erfüllten somit einen doppelten Zweck: Sie dienten der astronomischen Wissenschaft und nützten dem Anliegen der Kirche.

Tiedemann Giese war zwar auch Wissenschaftler und betrieb seine Forschungen auf diesem Gebiet mit gründlichem Eifer. Darüber hinaus war er jederzeit bereit, dafür erhebliche finanzielle Opfer zu bringen, indem er Geräte aus England kommen oder im eigenen Lande bauen ließ. Sein Ehrgeiz lag aber vor allem auf geistlicher Ebene: Ihn lockte der Bischofsstuhl. So dominierten bei ihm letztlich die kirchlichen Belange.

Nikolaus Kopernikus dagegen war ein Domherr, der sich nie für das Theologiestudium erwärmt hatte, dessen Interesse einem geistlichen Amt nur insofern galt, als es Pflicht eines jeden Domherrn war, ein solches Amt zu übernehmen.

Eine günstige Fügung führte diese beiden Männer noch enger zusammen. War die Triebkraft ihres Forschens auch grundverschieden, so waren sie sich hinsichtlich des zu erzielenden Ergebnisses doch einig und spornten einander stets zu neuen Taten an. Nikolaus Kopernikus war fest überzeugt, daß „die Gelehrtenrepublik einer besseren Theorie der Bewegungen am Himmel bedürfe" – und das genügte ihm vollauf, um alle Kräfte einzusetzen. Giese betrieb die mathematischen Wissenschaften mit dem gleichen Eifer, jedoch um sie „ad maiorem dei gloriam" zu entwickeln.

Nach dem Vorbild des Ptolemäus ließ er aus Metall eine Armillarsphäre zur Beobachtung der Tag- und Nachtgleichen bauen. Aus England bestellte er ein „Gnomon", hergestellt von einem „trefflichen Künstler, der selbst Mathematikkenntnisse besaß".

Daß die beiden Forscher im kleinen Frauenburg, im engsten Kreis des Domkapitels, auch eifersüchtige Geister auf den Plan riefen, dürfte keinen verwundern, der über ein wenig Menschenkenntnis verfügt. Einigen Domherren gingen die beiden „Himmelsgucker" auf die Nerven, andere sahen in ihnen „Nichtstuer", die sich auf Kosten der Kollegen ein Vergnügen bereiteten, zumal dann, wenn sich die Beobachtungszeiten mit der strengen Kapitelordnung nicht in Einklang bringen ließen.

Es kam so weit, daß Nikolaus Kopernikus eine Neigung zur Ketzerei vorgeworfen wurde, da er mehrere Tage hintereinander nicht an den obligatorischen Gottesdiensten teilgenommen hatte, weil eine bestimmte Konstellation am Sternenhimmel ihm im Augenblick wichtiger erschien. Gott verlange zwar das Gebet von seinen Dienern, meinte er, doch habe er dafür keine bestimmten Stunden vorgeschrieben. Ein murrender Konfrater aber verstieg sich zu der Behauptung, das Gebet sei nur zu den festgesetzten Zeiten wertvoll, da die Disziplin auch ihre Rolle spiele und Gott vom Menschen fordere, daß er Ihn mehr liebe als alles andere auf dieser Welt. Kopernikus stelle also durch sein säumiges Verhalten unter Beweis, daß ihm die Sterne wichtiger seien als der Himmel, eine Mondfinsternis wichtiger als Gott. Er zog daraus den kühnen Schluß, dieser Domherr ziehe die Schöpfung dem Schöpfer vor; das sei offensichtlich Ketzerei.

Ein anderer Domherr vertrat die Ansicht, Tiedemann Giese und Nikolaus Kopernikus sollten sich mehr um die Theologie kümmern als um die Astronomie, denn nur als „ancilla theologiae" besitze die Astronomie überhaupt einen Wert. Spöttisch fügte er hinzu, für das Seelenheil des Menschen sei es gewiß nicht förderlich, wenn er sich der Astronomie widme; was wolle er später nach dem Tode mit dieser Wissenschaft anfangen? Gott sei den Sternen viel näher und kenne ihre Bahnen somit besser, er warte nicht darauf, daß ein Frauenburger Domherr zum Himmel komme, um ihn darüber eines Besseren zu belehren. Im übrigen hätten die beiden Konfratres im „ewigen Leben"

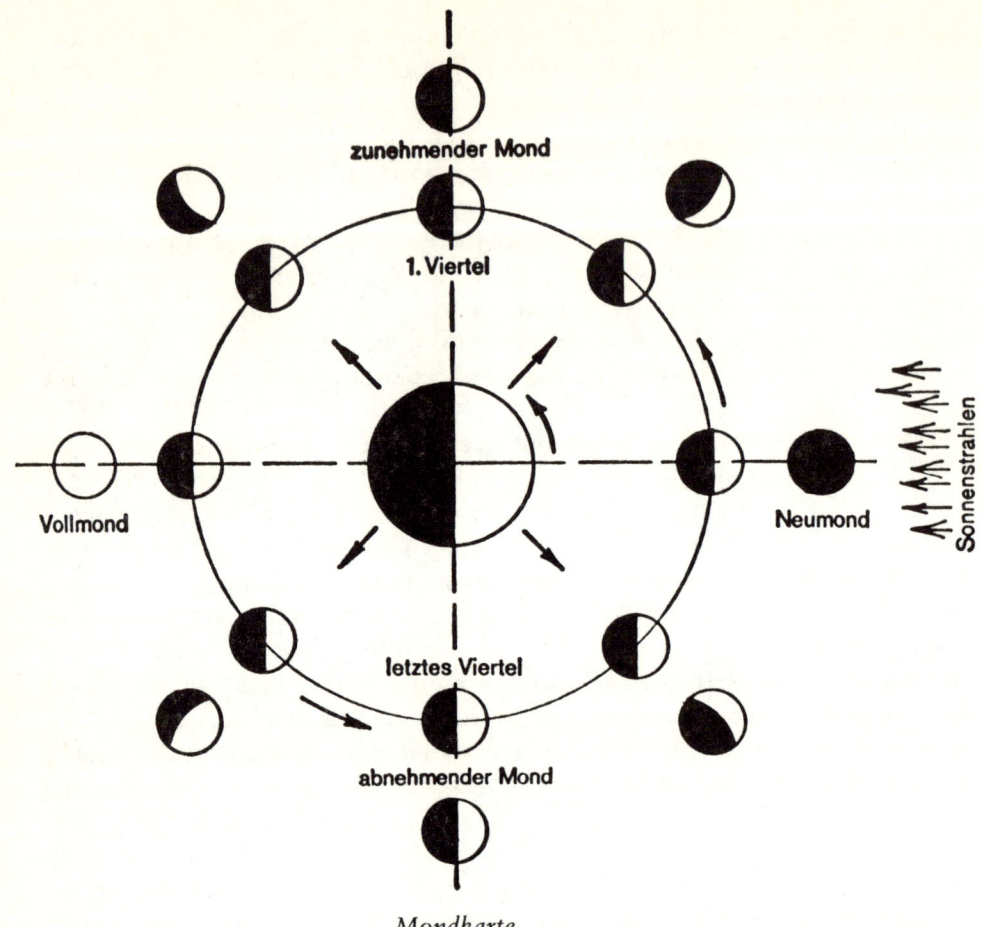

zunehmender Mond

1. Viertel

Vollmond

letztes Viertel

Neumond

Sonnenstrahlen

abnehmender Mond

Mondkarte

Zeit genug, die Abstände zwischen den Sternen „mit geistiger Hand" persönlich nachzumessen, denn erstens sei die Ewigkeit dafür lang genug, zweitens seien sie dann den Sternen viel näher und brauchten sich nicht die Augen zu verderben, indem sie nächtlich zum Himmel stierten.

Tiedemann Giese sah sich eines Tages gezwungen, seinen Freund Kopernikus zu ermahnen, er „solle das Geschrei derjenigen ganz unbeachtet lassen, welche von den Griechen als Menschen ohne Urteil, ohne Bildung bezeichnet werden, als unphilosophische Köpfe, denen die Kenntnis der Geometrie gänzlich fehle. Um solcher Menschen willen unterziehe sich kein verständiger Mann einer Mühe."

Gott sei Dank, daß er es nicht allzu laut sagte. Man hätte gewiß einen Zweifel am Bildungsstand des Kapitels darin gesehen, auf den dieses einen übertrieben hohen Wert legte; vor allem aber galten die Griechen ja noch immer als die Erzketzer, Urheiden. Sie ins Feld zu führen war immerhin mehr als gewagt. Hohlköpfe gab es schließlich in jeder Gemeinschaft, warum nicht auch in einem Domkapitel?

Die Grundlage für das Forschen der beiden Domherren bildete nach wie vor das Ptolemäische Weltbild, von dem sie zwar in entscheidenden Punkten abwichen, das sie aber als Ganzes nach wie vor mit allen nur erdenklichen Mitteln zu verteidigen bereit waren.

Nun hatte zu Beginn des Jahres 1524 der Nürnberger Pfarrer Werner eine Schrift über die Bewegungen am Himmel herausgegeben, die Nikolaus Kopernikus von seinem Krakauer Studienfreund, dem Domherrn Bernhard Wapowski, zugeleitet worden war.

Er hatte diese Schrift gründlich studiert, aber am Ende mit wachsender Empörung und sichtlichem Unbehagen zur Seite gelegt. Wagte der Nürnberger Pfarrer doch, die verehrungswürdigen großen Astronomen der Antike, ja selbst den Ptolemäus, unzuverlässiger Beobachtungen und Angaben, ja schwerster Fehler zu beschuldigen, indes doch gerade Ptolemäus, wie Nikolaus Kopernikus meinte, der bisher sorgfältigste Beobachter des Sternenhimmels gewesen war. Er nannte das „Verrat an der heiligen Sache".

Tagelang ging er grollend in seinem Turm auf und ab, sprach mit Tiedemann Giese darüber, der seine Meinung durchaus teilte. War der Augenblick gekommen, da ein Trennungsstrich zwischen der alten und neuen Wissenschaft gezogen werden mußte? Galt es jetzt, die Rolle der antiken Wissenschaftler ein für allemal als historisch festzulegen und der Vergangenheit zu überlassen? Nein, dazu konnten sich die Frauenburger Domherren nicht entschließen. Ganz abgesehen davon, daß es der Fehdehandschuh gewesen wäre, den sie der gesamten abendländischen Wissenschaft zugeworfen hätten.

Wapowski hatte in seinem Begleitschreiben leise Zweifel anklingen lassen; fast schien es, als stände er unter dem Eindruck der Wernerschen Lehre. So entschloß sich Kopernikus schließlich, an Wapowski zu schreiben. „Es steht wohl unumstößlich fest, daß uns die Alten mit größter Sorgfalt bewunderungswürdige Aufschlüsse hinterlassen haben. Deshalb kann ich mich keineswegs überzeugen, daß sie sich in der Angabe der Stern-Örter um ein viertel oder ein fünftel oder ein sechstel Grad geirrt haben sollten, wie dieser Verfasser meint..."

Und resolut fuhr Kopernikus fort: „Allein wir müssen ihrem Vorgang genau folgen und ihnen gleich einem Vermächtnis uns überlieferter Beobachtungen fest anhangen. Und wer etwa meint, es sei ihnen nicht voll zu trauen, dem ist zumindest diesbezüglich die Pforte zu unserer Wissenschaft verschlossen."

Über Werner fällte er am Schluß seines Briefes ein vernichtendes Urteil: „Während er aber den Ermittlungen der früheren Astronomen allen Glauben entziehen will, wie kann er da verlangen, daß wir seinen eigenen Beobachtungen irgendeinen Glauben schenken?"

Ahnte Kopernikus bereits, daß dieser Pfarrer Werner mit seinen Behauptungen nicht so unrecht hatte, wie es im ersten Augenblick schien? Schlug er deshalb diesen harten Ton an? Sah er in dieser Schrift etwas von seinen eigenen, der Welt noch unbekannten Erkenntnissen vorweggenommen? Als Humanist pflegte er auch den verstocktesten Gegnern milde entgegenzutreten. Nikolaus Kopernikus war zeitlebens ein überaus toleranter Mensch, der jede andere Meinung, gleich ob sie mit der seinen harmonierte oder dieser widersprach, gelten ließ. Nie hatte er bisher ein so hartes Urteil ausgesprochen.

Es sollte sich später herausstellen, daß der Nürnberger Pfarrer sich keineswegs geirrt hatte. Er hatte allein das Sakrileg begangen, offen, in einer Schrift, an Ptolemäus und den Alten zu rütteln, hatte sich gegen Monolithen widersetzt, die Denkmalschutz genossen. Die Wissenschaft, in deren Namen er es getan hatte, gab ihm später recht.

Kopernikus muß dies geahnt haben, als er seinen Brief an Wapowski schrieb. War es noch nicht an der Zeit, es offen zuzugeben? Mußte er, was er längst mit Sicherheit wußte, erst mathematisch belegen, geometrisch errechnen?

Es dauerte noch geraume Weile, bis auch er offen zugab, daß die „Alten ihre Angaben allzu häufig ihrer Theorie angepaßt haben".

Säkularisation des Deutschordensstaates

Der Deutschordensstaat, der im 14. Jahrhundert unter seinem Hochmeister Winrich von Kniprode die höchste Blüte erreicht hatte und dessen Verfall mit der verlorenen Schlacht bei Tannenberg, 1410, einsetzte, dem der „Preußische Bund" – 53 preußische Edelleute und 19 Städte – den Gehorsam aufgesagt hatte und der sich 1454 unter die Schutzherrschaft König Kasimirs IV. stellen mußte, der 1455 die Marienburg, sein Hochmeisterschloß – und 22 weitere feste Plätze verloren hatte, sah eine letzte Chance darin, Fürstensöhne aus dem Reich zu Hochmeistern zu ernennen. Friedrich, Herzog von Sachsen-Meißen, versuchte es mit einer Verwaltungsreform und einer Heeresverfassung, schuf einen humanistischen Gelehrtenkreis und berief Landräte. Damit begann bereits die Umwandlung des Ordensstaates in ein Territorialfürstentum, die Markgraf Albrecht von Brandenburg-Ansbach, Sproß der Hohenzollern und mütterlicherseits Neffe des polnischen Königs Sigismund, vollenden sollte.

Am 1. Januar 1520 begann der letzte und unrühmlichste Krieg des Ordensstaates gegen Polen, der Reiterkrieg. Das Fürstbistum Ermland erklärte seine Neutralität, das reiche Elbing unterstützte den König mit Geld und Leuten und trug wesentlich zur Entscheidung in diesem Krieg bei. 1522 begab sich Hochmeister Albrecht nach Deutschland, um neue Kreuzfahrer zu gewinnen. Als Regenten ließ er in Königsberg Bischof Georg von Polentz von Samland zurück, der seine rechte Hand war. Es gelang ihm anfangs, Söldner gegen Ostland in Bewegung zu setzen, doch kehrten diese bereits unterwegs wieder um, als sie erfuhren, daß die Kassen des Ordensstaates leer waren.

Konnte der Hochmeister sein eigentliches Ziel nicht erreichen, so gelang ihm doch die Verwirklichung einer Nebenabsicht. Schon im vergangenen Jahr hatte Albrecht von Martin Luther in Wittenberg gehört. Dietrich von Schönberg, der 1521 am Wormser Reichstag teilgenommen hatte, billigte zwar Luthers Lehre nicht, glaubte aber Hinweise auf eine Reform des Deutschen Ordens von ihm erwarten zu können.

Auf dem Wege von Berlin nach Nürnberg machte der Hochmeister vor dem Wittenberger Augustinerkloser halt. Luther hat ihm damals in einem vorerst geheimgehaltenen Gespräch drei Ratschläge gegeben: das Rittertum beizubehalten, das Mönchtum aber aufzugeben, zu heiraten und eine weltliche Herrschaft, etwa in der Form eines Herzogtums, zu errichten.

Ob nun der Pfarrer an St. Lorenz in Nürnberg, Andreas Osiander, jener selbe Osiander, der später das Hauptwerk des Nikolaus Kopernikus mutwillig verfälscht herausgegeben hat, um „seinen Wittenberger Freunden" einen Dienst zu erweisen, den Hochmeister zu Luther verwiesen oder ob dessen Predigten die Eindrücke, die dieser bereits von Luther gesammelt, gefestigt hatten, bleibe dahingestellt. Luther jedenfalls nützte noch im Jahr 1523 die Gelegenheit zur Herausgabe seines Sendbriefes „An die Herren deutschen Ordens, daß sie falsche Keuschheit meiden und zur rechten ehelichen Keuschheit greifen. Ermahnung Martinus Luther."

„Gnade und Friede in Christus, Amen", begann er. „Daß ich besonders an euch, meine lieben Herren des deutschen Ordens mich unterstanden habe zu schreiben und zu dem ehelichen Leben von der unkeuschen Keuschheit zu raten, das lasse sich eure Liebe nicht verwundern. Ich meine es ohne Zweifel gut; so wird es bei vielen Redlichen und Vernünftigen angesehen, daß es nicht allein nützlich, sondern auch nötig ist, solches an eurer Liebe zu versuchen, zumal ja euer Orden in der Tat ein seltsamer Orden ist, am meisten desweg, weil er Streit zu führen wider die Ungläubigen gestiftet ist – darum muß er das weltliche Schwert führen und weltlich sein – und soll doch zugleich auch geistlich sein, Keuschheit, Armut und Gehorsam geloben und halten, wie andere Mönche. Wie sich das zusammenreime, lehrt tägliche Erfahrung und Vernunft allzu wohl.

Wiewohl ich nun genug in anderen Büchern von dem Greuel der geistlichen Keuschheit viel geschrieben und beständig genug bewiesen habe, daß solche Gelübde nichts ist, auch nicht zu halten sei, es sei denn Gottes besondere Gnade da, die auch ohne solches Gelübde und Gesetz nicht allein Keuschheit, sondern auch alle Dinge vermag: so habe ichs doch nicht unterlassen können, eures Ordens Leute besonders darin zu ermahnen, in starkem Ansehen und großer Hoffnung, daß euer Orden ein großes, treffliches, starkes Exempel sein kann vor allen anderen Orden, wenn er diese Bahn zuerst bräche, damit der Unkeuschheit auch an anderen Orten weniger würde und des Evangeliums Frucht um so förderlicher zunähme.

Denn zum ersten ist der Vorteil in eurem Orden, daß er mit zeitlicher

Nahrung versorgt ist, daß man das Gut unter die Herren austeilen und Landsassen, Amtleute oder sonst nützliche Leute daraus machen kann und nicht die elende Not da ist, die manchen Bettelmönch und anderen Mönch im Kloster hält, nämlich die Bauchsorge. Und dennoch könnte ein solcher Deutschherr zum Streit, und besser als jetzt, geschickt sein, und wozu man seiner sonst bedürfte. Und es würde so mit der Zeit eine rechte ordentliche Herrschaft daraus, die ohne Gleißen und falschen Namen vor Gott und der Welt angenehm wäre.

Zum zweiten ist sicher bei keinem ein Zweifel, der deutsche Orden würde dann allen seinen Untertanen erträglicher und angenehmer sein, als er es jetzt ist. Denn man sieht, daß er jetzt schier weder Gott noch der Welt nützlich ist; dazu sind sie verdächtig und unangenehm auch deswegen, weil man wohl überall weiß, daß Keuschheit selten ist und jedermann sich um sein Weib und seine Tochter sorgen muß. Denn es ist nicht viel zu trauen denen, die ohne Ehe leben, weil ja auch die Ehelichen genug zu schaffen haben, daß sie stehen, wiewohl unter denen doch mehr zu hoffen und zu vertrauen ist. Dort ist weder Hoffnung noch Zuversicht, sondern eitel Gefahr ohne Unterlaß.

Zum dritten ist das tröstlich zu hoffen, daß der deutsche Orden bei solchem Vorhaben wohl bestehen bleiben würde. Und es ist nicht zu besorgen, daß sie so ohne weiteres deshalb angegriffen würden, vor allem, wenn es aus christlichem Verstand und mit Gunst und Lust der Untertanen (wie gesagt) angefangen würde: und ohne Zweifel gibt es auch viele großen Herren, die es nicht ungerne sähen, die doch Lust zu ehrbarem Leben haben. Und wenn auch etliche darum zuerst sauer sähen, würde es ihnen zuletzt vergehen oder ihr Unmut ja nicht Schaden tun. Es ist doch zu hoffen, daß hinfort wenige noch Mönche und Geistliche werden, weil das Evangelium aufgeht und die Vergeistlicherei so aufdeckt, daß sicher auch die Not fordern wird, daß sich die bedenken und schicken, die jetzt die Letzten sind und sein werden."

Und Luther führt die Gründe an, warum der eheliche Stand Gott angenehm sei, und belegt alles aus der Schrift.

Er fährt fort:

„Was sagen sie aber dazu, daß Gott älter ist als alle Konzilien und Väter? So ist er ja auch größer und mehr als alle Konzilien und Väter. Ebenso die Schrift ist auch älter und mehr als alle Konzilien und Väter. Ebenso die Engel halten es alle mit Gott und der Schrift. Ebenso ist der Brauch, der von Adam her gewesen ist, auch älter als der Brauch, der durch die Päpste aufgekommen ist. Soll denn nun das Alter, die Länge, die Größe, die Menge, die Heiligkeit gelten, etwas zu glauben, warum glaubt man dann den Menschen, die eine kleine Zeit gewährt haben, und glaubt nicht Gott, der der Alleräteste, der Meiste, der Größte, der Heiligste, der Mächtigste ist? Warum glaubt man nicht allen Engeln, von denen einer mehr ist als alle Päpste? Warum der Schrift nicht, wo doch ein Spruch mehr gilt als aller Welt Bücher? Warum der Kreatur nicht, die in uns geschaffen ist, wo doch ein Werk Gottes mächtiger ist als alle Worte, Gedanken und Träume aller Menschen und Teufel?

Wir sollten uns billig bis in unser Herz schämen, wenn ein Funke Vernunft in uns wäre, daß wir überhaupt noch zweifeln, geschweige etwas dagegen setzen sollten, wenn wir Gottes Wort hören, vor dem sich alle Engel beugen und alle Kreaturen sich entsetzen. Nun ist da Gottes Wort, das spricht: Du sollst nicht allein sein, sondern einen Gehilfen haben, es sei denn, ich mache es anders. Davor sollten wir erzittern und erschrecken, dabei stehen Engel und alle Kreaturen vom Anfang der Welt her. So fahren wir zu und erheben viel höher ein Gelübde, das wir gestern getan haben, und einen Traum des Papstes, der etliche Jahre gewährt hat, und sollen noch hören, daß dazu gesagt wird: Solch ein Gelübde kann nicht irren, solche Väter hat Gott nicht fehlgehen lassen! Und es soll uns unglaubhaft sein, daß arme Menschen irren, die einen Augenblick leben und träumen, und es soll glaubhaft sein, daß der ewige Gott in seinen Worten und Werken irre und alle Engel und Kreaturen fehlgehen. Pfui, pfui, pfui über unsere unaussprechliche Blindheit, tolle und unsinnige Gotteslästerung."

Immer neue Beweise führt Luther an, um dann das Fazit zu ziehen:

„Nun steht diese Sache so: Wer ein Eheweib aus Kraft menschlicher Satzung oder nach Beschluß der Konzilien, und sonst nicht, nimmt, obwohl er doch zuvor Gottes Beschluß und Wort dazu hat, der verachtet Gottes Wort in seinem Herzen und läuft mit den Füßen darüber; denn er hebt Menschen über Gott und vertraut mehr Menschenwort und -lehren als Gottes Wort und Lehren; damit handelt er straks gegen den Glauben und verleugnet Gott selber und setzt an seiner statt Menschen zu Abgöttern. So wird sein Leib äußerlich ehelich und keusch durch Menschenhand, aber seine Seele wird inwendig vor Gott eine zwiefältige Hure und Ehebrecherin durch Unglauben, Mißtrauen, Gottesverachtung, Abgötterei und Verleugnung seiner heiligen Worte, und wer mag die Greuel solch abtrünnigen Herzens alle erzählen?"

Und weiter:

„So sage ich auch hier: Wir sind alle geschaffen, daß wir tun wie unsere Eltern, Kinder zeugen und nähren; das ist uns von Gott auferlegt, geboten und eingepflanzt, das beweisen die Glieder des Leibes und tägliches Fühlen und aller Welt Exempel."

Und Luther schließt sein Sendschreiben mit dem Gebet: „Der

barmherzige Gott aber, der uns wieder seiner Gnaden Licht hat aufgehen lassen durch Jesus Christus, unseren Herrn, der erleuchte, mahne und stärke eure Herzen mit der Kraft seines heiligen Geistes, in festem Glauben und hitziger Liebe hierin und in allem anderen zu tun, was sein väterliches, gnädiges Wohlgefallen ist, zu Ehren und Lob seines heiligen Evangeliums, zu Trost und Nutzen aller Gläubigen in Christus, welchem sei Dank, Lob und Preis ewiglich, Amen. Gottes Gnade sei mit euch allen, Amen."

Hochmeister Albrecht hatte bei seiner Begegnung mit Luther den Reformator gebeten, evangelische Prediger nach Preußen zu entsenden. Am 27. September 1523 predigte der ehemalige Franziskanermönch Johannes Briesmann im Königsberger Dom. Luthers große Hoffnung war, „daß Christus etliche Bischöfe für sich behalten werde, daß sie in ihr Herz gehen und zur rechten Erkenntnis Gottes kommen würden". Diese Hoffnung erfülle sich im Hinblick auf den Deutschordensstaat.

Während das Bistum Ermland seit seiner Gründung autonom geblieben war und sich allen Versuchen des Ordens, es seinem Staat einzuverleiben oder zumindest Einfluß zu gewinnen, energisch widersetzte, wurden das Domkapitel des Bistums Samland 1285, das Domkapitel des Bistums Pomesanien schon 1284 dem Orden inkorporiert. Bischof Georg von Polentz wie auch Paul Speratus, der 1524 von Luther nach Preußen geschickt und 1530 Bischof von Pomesanien geworden war, wurden eifrige Vorreiter der Reformation.

Im Bischofsornat hielt von Polentz am ersten Weihnachtsfeiertag 1523 jene Predigt, mit der er die Geburtsstunde der Reformation in Preußen einläutete:

„Alles, was von Christo kann oder mag gesagt werden, hilft uns nichts, bis du glaubst, daß Christus dir geboren sei, dich selig zu machen, dich von Sünden zu befreien. Dann wird dein Herz durch solchen Glauben fröhlich und erfüllt mit Danksagung. Der rechtschaffene Glaube nimmt solche tröstliche Botschaft an und macht den Menschen vor Gott fromm. Statt solches Evangelium allen Kreaturen zu predigen, hat man es verschwiegen und allein Menschentand gepredigt und dadurch das arme Volk aufs höchste beschwert und gefangen. Dieweil ich aber zu einem Hirten und Wächter von Gott verordnet worden bin, finde ich mich schuldig, euch vor solchen lügenhaften Lehren zu warnen, dabei euch zu ermahnen, daß ihr euch allein an das wahrhaftige lautere Gotteswort haltet. Es soll niemand sich unterstehen, seine eigenen Worte oder Menschenlehren zu predigen, sondern allein das Wort des göttlichen Mundes. Mir ist daneben gar eine schwere Bürde aufgelegt; denn so ich verschweige die Wahrheit und warne nicht die Gottlosen, so will

Gott das Blut ihrer Seelen von meinen Händen fordern. Darum muß ich nicht schweigen, ja niemands darin scheuen, er sei Papst, Kaiser oder König, ja auch die ganze Welt; auch muß man Gott mehr gehorchen, denn den Menschen.

Wollen wir wieder auf den rechten Weg kommen, so muß die Zuversicht auf unsere guten Werke fallen, also daß du allein durch den wahrhaftigen, lebendigen Glauben oder Vertrauen in göttliche Barmherzigkeit durch Christum fromm und gerecht müssest werden und sonst nichts anderes, wie solches ersichtlich aus vielen neutestamentlichen Stellen, z. B. Römer 3: ‚Wir halten, daß der Mensch gerechtfertigt wird ohne Zutun der Werke des Gesetzes allein durch den Glauben.‘ Gehindert hat uns in dieser Glaubenserkenntnis gar sehr der Gebrauch der lateinischen Sprache bei der Taufe. Darum sehe ich es für gut an und ist auch mein ganzer Ernst, daß man fortan allhie deutsch taufe. Dann werden die Leute einsehen, daß sie an der Erfüllung des Taufgelübdes ihr ganzes Leben lang zu tun haben und die närrischen Gelübde des Mönchsstandes nicht brauchen, auch nicht Fasten, noch Heiligendienst und des anderen Narrenwerks, das kein Ende ist."

In der Osterpredigt des Jahres 1524 ließ Bischof von Polentz anklingen, daß die Hüter am Grabe Christi heute die Bettelmönche seien, „die mit großer Mühe wachen, daß ja die evangelische Wahrheit nicht an den Tag komme". Aber „gleichwie die Hüter des Grabes nicht hindern konnten, daß Christus auferstand, gewaltig aus göttlicher Kraft, so hilft auch jetzt aller Mönche, Papsten und Pfaffen Hüten, Wachen und Wehren nichts. Sie könnten das Wort Gottes und das Evangelium nicht verhindern, aufzuerstehen und neues Leben zu bringen."

Martin Luther war begeistert, er dankte dem ehemaligen Geheimschreiber am Hofe Papst Julius II. In der Widmung seiner Erklärung des fünften Buches Mose an den samländischen Bischof heißt es:

„Es ist wahrlich ein Wunder, in vollem Lauf, mit aufgespannten Segeln eilt das Evangelium gen Preußen, wohin es nicht gerufen und wo es nicht gesucht ward, während es in ganz Deutschland, wohin es von selbst kam und nahte, mit allem ordentlichen Grimm und Wahnwitz geschmäht, zurückgewiesen und in die Flucht geschlagen wird." Luther spricht vom „Wunder der Gnade Gottes":

„Dich allein unter allen Bischöfen des Erdkreises hat der Herr auserwählt und aus dem Rachen des Satans befreit. Dir ist die fast einzigartige Gnade geschenkt, daß Du nicht bloß dem Worte Gottes Glauben schenktest, sondern es auch gemäß Deiner bischöflichen Amtsgewalt selbst öffentlich bekanntest und verkündigtest und auch für die Ausbreitung in Deiner Diözese Sorge trägst. Der Herr, der Dich mit

Luthers Brief an den Herzog in Preußen

dem Worte vom Kreuz geehrt hat, wird Dich auch mit dem Geiste des Kreuzes stark machen. Er stärke Dich, daß Du in diesem Leben in Wahrheit ein hoher Priester am Worte Gottes werdest und im zukünftigen Leben, wenn der Erzhirte kommen wird, die unvergängliche Krone empfangest."

Seinen Predigten ließ von Polentz ein „Reformationsmandat" folgen, in dem er empfahl, die Schriften des Reformators zu lesen.

Im Mai 1524 kam es zu einer zweiten Begegnung zwischen Hochmeister Albrecht und Martin Luther. Darin zeigte sich der Hochmeister verwundert über die lutherischen Mandate des Bischofs Polentz, die nicht offizielle Verlautbarungen seien, wollte diese aber dulden, da er den guten Willen bei seinem Bischof voraussetze. Noch im November 1524 erklärte der Hochmeister gegenüber seinem Ordensprokurator, seine „lutherische Haltung" sei nur ein Gerücht.

Im März 1525 begannen Verhandlungen mit König Sigismund I. Sie wurden vom Bruder Albrechts, Georg von Ansbach, und von seinem Schwager, Friedrich von Liegnitz, geführt; beide, wie er, mit dem Haus der Jagellonen verwandt. Das Ergebnis wurde von den einen „Krakauer Vertrag vom 9. April 1525", von den anderen „Krakauer Kuhhandel" genannt; es fand weder die Zustimmung des Kaisers noch die des Papstes, aber es brachte vollendete Tatsachen: Säkularisation des Ordensstaates, Belehnung Albrechts mit der Würde eines Herzogs in Preußen durch den König von Polen und Mitbelehnung seiner Brüder Georg, Kasimir und Johann.

Am 6. Juli 1525 erließ Herzog Albrecht das Reformationsmandat für das Herzogtum Preußen, und noch vor Jahresende folgte die neue Landesordnung, die zugleich Kirchenordnung war.

Im Juni 1526 heiratete Herzog Albrecht die Herzogin Dorothea, Tochter des Königs von Dänemark.

Die Kirchenordnung sah vor, daß im Lande Preußen ein einheitlicher Gottesdienst abgehalten werde, die „Deutsche Messe" Luthers, daß in jedem Gottesdienst aus Luthers Bibelübersetzung gelesen werde; das Abendmahl sollte fortan in zwei Gestalten – Brot und Wein – ausgeteilt werden.

Das Herzogtum Preußen war das erste Land auf der Welt, in dem die Lehre Luthers als „Staatsreligion" Fuß faßte. Luthers kühnster Traum war damit in Erfüllung gegangen, denn ohnedies sah er sein Werk gefährdet. Er mag in jenen Tagen an die Fehler zurückgedacht haben, die Herrmann von Salza bei der Gründung des Ordensstaates beging, denn er riet dem neugebackenen Herzog, diese unbedingt zu vermeiden.

Der Orden hatte zwar die Prussen bekehrt, hatte sich aber um eine

Umerziehung und vor allem um Schulen wenig gekümmert. Von Salza dachte als „Staatsmann"; ihm standen politische Berater zur Seite. Luther dachte in erster Linie als Reformator, aber als ein Reformator, der sein Werk gesichert sehen wollte. Und Herzog Albrecht von Preußen stand so stark unter seinem Einfluß, daß er alles tat, um die neue Lehre in seinem Herzogtum zu festigen, in dem er ein „protestantisches Erbherzogtum" sah. Luther zur Seite stand als Berater Melanchthon, der in den Vordergrund rückte, was der Erhaltung dieses protestantischen Herzogtums dienen könnte. Luthers Katechismus wurde in die prussische, litauische und polnische Sprache übersetzt. Es galt die Bevölkerung des Herzogtums zu gewinnen; nur so konnte der neue Staat Bestand haben. So konnten beispielsweise die Masowier protestantisch werden, ohne ihre polnische Muttersprache aufgeben zu müssen. Die Säkularisation des Ordensstaates vollzog sich im Gegensatz zu der Eroberung des Prussenlandes ohne Schwert, allein mit dem Wort; das Wort erwies sich als mächtiger denn das Schwert.

Wirtschaftliche Rivalitäten und politische Händel hatte es bisher zur Genüge gegeben; eines aber war stets vom Zwist und von der Auseinandersetzung unberührt geblieben: die weltanschauliche Einheit, die Einheit des Glaubens. König, Hochmeister, Fürstbischof und Domkapitel, obwohl vier Souveräne, gehörten der einen christlichen Kirche an, waren ihre treuen Söhne und achteten ihre Gebote. Kaiser und Papst wurden als die höchsten Instanzen in weltlichen und geistlichen Fragen anerkannt; beide sprachen bei Streitigkeiten das letzte Wort, gaben oder versagten Verträgen, die abgeschlossen wurden, ihre Zustimmung. Das war bereits anders geworden, als 1522 die freie Stadt Danzig sich als erste Stadt im Osten entschlossen hatte, ihre eigenen Wege zu gehen. Humanistische Gelehrsamkeit und lutherischer Glaube hatten hier ein Bündnis geschlossen. Eine evangelische Schule war gegründet worden, Menschen bekannten sich offen zur neuen Lehre des rebellierenden, von Kaiser und Papst in Acht und Bann erklärten Mönchs von Wittenberg. Diesem Vorbild folgte der Hochmeister des Deutschen Ordens. Er verzichtete auf den „ewigen Besitz", der dem Orden in den Bullen von Rimini und Rieti zugesprochen worden war; er verzichtete nicht auf die Herrschaft, die Machtentfaltung seines eigenen Hauses.

Unterstützt vom Polenkönig, erklärte er sich und die Seinen zu den Erben des Deutschordensstaates. Mit Hilfe Martin Luthers gründete er aus eigener Machtvollkommenheit den preußischen Staat.

Die neue Landesordnung

Am 10. April 1525 fand in Krakau die feierliche Belehnung Albrechts von Brandenburg-Ansbach statt. Er huldigte dem König, und dieser erhob ihn in den erblichen Herzogsstand. Die Mehrzahl der Ordensritter stimmte der Säkularisation des Ordens zu und legte das Ordenskleid ab; die damit nicht einverstanden waren, gingen nach Deutschland, wo der neugewählte Hochmeister, der sich jetzt Hoch- und Deutschmeister nannte, vergeblich versuchte, Kaiser und Papst zu einer gewaltsamen Aktion gegen den Herzog in Preußen zu bewegen.

Die Umwandlung des Ordensstaates in ein protestantisches Herzogtum machte eine Neuordnung der Landesverwaltung notwendig, doch ließ sich der Herzog Zeit. Es kam vorerst nur zu einer Umbenennung der Ämter. Landhofmeister, Oberburggraf, Kanzler und Obermarschall bildeten die Regierung, jetzt „Oberratsstube" genannt, die ihren Sitz im Königsberger Schloß hatte.

Der König war Lehnsherr des Herzogs in Preußen. Für dieses Vorrecht hatte er der Reformation Tür und Tor geöffnet. Albrecht ließ eine Medaille prägen, auf der zu lesen stand: „Exprimit Alberti atque Dorothea pagina vultus Inclita quos primus Brussia nacta duces." (Albrecht zeigt dieses Bild und auch Dorothea, das erste Herzogspaar, das Preußen hatte, das ruhmreiche Land.)

Die Bischöfe von Samland und Pomesanien blieben als evangelische Bischöfe in ihren Ämtern, gaben aber die weltliche Herrschaft an den Herzog ab. Der Zölibat wurde abgeschafft, alle Klöster wurden geschlossen, die Ordensleute in die Welt entlassen. Viele von ihnen flohen über die Grenzen, um sich den Niederlassungen ihrer Orden im Ermland oder im Königlichen Preußen anzuschließen, andere heirateten und ergriffen weltliche Berufe. Die Auflösung der Klöster kam dem Herzog besonders zustatten, da er bei dieser Gelegenheit die leeren Kassen auffüllen konnte. Zwar wurden einige Klostergüter in Stiftungen umgewandelt, der Löwenanteil aber fiel dem Landesfürsten zu. Einen Mönch, der wertvolle Meßgeräte, darunter eine kostbare Monstranz, über die Grenze hinweg ins Ermland retten wollte, ergriff man zwischen Bartenstein und Heilsberg, kaum eine Meile von der Grenze des Fürstbistums entfernt. Man stellte ihn wegen Kirchenraubes vor Gericht; obwohl es ihm weder um das Gold noch um die Edelsteine, sondern allein „um den heiligen Zweck, dem die Monstranz diente", ging. Als er weder aus noch ein wußte und sich darauf berief, daß das Gesetz über Kirchenraub im protestantischen Preußen nicht mehr gelte, da ja die Kirche, der diese Dinge gehörten, hier nicht mehr als Institution anerkannt werde, sondern als Brutstätte des Satans gelte und er in den Augen seiner Richter gewiß nicht Gott, sondern den Satan bestohlen habe, lobte man ihn zwar ob seiner Spitzfindigkeit, ließ ihn Papst und Rom abschwören und vollbrachte die Gottestat, ihn nach unendlichen Verhören und Folterungen ins Jenseits zu befördern. Man habe seine Seele gerettet und ihm, obwohl er offenkundig ein Dieb sei, Zeit und Gelegenheit gegeben, seine Irrtümer einzusehen und den falschen Glauben, in den er sich verirrt hatte, abzuschwören. So sei ihm nun der Himmel sicher!

Nicht anders erging es einer Nonne, die, da sie bereits Schlimmes ahnte, als Bauersfrau verkleidet von Preußisch-Holland nach Wormditt fahren wollte. Sie wurde aus dem Reisewagen gezerrt, und da sie dem Teufel von Rom nicht abschwören wollte, als eine Besessene gebrandmarkt und in südlicher Richtung davongejagt. Irgendwo unter dem Wasserspiegel der oberländischen Seenplatte gönnte man ihr eine „nasse Höllenfahrt".

Zwar zeigte sich die Reformation nicht von ihrer besten Seite, doch fiel ihr schwerster Schatten nicht über das Land: Die Aufstände des Bauernkrieges blieben auf einen einzigen Vorfall im Samland beschränkt.

Man erfuhr wohl, daß ein Truppenführer des letzten Hochmeisters, Florian Geyer, sich zu den aufständischen Bauern geschlagen hatte. Als Reichsritter und Anführer wilder Horden fand er 1525 in Rimpar im Württembergischen ein unrühmliches Ende. Was einem Götz von Berlichingen, dem Reichsritter mit der eisernen Hand, der die aufständischen Bauern im Odenwald anführte, gelang, nämlich sich dem fatalen Tode zu entziehen, blieb ihm versagt. Weit schlimmer als ihm jedoch war es dem aus dem Harz stammenden Thomas Münzer ergangen, der Luthers Reformen weiterführen und einen sozialen Gottesstaat gründen wollte. Er hatte den „Bund getreulichen und göttlichen Willens" gegründet und sich als Schwarmgeist an die Spitze eines Bauernheeres gestellt, das bei Frankenhausen vernichtet wurde. Im thüringischen Mühlheim wurde er gefangengenommen, gefoltert und hingerichtet.

Verglichen damit war der Vorfall im Samland ein friedliches Spiel.

Auf Schloß Kaymen lebte der Amtmann Andreas Rippe, bekannt wegen seiner Grausamkeit gegenüber den Bauern. Ihm wurde nachgesagt, er habe einen Bauern ohne triftigen Grund am Rost braten lassen. In der Mühle von Kaymen lebte der Müller Kaspar. Am 2. September 1525 rief dieser die Bauern des Ortes und der umliegenden Dörfer zusammen. Sie trafen sich zu nächtlicher Stunde am Kaymener Kreuz, an die 4000 Mann. Der Müller forderte sie auf, gegen den Adel vorzugehen. Er trat an ihre Spitze und führte sie zum Schloß, wo sie den Amtmann im Schlaf überraschten und gefangennahmen. Als die adeligen Grundbesitzer von dem Vorfall hörten, flüchteten sie, so daß nur wenige in die Hände der aufsässigen Bauern fielen.

Für die Gutsbesitzer setzte sich der Kaymener Pfarrer Sommer ein; er konnte sie vor Mißhandlungen bewahren. Die Bauern zogen zum Schloß Labiau, wo viele Schutz gesucht hatten. Sie zwangen die Pfarrer von Kaymen und Legitten, sich ihrem Aufstand anzuschließen. Herzog Albrecht gelang es, den Bauernaufstand zu unterdrücken. Bei Lauth ergaben sich die Aufständischen freiwillig. Das Urteil des Herzogs fiel sehr milde aus, denn er war überzeugt, daß den Bauern manch ein Unrecht geschehen war.

Im Ermland kam es zu keinen Bauernaufständen, zumal es hier kaum größeren Grundbesitz – eigentlich nur ein einziges Rittergut – gab. Dessen Besitzer, der Herr auf Bansen, war bei den Bauern eher beliebt; er half ihnen, wo nur möglich, und hatte eine steinerne Windmühle zum gemeinsamen kostenlosen Gebrauch errichten lassen.

Auch von der Reformation blieb das Ermland verschont. Dennoch erkannte man auch hier die Gefahr der Stunde und unterließ keine Vorbeugungsmaßnahmen. Fürstbischof Mauritius Ferber, ein gebürtiger Danziger, Notarius der Römischen Kirche, der in Rom Jura studiert und in Siena zum Doktor utr. jur. promoviert hatte, war ein überaus erfahrener Mann und heftiger Gegner der Reformation. Er hielt es für angebracht, seinem Fürstbistum eine neue Landesordnung und kurz darauf der ermländischen Kirche neue Statuten zu geben, die den Gegebenheiten der Zeit entsprechen sollten. Nikolaus Kopernikus war, als der Bischof sein Amt übernahm, Kanzler des Domkapitels gewesen und bekleidete im Augenblick kein besonderes Amt. Für ihn schlug die Stunde, sich als Staatsmann und bald darauf auch als Kirchenmann zu bewähren. Das Frauenburger Domkapitel stellte ja eine autonome Landes- und auch Landeskirchen-„Regierung" dar. Vordringlich erschien die Regelung der weltlichen Angelegenheiten. So konnte bereits auf dem Heilsberger Landtag am 22. September 1526 die „Landesordnung des Stiffts Ermland" (s. Anhang) beschlossen und verkündet werden. Nikolaus Kopernikus hatte nicht nur unermüdlich an dieser „Verfassung" mitgearbeitet; er war auch bei deren Beschlußfassung und Verkündigung persönlich zugegen. Wie kaum ein anderer Domherr kannte er aus seiner Administratorenzeit das ermländische Volk, kannte die Grundirrtümer, die sich einzuschleichen drohten, wußte um die Wirren und Verwirrungen der Zeit, um die Gefährdung des christlichen Friedens und vor allem der christlichen Einigkeit. Er hatte es erst kürzlich erlebt, daß zwei Bischöfe benachbarter Diözesen – Pomesanien und Samland – mit fliegenden Fahnen zur Reformation übergeschwenkt waren; und er kannte vor allem den Einfluß, den der zum Protestantismus übergetretene Hochmeister des Deutschen Ordens auch auf die Stimmung im Fürstbistum Ermland ausüben konnte, zumal ja einige der „Neuerungen" – vor allem die Erlaubnis der Priesterehe – wie auch Versprechungen gegenüber den Bauern auf sozialem Gebiet manch einem reichlich verlockend erschienen. Auf den Zusammenhang der neuen Landesordnung mit den Geschehnissen der Reformation wies gleich der erste Abschnitt hin, in dem auf Empörung, Zwietracht, Spaltung der Einheit und Liebe, auf gesäten Aufruhr wie Gefährdung des geistlichen wie auch weltlichen Handelns verwiesen wurde. Das Gebot, an den bisherigen Bräuchen und Gewohnheiten festzuhalten, war wohl eher auf einen Vorschlag des Kopernikus in die Landesordnung eingebracht worden als die Verpflichtung aller Untertanen des Fürstbistums, die Bücher Luthers und seines Anhangs, Auslegungen, selbst Dichtungen, Reime, Schmähbriefe, gleich welchen Namen sie trügen, dem Kapitel auszuliefern und nicht zu gebrauchen. Kopernikus wird sich bei der Abfassung dieser Vorschrift gewiß jener Tage erinnert haben, als er selbst Bücher „in der Sprache des Teufels" las und aus dieser übersetzte, als er aus manch einem der Kirche gewiß nicht genehmen Werk Anregungen und vielleicht sogar Weisheiten schöpfte. Deutliche Züge der Ratschläge des Frauenburger Domherrn verraten auch die Verbote von Zusammenkünften, Disputen, „Zanken und Schelten an Bierthe-ken". Oft hat er bei seinen Inspektionen als Dompropst mit Bauern oder Dorfältesten an einer Theke gestanden und disputiert, deren Unerfahren-heit und Beeinflußbarkeit immer wieder kennengelernt. Die Warnung vor dem schädlichen Einfluß Fremder – gleich ob sie als wandernde Handwerksburschen oder als Kaufleute auftreten – wird ihm ebenfalls am Herzen gelegen haben.

Ganz im Sinne des Kopernikus erscheint die Sorge für die alten Leute in Hospitalen, Gilden, Bruderschaften; war doch die Versorgung der Alten, das Ausgedinge, die Sorge um die Hilfsbedürftigen, die Pflichter-füllung der Kinder gegenüber ihren Eltern in seiner Administratorenzeit, besonders auch, wenn es um die Besetzung leerstehender Höfe oder um neue Landaufteilungen ging, neben der Bemühung um deren Kranken-versorgung, seine vornehmste Sorge gewesen. Manch einen Erbstreit hatte er erlebt; er wußte, wie Bauern unter der Zinsschuld leiden konnten, wie vor allem Seuchen und Feuer immer wieder Haus und Habe bedrohten und das Gespenst der Armut insbesondere an den Himmel über den Alten und Kranken malen konnten.

Während Nikolaus Kopernikus als Administrator des Kapitels von Dorf zu Dorf, von Hof zu Hof geritten war, hatte er jene Erfahrungen gesammelt, die sich in einer ausgiebigen neuen Marktordnung nieder-schlugen, die für die erste Hälfte des 16. Jahrhunderts vorbildlich war. In einer besonderen Besorgnis um echte Maße und Gewichte schlägt sich die Sorge des Kopernikus um den Wert und die Entwertung der Münze nieder, mit denen er sich bald sehr eingehend beschäftigen sollte.

Nicht ohne ein gewisses Schmunzeln wird der Leser dieser neuen Landesordnung den vorletzten Absatz zur Kenntnis nehmen, in dem vor dem damals schon rügenswerten Alkoholmißbrauch die Rede ist. Obwohl im Ermland das Bierbrauen ganz bestimmten Vorschriften unterlag, erwähnt die Landesordnung „Bauern, die ihre Wohlfahrt vergessen und an Markt- und anderen Tagen so aufs Saufen beflissen sind, daß sie Tag und Nacht und darüber hinaus dem Bierkrug verfallen, das Pferd auf dem Markt und das Weib daheim hungern lassen, alle Arbeit versäumen und so gründlich verderben". Wenn die Verordnung besagt, daß solche in Ketten gelegt und hart bestraft werden müßten, wird wohl manch Grund dafür vorgelegen haben, vor allem wenn man bedenkt, ein wie gütiger und um den Bauern besorgter Mann der Mitverfasser und Mitunterzeichner dieser Landesordnung war.

Falschmünzer am Werk

1226 hatte Kaiser Friedrich II. dem Deutschen Orden das Münzrecht verliehen, das der Hochmeister später teilweise auf seine größeren Städte delegierte. 1457 hatten Danzig, Elbing und Thorn von König Kasimir IV. in einem Münzregal das Recht zur eigenen Münzprägung „auf ewige Zeit" erhalten. Die Bischöfe von Samland und Pomesanien hatten nur im 14. Jahrhundert von ihrem Münzrecht Gebrauch gemacht und gelegentlich Pfennige prägen lassen. Das Fürstbistum Ermland hatte ganz darauf verzichtet.

Der Deutsche Orden und die Städte prägten – wie der König – Silbermünzen; unter Konrad von Jungingen hat der Orden 1394 auch Goldmünzen geprägt, die in ihrer Güte dem ungarischen Dukaten gleichstanden.

Innerhalb einer Stadt ließ sich die Münzfrage leicht lösen. Die Verschiedenheiten der Münzen jedoch erschwerten jeden Außenhandel, zumal mit den Münzprägern auch Münzfälscher und Münzpanscher auftraten. Die Münze hatte zwar ihren Eigenwert, den Metallwert, doch war es denen, die sie prägten, durchaus möglich, diesen Wert zu ihren Gunsten zu erhöhen oder zu mindern. Geldentwertung war eine Frage der Metallmischung.

Kein Wunder, wenn in einer Stadt die Münzen, die eine andere Stadt prägte, gern gesehen oder aber zurückgewiesen wurden. Wie aber ließ sich auf dieser Basis Handel zwischen den Städten, geschweige denn zwischen den Staaten treiben. Immer wieder wurden Klagen laut, daß Städte ihr Geld verschlechterten. Den Klagen folgten Drohungen, den Drohungen der Handelsboykott.

Schon während seiner Administratorenzeit in Allenstein hatte sich Nikolaus Kopernikus eingehend mit diesem Problem beschäftigt. Er interessierte sich dafür nicht so sehr als Wirtschaftsexperte, sondern als Mathematiker. In den Mußestunden, die ihm während der Landpropstzeit blieben, hatte er im Allensteiner Schloß eine wissenschaftliche Abhandlung über das preußische Münzwesen verfaßt, ohne jeden

Auftrag und ohne zu ahnen, daß dieser Entwurf später einmal die Grundlage für eine Münzdenkschrift werden sollte.

Da er das Problem wissenschaftlich behandelte, bediente er sich der Gelehrtensprache, des Latein.

Gleich nach der Definition des Münzbegriffes prangerte er die Münzherren an, die Münzen aus unzureichenden Metallegierungen oder aus schlechtem Metall prägten. Er versuchte, diese Erkenntnisse auf die preußischen Münzen anzuwenden und deren Verfall aufzuzeigen. Erst danach folgten seine eigentlichen Vorschläge zur Reform. Kopernikus hatte keinen Grund, diese Arbeit geheimzuhalten. Schließlich wollte er einen Beweis dafür liefern, daß er als universell gebildeter Humanist auch Fragen nachgehe, die nicht unmittelbar sein Amt oder seinen Aufgabenbereich betrafen. Das Domkapitel sah es gern, wenn seine Domherren von sich reden machten; es förderte solche Bestrebungen, zog aber auch gelegentlich seinen Nutzen daraus.

Bald war in weiteren Kreisen bekannt geworden, daß sich der Domherr Kopernikus für das Münzwesen interessierte. 1519 richteten die westpreußischen Stände in aller Form an ihn die Bitte, ihnen praktische Vorschläge zu einer Münzreform zu unterbreiten. Damit war für Kopernikus das Problem zu einem finanzpolitischen geworden. Da er wußte, daß nicht alle Finanzexperten die lateinische Sprache beherrschten, faßte er seine erste private Denkschrift in der Landessprache ab. Grund dafür war sicher auch die Tatsache, daß – im Gegensatz zum ermländischen Domkapitel – nur wenige „Gelehrte" dem Ständetag angehörten.

Der „Reiterkrieg" stand damals unmittelbar vor der Tür. Kopernikus' Gutachten über das preußische Münzwesen fand daher wenig Beachtung. Es wurde vorerst abgelegt und nach dem Kriege nicht von der Staubschicht befreit.

1522 nahm Nikolaus Kopernikus als Vertreter des Kapitels am Graudenzer Landtag teil. Dort erinnerte man sich seiner Münzforschungen und bat ihn, seine Meinung über eine gemeinsame Münze in ganz Preußen wie auch im Königreich darzutun. Er kam dem Wunsche „gutwillig" nach. Grundlage für diese zweite Denkschrift blieb sein Gutachten von 1520; es bedurfte im Grunde nur einiger Angleichungen.

„De aestimatione monetae" stand über dem ersten „Entwurf"; daraus wurde nun der „Tractatus de monetis, Modus cudendi monetam". Die Münze sei ein Stück Edelmetall, stellte Kopernikus eingangs fest, Gold oder Silber, dem man ein bestimmtes Zeichen aufgeprägt habe. Sie diene zur Bezahlung von Gütern, deren Kauf- oder Verkaufspreis ein Regent oder eine Stadt festsetze. Notwendig sei, das Maß habe einen festen und beständigen Stand, sonst würden Käufer wie Verkäufer betrogen.

Kopernikus stellte die Frage, warum das Prägen des Metalls überhaupt notwendig sei, und begründete dies zweifach: Der Kaufmann könne die Waage nicht stets mit sich tragen, der Käufer den Feingehalt des Metalls nicht ohne weiteres überprüfen. Prägung sei Vertrauenssache. Wer in eine Münze zu viel Kupfer füge oder deren Gewicht ungenau verfälsche, verliere dieses Vertrauen. Auch durch langen Gebrauch könne sich eine Münze abnutzen, sie müsse dann eingeschmolzen und neu gegossen werden.

Unangenehm war den Münzprägern seine strikte Forderung, jede alte Münze aus dem Umlauf zu ziehen, wenn eine neue erscheine, um nicht Verwirrung zu stiften, um keinen „falschen Wert" vorzuspiegeln. Immer wieder betonte er, mit dem Vertrauen zur Münze schwinde auch das Vertrauen zum Präger dahin.

Unruhig wurden die Abgeordneten des Landtags, als er ihnen den Verfall ihrer eigenen Münzen an Beispielen erläuterte. Nach dem Abfall des Preußischen Bundes vom Ordensstaat sei das Münzrecht den Städten übertragen worden, das führte zu einer Geldvermehrung, doch auch zu einer Güteminderung einzelner Münzen. Kopernikus machte die Goldschmiede für die Misere verantwortlich. Hier gelte es, ein waches Auge zu behalten.

Die Vorschläge zur Reform begannen mit der Grundforderung: Künftig solle nur eine Stelle Münzen prägen; die Münze solle nicht mehr den Namen der Stadt, sondern den des Landes tragen. Für ganz Preußen solle eine Münze gelten, auf der einen Seite das Zeichen der preußischen Lande, darüber die Krone, auf der anderen das Wappen des Herzogs von Preußen, darüber die Krone des Königreiches. Er räumte ein, falls der Herzog von Preußen durchaus auf eigener Münze bestehe, sollte es zwei Münzen geben, gleich an Gewicht und Feinmetall. Die Städte Thorn, Elbing und Danzig stimmten gegen diesen Vorschlag. Sie waren mächtige Handelsstädte und ließen sich von einem Domherrn keine Vorschriften machen, dessen eigenes Fürstbistum auf die Münzprägung stets verzichtet hatte.

Sicher dachten sie dabei auch an die unsicheren Zeiten, denn die Städte hatten sowohl mit dem Hochmeister des Ordens als auch mit dem Schutzherrn von Preußen ihre Erfahrung gemacht. Warum sollten sie Rechte aufgeben, die ihnen für ewige Zeiten verbrieft waren und aus denen sie jederzeit – vor allem im Kriege – Nutzen ziehen konnten? Der Landtag ging ohne Ergebnis auseinander.

Es dauerte jedoch nicht lange, da wandte sich, 1524, der Danziger Rat an Nikolaus Kopernikus. Diesmal war der „Reiterkrieg" schuld daran, daß es zu keinem Kompromiß kam. Erst das Jahr 1525 gestattete, die Münzreform erneut ins Auge zu fassen. Kopernikus erhielt den offiziellen Auftrag, sein Memorandum den Forderungen der Stunde anzupassen. Die relative Einheit, die bis dahin zumindest auf dem Wirtschaftssektor bestanden hatte, war endgültig verlorengegangen. König, Herzog, Fürstbischof und Domkapitel – jeder erließ eigene Bestimmungen und wachte darüber, daß sie eingehalten wurden. Es herrschte nach der Umwandlung des Ordensstaates eine Rechtsunsicherheit, die Banden und Dieben ihre finstere Tätigkeit gestattete. Da die Landesherren ja feindliche Brüder geworden waren, da eine Grenze zwischen katholischem und protestantischem Gebiet herrschte, konnte das Diebsgesindel mit Straffreiheit rechnen, wenn es ihm gelang, diese zu überschreiten. Noch nie war die Stunde für Geldfälscher so günstig gewesen wie jetzt. Es fielen selbst die letzten moralischen Bedenken, denn den „Andersgläubigen" durfte man nach Herzenslust übers Ohr hauen. Hinzu kamen, wie wir es aus dem letzten Entwurf des Nikolaus Kopernikus erfahren, überhandnehmendes Spekulantentum und ständige Teuerung der Lebensmittel. Kein Wunder, wenn die dritte Kopernikanische Schrift zur Münzreform mit einer Reihe sozialer Aspekte begann. „Alles steigt und fällt", hieß es da, „mit dem Wert des Geldes. Die Preise der Dinge werden nicht durch Erz und Kupfer, sondern durch Gold und Silber bestimmt." Woraus Kopernikus die Mahnung ableitete: „Jetzt aber, da die Münzen täglich schlechter werden, sinkt unser Vaterland und ist dem Untergang schon ganz nahe."

Solches ließ aufhorchen, und Kopernikus nützte die Gelegenheit, um nicht wie bisher nur die Münzeinheit, sondern den gemeinsamen Markt zu fordern. Er hatte in seinen Verwaltungsjahren genügend Erfahrungen gesammelt, um den praktischen Forderungen der Stunde vor allen noch so gelehrten Theorien den Vorrang zu geben. Nur die Wirtschaftseinheit im Königreich, in den beiden Preußen und in den Städten könne zur Gesundung der Wirtschaft führen. Und wieder lag Kopernikus vor allem die Not der armen Leute am Herzen, auf deren Rücken die Streitigkeiten konkurrierender Gegner ausgetragen wurden.

Auf der Tagesordnung des Marienburger Landtags vom Mai 1528 stand als zu behandelnder Punkt die Münzordnung. Nikolaus Kopernikus war als Sachverständiger eingeladen. Er legte hier seine Denkschrift „Moneta cudende ratio" vor. Um dem Text Nachdruck zu verleihen und den wissenschaftlichen Charakter zu betonen, hatte er sich in letzter Minute entschlossen, die Schrift in lateinischer Sprache abzufassen. An den Anfang stellte er ein schweres Geschoß: „Obwohl es unzählig viele Übel gibt, an denen Königreiche, Fürstentümer und Republiken zugrunde gehen, sind vier meiner Meinung nach am schlimmsten: Uneinigkeit, große Sterblichkeit, Unfruchtbarkeit der Erde und die Verschlechterung des Geldes. Die ersten drei sind so offensichtlich, daß ihnen niemand widerspricht, jedoch die vierte, die das Geld betrifft, wird nur von wenigen beachtet, und zwar von denen, die sich darüber Gedanken machen, weil ihre Wirkung auf den Verfall des Staates nicht schnell und gewaltsam, sondern langsam und schleichend ist."

Der nun folgenden Denkschrift stellte Kopernikus einen geschichtlichen Abriß über das preußische Münzwesen voran: den ersten Versuch einer Münzgeschichte Preußens. Im übrigen wiederholte er seine früheren Forderungen nach einheitlicher Münzprägung – allerhöchst an zwei Orten. Den Weichselstädten warf er die eigennützige Schaffung eines Münzwirrwarrs vor, an der Spitze dem stolzen Danzig, aber auch der Stadt Elbing. Elbing war ihm seitdem feind.

Warnend erhob Kopernikus abermals seine Stimme: „Wenn hier nicht bald Abhilfe geschieht, wird Preußen bald nur noch Münzen besitzen, die nichts als Kupfer enthalten. Dann wird jeder Handel mit dem Ausland aufhören, denn welch fremder Kaufmann verkauft seine Waren für Kupfergeld?" Und den Machthabern im Preußenland warf er vor, sie würden „einem solchen Verfall unseres lieben Vaterlandes, dem wir alles verdanken, dem wir unser Leben selbst schulden, mit kopfloser Nachlässigkeit zusehen, bis es eines Tages kläglich untergeht."

Dennoch wäre es falsch, bei Kopernikus nur die wirtschaftlichen Aspekte hervorzuheben, unter denen er den Geldverfall nach 1525 sah. Nicht nur als Wirtschaftsfachmann, als Mathematiker, auch als Geisteswissenschaftler hatte ihn dieses Problem mit den Jahren immer mehr gefangengenommen. „Überall blüht Handel und Wandel, Kunst und Gewerbe", schrieb er, „überall, wo das Geld gut ist. Schlechtes Geld macht die Menschen schlaff und träge, läßt sie die Pflege des Geistes unterlassen. Leichtes Geld fördert die Trägheit, schafft der Armut nicht Abhilfe."

Auf dem Marienburger Landtag kam es zu einer Einigung über grundsätzliche Fragen. Die praktische Durchführung wurde jedoch auf das kommende Jahr vertagt. Kopernikus arbeitete an der Münzreform bis zum Jahr 1530 mit. Er war enttäuscht, als man schließlich eine Lösung fand, die seine wichtigsten Vorschläge unberücksichtigt ließ. Sein Verdienst lag vor allem darin, daß er den Reformversuchen stets erneut den Weg bereitete, die Münzfrage bei den Ständen und Städten „wachhielt", daß er den Beratenden über manch eine Klippe hinweghalf.

Sein Verdienst lag darin, „daß er den Sturm in die Segel dieser Reform geblasen hat, die ihren Weg nahm, ohne sich um den Kompaß zu kümmern, der ihr den rechten Weg weisen sollte." Vielleicht lag es daran, fragte ein Zyniker, daß der Nürnberger Martin Behaim statt des Kompasses den Globus erfunden hatte?

Es hätte gewiß dem Ideal eines Humanisten, eines allseitig gebildeten Menschen widersprochen, wenn Kopernikus sich in den ersten zwanzig Jahren, die er im Dienste des Bischofs oder Kapitels stand, nur einer einzigen Aufgabe gewidmet hätte. Noch während er an der Münzschrift arbeitete, schuf er im Auftrage seines Bischofs Mauritius Ferber eine Karte des ganzen Preußenlandes, der ein Jahr später eine „erdkundliche Beschreibung ganz Preußens" folgte. Schon als Junge war er ein guter Zeichner gewesen. Besondere Freude bereitete ihm das Zeichnen mathematischer Figuren. Alle erläuternden Illustrationen in seinem späteren Hauptwerk, den „Revolutiones", stammen aus seiner eigenen Feder. Technische Genauigkeit wird an seinen Zeichnungen besonders gerühmt.

1510 soll Kopernikus, einem Brief des Fabian von Lossainen an den Ordenskanzler Hans von Schönberg zufolge, im Besitz einer Karte gewesen sein. Auf ihr soll er das Fürstbistum Ermland kartographisch dargestellt haben. Als das Frauenburger Domkapitel 1519 mit der Stadt Elbing wegen Fischereirechten im südlichen Teil des Frischen Haffs einen Prozeß führte, lagen dem Gericht Kartenskizzen von der Haffküste und von der Gegend um Tolkemit vor, die der Hand des Nikolaus Kopernikus zugeschrieben werden. Diese Karten dienten den landesunkundigen Gerichtsherren auf dem Marienburger Gerichtstag als Unterlagen für einen Vergleich, den die prozeßführenden Parteien schlossen.

Bis heute ist die Frage ungeklärt – und wird wohl auch weiter ungeklärt bleiben –, inwieweit Nikolaus Kopernikus an der Erstellung der Karte von ganz Polen beteiligt war, die sein Freund, der Geograph, Astronom und Historiker Bernhard Wapowski, 1526 geschaffen hat, an der ältesten Karte dieser Art.

Wapowski, um 1475 geboren, also mit Kopernikus fast gleichaltrig, hatte in Krakau und Bologna studiert, dort den Dr. jur. erworben und war dann nach Rom gegangen. Seine Polenkarte enthielt an die tausend Ortschaften und galt zu ihrer Zeit als Muster der Genauigkeit. Was an ihr auffiel: Das Kulmerland war viel genauer eingezeichnet als die übrigen Landesteile. Hier waren vor allem besonders viele Orte verzeichnet; über die Hälfte von ihnen mit deutschen Namen benannt. Eines steht fest: Kopernikus hat das Kulmerland, seine Heimat, sicher weit besser gekannt als Wapowski. Er war in Thorn geboren, in Kulm zur Schule gegangen, hatte wiederholt Graudenz besucht, war in Kulmsee mehrfach gewesen: er kannte dieses Gebiet. Mehrfach wird berichtet, er habe Ortsmessungen vorgenommen: so die geographische Lage von Frauenburg mit 54° 19' – haargenau mit späteren Messungen übereinstimmend – ermittelt. Auf der Wapowskischen Karte lagen die Städte Graudenz, Kulm und Kulmsee auf denselben Breitengraden wie auf allen späteren Karten. War die Vermessung des Kulmerlandes, die dieser Polenkarte zugrunde lag, das Werk des Kopernikus?

1529 erwähnt Bischof Ferber in einem Brief an Alexander Sculteti eine Preußenkarte des Nikolaus Kopernikus.

Leider ist von allen diesen Zeugnissen nichts erhalten geblieben. Wir wissen nur, daß Kopernikus im Jahr 1529 in seinem Frauenburger Turmzimmer „über eine Karte gebeugt" saß.

Das Satyrspiel

Wie hatte die Welt sich in so kurzer Zeit verändert! Siebenundzwanzig Jahre war es her, seit Nikolaus Kopernikus als Leibarzt zu seinem bischöflichen Onkel aufs Heilsberger Schloß gezogen war. Fast drei Jahrzehnte hatte er im Fürstbistum Ermland gewirkt. Inzwischen war er siebenundfünfzig Jahre alt geworden. War es an der Zeit, sich zur Ruhe zu setzen, sich ausschließlich mit Liebhabereien zu befassen? Ruhe, Liebhabereien? Es ging um sein Hauptgeschäft: sich ganz dem Sternenhimmel zuzuwenden, den Mathematikern endlich den langerwarteten Beweis zu liefern, den er ihnen in seinem „Commentariolus" versprochen hatte und bis heute schuldig geblieben war.

Nikolaus Kopernikus überschaute sein bisheriges Leben. Er hatte Erfolge verzeichnen können, gewiß, aber er hatte auch Niederlagen einstecken müssen. Im großen und ganzen, konnte er sagen, Gottes Segen habe bisher überreich auf seiner Arbeit geruht. Ein Mensch kann nicht alles erreichen. Er war demütig genug, dies einzugestehen.

Mehr als zweihundert Jahre vor Immanuel Kant sah er, nur einen Katzensprung von Königsberg entfernt, von seinem Frauenburger Turmbalkon den gestirnten Himmel über sich, spürte er das moralische Gesetz in sich, das ihm gebot, sein Lebenswerk zu vollenden. Doch schon stand die Laune des Schicksals sprungbereit. Seine politische Laufbahn näherte sich mit der großen Kapitelreform, die kurz vor ihrem Abschluß stand, dem Ende. Gott sei Dank, dachte er. Gewiß, alle diese Aufgaben, die beiden großen Ordnungen, Münzdenkschriften und Landeskarten, seine Tätigkeit in den Ämtern, die das Domkapitel ihm auferlegt, all das war wichtig gewesen, wichtig für sein Ermland, für seinen Landesherrn, für sein Domkapitel, wichtig aber auch für ihn?

Hatte er nicht, um es ehrlich einzugestehen, jede freie Stunde genützt, um an etwas anderes zu denken, an den Sternenhimmel? Hatte er nicht nur seine Pflicht erfüllt, wie jeder andere Domherr auch, um Zeit zu gewinnen, sich seinen Sternen zuzuwenden?

Die Sterne und nochmals die Sterne!

War es ein Wunder, daß am Schluß der politischen Laufbahn ein Satyrspiel stand?

Mit der Reformation war ein neuer Geist eingezogen. Man hatte die mittelalterliche Zwangsjacke ausgezogen und an den Nagel gehängt. Auf der Bühne wurde fortan die Fahne der Freiheit geschwenkt. Das Ghetto schien überwunden, die Enge durchbrochen. Die reine Vernunft feierte ihren Triumph. Ochs und Esel zogen ihr Siegesgespann.

Ja, es ging vorwärts! Die Zeiten entwickelten sich schneller als die Menschen. Der Mensch wurde von der Zeit überrundet. Der Clown tanzte in der Arena.

Im Namen der reinen Vernunft trat ein Schulmeister auf den Plan, der sich Humanist nannte: Wilhelm Gnapheus trat wider Nikolaus Koperni-kus auf. Ein Holländer, der zum Luthertum übergetreten war, den die Inquisition in Delft gestellt und für zwei Jahre im Haag interniert hatte. Ein Mäuschen, das bei Nacht und Nebel durch die Maschen der Falle über die grüne Grenze ins Rheinland entwischt war.

Zuerst hatte das Kerlchen sich versteckt gehalten, bei Bauern, auf Heuschobern, in Weinbergen, in einem Schloßhüterhäuschen. Es fürchtete die Häscher, vor allem aber fürchtete es die Schwarzröcke. Immer weiter nach Osten hatte sich der Holländer abgesetzt, der Freiheit, der Sonne entgegen. So war er schließlich in Elbing gelandet, in der Hochburg der Reformation. Elbing, die Stadt, der vor ein paar Jahren an einer Universität noch nichts gelegen – vielleicht weil der Vorschlag von einem Fürstbischof gekommen war? –, Elbing, das plötzlich nach höherer Bildung lechzte, seit die Reformation über die Nogat gekommen war.

Nun kam ein „Humanist" in diese freizügige Stadt, ein ausländischer obendrein, was gewiß doppelt zählte, mit – gefälschten – Empfehlungs-schreiben, die sich sehen lassen konnten, überschäumend vor Dünkel und Hochmut. Was lag näher, als ihm stante pede die Lateinschule anzuver-trauen, die Erziehung der eigenen Kinder?

Gnapheus, der Geächtete, der Flüchtling wurde Direktor! Direktor Gernegroß ließ nichts unversucht, seine Existenz fest zu begründen; das konnte er in Elbing nur, indem er Bürgermeister, Ratsherren und dem lutherischen Prediger schmeichelte. Lieb Kind mußte er sich machen.

Was tun? fragte er sich also.

Man hatte ihm erzählt, daß Nikolaus Kopernikus, ein Frauenburger Domherr, ein Ketzer also, ein Trabant des Teufels, sich nun, so lange war das noch gar nicht her, mit aller Schärfe gegen die Münzhoheit der westpreußischen Städte und vor allem Elbings ausgesprochen hatte. Was kümmerte den Sterngucker die Münze? Wollte er bares Geld aus seiner

Bischof Dantiscus

Himmelsguckerei schlagen? Weit gefehlt, er wollte die freizügige Stadt Elbing vor den Ruin bringen. Er wollte Rache für die Abfuhr üben, die sein bischöflicher Onkel, dieser Ketzer, dieser Teufelstrabant, von der Stadt Elbing erfahren hatte, als er ihr zweideutige Vorschläge machte, sie ins Unglück stürzen wollte, ihr eine katholische Universität aufzuschwätzen versuchte, wahrscheinlich nur, um dort Pfaffen auszubilden.

Man kam bei diesem Besserwisser, diesem Spötter, diesem kleinen Voltaire mit dem Spatzenhirn gerade an die richtige Adresse. Man wußte wohl, daß er Possen schrieb, daß er im Herzen ein Komödiant war, ein Taschenspieler mit Worten. Griff er sogleich zum Federkiel, saß er bis tief in die Nacht hinein an seinem Pult, verbrannte er manch ungeweihte Kerze und schrieb er die Posse „Der Sterngucker von Frauenburg"? Gleich, wer sie geschrieben hat, das Schulmeisterlein Gnapheus oder ein artverwandtes Kreatürchen, zur Fastnacht 1531 wurde sie von den Elbinger Lateinschülern aufgeführt. Die Stadtväter leckten sich den Bart. Dem hatte er es gegeben, dem Papisten!

Sie feierten den Autor in der Kneipe. In Elbings großer Stunde! — Doch ohne ihn. Er saß im stillen Kämmerlein. Hatte er doch zwei Fliegen mit einer Klappe geschlagen. In Elbing hatte er die Bürger in Hochglut versetzt, war er der Star der Fastnacht, der Büttenredner par excellence! Der Mann, von dem jeder sprach. Der „große Gnapheus" – einen Meter und sechzig maß er, der Gnom!

Er aber saß im Kerzenschein und dachte an die zweite, weit wichtigere Fliege. Heimlich schrieb er einen Brief an den hochgelehrten Professor Dr. Martin Luther auf der Wartburg bei Eisenach oder Gott weiß wo in deutschen Landen:

„Gnapheus hat es dem ‚Narren' Kopernikus heimgezahlt!" Und er schrieb einen zweiten Brief an den ebenfalls hochgelehrten Herrn Philipp Melanchthon, Professor für Griechisch und auch Latein, Kollege in letzterem, weiland in Wittenberg: „Also: Oruli sunt testes!"

War Luther nicht erst kürzlich wieder mit Vehemenz gegen den „neuen Astronomen" aufgebraust, der in seinen Schriften beweisen wollte, daß die Erde „bewegt werde und umgehe", nicht der Himmel oder das Firmament, Sonne und Mond?

„Der Narr will die ganze Astronomie umkehren!" hatte er im Zorn ausgerufen. „Aber wie die Heilige Schrift anzeigt, so hieß Josua die Sonne stillstehen und nicht das Erdreich."

Der kleine holländische Josua im fernen Elbing triumphierte 1531 eine Stunde lang über das größte Genie seiner Zeit. Zehn Jahre lang zehrte er von diesem Triumph, bis Bischof Johannes Dantiscus, fürwahr kein Freund des Kopernikus, dem Lateinpauker, dem Elbinger Kinderschreck den Garaus machte, der einst mit seinen holländischen Landsleuten „wegen Differenzen im Umgang mit Gott" in Konflikt geraten war und dies so gründlich fortsetzte, daß selbst die Königsberger Glaubensbrüder, bei denen er Schutz und Zuflucht suchte, ihn nach Friesland verjagten.

Die Statuten des Domkapitels

Die „Abschiedsvorstellung" des deutschen Ordensstaates hatte weite Landstrecken des Ermlands in eine Wüstenei verwandelt. Für den Wiederaufbau und eine nahezu systematische Neubesiedlung brauchte man angemessene Bestimmungen. So hatten Bischof Mauritius Ferber und das Domkapitel vorerst 1526 die neue Landesordnung erlassen, die sich inzwischen als so gut erwiesen hatte, daß sie 1529 die Grundlage für eine gemeinsame Landesordnung ganz Preußens bildete.

„Dieser Bischof", schrieb der Heilsberger Chronist Merten Oesterreich, „hat derselben beschwerungen ungeachtet nichts desto viel gebaut und das bistum gebessert. Unter welchen nicht das geringste ist, daß er das bischöfliche herrliche palacium im thum zur Frauenburg von grundes auf erbauen, auch auswendig den großen graben umb den thum fertigen und ausmauren lassen. Wie ein hochverständiger und seiner kirchen und vaterlands liebhabender hernach er auch gewesen, gezeugen genügsam die Landesordnungen, statuta capitularia Varmiensia et Gutstadtensia, die er den kirchen und lande zum besten aufrichten lassen."

Im Gegensatz zu den Kapitelstatuten der Bistümer Pomesanien und Samland, deren Domkapitel dem Deutschen Orden inkorporiert waren, bedurfte es im Fürstbistum Ermland neben der Regelung geistlicher auch einer Regelung weltlicher Aufgaben, hatten Bischof und Kapitel doch im autonomen Staat seit Gründung des Bistums ihre landesherrlichen Pflichten.

Wie es nach dem Reiterkrieg im Ermland aussah und welchen Vorrang daher die Landesordnung genoß, verrät die Einleitung zu den Statuten des Guttstädter Kollegiatstiftes, 1533 in Heilsberg bestätigt: In diesem Krieg, heißt es darin, seien die Dörfer des Kollegiatstiftes fast ausnahmslos niedergebrannt und die Bauern größtenteils geplündert und niedergemetzelt worden. Nur sehr wenige Bauern hätten die Kriegsjahre überlebt. Und selbst diese seien während des darauffolgenden Waffenstillstands oder durch überhöhte Zinsforderungen des Ordens zur Flucht gezwungen oder aber von der grassierenden Pest hinweggerafft worden.

Die Aufstellung der Statuten des Frauenburger Domkapitels war nun die zweite große Aufgabe, vor die sich Bischof und Domkapitel gestellt sahen und zu der Nikolaus Kopernikus – als residierender Domherr – herangezogen wurde. Als er in das Frauenburger Domkapitel eingetreten war, galten die Kapitelstatuten von 1488, unter Bischof Nikolaus von Tüngen erlassen. Schon als Bischof Mauritius Ferber 1523 die ermländische Kathedra bestieg, war die allgemeine Lage mit der im Jahr 1488 kaum vergleichbar. Nun aber war die Katastrophe über das Land hinweggebraust.

Am Wiederaufbau des Fürstbistums war Nikolaus Kopernikus maßgebend beteiligt gewesen. Schon im Frühjahr 1521 hatte er damit begonnen, das vom Deutschen Orden in Schutt und Asche gelegte Frauenburg, vor allem die stark zerstörte Domburg, wieder aufzubauen und im Kammergut die Verwaltung neu einzurichten. Nach der Arbeit an der Landesordnung begab er sich dann unverweilt an die Neufassung der Kapitelstatuten, die für ihn genauso verbindlich werden sollten wie für die übrigen Domherren.

Werner Thimm schreibt in seiner Einleitung zu den Statuten des Frauenburger Domkapitels, diese gälten als „wichtige Quelle zur Biographie des Begründers des heliozentrischen Weltbildes. Ohne ihre Kenntnis würde manche Station in seinem Leben unverständlich bleiben." Und er fährt fort: „Die Obliegenheiten der Frauenburger Domherren erstreckten sich nicht nur auf die übliche Gestaltung des Gottesdienstes an der Kathedralkirche und die Beratung des Bischofs bei der geistlichen Führung der Diözese, sondern umfaßten darüber hinaus auch noch die mannigfältigen Aufgaben einer weltlichen Landesherrschaft."

Diese „doppelte Aufgabe" – insbesondere die Bestimmungen für die weltliche Herrschaftsausübung – erforderte einige Jahre harter Arbeit. Immer wieder kam es zu langen Beratungen mit dem reformfreudigen Bischof und dem Kapitel, denn der Bischof mußte die neuen Statuten voll billigen. Fast fünf Jahre vergingen, ehe der erste Plan aufgezeichnet worden war. Man war sich bewußt, daß hier ein Verfassungswerk auf lange Sicht geschaffen werden mußte. 1532 lag die Endfassung endlich auf dem Tisch. Eine Generalversammlung konnte einberufen werden, in der am 19. März 1532 die Statuten vom Bischof und seinem Kapitel feierlich besiegelt wurden. Der Kanzler des Kapitels, Alexander Sculteti, stellte für jeden der Domherren eine Ausfertigung her, die diesem feierlich übergeben wurde und die er seinem Nachfolger hinterlassen sollte. Die Statuten zählten 69 Paragraphen; im Vergleich zu denen des Jahres 1488 waren sie ein „umfassendes Werk". Sie begannen mit der

Regelung der kirchlichen Ämter, regelten Rechte und Pflichten der Domherren, Pfründe und Distributionen, regelten Residenz und Abwesenheiten, Kurien und Allodien, Testament und Testamentsvollstreckung. Im zweiten Teil behandelten sie die Gesandtenaufträge, Beamte und Ämter, Visitationen und Versammlungen, Tätigkeiten des Kapitels, die Pflichten der Vikare und schließlich die Lesung der Statuten selbst (s. Anlage).

Vor dem Hintergrund dieses weltlichen wie geistlichen „Stundenplans", der pünktlich erfüllt werden mußte, erscheint das Leben eines Frauenburger Domherrn voll ausgefüllt, und mehr als erstaunlich dürfte es sein, wie ein Nikolaus Kopernikus trotz aller dieser stets streng erfüllter Pflichten ein so umfangreiches und vor allem so vielseitiges Lebenswerk in den wenigen Jahrzehnten verbringen konnte, die ihm auf dieser Erde beschert waren.

Unter den neuen Statuten übernahm Kopernikus als erstes Amt 1538 das des Mortuarius; 1541 wird er als Magister „fabricae ecclesiae" – als Verwalter der Dombaukasse – erwähnt. Während dieser Jahre entstand die endgültige Fassung seines Hauptwerkes, der „Revolutiones".

Im Dienste seiner Mitmenschen

Vor allem im letzten Jahrzehnt seines Lebens trat Nikolaus Kopernikus immer öfter als Arzt in Erscheinung. Die Bilder, die von ihm überliefert worden sind, zeigen ihn als Domherrn, als Astronomen, als Staatsmann, in der Mehrzahl jedoch als Arzt. Wie Tiedemann Giese berichtet, wurde er „wie ein Äskulap verehrt".

Seinem Vorbild, dem großen Hippokrates, dem „Vater der Ärzte", geboren um 460 vor Christus auf Kos, getreu, richtete er sein Augenmerk auf den Gemütszustand des Erkrankten und kurierte nicht nur das betroffene Organ. Der ganze Mensch mußte behandelt werden; die Natur galt es lediglich in ihrem Bestreben, den Organismus zu heilen, zu unterstützen.

Mit Aristoteles, dem Sohn des königlichen Leibarztes Nikomachos, geboren 384 vor Christus im makedonischen Stageira, glaubte auch er, daß die Natur nichts ohne Absicht geschaffen habe. Er neigte zu dessen Meinung, daß das Herz eine zentrale Bedeutung für den Körper habe, wie Aristoteles lehrte, die „Quelle des Lebens, der Sitz der Intelligenz und der Seele" sei.

Kopernikus griff – in allen Fällen, die er behandelte – nicht als Chirurg, sondern als Physikus ein. Die erhaltenen, aus seiner Feder stammenden Rezepte, zum größten Teil in lateinischer, aber zuweilen auch in deutscher Sprache abgefaßt, verraten, daß er die Naturheilkunde pflegte, wie schon während seines Studiums in Padua. Die Entwicklung in der Medizin während der ersten Hälfte des 16. Jahrhunderts ging an ihm nahezu spurlos vorbei. Er verließ sich allein auf Gott und auf dessen Natur.

Er stand in einer gewissen Tradition: Schon um die Mitte des 15. Jahrhunderts hat das Frauenburger Domkapitel stets einen Arzt zu seinen Mitgliedern gezählt. 24 medizinische Werke standen in der Domkirchenbibliothek. Sie waren in erster Linie für den Gebrauch des jeweiligen Arztes im Kapitel bestimmt. Unter diesen befanden sich der Canon von Avicenna und das praktische Handbuch der Medizin von Galenus.

Rezept in der Handschrift des Kopernikus

Nikolaus Kopernikus hat eigenhändig in lateinischer wie auch zuweilen in deutscher Sprache Rezepte auf die Rückseiten der Bucheinbände geschrieben. So befand sich auf dem Einband des Erstdrucks der lateinischen Übersetzung der „Elementa Geometrica" des Euklid, erschienen 1482 in Venedig, ein Rezept gegen Magen- und Darmerkrankungen, zusammengesetzt aus 21 verschiedenen Substanzen, organischen aus der Pflanzenwelt wie auch anorganischen – darunter dem Bernstein: Armenische Tonerde, Zimt, Zitwerwurzel, Blutwurzel, Roter Sandelextrakt, geraspelte Elfenbeinnüsse, Krokus, Knochenasche, Pflaumen mit Essig vermischt, Zitronenschale, Perlen, Smaragd, Amethyst, Saphir, Herzknochen vom Hirsch, Weißer Agtstein, Pulver aus dem Horn des Einhorns, Roter Korallenstaub, Goldstaub, Silberstaub und Zucker.

Als eine Art Allheilmittel verschrieb er bevorzugt die „Kaiserpillen des Arnoldus von Villa Nova", von denen er vermerkte, sie könnten „zu jeder Zeit genommen werden, ohne vorherige Vorbereitung, sind in jeder Hinsicht von Nutzen und bei jeder Erkrankung. Sie sind bekömmlich und stärken die Hauptglieder, auch wenn diese schon schwach sind, sie lassen wieder Freude aufkommen und verzögern das Ergrauen der Haare, das seinen Ursprung im Verderben der Säfte hat. Sie berücksichtigen den Magen und kräftigen ihn, sie unterdrücken den Katarrh, besänftigen den Hustenandrang, beseitigen alle Beschwerden des Kehlkopfs und des Mundes, vertreiben Blähungen des Magens, vermehren den Verstand, schützen die Zähne vor Fäulnis." Ihre Zusammensetzung ist wie folgt: Kardamon, Zitwerwurzel, Muskatnuß, Krokus, Aloesaft, Manna, Sennablätter, Anis, Zimt, Gewürznelken, Pfefferart, Spanische Arzneipflanze, Lärchenschwamm, Myrobalauen. In deutscher Sprache abgefaßt hatte er einen Vermerk über das „Kräutlein Gottvergessen", ein Mittel gegen die Pestilenz:

„Item Marabium eyn kraut genant Gotisvorgessenn ist gutt. Zcu brauchenn Vor die Pestilentz die blatter adder den Safft mit eynem tuchelen genetz vnde darumb geslagen. Item der Saff von Marubium gemischet mit bomöll vnde den yn dy oren getan vortreibet iren grosszenn smertzen warhafftich."

Als Nikolaus Kopernikus am 27. Juli 1501 vom Domkapitel Urlaub zum Medizinstudium in Padua erhielt, hatte er das Versprechen abgelegt, dem „hochwürdigsten Herrn Bischof und auch den Mitgliedern des Kapitels als Arzt behilflich zur Seite zu stehen", sobald er seine Studien vollendet hätte.

1503 wurde er als Leibarzt zu seinem bischöflichen Onkel nach Heilsberg geschickt. In einem Kapitelbeschluß vom 7. Januar 1507 heißt es:

„Unser Mitbruder, Herr Nikolaus Kopernikus, der zur Verfügung unseres hochwürdigsten Herrn steht, hat aus außerordentlicher Gunst des Kapitels neben den Einkünften seiner Praebende noch jährlich 15 gute Mark erhalten, die ihm auch weiterhin angewiesen werden, solange er sich im Gefolge des Bischofs befindet. Dieses Entgegenkommen ist ihm besonders deswegen erwiesen worden, weil er die ärztliche Kunst beherrscht und damit er sich rechtzeitig mit Rat und Tat um die Genesung seines hochwürdigsten Herrn bemüht."

Beim Tode Bischof Watzenrodes war Nikolaus Kopernikus nicht zugegen, denn der Bischof starb unerwartet auf der Reise in Thorn.

Um dessen Nachfolger, Bischof Fabian von Lossainen, kümmerte sich Kopernikus, auch als er Heilsberg bereits verlassen hatte. Er brauchte oft ärztliche Hilfe, besonders an seinem Lebensende. Dem „Liber de Episcopatu" entnehmen wir:

„Es haben in auch die Frantzosen dermassen befallen vnd durchfressen, dasz man in keineswegs heilen kündte: ja je neher sein doctor vnd seine mutter in ertzneiten, je erger es warte, dasz sie im auch haben müssen dasz ein bein, in welches sie im die Frantzosen gebracht, lassen auffschneiden. Da krigt er dasz kelde fewer hinein, vnd starb dauon vff Heilsperg anno 1523." Fabian von Lossainen hatte den „Brand" im Bein; ihm mußte ein Unterschenkel amputiert werden. Nach der Bestimmung der Elbinger Barbierrolle von 1522 war die Amputation von Gliedern am menschlichen Körper Aufgabe der Bader.

Der dritte Bischof, dem Nikolaus Kopernikus diente, war Mauritius Ferber, ein Mann von schwächlicher Gesundheit, der oft des ärztlichen Rats bedurfte. Nach 1529 „konnte er nur selten mehr gesunder Tage sich erfreuen".

In diesem Jahr schrieb der Bischof an das Domkapitel:

„Da die Ruhr in alten Tagen gefährlich zu sein pflegt, bitten wir die Brüder, daß sie ohne Verzug unsere Mitbrüder, den Cantor Johannes Timmermann und den Doctor Nicolaus Copernicus, zu uns nach Heilsberg schicken."

Um Weihnachten 1531 wurde der Bischof von einer schweren Kolik befallen. Im Januar konnte er feststellen:

„Durch göttlichen Beistand und die hochgeschätzte Sorge der Ärzte – nämlich des Herrn Doctor Nicolaus Coppernic, Domherrn meiner Kathedralkirche, und des Doktors Laurentius Wille, Leibarzt des hochangesehenen Herzogs in Preußen – bin ich wieder soweit hergestellt, daß ich mich auf dem Wege der Genesung befinde."

Im April 1532 wandte sich der Bischof erneut an das Domkapitel:

„Wir bitten Euch, verehrte Brüder, damit einverstanden zu sein und dem verehrten Mitbruder, dem Herrn Doktor Nicolaus Coppernic, zu gestatten, daß er so bald wie nur möglich zu uns kommen kann, nur für einen Tag, um mich mit ihm zu unterhalten und seinen Rat einzuholen über den schlechten Gesundheitszustand unseres Körpers."

1535 drang ein erneuter Notruf nach Frauenburg:

„Übrigens hat am Vortage des Matthiasfestes, um die Zeit der Komplet, uns ein unerwarteter Schlag getroffen: Wir haben den Gebrauch der Zunge und der Sprache zum guten Teil verloren, worüber wir unserem verehrten Mitbruder, dem Herrn Doktor Nicolaus Coppernic, des längeren und breiten schriftliche Mitteilung gemacht haben."

In der Todesstunde konnte Kopernikus dem Bischof nicht beistehen. Am Todestag, dem 1. Juli 1537, berichtete ein Mitbruder:

„Um diese Stunde wurde dem ehrwürdigen Kapitel Nachricht vom Tode des hochwürdigsten Herrn Bischofs Mauritius übermittelt. Heute ist der Herr Doktor Nikolaus nach Heilsberg geschickt worden, bevor unsere Mitbrüder, die Kanoniker, von dem Heimgang wußten."

Als Bischof Johannes Dantiscus sein Amt in Heilsberg antrat, wurde er von einer plötzlichen Krankheit befallen, so daß er gleich in den ersten Tagen Rat und Hilfe von Kopernikus brauchte. Bald konnte er seinem Nachfolger in Kulm berichten:

„Durch Gottes Gnade fühle ich mich wohler, was Dir ja unser verehrter gemeinsamer Freund, der Herr Doktor, ausführlich berichten wird. Seine feine Umgangsart und die guten Ratschläge, die ich von ihm entgegennahm, haben bei mir wie eine Medizin gewirkt."

Neben den vier ermländischen Bischöfen war der Freund des Kopernikus, Tiedemann Giese, seit 1538 Kulmer Bischof, auch sein Patient. Am 27. April 1539 traf Kopernikus erstmals als Arzt in der bischöflichen Residenz in Löbau ein. Der bischöfliche Kaplan machte folgende Aufzeichnung:

„Die Herren Doktoren stellen für die nächsten Tage eine Besserung in Aussicht, sowohl der eben genannte Danziger als auch der Herr Nikolaus Kopernikus, Domherr aus Frauenburg, der heute hier angekommen ist."

Nicht nur – getreu seinem Versprechen – den Bischöfen und Mitbrüdern leistete Kopernikus ärztliche Hilfe. Er war als Arzt gegen Ende seines Lebens über die Grenzen des Ermlandes hinaus bekannt. Auch am Königsberger Fürstenhof war der Frauenburger Domherr begehrt.

Am 6. April 1541 erhielt er einen Brief von Herzog Albrecht, in dem dieser ihm mitteilt, „daß in jetziger Zeit der allmächtige ewige Gott einen in unserem Dienst stehenden Rat mit einem Kreuz und schwerer Krankheit, die sich nicht bessert, heimsucht". Und er bat: „Ihr wollet

Euch zu uns begeben und dem oben genannten guten Manne mitteilen, ob er durch göttliche Gnade und mit Eurer Hilfe von seiner beschwerlichen Krankheit befreit werden kann."

Gleichzeitig schrieb der Herzog an das Domkapitel, berichtete von der Erkrankung seines Rates Georg von Kunheim und bat:

„Ihr wollet uns zu Gefallen mit dem oben genannten Herrn Kopernikus, dem wir mit gleicher Post ebenfalls schreiben, dahingehend vereinbaren, daß er ohne Bedenken im Hinblick auf diesen Brief sich zu uns begebe und dann dem genannten Rat, dem von Kunheim, neben anderen von uns herangezogenen Ärzten die beste Hilfe und Ratschläge zukommen lasse, damit er wieder gesund werden möchte."

Das Frauenburger Domkapitel ließ den Herzog am 8. April bereits wissen, daß es „mit dem würdigen und achtbaren Herrn Nikolaus Kopernikus, unserem Kollegen und liebenswürdigen älteren Bruder, verhandelt und besprochen habe, und in diesem betagten Alter hat er sich aufgemacht und zu Euer fürstlichen Durchlaucht begeben."

Fünf Tage später bat der Herzog das Kapitel abermals:

„Ihr wollt, unserem genannten Hauptmann zu Gefallen, im jetzigen Augenblick Herrn Kopernikus sein Ausbleiben nicht entgelten lassen und ihm erlauben, noch eine zeitlang hier bei ihm zu bleiben."

Das Domkapitel gewährte die Bitte, fügte aber hinzu:

„Wiewohl wir gern gesehen hätten, wenn unser freundlicher, lieber Mitbruder bei diesem besonders feierlichen Fest der herrlichen unüberwindlichen Auferstehung Christi vom Tode zum Leben nach dem Brauch und gemäß der Ordnung unserer Kirche bei uns verweilen würde."

Am 5. Mai kehrte Kopernikus nach Frauenburg zurück, stand dem Kranken aber weiter von dort aus mit Rat und Tat helfend zur Seite.

Kopernikus machte als Arzt keinen Unterschied, ob Bischof oder Domherr, ob Beamter oder Bauer, ob Katholik oder Protestant. Das Motiv seines Handelns verrät ein Brief des Preußenherzogs Albrecht an das Domkapitel in Frauenburg, in dem es heißt: „Inn Anmerkung dasz ess jha Christlich vnd loblich disfalls einer mit dem anderen mitleyden zu tragen."

Intriganten – Denunzianten

Nikolaus Kopernikus kannte die Welt. Weder heimtückische Angriffe noch wissenschaftliche Gegenschläge konnten ihn daran hindern, sein astronomisches Lebenswerk zu vollenden. Immer wieder beobachtete er von seinem Turm aus die Planeten und ihre Finsternisse, sammelte neue Eindrücke und trug Berichtigungen in seine Aufzeichnungen ein.

Und während er das tat, wuchsen seine Zweifel an den Erkenntnissen der Alten, die das Fundament immer wieder ins Wanken zu bringen drohten.

Es gab innere Kämpfe; er rang mit sich selbst wie Jakob mit dem Engel, die Ehrfurcht vor einem Pythagoras stritt in seiner Brust mit der Liebe zur Wahrheit und den Forderungen der Wissenschaft. Daran vor allem mag es gelegen haben, daß er von seinen Erkenntnissen nichts vorzeitig preisgab. Nur guten Bekannten und Freunden, ehemaligen Studiengefährten, vertraute er dann und wann eine neue Einsicht an.

Zuweilen schloß er sich für mehrere Tage in seiner „Sternwarte" von der Außenwelt ab; man sprach bereits von dem „kauzigen Alten", ließ ihn aber in Ruhe; man wußte, ahnte zumindest, was in ihm vorging. Nicht zuletzt sorgte sein Freund Tiedemann Giese immer wieder dafür, daß man ihn unbehelligt ließ.

Der letzte „große Studienurlaub" war ihm von seinem Kapitel stillschweigend gewährt worden. Er verbrachte ihn daheim, in der Domburg, in seinem Turm.

Leider verfinsterte sich der Himmel über dem Ermland nur zu oft. Sehnsüchtig dachte Kopernikus dann an die hellen Sternennächte über Italien zurück, an den blauen Himmel über Padua und Ferrara.

Hier saß er mit seinen primitiven Instrumenten, die er selbst angefertigt oder die Tiedemann Giese ihm besorgt hatte. Er betrachtete sie immer wieder. Wurde ihm vielleicht bewußt, was sie der Nachwelt einmal im großen Rahmen seiner Forschungen bedeuten würden? Beschrieb er sie vielleicht darum in einem Kapitel seines Hauptwerkes so ausführlich?

Der drei Meter hohe „Holzzirkel", der stets am Fenster lehnte, war zur Messung der Polhöhe eines Sternes bestimmt. Zwei Latten waren am oberen Ende durch ein Scharnier verbunden, die kürzere Querlatte hatte eine Skala eigenhändiger Einkerbungen; hier ließ sich der Winkel in Grad und Minuten ablesen. 1414 Striche hatte Kopernikus mit seinem Federkiel auf diese Querlatte gezeichnet. Das große lateinische A wurde auf einen der Seitenbalken gelegt, wenn Kopernikus mit seinem „instrumentum parallacticum" Messungen vornahm.

In trüben Nächten, wenn der Himmel von Wolken bezogen war, saß er vor seinem Tisch und schrieb bei Kerzenlicht an seinen „Revolutiones". Zettel für Zettel trugen Aufzeichnungen, die er im Laufe der Jahre gemacht hatte. Jeder Aufzeichnung lag eine Beobachtung zugrunde, mancher mehrere. Jede Erkenntnis war an früheren eigenen wie fremden Beobachtungen geprüft worden. Vor ihm stand seine kleine Handbibliothek, wenige Bücher in lateinischer und griechischer Sprache, einige griechische Werke über das Arabische ins Lateinische übertragen, oft recht fehlerhaft. Kopernikus war stets bemüht, die Meinungen aller Forscher miteinander in Einklang zu bringen, doch nur selten gelang ihm das. Daher war es so ungeheuer schwer, zu letzten Erkenntnissen vorzustoßen. Er zeichnete alle Abweichungen auf, suchte für jede nach einer oder mehreren Erklärungen. Das Endergebnis, zu dem er kam, verglich er immer wieder mit dem, was Ptolemäus zu dieser Frage geschrieben hatte. Erwies sich die eigene Theorie als stärker, fand sie die einleuchtende Unterstützung anderer, die wie er dachten, verwarf er schweren Herzens die Ergebnisse des großen Griechen, des Vaters der antiken Astronomie, des Autors des Almagest.

Die Grundlage für alle seine Erkenntnisse bildeten die Himmelsbeobachtungen; ihre Endgültigkeit aber bestimmte die Mathematik. Den „Commentariolus" hatte er für seine Freunde geschrieben, die „Revolutiones" aber sollten ein Werk für die Mathematiker werden. Hier mußte alles wissenschaftlich einwandfrei, hieb- und stichfest, kontrollier- und nachrechenbar sein.

Während Nikolaus Kopernikus an seinem Hauptwerk arbeitete, starb im Jahre 1534 Papst Clemens VII. Neuer Papst wurde Allesandro Farnese (Paul III.) aus der Provinz Viterbo, ein reformfreudiger Mann, ein großer Förderer der Wissenschaften und Künste. Kopernikus atmete auf, als er das Ergebnis der Papstwahl erfuhr. Es hätte anders kommen können, dachte er. Ein fanatischer Papst vermochte in diesem Augenblick alles, auch seine Arbeit, für immer zu zerstören. Wird es nun, fragte er sich, zu einem Ausgleich mit Wittenberg kommen? Wird der Papst den Kirchenbann aufheben, die Freiheit geben, sich mit den Forschern an der

Wittenberger Universität auseinanderzusetzen, was ja von Rom verboten war? Wird die Wissenschaft jetzt wieder freier atmen, selbständiger denken dürfen?

Aus Krakau kommend, besuchte ihn sein Freund, Domherr Bernhard Wapowski, mit dem er oft seine Gedanken ausgetauscht hatte, über den er stets die neuesten Erkenntnisse in der Astronomie erfuhr. Er war nach Frauenburg gekommen, um sich über den Stand der Arbeiten des Nikolaus Kopernikus zu informieren, denn dieser hatte in der letzten Zeit in seinen Briefen immer weniger durchsickern lassen. Mit Spannung erwartete man in den Kreisen der Wissenschaft seit nunmehr zwanzig Jahren sein Werk. Doch Kopernikus hielt die Stunde noch nicht für gekommen. Er bediente sich Wapowski gegenüber einer Ausflucht, gab vor, sich zuerst mit den jüngsten Erkenntnissen der Wittenberger vertraut machen zu müssen, obwohl er genau wußte, daß man gerade in Wittenberg – nicht zuletzt von Luther und Melanchthon beeinflußt – konservativ auf Ptolemäus schwor. Spitze Zungen hatten neulich noch behauptet, wenn die Erde sich überall drehte, würde sie in Wittenberg noch im Mittelpunkt des Weltalls stille stehen.

Domherr Wapowski war es unangenehm, mit leeren Händen nach Krakau zurückkehren zu müssen. Freunde hatten alle Hoffnungen in ihn gesetzt, daß er es als Freund des Kopernikus schaffen werde, ihm etwas zu entlocken. Was blieb ihm übrig, als an die Freundschaft zu appellieren.

Schließlich gab Kopernikus nach. Die „astronomischen Tafeln" wollte er ihm mitgeben, damit er sie im Kreis der Freunde verbreite. Er hatte nichts dagegen, daß diese der Öffentlichkeit bekannt würden. Ein kleiner Schritt vorwärts, der die Spannung ein wenig lösen sollte, sie aber nur erhöhte. Dieser Almanach, wie Kopernikus ihn nannte, sollte der Allgemeinheit die erste „von gelehrten Männern schon lange erwartete Kunde von seiner neuen Lehre vom Weltall" bringen.

Es ging hier um die Planetenbahnen, ein überaus wichtiges Kapitel. „Ohne die wahren Bewegungen und Stellungen der Planeten" könnten solch astronomische Jahrbücher „nie richtig werden", meinte Kopernikus. Diese Tafeln könnten eine erste Hilfe bei der Festlegung des Heiligenkalenders sein. Auf Tiedemann Gieses wiederholtes Drängen hatte Nikolaus Kopernikus sie schließlich endgültig abgeschlossen. Sie boten die Grundlage für das kommende Werk. Nikolaus Kopernikus gab mit ihnen das Fundament seines Werkes preis.

Ein kleiner Hintergedanke mag mit im Spiel gewesen sein: Sollten die Freunde und Gelehrten vorerst einmal selber versuchen, auf dieser Grundlage weiterzubauen. Wie mit Kindern verfuhr er mit ihnen, denen man nicht das fertige Haus, sondern den Baukasten mitsamt seinen Mustern gibt: Hier habt ihr die Steinchen, hier die Vorlage, nun baut einmal schön. Wollen wir sehen, was daraus wird! Später wird euch zum Vergleich das fertige Bauwerk präsentiert... Neugier sollte damit geweckt werden. Und dies gelang vollauf. Bald sollte Nikolaus Kopernikus es erfahren.

1536 erhielt er einen Brief von Kardinal Nikolaus von Schönberg, der einem sächsischen Adelsgeschlecht entstammte, den Päpsten Julius II. und Leo X. gedient hatte und jetzt Bischof von Capua war. Im diplomatischen Dienst der Kurie hatte er auf einer Reise ins Preußenland den stillen, geheimnisumwitterten Mann im Frauenburger Domturm kennengelernt. Er bat jetzt um nähere Mitteilungen über dessen heliozentrische Lehre. Am liebsten würde er eine Abschrift des Hauptwerkes vorweg empfangen, denn er fühle sich schwächer werden, er spüre bereits die Schwelle des Todes unter seinem Fuß.

Kopernikus hatte Mitleid mit dem hohen kirchlichen Würdenträger, an den er sich noch gut erinnern konnte. Doch traute er dem Diplomaten nicht recht. Als er mit ihm gesprochen hatte, war dieser noch überaus rüstig gewesen; wollte er vielleicht auf diese Weise vorzeitig etwas aus ihm herauslocken?

Er weigerte sich, seine Erkenntnisse preiszugeben, schrieb, er arbeite noch immer an seinem Buch.

Das stimmte auch. Er legte nun einmal strengste Maßstäbe an eine jede Arbeit, vor allem an seine eigene.

Es folgten zwei Jahre, in denen es sehr still um die Frauenburger Turmeule wurde. Die Welt fieberte, doch das stille Frauenburg erschien vereist, wie sein Haff im Winter. Aber in der Eisfläche des Haffs spiegelte sich in frostklaren Nächten immer deutlicher der Sternenhimmel.

Dann brach das Jahr 1538 an, ein entscheidendes Jahr im Leben des Nikolaus Kopernikus, entscheidend in mehrfacher Hinsicht. Am 1. Juli 1537 war Bischof Mauritius Ferber gestorben. Diesmal war der König auf der Hut gewesen. Er hatte von dem Recht Gebrauch gemacht, das ihm im Zweiten Petrikauer Vertrag zugebilligt worden war. Der König hatte gewußt, daß er einen gebürtigen Preußen vorschlagen mußte. Sein erster Gedanke galt dem Kulmer Bischof, der in Löbau residierte, der einst sein Sekretär, dann sein Gesandter am Kaiserhof gewesen war. Ein hochverdienter, vertrauenswürdiger Mann, der weit und breit als der größte Gelehrte im Preußenland bekannt war: Johannes Flachsbinder, ein Humanist, der sich Johannes Dantiscus nannte, da er in Danzig geboren war. Ein berühmter Dichter obendrein, der die Schule in Krakau besucht und auf weiten Reisen sogar Arabien kennengelernt hatte. Schon mit

23 Jahren durfte er den König im preußischen Landtag vertreten; viele diplomatische Missionen waren ihm aufgetragen worden; seit 1530 war er Bischof von Kulm, ein königstreuer und romtreuer Mann, ein eingefleischter Feind aller Reformen, ein Herrscher, sich seiner Würde und seines Ansehens bewußt. Ein Mann, der jede Gefahr, die ihm drohte, frühzeitig witterte und rigoros zerschlug.

Zur ersten Aufgabe machte er sich, nach Übernahme des Bischofsamtes im Ermland, Ordnung zu schaffen und, wo er es für notwendig hielt, mit eisernem Besen zu kehren. Frauenburg, die Stadt unserer Lieben Frau, war in seinen Augen zur Weiberstadt geworden, in der nicht die Domherren des Kapitels, sondern deren Haushälterinnen regierten. Obwohl sein bisheriges Leben ihn keineswegs als Weiberfeind ausgewiesen hatte, ja nicht einmal als Frauenverächter, zog er mit flammendem Schwert gegen das Weiberregiment in dieser Stadt zu Felde.

Das Ansehen des Bistums stand auf dem Spiel! Er schlug den Domherrn Tiedemann Giese, der sein Vorgehen übertrieben fand, dem König für den vakant gewordenen Kulmer Bischofsstuhl vor. Ahnte er den künftigen Rivalen in ihm? Fürchtete er, dieser Domherr könne sich mit Nikolaus Kopernikus gegen ihn zusammentun?

Er durchschnitt die enge Bindung zwischen den beiden Forschern; Nikolaus Kopernikus sah sich über Nacht von seinem engsten Freunde getrennt, der übereilt seine neue Residenz in Löbau beziehen mußte.

Auch ein zweiter Vertrauter wurde Kopernikus bereits in den ersten Monaten des Jahres genommen. Mit dem Domherrn Alexander Sculteti verbanden ihn seit Jahren gemeinsame Interessen. Sculteti war als Historiker und Geograph weithin bekannt. Er hatte Nikolaus Kopernikus in Sachen der Münzreform nach Elbing begleitet und dort den Zorn der Städte Westpreußens auf sich herabgeholt. Er war ihm dabei behilflich gewesen, die Karte Preußens zu zeichnen.

Nun wußte der Bischof, daß zwischen Sculteti und dessen Wirtin ein allzu enges Verhältnis bestand. Hier galt es also, das Messer an die Frauenburger Weiberherrschaft anzusetzen. Dantiscus war kein Mann, der die geraden Wege liebte. Er wußte den König stets für seine Anliegen einzuspannen. Am Krakauer Hof war er lieb Kind, denn er vertrat, wo immer auch, die Interessen des Königs. So durfte er auch bei der Generalsäuberung in seinem Fürstbistum mit des Königs Hilfe rechnen.

Er wußte bei Sigismund I. durchzusetzen, daß dieser den Domherrn Sculteti in die Acht erklärte und des Landes verwies. Natürlich nicht wegen des Verhältnisses zu seiner Wirtin, denn Schande auf das Fürstbistum zu laden, lag Dantiscus fern; obendrein war seine eigene Weste in dieser Hinsicht nicht gerade blütenweiß.

„Wegen seiner Neigungen zur kalvinistischen Lehre" wurde der Domherr verbannt. Sculteti flüchtete zu seinem Kollegen, dem neuen Bischof von Kulm, nach Löbau; und als er sich dort auch nicht mehr sicher fühlte, weiter nach Rom.

Wie Dantiscus eine Reihe Freunde am Krakauer Königshof besaß, hatte Sculteti von seiner römischen Zeit her gute Freunde an der Kurie, die sich sogleich bereit fanden, sich beim Papst für ihn einzusetzen. Obwohl Bischof Dantiscus dies genau wußte, strengte er in Rom einen Prozeß gegen ihn an. Ohne das Urteil abzuwarten, ließ er in Preußen die Güter des Flüchtigen konfiszieren, seine Sippe bis nach Danzig hin verfolgen und verbot allen Domherren des Ermlands den persönlichen und schriftlichen Umgang mit ihm. Er forderte sie auf, sofort alle Beziehungen zu dem Geächteten abzubrechen.

Nun konnte der Papst allerdings keine kalvinistische Neigung bei Sculteti feststellen. Der Prozeß endete, wie zu erwarten gewesen war, mit einem Freispruch des Domherrn.

Kopernikus hielt die Verbindung zu seinem Konfrater in Rom aufrecht. Als der Bischof ihn deshalb rügte, ließ er diesen wissen, „er achte Sculteti höher als manch anderen". Nun wandte sich des Bischofs Wut gegen Nikolaus Kopernikus. Vom Heilsberger Bischofsschloß ging ein Erlaß aus, daß alle Wirtinnen der Domherren Frauenburg unverzüglich zu verlassen hätten.

Für Nikolaus Kopernikus führte eine entfernte Verwandte die Wirtschaft in der Domburg. Anna Schillings, deren Mann, von ihr getrennt, in Danzig lebte. Mit ihren Kindern war sie nach Frauenburg gezogen, als ihre Ehe zerbrach, und führte dort dem nun fünfundsechzigjährigen Domherrn den Haushalt. Sie war viel jünger als Kopernikus; das bot dem Bischof willkommenen Anlaß, gegen diese Frau aufzutreten.

Hinzu kam, daß böse Zungen wider Nikolaus Kopernikus Klage geführt hatten; einerseits, weil sie dem großen Manne vieles mißgönnten, andererseits, weil sie die Gunst des Bischofs auf diese Weise zu gewinnen glaubten. Innerhalb des Domkapitels herrschte stets Eifersucht. Schon deshalb, weil einige Domherren mehr Vorrechte als ihre Kollegen genossen und weil auch die Einstellung zu dem neuen Bischof keineswegs eine einmütige war. Obendrein aber, und das mag für Bischof Dantiscus wohl ausschlaggebend gewesen sein, war die Wirtin des Domherrn Sculteti mit jener Anna Schillings befreundet, da beide aus Danzig stammten und manch eine gemeinsame Erinnerung sie miteinander verband.

Als Nikolaus Kopernikus auf die vorerst allgemein gehaltene Aufforderung des Bischofs nicht reagierte, da er sich keineswegs betroffen fühlte

Brief des Kopernikus an Bischof Dantiscus

und die Anordnung, was ihn betraf, für lächerlich hielt, wandte sich der Bischof direkt an ihn. Gleichzeitig schaltete er den Domherrn Felix Reich, dem er volles Vertrauen schenkte, in die Affäre ein, der mit Nikolaus Kopernikus befreundet war. Domherr Reich ließ seinen Bischof alleruntertänigst wissen, er billige dessen Anordnung betreffs der Wirtinnen wie auch die damit verbundenen väterlichen Ermahnungen und wolle hoffen, diese würden dem Doktor Kopernikus sehr zu Herzen gehen. Auf die Gefahr hin, Doktor Kopernikus könnte beschämt sein, wenn er erführe, daß der Bischof ihn in dieser Angelegenheit ins Vertrauen gezogen habe, hätte er jedoch sogleich mit Kopernikus gesprochen und sei in der Lage, einen Brief von ihm seinem Schreiben beizufügen.

In diesem Brief schrieb Nikolaus Kopernikus, nicht frei von überlegener Ironie, an seinen Bischof: „Die Mahnung Eurer Hochwürden ist väterlich genug, und mehr als väterlich, wie ich erkenne; auch empfing ich sie in der Tiefe meines Herzens. Und obwohl ich jene vorige

Vorhaltung, die Euer Hochwürden zuerst im allgemeinen hat ergehen lassen, keineswegs vergessen habe: Ich wollte tun, was man mich hieß; und weil es doch nicht leicht war, eine nahestehende und redliche Person zu finden, war es nichtsdestoweniger mein Vorsatz, der Sache in der Fastenzeit ein Ende zu machen, schon damit Euer Hochwürden nicht auf die Meinung komme, ich suchte Vorwände für eine Verzögerung, habe ich den Termin auf einen Monat beschränkt; kürzer konnte er schon nicht sein, wie Euer Hochwürden selbst ermessen können. Ich wünsche nämlich nach Kräften zu verhüten, daß nicht ich zu Anstoß gereiche den guten Sitten, umso weniger vor Euer Hochwürden, der verdient hat, daß er von mir verehrt, geachtet und vor allem geliebt werde; dem ich mich mit all meinen Talenten widme. Euer Hochwürden gehorsamster Nikolaus Kopernikus."

Die Kündigung für eine alleinstehende Frau, die sich Kopernikus mit ihren Kindern auf die Straße zu setzen verpflichtet sah, war mit einem Monat gewiß nicht zu reichlich bemessen, zumal außer dem bischöflichen Befehl nicht der geringste Kündigungsgrund vorlag und Anna Schillings Nikolaus Kopernikus lange treu gedient hatte. Dennoch folgte schon am 11. Januar 1539 eine Vollzugsmeldung an den Bischof:

„Schon habe ich getan, was zu unterlassen ich weder Recht noch Macht hatte und womit ich hoffe, daß den Mahnungen Euer Hochwürden genügt worden ist."

Grund für dieses übereilte Handeln war nicht zuletzt eine erneute Mahnung seitens des Bischofs, die allerdings nur „beiläufig" einer Nachfrage nach gewissen Daten aus dem Leben seines Onkels, des Bischofs Lukas Watzenrode, beigefügt worden war. Denunzianten waren nicht einmal davor zurückgeschreckt, den Toten mit in das schmutzige Spiel zu zerren. Nikolaus Kopernikus fuhr daher im Brief an den Bischof fort:

„Was man übrigens von mir zu wissen wünscht, wie lange glücklichen Angedenkens Lukas Watzenrode, Euer Hochwürden Vorgänger und mein Onkel, gelebt hat: Er hat vierundsechzig Jahre, fünf Monate gelebt; Bischof war er dreiundzwanzig Jahre lang; gestorben ist er am vorletzten Tag des März anno 1522. Mit ihm ist die Familie erloschen, deren Insignien auf altehrwürdigen Bauten und vielen Werken zu Thorn noch sichtbar sind. Ich empfehle meinen Gehorsam Euer Hochwürden, Euer Hochwürden gehorsamer Diener Nikolaus Kopernikus."

Damit war die „Affäre" keineswegs zu Ende. Erneut flüsterten böse Zungen dem Bischof Verleumdungen ins Ohr. Domherr Plotowski, seit 1520 beim Frauenburger Domkapitel, der eine besondere Vertrauensstellung bei Bischof Dantiscus genoß, hatte den Auftrag erhalten, die

Frauenzimmer zu bespitzeln, „insbesondere die des Alexander Sculteti und die des Dr. Nikolaus Kopernikus".

Am 23. März 1539, als Kopernikus gerade bei seinem Freund Tiedemann Giese in Löbau weilte, meldete er nach Heilsberg: „Was die Frauenburger Weibchen anlangt ... Die Person des Dr. Nikolaus hat ihre Sachen wohl voraus nach Danzig geschickt, bleibt selbst aber in Frauenburg."

Nun entschloß sich der Bischof, mit stärkeren Geschützen aufzufahren. Er wandte sich sogleich an Bischof Giese in Löbau und bat ihn, unbedingt bei Kopernikus zu intervenieren.

Giese war hell empört und fest entschlossen, sich mit aller Macht und Autorität für seinen Freund einzusetzen. Er warnte Bischof Danticus vor falschen Zungen und konnte es am Schluß seines Antwortbriefes nicht unterlassen, ihn darauf aufmerksam zu machen, daß er mit dem Feuer spiele, gingen doch hinsichtlich seiner Person ähnliche Gerüchte zur Genüge um. „Mit Herrn Dr. Nikolaus habe ich, Euer Hochwürden Verlangen entsprechend, ernsthaft gesprochen und ihm die Sachen selber, wie sie nun mal sind, vor Augen gestellt. Er schien nicht wenig bestürzt zu sein, da übelwollende Menschen ihn wiederum heimlicher Rendezvous beschuldigt hätten, wo er doch ohne Zögern dem Willen Euer Hochwürden nachgekommen sei. Er bestreitet nämlich, jene Person, nachdem er sie einmal entlassen, wiedergesehen zu haben, außer einmal auf dem Markt in Königsberg, wo sie ihn flüchtig angesprochen habe. Jedenfalls habe ich erkannt, daß er nicht so sehr von dieser Leidenschaft affiziert ist, wie viele glauben. Dafür bürgen mir auch sein hohes Alter, seine niemals ausgesetzten Studien und die Tugend und Ehrbarkeit des Mannes. Dennoch habe ich ihn ermahnt, er möchte sogar den Schein des Unrechts vermeiden, und ich glaube, er wird so handeln. Hinwiederum meine ich, dürfte es wohl billig sein, daß auch Euer Hochwürden dem Zuträger nicht zu viel Glauben schenken, erwägend, wie gegen tüchtige Menschen der Neid und die Mißgunst sich erheben, die sich nicht einmal scheuen, gegen Euer Hochwürden selbst den Verdacht zu äußern."

Das hatte gesessen, zumal dieser Verdacht gegen „Euer Hochwürden" weit berechtigter erschien als der gegen Nikolaus Kopernikus, denn von Seiner Hochwürden, Bischof Danticus, war allgemein bekannt, daß er zumindest für einen Sohn und eine Tochter Alimente zahlen mußte.

Daß das Vertrauen des Bischofs zu seinem Kulmer Kollegen nicht allzu groß war, läßt sich deutlich aus der Tatsache schließen, daß er sich keineswegs damit begnügt, dessen Urteil allein einzuholen, sondern gleichzeitig den Domherrn Achatis von der Trenck alarmiert hatte.

Dieser antwortete reichlich kühl, die Haushälterin des Dr. Nikolaus habe sich „nach ihrem Weggang von Frauenburg dort nicht mehr blicken lassen. Als Kopernikus gegenüber die Haushälterin erwähnt wurde, erklärte er, daß er sie niemals in sein Haus aufnehmen und in dieser Sache etwas tun werde. Ich weiß, er wurde von Euer Hochwürden deshalb ermahnt, daß er sich so verhalte; wie ich hoffe, nicht vergebens, sein Alter und seine Weisheit werden leicht den guten Menschen von solchen Sachen abhalten können."

Den Domherren wurden die Eskapaden ihres Bischofs allmählich zu bunt, selbst jene, die Neid und Mißgunst nicht immer unterdrücken konnten, lehnten sich gegen das nahezu krankhafte Gebaren dieses Oberhirten auf. Als hätte man auf der Domburg nichts anderes zu tun, als Schürzenjäger aufzuspüren – wo es keine gab. Das Domkapitel fühlte sich durch das Verhalten des Bischofs herausgefordert und hielt es für angebracht, hinsichtlich dieser Affären, die noch einige Monate andauern sollten, einmütig und unmißverständlich zu reagieren.

Nikolaus Kopernikus, dem mit zunehmendem Alter das Gnadengeschenk der Weisheit in hohem Maße zuteil geworden war, ließ sich durch dieses Intrigenspiel nicht erschüttern. Was ihn zutiefst getroffen hatte, war der Weggang der beiden Freunde aus seiner Nähe. Allein tröstete ihn der Gedanke, daß Tiedemann Giese aufwärtsgefallen war und endlich den langerstrebten Bischofsstuhl erklommen hatte. Löbau lag nicht gerade aus der Welt, in zwei bis drei Tagen konnte man es von Frauenburg aus erreichen.

Dennoch war es in Frauenburg um ihn einsam geworden, zumal in der nächsten Umgebung des Hauses fremde Gesichter auftauchten, die sich um sein leibliches Wohl mühten.

Doch wieder bewahrheitete sich das alte Sprichwort: Wo die Not am größten, ist Gott am nächsten. Ein gnädiges Geschick bescherte ihm bald neue Freunde.

Echo aus Rom und Wittenberg

In den Freundeskreisen des Nikolaus Kopernikus, insbesondere in Frauenburg, aber auch weit darüber hinaus, selbst bis nach Rom hin, kursierten Gerüchte, daß das Hauptwerk des Astronomen seiner Vollendung entgegengehe oder bereits vollendet sei.

Kopernikus ließ solchen Gerüchten freien Lauf, weder bestätigte er sie, noch versuchte er, sie zu unterdrücken. Albert Widmanstadt, ein Gelehrter, Jurist, Orientalist, der in direktem Kontakt zu Papst Clemens VII. stand, berichtete dem Papst 1533 während eines Spaziergangs durch die vatikanischen Gärten im Beisein der Kardinäle Franz Ursius und Johann Salviati, des Bischofs Johann Peter von Viterbo und des Arztes Matheus Curtio ausführlich über die neue Lehre, über die er von Johannes Dantiscus erfahren, den er bei der Krönung Karls V. in Bologna kennengelernt und auf dem Augsburger Landtag 1530 wie dem Regensburger Landtag 1532 wiedergesehen hatte, die dieser als Bischof von Kulm besuchte.

Widmanstadt war von der Lehre des Kopernikus begeistert; er wußte seine Begeisterung auf den Papst und dessen Begleiter zu übertragen. Keineswegs stießen die Gedanken des Kopernikus in Rom, wie man hätte erwarten können, auf Ablehnung. Der Papst schenkte Widmanstadt für seine Bemühungen einen griechischen Pergamentkodex.

Der Erzbischof von Capua, Kardinal Nikolaus von Schönberg, war 1536 bereits über die „Revolutiones" und deren bevorstehende Vollendung unterrichtet. Er war mit Widmanstadt befreundet, der eine Zeitlang sein Sekretär gewesen war, besaß aber auch einen „heißen Draht" zum Deutschen Orden nach Königsberg. Sein Vater Dietrich von Schönberg, Hofmeister Herzog Albrechts des Beherzten von Sachsen, schickte zwei seiner Söhne in den Dienst Albrechts von Brandenburg-Ansbach, des letzten Hochmeisters, während Nikolaus 1518 in den Dienst der Kurie trat. 1520 ernannte Leo X. ihn zum Erzbischof von Capua; 1535 erhob Paul III. ihn zum Kardinal.

Kardinal Schönberg war Feuer und Flamme für die Kopernikanische Lehre. Begeistert berichtete er von ihr, in welcher „die Erde sich bewegt, die Sonne die zentrale Stelle im Universum einnimmt und die achte Sphäre unbewegbar und ewig standhaft ist". Er schrieb einen Brief an den „Vir doctissimus" nach Frauenburg und schickte Dietrich von Reden als Mittler ins Ermland. In dem Brief hieß es:

„Ich weiß, daß Du nicht nur eine genaue Kenntnis von den kosmischen Anschauungen der Alten besitzt, sondern selbst ein neues Weltsystem aufgestellt hast, Du lehrst, wie ich vernommen habe, daß die Erde sich bewege, die Sonne sich ganz in der Mitte der Welt befindet. Der Fixsternhimmel, welcher die achte Sphäre einnimmt, sei unbeweglich und verharre stetig an derselben Stelle; der Mond ferner, zugleich mit allem, was von seiner Sphäre eingeschlossen wird, befinde sich zwischen den Bahnen von Mars und Venus und bewege sich innerhalb eines Jahres um die Sonne. Diese ganze Neugestaltung der Astronomie sollst Du wissenschaftlich begründet und auch die Bahnen der Planeten errechnet haben."

Er bittet Kopernikus um ein Manuskript des neuen Werkes, ja, mehr noch, er vertritt die Ansicht, es müsse unverzüglich veröffentlicht werden:

„Ich bitte Dich aufs Angelegentlichste, daß Du diese Erfindung den Gelehrten zugänglich machst." Und er versichert: „Wenn Du meinem Wunsche nachkommst, wirst Du Dich überzeugen, daß Du mit einem Mann zu tun hast, der dem Ruhm Deines Namens als Gelehrter Genüge tun wollte."

Neben Tiedemann Giese war Kardinal Schönberg der Hauptpromotor hinsichtlich der Veröffentlichung der „Revolutiones". Leider starb der mächtige Mann bereits wenige Monate darauf.

Kopernikus zögerte noch immer.

Nach dem Tode Bischof Mauritius Ferbers hatten im Domkapitel Alexander Sculteti und Nikolaus Kopernikus ihren Freund Tiedemann Giese als Nachfolger vorgeschlagen. Es gelang ihnen, einen Teil des Kapitels für ihren Vorschlag zu gewinnen, doch reichte die Zahl der Stimmen nicht aus. Tiedemann Giese selbst hatte Nikolaus Kopernikus als künftigen Bischof von Ermland vorgeschlagen. Wäre er gewählt worden, hätte das Amt seine Stellung ohne Zweifel gefestigt, andererseits aber wären neue, schwere Pflichten auf ihn zugekommen. Da Kopernikus jede ihm auferlegte Verpflichtung mit letzter Gründlichkeit zu erfüllen pflegte, wäre der endgültige Abschluß seines Werkes durch eine Bischofswahl gewiß hinausgezögert, vielleicht gar verhindert worden.

Das Schicksal wollte nun, daß der aus Danzig stammende Johannes Dantiscus, in Wien zum Dichter gekrönt und von Kaiser Maximilian zum Ritter geschlagen, der als königlicher Gesandter halb Europa bereist und sich bei Kaiser und Reichstag um die Aufhebung der Acht bemüht hatte, die gegen Herzog Albrecht von Preußen wegen der Säkularisierung des Ordensstaates verhängt worden war, seit 1529 ermländischer Domherr, seit 1530 Bischof von Kulm, zum neuen Fürstbischof des Ermlands gewählt wurde.

Als humanistischer Dichter huldigte er der Lebensfreude und besang die Zeitereignisse. Als Bischof schrieb er Hymnen und moralische Epen, in denen die Reformation auf das schärfste verurteilt wurde.

Die Reformation hatte es Bischof Dantiscus angetan. Nikolaus Kopernikus dagegen verhielt sich dem Reformwerk gegenüber ablehnend, gegenüber den zur neuen Lehre übergetretenen Gelehrten und Geistlichen aufgeschlossen.

Er wußte, daß seine Lehre bei den Hauptmatadoren der neuen Bewegung, bei Martin Luther und Philipp Melanchthon, auf Ablehnung stieß. Doch gab es um diese eine Reihe Männer, die als „Neuerer" das „Neue" nicht unbedingt verdammten. Während die „Sterne von Wittenberg" in der Verdunklung blieben, versuchte der Hauptvertreter der reformatorischen Bewegung in Nürnberg, der Prediger Andreas Osiander, das Werk des Kopernikus dadurch akzeptabel zu machen, daß er es wissenschaftlich relativierte. Was für Nikolaus Kopernikus erwiesene Wahrheit war, akzeptierte er als bloße Hypothese. Er war durchaus bereit, diese Hypothese zu verteidigen, vor allem dort, wo es ihm Vorteil brachte.

Auch an der Wittenberger Universität gab es einen Professor, der sich vorausschauend zeigte und seine protestantisch-theologischen Bedenken zurückstellte: Erasmus Reinhold, der 1542 in einer Schrift bekannte:

„Ich weiß, daß ein neuer ausgezeichneter Meister, welcher allseitig eine große Erwartung von sich rege gemacht hat und bereits die Herausgabe seiner mühevollen Arbeiten vorbereitet, eine Neugestaltung der Astronomie anstrebt und in allen Teilen dieser Wissenschaft von Ptolemäus abweicht." Er schreckte nicht davor zurück, diesen „ausgezeichneten Meister", den er nicht beim Namen nannte, einen „zweiten Ptolemäus" zu nennen, „der aus Preußen hervorgehen werde, dessen göttlichen Geist die Nachwelt mit vollem Recht bewundern werde".

Von Melanchthon abgelehnt, von Luther mitleidig belächelt, von Reinhold als zukunftsweisend gepriesen, von Osiander als „Hypothese" vollauf akzeptiert! – Welch ein Bild sollten sich da junge, ernstmeinende Wittenberger Studenten von Nikolaus Kopernikus machen?

Eine Forschernatur unter ihnen, eine Spürnase, die dem Neuen um ein paar Meter voraus war, ein selbstbewußter, von der Wahrheit zutiefst durchdrungener junger Mann, der fünfundzwanzigjährige Professor der

Mathematik Joachim Rheticus, entschloß sich, in die „Höhle des Löwen" vorzudringen, sich auf den Weg in das ferne Frauenburg zu begeben, um an Ort und Stelle zu erkunden, wie es um die Dinge stand, um diesen Nikolaus Kopernikus selbst zu hören, mit ihm zu diskutieren, von ihm die Wahrheit – dessen Wahrheit – aus eigenem Munde zu vernehmen.

1539 erschien der junge protestantische Gelehrte auf der Frauenburger Domburg und fragte nach dem großen Astronomen.

Rheticus, Georg Joachim von Lauchen, der sich den lateinischen Namen nach seinem Geburtsort Feldkirch in Vorarlberg zugelegt, hatte den Namen Kopernikus zum ersten Male bei dem Nürnberger Mathematiker Johannes Schoner, der den wissenschaftlichen Nachlaß des Regiomontanus herausgegeben hatte, gehört. Schon er war ein entschiedener Gegner des heliozentrischen Systems; doch waren bei ihm ernste Zweifel aufgekommen, die er kaum mehr zu verbergen wußte. Das hatte Rheticus stutzig gemacht, und er hatte den Entschluß gefaßt, den Knoten selbst zu durchschlagen.

Eine Sorge kannte er: Würde Kopernikus ihn empfangen, könnte er ihn, den Protestanten, überhaupt empfangen? Er wußte, daß der Frauenburger Domherr nicht nur Fremden gegenüber sehr verschlossen sein konnte, daß schon manch einer, darunter seine besten Freunde, vergebens versucht hatte, etwas aus ihm herauszulocken. Darüber hinaus war ihm nicht unbekannt, daß Bischof Dantiscus, der seit knapp zwei Jahren das Fürstbistum lenkte, den Umgang mit Protestanten und deren Schriften striktest verboten hatte. Würde der Bischof von seinem Besuch in Frauenburg erfahren, müßte er gegebenenfalls mit einer Ausweisung aus dem Lande rechnen.

Doch all das schreckte Rheticus nicht ab. Und er hatte Glück. Er traf in Frauenburg in einem Augenblick ein, in dem sich Nikolaus Kopernikus besonders einsam und verlassen fühlte, in dem er Trost mehr als nötig hatte. Seit Monaten schon mußte er die Gewohnheit entbehren, sich mit Tiedemann Giese und Alexander Sculteti auszusprechen. Der Bischof hatte es beiden nicht verziehen, daß sie bei der Bischofswahl gegen ihn gestimmt hatten. Bald nach seiner Wahl hatte Dantiscus seinen Einfluß am Königshof in Krakau geltend gemacht und dafür Sorge getragen, daß Tiedemann Giese kraft königlicher Nomination Bischof von Kulm wurde und in Löbau Residenz beziehen mußte, wo der preußische Historiograph Lucas David sein Kanzler war. Noch leichter war es Dantiscus gefallen, Alexander Sculteti aus Frauenburg zu entfernen.

Kopernikus hatte jetzt keinen mehr, dem er seine Sorgen mitteilen konnte, und, was weit schlimmer war, keinen, der in Frauenburg Verständnis für seine Himmelsforschungen aufbrachte, wie es die beiden Freunde in so hohem Maße getan hatten.

Auch jenes andere Bedenken des Rheticus erwies sich als unbegründet, Kopernikus könnte sich ihm verschließen, weil er an der Wittenberger Universität lehrte und zum Luthertum übergetreten war. Und nicht allein deshalb: weil er ein Verehrer Luthers und Melanchthons war, selbst ein Vorkämpfer der neuen Lehre. Würde Kopernikus meinen, er wolle auch ihn für diese gewinnen, würde er ihn vielleicht gar als von Luther und Melanchthon nach Frauenburg geschickt betrachten?

Kopernikus, ein Mann der Toleranz und der Versöhnung, dem Wissenschaft und Wahrheit mehr galten als ein Kirchenbann, wußte die Lehre von den Menschen, die ihr anhingen, wohl zu unterscheiden. Er lehnte die Thesen Luthers entschieden ab; aber einen Forscher, gleich ob romtreu oder Lutheraner, nahm er mit offenen Armen auf, wenn es galt, Gedanken mit ihm auszutauschen, die Wissenschaft einen Schritt vorwärts zu führen.

Der junge Mann aus Rhaetia hatte Italien und die Schweiz gesehen, in Zürich und Basel studiert. In Basel hatte er Theophrastus Bombastus von Hohenheim kennengelernt, den großen Vorkämpfer der modernen Medizin, der sich Paracelsus nannte und dort die ersten medizinischen Vorlesungen in der Landessprache hielt. Dieser große Mann ging weit über die innere Medizin hinaus, er bezog die Wundarznei durchaus in Lehre und Praxis ein. Als erster verschrieb er chemische Arzneimittel. Er hatte im Menschen das Abbild des Makrokosmos entdeckt. Ein frommer Naturwissenschaftler, der sowohl über naturwissenschaftliche als auch über theologische Themen schrieb und alles wohl in Einklang zu bringen vermochte. Ein wahrer Kopernikus auf seinem Gebiet!

Seltsam, dieser Paracelsus wußte nichts von dem Frauenburger Domherrn, der doch auch Arzt war, jedoch die Menschen nach wie vor auf den althergebrachten Wegen der Natur zu heilen versuchte.

Als Achtzehnjähriger war Rheticus nach Sachsen gegangen. Philipp Melanchthon, der Kenner des klassischen Altertums, der erste Griechischprofessor an der Wittenberger Universität, hatte ihm den Rat gegeben, ausgerechnet das Mathematikstudium zu beginnen. Mit zweiundzwanzig Jahren war er bereits Professor in Wittenberg. Melanchthon führte ihn bei Martin Luther ein, der in Wittenberg Theologie lehrte. Zu dritt verkehrten sie im Hause des Bürgermeisters, Apothekers und Buchhändlers Lukas Cranach, der ein schönes Hobby hatte: Er malte alle seine Freunde.

Während sich Rheticus auf den geisteswissenschaftlichen Gebieten den Erkenntnissen Luthers und Melanchthons anschloß, vertrat er auf den Gebieten der Mathematik und Astronomie seine eigene Meinung. Hier zeigte er sich als Freigeist. Wenn Luther und Melanchthon im Gespräch die Lehre des Kopernikus als Narrheit und Unsinn bezeichneten, schwieg er. Er sah in Kopernikus den Mann der Zukunft, den er unbedingt persönlich kennenlernen wollte.

Kurz entschlossen brach er im April 1539 von Feldkirch auf. Er hatte sich von der Wittenberger Universität Urlaub geben lassen und fuhr über Posen nach Frauenburg.

Als Gelehrter, aber auch als Lutheraner und Wittenberger Professor erschien er beim Domkapitel.

Das erste, was Rheticus in Frauenburg erfuhr: Bischof Dantiscus hatte soeben die Lektüre aller lutherischen Schriften erneut verboten, hatte das Thorner Edikt von 1520 bestätigt, das „alle Schriften des Bruders Martinus Luther bei Strafe der Konfiskation aller Güter und Landesverweisung" geächtet hatte. Erneut hatte der Bischof auch seine Warnung vor dem Besuch der ketzerischen Universität Wittenberg ausgesprochen, die er „Brutstätte des Teufels" zu nennen pflegte. 1534 hatte König Sigismund alle, die in Wittenberg studiert hatten, ihrer Ämter enthoben. Als treuer Schützling des obersten Schutzherrn hatte Bischof Dantiscus vor einem Monat erst sein „Mandat wider die Ketzerei" erlassen, das er im Jahr darauf noch verschärfen sollte.

„Bei Verlust Haupts und Guts, Proskription oder Verweisung aus allen königlichen Landen, soll niemand lutherische oder der giftigen Gesellschaft Bücher haben, lesen oder lesen hören und solche Bücher . . . in Gegenwart der Obrigkeit verbrennen."

Bischof Dantiscus kannte Martin Luther wie auch Philipp Melanchthon persönlich. Im Sommer 1523 hatte er beide in Wittenberg kennengelernt. Zweimal war er Melanchthon auf dem Reichstag in Nürnberg begegnet; diesen Begegnungen schloß sich jeweils ein langer Briefwechsel an. Inzwischen hatte er es vom kleinen Bischof zu Kulm zum ermländischen Fürstbischof und Landesherrn gebracht. Man flüsterte sich offen zu, sein nächstes Ziel sei der Kardinalspurpur, daher tue er alles, um sich bei der Kurie ins beste Licht zu setzen. Das wäre eines Dantiscus durchaus würdig gewesen. Ausgerechnet in dem Augenblick, da im Ermland das strengste Bücherverbot erlassen worden war, brachte Professor Rheticus als Geschenk fünf Bücher mit nach Frauenburg.

Die Frauenburger Domstiftsbibliothek zählte damals ganze 284 Bände profaner Autoren. Besser war es um die Bibliothek des Braunsberger Franziskanerklosters bestellt, die als die berühmteste im Ermland galt. Sonst aber konnte man sich Bücher nur von Freunden ausleihen oder war auf jene Sendungen angewiesen, die Freunde aus dem Westen in den Osten schickten.

Nikolaus Kopernikus las mit Vorliebe astronomische, mathematische und philosophische Schriften. Das wußte Rheticus. Er brachte ihm daher die „Geometrie des Euklid" mit, in der ersten Übersetzung, die unmittelbar aus dem Griechischen vorgenommen worden war, ferner die 1534 bei Petrejus in Nürnberg erschienene „Trigonometrie Regiomontans". Schoner hatte Rheticus in Nürnberg mit seinem Verleger Petrejus bekannt gemacht. Auch das trigonometrische Werk des Petrus Apianus, die Optik des Vitellio, ebenfalls bei Petrejus erschienen, und der Almagest des Ptolemäus in der noch druckfrischen griechischen Ausgabe von 1538 befanden sich in dem Geschenkpaket.

Nikolaus Kopernikus war erst vor wenigen Tagen von Löbau nach Frauenburg zurückgekehrt. Man hatte ihn an das Krankenbett seines Freundes Tiedemann Giese gerufen, der unter einem heftigen Fieber litt, und es war ihm gelungen, den Kulmer Bischof rasch zu heilen; die Ruhe, die dort herrschte, tat ihm gut, obwohl Bischof Dantiscus ihn auch dorthin mit seinen Schürzenspitzeln verfolgt hatte.

Immerhin, die Erinnerung an diese Tage, die neuaufgelebte innige Freundschaft, die gemeinsamen Gespräche und Spaziergänge mit Giese, all das war so herzerfrischend gewesen, daß er den Entschluß faßte, mit seinem neuen Freund Rheticus sogleich nach Löbau zu fahren, um ihn dem Kulmer Bischof vorzustellen und um sich mit dem Wittenberger, im neutralen Ausland gewissermaßen, wo ihn der „Arm seines Bischofs" nicht erreichte, ruhig und ungestört über all jene Probleme unterhalten zu können, die diesen nach Frauenburg geführt hatten, sicher vor bösen Zungen, die ihn auf Schritt und Tritt des Umgangs mit einem Lutheraner bezichtigen würden. Warum das Feuer fahrlässig schüren, wenn es sich nicht als unbedingt notwendig erwies? Den „freundlichen" Worten seines Bischofs traute Kopernikus ohnehin nur halb; schließlich hatte er in den zwei Jahren seiner Regierungszeit bereits genug Erfahrungen gesammelt. Wer weiß, inwieweit sich dieser erneut würde aufstacheln oder zumindest beeinflussen lassen.

So begab sich Nikolaus Kopernikus mit dem jungen Gelehrten „ins Ausland", zu Freund Giese nach Löbau. Und er erfüllte die Bitte des Wittenberger Professors, das Manuskript seines Hauptwerkes dorthin mitzunehmen, damit dieser es ungestört studieren könne.

An einem Julitag verließ der Reisewagen Frauenburg; dichte Staubwolken wirbelten auf. Die Sonne brannte gnadenlos; dennoch hielten sie die Fenstervorhänge geschlossen. Kein Mensch brauchte zu wissen, wer sich quer durchs Ermland in südlicher Richtung auf die Reise begab.

In Frauenburg würde man vorerst gar nicht merken, daß Nikolaus Kopernikus ausgeflogen war. Er hatte im Augenblick kein Amt zu verwalten; man wähnte ihn tagsüber in seinem Turm, und sah man ihn nicht beim Gottesdienst, flüsterte man sich zu, er habe sicher ein Rendezvous mit seinen Sternen oder schreibe an jenem Buch, das für seine Kollegen ohnehin ein Buch mit sieben Siegeln war und in dessen Inhalt sie einzuweihen er für vergebene Mühe hielt. Er würde nur ihr mitleidiges Lächeln ernten.

Doch kaum waren die Ausreißer in Löbau eingetroffen, traf dort auch bereits ein Brief des Bischofs Dantiscus ein. Man hatte ihm sogleich zugeflüstert, was in Frauenburg geschehen war, wer dort eingetroffen, und daß sich Kopernikus mit seinem Gast gegen Süden – wohin sollte er schon fahren, wenn nicht zu Tiedemann Giese! – begeben habe.

Katzenfreundlich schrieb der ermländische Fürstbischof an den Kulmer Bischof:

„Man hat mir mitgeteilt, daß Dr. Nik. Kopernikus zu Dir gekommen ist, von dem Du weißt, daß ich ihn wie meinen eigenen Bruder liebe."

Doch sogleich ließ er die alte Katze aus dem Sack:

„Er lebt mit Sculteti in vertrauter Freundschaft. Das ist schlimm. Mach ihm warnende Vorhaltungen, daß solche Verbindungen und Freundschaften ihm schaden; sag ihm jedoch nicht, daß die Mahnung durch mich komme. Dir wird doch sicherlich bekannt sein, daß Sculteti eine Frau genommen hat und des Atheismus verdächtig ist."

Domherr Sculteti lebte tatsächlich mit einer Frau zusammen und hatte auch seinen Sohn bei sich. Das war in jener Zeit zwar eine Ausnahme, doch nichts Besonderes. Mehrere Geistliche lebten, teils mit Billigung, teils mit Duldung ihres Bischofs, in „wilder Ehe".

Bischof Giese merkte sogleich, daß es sich hier um ein Störfeuer handelte, um einen der üblichen Seitenwege, auf denen sich der Bischof an sein Opfer heranzupirschen pflegte. Er hielt Bischof Dantiscus für zu klug, als daß dieser so wenig Menschenkenntnis besäße, um nicht im voraus zu wissen, daß Kopernikus seinen Brief taufrisch von Freund Giese serviert bekäme.

Bischof Giese tat das Klügste, was er in diesem Fall tun konnte; er legte den Brief fort, ohne darauf zu reagieren. Nikolaus Kopernikus und Rheticus hatten jetzt anderes, weit Wichtigeres zu tun, als sich dem Katz-und-Maus-Spiel eines intrigierenden Bischofs zu stellen.

Des Rheticus „Narratio"

Nachdem Rheticus in Löbau nahezu vier Wochen lang das Manuskript der „Revolutiones" studiert hatte, schrieb er dort seine „Narratio prima de libris revolutionum". Im Gewande eines Briefes an Johannes Schoner besprach er ausgiebig die ersten vier Bücher des Kopernikanischen Hauptwerkes.

Zum ersten Male in der Geschichte war die Rezension eines wissenschaftlichen Werkes mehr als drei Jahre vor Erscheinen des Werkes geschrieben worden. Im Herbst fuhr Rheticus mit dem Manuskript seiner „Narratio" nach Danzig, um es dort drucken zu lassen und den Druck persönlich zu überwachen. Als Anhang zu dieser „Werkanalyse" schrieb er ein „Enkomium Borussiae", ein Lob auf Preußen.

Auf dem Titelblatt nannte er Nikolaus Kopernikus den „gebildetsten Mann und glänzendsten Mathematiker, den verehrten Herrn Dr. Nikolaus aus Thorn, den Kanonikus im Ermland" und sagte von ihm: „. . . mein Lehrer hat fast vierzig Jahre lang in Italien und hier im Ermland Mondfinsternisse und den Lauf der Sonne beobachtet . . . in sechs Bücher hat er das Werk eingeteilt, in welchem er, gleich Ptolemäus, nach mathematischer Methode und durch geometrische Konstruktion das einzelne lehrt und beweist: sein Werk umfaßt die gesamte Astronomie."

Der Titel seiner „Buchbesprechung" lautete: „Ad clarissimum virum D. Johannem Schonerum de libris revolutionum eruditissimi viri et mathematici excellentissimi, reverendi D. Doctoris Nicolai Torunnaei Varmiensis per quendam juvenem mathematicae studiosum Narratio prima."

Nahm er Rücksicht auf Frauenburg oder auf Wittenberg? Warum blieb der Name Kopernikus unerwähnt? Auch sein eigener Name erschien erst auf der zweiten Seite, auf der der eigentliche Text begann: „Clarissimo viro D. Joanni Schonero ut parenti suo colendo G. Joachimus Rheticus S. D."

Und so begann das Werk: „Vornehmlich bitte ich Dich", wandte sich Rheticus an Schoner, „zu glauben, daß der treffliche Mann, welcher sich

AD CLARISSIMVM VIRVM •
D. IOANNEM SCHONE-
RVM, DE LIBRIS REVOLVTIO
nū eruditiſſimi viri,& Mathema
tici excellentiſſimi,Reuerendi
D. Doctoris Nicolai Co-
pernici Torunnæi, Ca-
nonici Varmien-
ſis,per quendam
Iuuenem,Ma-
thematicæ
ſtudio
ſum
NARRATIO
PRIMA.

ALCINOVS.

ΑΙ δ' ἰδίων ἀγμῖν ἴνει τῇ γνώμη τῆς μελλόντα ϕιλοσοϕεῖν

Titel der „Narratio prima"

gegenwärtig um mich verdient macht, in keinem Zweige des Wissens und namentlich nicht in der Astronomie dem Regiomontanus nachsteht. Lieber noch vergleiche ich ihn mit Ptolemäus, nicht etwa, weil ich den Regiomontanus geringer achte als den Ptolemäus, sondern weil mein Lehrer mit Ptolemäus das Glück gemeinsam hat, die unternommene Verbesserung der Astronomie unter Gottes Beistand zu Ende zu führen – während Regiomontanus durch ein hartes Geschick dem Leben entrissen wurde, bevor er seinen Bau vollendet hatte."

Er erinnerte daran, daß Regiomontanus im Alter von vierzig Jahren gestorben war, noch ehe er auch nur einen Teil seiner Pläne hatte verwirklichen können.

Ließ ihn das daran denken, daß auch er noch nicht das ganze Werk des Kopernikus studiert hatte, als er sich an diese Arbeit begab?

Jedenfalls gestand er: „Die drei ersten Bücher habe ich ganz durchgearbeitet, von dem vierten habe ich bereits die Grundidee erfaßt, von den beiden letzten Büchern jedoch nur eine allgemeine Anschauung gewonnen." Warum er trotzdem schon schrieb? Es war sein Plan, dieser ersten „Narratio" später eine zweite über den zweiten, noch unvollendeten Teil des Werkes folgen zu lassen. Ein Vorhaben, das durch das Erscheinen des Werkes selbst überholt wurde.

Rheticus hielt es, da er die Wissenschaftler und ihre Methoden zur Genüge kannte, vorerst für wichtig zu beweisen, wie sorgfältig sein Herr eine jede Beobachtung vorgenommen hatte. Er wußte darüber zu berichten – was ihm Kopernikus wahrscheinlich selbst anvertraut hatte: „Zu Bologna, woselbst er nicht sowohl als Schüler, sondern vielmehr als Gehilfe und Zeuge an den Beobachtungen des gelehrten Dominicus Maria teilgenommen hat – dann zu Rom, woselbst er um das Jahr des Herrn 1500, ungefähr siebenundzwanzig Jahre alt, als Professor der Mathematik bei einem großen Zudrang von Studenten und vor einer zahlreichen Versammlung erlauchter Männer und Meister in diesem Fache Vorträge gehalten hat – endlich hier in Frauenburg, woselbst er seine Muße benutzt hat, seine Studien mit Eifer fortzuführen . . ."

Da Rheticus recht genau wußte, wie sehr die wissenschaftliche Welt – und vor allem Wittenberg – an der Lehre des Ptolemäus hing, hielt er es für angebracht, den Ursprung des Kopernikanischen Systems im Ptolemäischen zu betonen und hinzuzufügen, daß Kopernikus den Ptolemäus aus ganzer Seele liebe.

Recht diplomatisch versuchte er, sich immer wieder hinsichtlich der „Alten" abzusichern, um ja kein Porzellan zu zerschlagen. So wandte er sich Schoner zu: „Deine väterliche Zuneigung zu mir hat mir den Mut gegeben, den Himmelsstrich aufzusuchen, unter dem ich augenblicklich lebe. Ich flehe zu Gott, dem Allmächtigen, er möge in seiner Weisheit alles zum Guten wenden und mich auf rechtem Wege bewahren, daß ich meine Arbeit zu einem erstrebten Ziel hinführe. Wenn mir im jugendlichen Eifer ein unbedachtes Wort entschlüpft sein sollte, welches gegen das ehrwürdige und heilige Altertum zu frei gesprochen erscheinen könnte, dann wirst du wenigstens, des bin ich gewiß, alles nach der besten Seite auslegen."

Und weiter: „In betreff meines Herrn Lehrers aber bitte ich dich, die Überzeugung festzuhalten, daß er nichts eifriger erstrebt, als den Fußstapfen des Ptolemäus zu folgen, gleich wie Ptolemäus den Älteren und denen, die lange vor ihm gelebt haben, gefolgt ist. Indem jedoch die Erscheinungen am Himmel, welche den Astronomen beherrschen, und mathematische Erwägungen ihn zwangen, selbst gegen seinen Willen andere Annahmen aufzustellen, so hielt er es einstweilen für ausreichend, nach derselben Methode wie Ptolemäus und nach demselben Ziel seine Geschosse zu richten, nur freilich mit einem Bogen und mit Pfeilen aus ganz anderem Stoffe, als jener sie angewandt hat: – Wer philosophieren will, muß freien Geistes sein."

Um Nikolaus Kopernikus vor jedem Vorwurf der Leichtfertigkeit zu bewahren, fuhr er fort: „Sein Alter, der Ernst seiner Gesinnung, seine tiefe Gelehrsamkeit, sein reiches Talent, seine Geistesgröße sind derart, daß auf ihn nicht ein solcher Verdacht fallen kann, wie er wohl bei einem jungen Manne erhoben werden könnte, oder bei denen, die, wie Aristoteles sagt, bei geringer Einsicht eine hohe Meinung von sich haben, oder bei leicht erregbaren Gemütern, die sich von jedem Winde und von ihren Leidenschaften leiten und beherrschen lassen, so daß sie, gleich wie nach dem Verlust des Steuermanns, alles, was ihnen gerade zur Hand ist, ergreifen und eifrigst festhalten."

Schließlich kam er zu dem kühnen, aber überzeugenden Schluß: „Ich bin der festen Ansicht, daß Aristoteles, wenn er die Gründe für die neue Theorie hörte, ohne Zweifel ehrlich bekennen würde, was von ihm wirklich bewiesen und welche Grundsätze ohne vollgültigen Beweis akzeptiert seien; er würde deshalb seinem Herrn Lehrer beipflichten, da ja so richtig ist, was Plato von Aristoteles gesagt haben soll, daß er der Philosoph der Wahrheit ist ... Ebenso bin ich weit entfernt davon zu glauben, daß Ptolemäus, wenn es ihm vergönnt sein würde, in das Leben zurückzukehren, seinem eigenen System treu bleiben möchte. Er würde vielmehr für den sicheren Aufbau der Himmelskunde, wenn er den königlichen Weg durch die Ruinen so vieler Jahrhunderte versperrt und unwegsam gemacht fände, nicht eine andere Bahn aufsuchen."

Rheticus bekannte sich zu der Theorie des Kopernikus, weil er jetzt erst das schönste Wort zu begreifen glaubte, das „seiner Tiefe und Wahrheit wegen dem Plato zugeschrieben wird", daß „Gott stets mathematisch verfahre".

Er wurde nicht müde zu betonen, daß die neue Astronomie auf der des Ptolemäus und seiner Schüler basiere.

„Es haben jedoch die alten Meister der Wissenschaft, mit Erlaubnis des göttlichen Ptolemäus, des Vaters der Astronomie, wünsche ich dies auszusprechen, ihre Theorie und Methoden zur Verbesserung der Bewegungen der Himmelskörper weniger streng nach dem Gesetz geregelt, das verlangt, daß die Reihenfolge und die Bewegungen der Himmelskörper ganz systematisch geordnet seien. Wir wollen den alten Meistern ihre Ehre ungekürzt lassen; aber wahrlich, es wäre zu wünschen gewesen, sie hätten bei der harmonischen Anordnung der Bewegungen

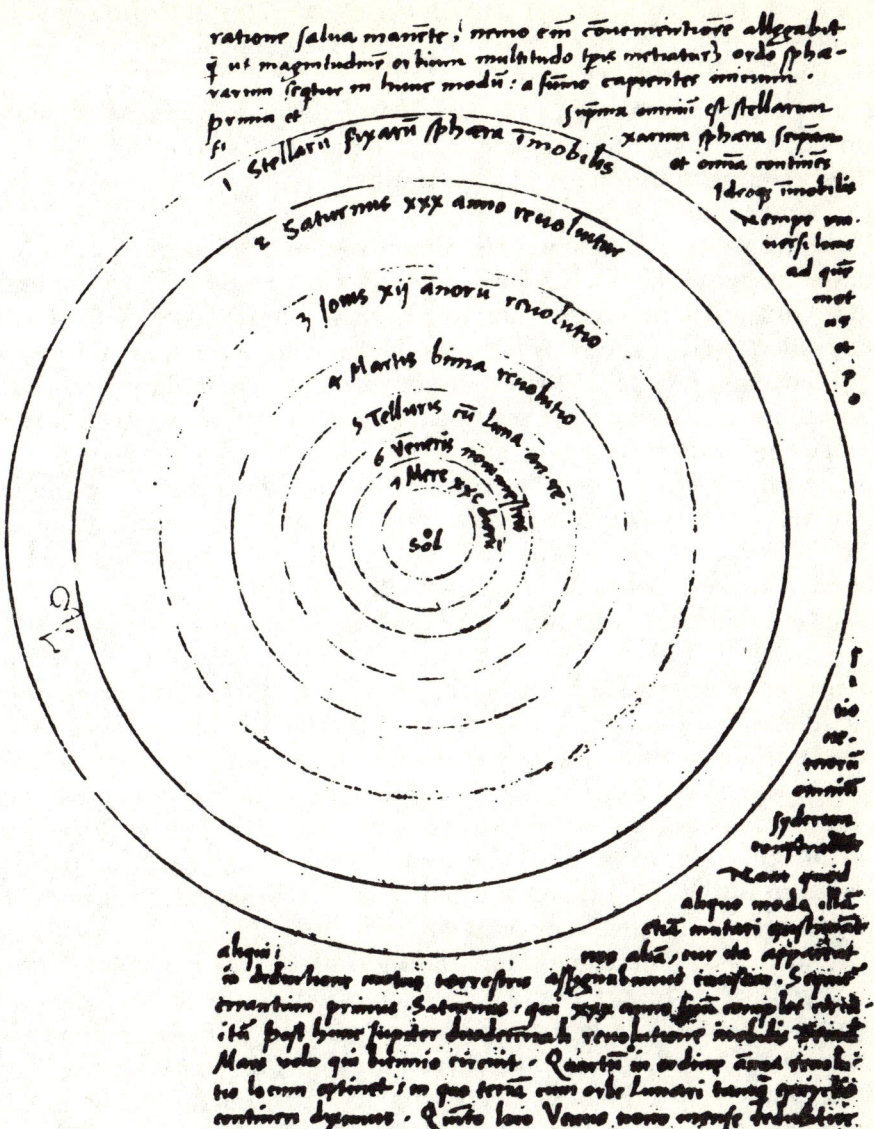

Seite aus dem Hauptwerk

der Planeten die Musiker nachgeahmt, die immer, wenn eine einzige Saite zu stark oder zu schwach gespannt ist, den Ton der übrigen so lange ändern, bis sie alle in dem gewünschten Einklang stehen und bei keiner irgendein Mißton anklingt."

Diesen Ansprüchen genüge das neue System durchaus, das „nicht nur in sich vollkommen harmonisch abgeschlossen ist, sondern auch mit den Erscheinungen durchaus übereinstimme".

Und so zog er das Fazit:

„Wenn wir nun sehen, daß mit der einzigen Bewegung der Erde einer unendlichen Zahl von Erscheinungen Genüge geleistet werde, sollten wir da Gott, dem Schöpfer der Welt, nicht einmal die Kunstfertigkeit zutrauen, welche die gewöhnlichen Uhrmacher haben, die eifrigst Sorge tragen, daß nicht dem Werk irgendein Rädchen eingefügt werde, welches überflüssig sei oder an dessen Stelle ein anderes bei wenig veränderter Lage eingesetzt werden könnte? Kopernikus hat gezeigt, warum sich die Erde unmöglich in der Weltmitte befindet. Diese Stelle gebühre der Sonne, welche Gott in die Mitte der Weltbühne gestellt hat, als seinen Stellvertreter in der sichtbaren Natur, als den mit göttlicher Majestät ausgestatteten König des ganzen Weltalls."

Und Rheticus fuhr fort:

„Mein Lehrer hat die verworfene Regierungsform der Sonne in der Natur wiederhergestellt, jedoch so, daß für die bisher angenommene und gebilligte Form noch Raum bleibt. Er sieht nämlich, wie es auch in unseren menschlichen Angelegenheiten nicht nötig sei, daß der Kaiser alle Städte seines Reiches selbst besuche, um seines Amtes zu walten, das ihm Gott übergeben hat; ebensowenig wandre das Herz in den Kopf oder in die Füße oder in andere Teile des Körpers, um die Kreatur zu erhalten, sondern durch die anderen Organe, welche Gott dazu bestimmt habe, werde dieser Pflicht Genüge getan."

„Daß die Planeten bald rechtläufig sind, bald stillzustehen und dann wieder rückläufig erscheinen, daß sie ferner der Erde bald näher, bald ferner stehen, daß alle diese Erscheinungen in gewissen Zeiten wiederkehren – das beweist mein Lehrer durch die von den oberen Planeten entnommene, regelmäßige Bewegung der Erdkugel um die Sonne. Diese nämlich steht in der Mitte der Welt, und die Erde bewegt sich um die Sonne in einem exzentrischen Kreise, welchen er die große Bahn zu nennen beliebt hat. In der Tat, es ist etwas Göttliches, daß von den regelmäßigen und gleichförmigen Bewegungen der einen Erdkugel das sichere Gesetz für die Vorgänge am Himmel abhängen muß."

Und er schloß seine „Narratio" mit dem rhetorischen Wunsche: „Es siege die Wahrheit, es siege die Tüchtigkeit! Mögen die Wissenschaften immer geachtet bleiben! Jeder Meister in seiner Kunst fördere, was da frommt, zutage und schirme es maßvoll, so daß man immer sehe, er habe nur die Wahrheit gesucht! Mein Lehrer wird das Urteil achtbarer und gelehrter Männer nimmer scheuen; vielmehr will er sich freiwillig diesem Urteil unterwerfen."

Die „Narratio" des Rheticus, dieser erste ausführliche Bericht über das Weltbild des Kopernikus, geschrieben für die Gelehrten, aber auch für eine breite Öffentlichkeit, erschien Anfang 1540 bei Franz Rhode in Danzig. Sie war ein allseits erwartetes Buch. So wurde sie schnell verbreitet. In Preußen, in Krakau, in der Schweiz, in Italien, in Wittenberg – überall fragte man nach ihr. Nun gab es damals noch keinen Büchermarkt wie heute. Einzelexemplare wurden oft auf eine weite Reise geschickt. Es war nicht leicht, an ein Stück heranzukommen. Für die mathematisch-astronomische Welt bedeutete die „Narratio" die Neuerscheinung des Jahrzehnts, ja des Jahrhunderts. So erschien bereits im Jahr darauf ein Nachdruck bei Georg Winter in Basel, der vor allem in der Schweiz und in Italien Verbreitung fand.

Am 14. Februar ließ Rheticus von Danzig aus durch Aurifaber „tria folia Narrationis", die ersten Druckseiten also, an Melanchthon schikken. Tiedemann Giese erhielt in Löbau einige Exemplare und sandte eines davon an Herzog Albrecht von Preußen. Mit seiner Empfehlung suchte Rheticus den Herzog in Königsberg persönlich auf und erhielt von ihm eine „furstliche vererung" in Gold. Achilles Gasser, ein Freund des Rheticus in Feldkirch, schickte ein Exemplar an seinen Freund Georg Vogelinus und bat ihn, Propaganda für das Buch zu machen.

Anfang 1540 kehrte Rheticus, dessen Urlaub abgelaufen war, zur Wittenberger Universität zurück. Er kündigte dort zwei Vorlesungen an, über die „Sternenkunde des Alfraganus" und über das „Handbuch der Sternenkunde des Ptolemäus". Er erwähnte in diesen Vorlesungen erstmals die neue Lehre und besprach sie mit seinen Studenten. Inzwischen hatte auch der Nürnberger Drucker Petrejus die „Narratio prima" gelesen. Er äußerte den Wunsch, die „Revolutiones" des Kopernikus kennenzulernen, wahrscheinlich, um sie zu verlegen. Nikolaus Kopernikus erhielt einen Brief von Andreas Osiander, dem lutherischen Hauptgeistlichen von Nürnberg, der die „Narratio" bei einem Besuch in Königsberg kennengelernt hatte und mit ihm wissenschaftliche Hypothesen diskutieren wollte. Er zeigte sich an den Erkenntnissen des Frauenburger Domherrn sehr interessiert, sah in ihnen aber nicht viel mehr als neue Hypothesen, die zwar Aufsehen erregten und Staub aufwirbelten, am Weltbild des Ptolemäus jedoch kaum etwas zu ändern vermochten.

Kopernikus äußerte ihm gegenüber die Befürchtung, sein Weltbild könne bei den Aristotelikern und Theologen Widerspruch hervorrufen.

Darauf antwortete Osiander erst nach Monaten, ein wenig von oben herab, astronomische Hypothesen sollten nicht als Glaubensartikel angesehen werden. Er versuchte, Kopernikus zu beruhigen, und erteilte ihm den Ratschlag, die Gegner dadurch versöhnlicher zu stimmen, daß er sich der Meinung anschließe, es seien verschiedene Hypothesen zur Erklärung einer nämlichen Bewegung möglich und seine sei nur eine von diesen. Er könne dies später in einem Vorwort seinem Werk voranstellen, und schon sei alles geklärt.

Kopernikus lehnte diesen Vorschlag entrüstet ab, hielt er doch seine Hypothesen für richtig und notwendig.

Osiander gehörte zu den Erzkonservativen, obendrein war er ein Mann, der es mit Luther und Melanchthon nicht zu verderben wagte. Er nahm das Neue auf, um es zu entkräften und ins Reich des Imaginären zu verbannen.

Kopernikus hatte gehofft, in der Einsamkeit seiner Frauenburger Turmstube aus Osianders Briefen etwas über die Aufnahme seiner Lehre in der Darstellung des Rheticus in Nürnberg oder Wittenberg zu erfahren. Doch darauf ging Osiander mit keinem Wort ein.

Zwei lange Monate vergingen, eisige Wintermonate, in denen die Ostwinde über das Haff heulten, an die Backsteinmauern der Domburg peitschten, die Möwen auf ihrer Atzungssuche tief ins Land hineinflogen.

Noch ehe der erste Sonnenstrahl durchbrach, traf im April in Frauenburg der Domherr Georg Donner ein. Er stammte aus Konitz und zeigte sich für die Gedanken des Kopernikus aufgeschlossen, bemühte sich um den alten Astronomen, gab sich alle Mühe, ihm die lange Wartezeit bis zur Rückkehr des jungen Freundes aus Wittenberg abzukürzen.

„De Revolutionibus"

Tiedemann Giese brauchte wieder einmal Nikolaus Kopernikus' ärztlichen Rat. Als die Wege einigermaßen vom Schnee befreit und wieder befahrbar waren, rollte der Reisewagen von Frauenburg gen Süden. Diesmal blieb Nikolaus Kopernikus nur wenige Tage in Löbau. Auch der Freund konnte ihm nichts über die Aufnahme seiner Lehre im Süden oder Westen mitteilen. Schnee und Eis hatten eine feste Mauer um die Löbauer Residenz gezogen, die kaum ein Gerücht zu durchdringen vermochte.

Erst als Rheticus im Sommer nach Frauenburg zurückkehrte, erfuhr der greise Domherr, daß die Welt ungeduldiger als zuvor auf sein Hauptwerk wartete und es höchste Zeit sei, an seine Drucklegung zu denken.

Rheticus ließ nicht mehr locker, er drängte fortwährend, Tiedemann Giese drängte nicht minder; und so faßte Kopernikus schließlich den Entschluß, sich für einige Monate in sein Turmzimmer zurückzuziehen, sich dort ganz von der Welt abzuschließen, nur Rheticus und wenige Freunde zu empfangen, um mit der letzten Überarbeitung seines Manuskriptes zu beginnen. Rheticus gestattete er, jene Teile, denen er schon das Imprimatur erteilen konnte, abzuschreiben.

Als es Herbst zu werden begann, sich das Laub an den Bäumen bereits verfärbte, saßen die beiden Astronomen im Frauenburger Domturm, in der „curia coppernicana", eifrig an ihrer Arbeit.

Nicht alles verläuft im Leben, wie man es plant. Im Winter 1540 wurde Nikolaus Kopernikus plötzlich aus seiner Arbeit herausgerissen. Der Tapiauer Amtshauptmann Georg von Huenheim, Ratgeber Herzog Albrechts von Preußen, war von einer tückischen Krankheit befallen worden. Die Ärzte standen ratlos an seinem Bett. Selbst ein Gutachten, das der Herzog bei Benedikt Solpha, dem Leibarzt des Königs in Krakau, angefordert hatte, brachte sie keinen Schritt weiter. Was blieb dem Herzog übrig, als Nikolaus Kopernikus aus Frauenburg rufen zu lassen.

Herzog Albrecht stand mit dem Kulmer Bischof Tiedemann Giese in ständiger Verbindung. Auf dessen Vermittlung hin fuhr der achtundsech-

NICOLAI CO

PERNICI TORINENSIS

DE REVOLVTIONIBVS ORBI
um coelestium, Libri VI.

Habes in hoc opere iam recens nato, & ædito,
studiose lector, Motus stellarum, tam fixarum,
quàm erraticarum, cum ex ueteribus, tum etiam
ex recentibus obseruationibus restitutos: & no=
uis insuper ac admirabilibus hypothesibus or=
natos. Habes etiam Tabulas expeditissimas , ex
quibus eosdem ad quoduis tempus quàm facilli
me calculare poteris. Igitur eme, lege, fruere.

ἀγεωμέτρητος ἐδὲις εἰσίτω.

Norimbergæ apud Ioh. Petreium,
Anno M. D. XLIII.

Titelseite des Hauptwerkes

zigjährige Kopernikus im Reisewagen nach Königsberg. Obwohl Kopernikus nach wie vor seine Patienten nach konservativen Methoden kurierte, gelang es ihm, dem Amtshauptmann Linderung zu verschaffen und ihn nach längerer Behandlung zu heilen. Kopernikus verließ sich dabei auf seine medizinischen Bücher, die zum größten Teil noch aus seiner Studienzeit stammten, und auf die Natur des Patienten, die sich bei genügender Ruhe und Pflege selber helfen mußte. Bischof Dantiscus, den er einmal in Heilsberg behandelt hatte, gestand später, des Kopernikus „milde Art und gute Ratschläge seien ihm wie Medizin gewesen".

Unterbrechungen dieser Art waren nun in die Überarbeitungszeit des Manuskriptes nicht eingerechnet; so mußte Rheticus nach Wittenberg berichten, er „könne leider erst zur Herbstmesse wieder zurück sein".

Doch so geriet er mit seiner Fakultät in Schwierigkeiten. Er mußte die Universität um Verlängerung seines Urlaubs bitten. Das kam den Wittenberger Kollegen wenig gelegen. Vorlesungen des Rheticus, vor allem auch über die neue Lehre des Kopernikus, waren für das nächste Semester bereits eingeplant, kein anderer als er konnte sie halten. Die Studenten drängten, sie wollten Neues erfahren.

Erst als sich auf die Bitte des Rheticus Herzog Albrecht von Preußen beim Kurfürsten von Sachsen und bei der Wittenberger Universität für ihn einsetzte, wurde ihm eine Verlängerung des Urlaubs „zur Drucklegung der Revolutiones, des Dr. Kopernikus" gewährt. Der Herzog schickte ihm alle Empfehlungsschreiben, die er wünschte, und vergaß nie, einen Obolus in Gold beizulegen.

Die Arbeiten des Kopernikus gerieten noch einmal ins Stocken. Der Planet Merkur machte ihm ernste Sorgen. In seinen Berechnungen fehlten die letzten genauen Daten.

Der Himmel war über Frauenburg und dem Haff im Frühjahr 1541 fast immer bedeckt.

Rheticus riet seinem Lehrer, es bei den bisherigen Erfahrungen zu belassen; doch davon wollte Nikolaus Kopernikus nichts hören. Gerade bei diesem Planeten wollte er die Ungleichmäßigkeiten aufs genaueste berechnen.

Auch als Rheticus die Meinung vertrat, selbst Ptolemäus hätte sich mit den bisherigen Ergebnissen begnügt, schüttelte Kopernikus den Kopf.

„Mir gab", sagte er, „nicht wie dem Claudius Ptolemäus das Glück jene schöne Gelegenheit zur Erfahrung. Ihm waren die Himmel heiterer, wo der Nil keine Nebel ausatmet gleich unserer Weichsel. Uns hat die Natur jene Bequemlichkeit und die ruhige Luft versagt. Wir also, infolge der großen Luftdichte, sehen seltener den Merkur."

Doch nicht nur Rheticus drängte. Tiedemann Giese mahnte erneut, das Endergebnis nicht auf die lange Bank zu schieben.

Unstörbar, im Bewußtsein seiner Verantwortung vor der Wissenschaft und seiner Verpflichtung gegenüber der Wahrheit, arbeitete Nikolaus Kopernikus in seinem Turm weiter. Zwischen „Gnomon" und „Triquetrum" saß er an seinem klotzigen Schreibtisch, notierte die Höhen der Planeten und Fixsterne zum soundsovielten Male, maß erneut den Abstand vom Äquatorialpunkt.

Und immer beängstigender, sogar für ihn selbst, wurde die Feststellung: Der Sternenkatalog des Ptolemäus steckt voller Fehler. Bis auf den Milligrad wollte er sie richtigstellen. Denn dessen war er sich stets bewußt und sollte er sich immer bewußt bleiben: „Über Mathematik schreibt man nur für Mathematiker."

An Kritikern würde es nach Erscheinen seines Werkes gewiß nicht fehlen. Theologen und Philosophen würden dagegen Sturm laufen, das war sicher; so müßten wenigstens die Mathematiker es als hieb- und stichfest befinden.

Im Spätsommer 1541 mußte Rheticus, ob er wollte oder nicht, endgültig nach Wittenberg zurückkehren. Kopernikus gestatte ihm, die Abschrift, die er von den „Revolutiones" angefertigt hatte, mitzunehmen, und versprach, da er keine Möglichkeit sah, das Manuskript von Frauenburg unmittelbar nach Wittenberg zu senden, ihm dieses zu Beginn des neuen Jahres über Tiedemann Giese zukommen zu lassen. Er wollte es im Winter 1541/42 noch einmal gründlich durchsehen und letzte Korrekturen vornehmen.

Nikolaus Kopernikus hatte sein Hauptwerk ursprünglich in acht Büchern angelegt; er hatte gestrichen und hinzugefügt, die Themen der einzelnen Bücher neu überdacht und war schließlich bei der Zahl sechs gelandet.

Axiome und Hypothesen füllten die ersten vier Bücher; in sie fanden die mathematischen Kapitel Aufnahme, hier erschien, was er über den Lauf der Sonne und des Mondes erfahren und errechnet hatte.

Die beiden letzten Bücher waren der Bewegung der Planeten vorbehalten. Es stimmte also, was Rheticus bereits in seiner „Narratio prima" verraten hatte: „Mein verehrter Lehrer hat in sechs Büchern das Werk eingeteilt, in welchem er, gleich Ptolemäus, nach mathematischer Methode und durch geometrische Konstruktion das einzelne lehrt und beweist. Sein Werk umfaßt die ganze Astronomie."

Wie hätte Kopernikus die „ganze Astronomie" besser einleiten können als dadurch, daß der dem Werk deren Lob voranstellte:

„Aus der großen Zahl der Künste und Wissenschaften, an denen sich

Anfang der „Revolutiones" in der Handschrift des Kopernikus

der menschliche Geist erhebt, sind nach meiner Überzeugung diejenigen vorzugsweise zu schätzen und mit dem größten Eifer zu pflegen, welche sich dem Herrlichsten und Wissenswürdigsten zuwenden. Zu ihnen gehört nun diejenige Wissenschaft, welche von den wunderbaren Umwälzungen im Weltall handelt, von dem Laufe der Planeten, ihrer Größe und Entfernung, ihrem Auf- und Untergange: kurz die den ganzen Bau des Weltalls erklärt. Was gibt es aber wohl Schöneres als den Himmel, der ja alles Schöne umfaßt? Dies zeigen schon seine Namen bei den Römern ‚caelum‘ und ‚mundus‘: ‚mundus‘ nannten sie ihn, um die Reinheit und den Schmuck, ‚caelum‘, um das Erhabene zu bezeichnen. Das haben sehr viele Philosophen wegen seiner hehren Erhabenheit den sichtbaren Gott genannt. Es ist also, wenn der Rang der Wissenschaften nach den Gegenständen, die sie behandeln, bestimmt wird, diejenige Wissenschaft bei weitem die vornehmste, welche die einen Astronomie, die anderen Astrologie, viele von den Alten aber die Vollendung der Mathematik nennen. Sie selbst nämlich, die Königin der Wissenschaften, die des freien Mannes am meisten würdig ist, wird getragen von fast allen Zweigen der Mathematik. Die Arithmetik, Geometrie, Optik, Geodäsie, Mechanik und welche es sonst noch sein mögen, sie widmen sich sämtlich ihrem Dienste. Aber während es allen Wissenschaften eigen ist, von den Lastern abzuziehen und den Geist des Menschen zum Bessern hinzulenken, vermag die Astronomie dies in besonders hohem Grad zu tun, ganz abgesehen von dem ganz unglaublich hohen Genusse, den sie gewährt. Denn wer sollte nicht, indem er sich anhaltend mit dem Weltall beschäftigt, das so offenkundig in schönster Ordnung aufgestellt ist und durch göttliche Weisheit geleitet wird – wer sollte nicht durch die stete Betrachtung, fast möchte ich sagen, durch den Umgang mit demselben, zu allem Guten angetrieben und zur Bewunderung des Baumeisters geführt werden, der alles geschaffen, in dem die höchste Glückseligkeit ist, in dem alles Gute gipfelt?"

„Das erste Buch", lesen wir bei Rheticus, „gibt eine Beschreibung des Weltalls im Allgemeinen und enthält die Grundlagen, mit deren Hilfe mein Lehrer es unternimmt, die Beobachtungen aller Zeiten und die Erscheinungen zu erklären. Er fügt so viel von der Wissenschaft der Sinuswinkel und der ebenen und sphärischen Dreiecke hinzu, als er für sein Werk als notwendig erachtet."

Kopernikus begann mit Betrachtungen über die Gestalt der Welt:

„Zuerst müssen wir bemerken, daß die Welt kugelförmig ist, teils weil diese Form als die vollendete, keiner Fuge bedürftige Ganzheit, die vollkommenste von allen ist, teils weil sie die geräumigste Form bildet, welche am meisten dazu geeignet ist, alles zu enthalten und zu bewahren;

oder auch weil alle in sich abgeschlossenen Teile der Welt, ich meine die Sonne, den Mond und die Planeten, in dieser Form erscheinen; oder weil alles dahin strebt, sich in dieser Form zu begrenzen, was an den Tropfen des Wassers und an den übrigen flüssigen Körpern zur Erscheinung kommt, wenn sie sich aus sich selbst zu begrenzen streben."

Ausgehend davon, daß die Welt kugelförmig sei, führte er die Gründe dafür an, daß auch die Erde die Form einer Kugel haben müsse und daß das Land mit dem Wasser zusammen eine Kugel bilde. Hierin stimmte er mit Ptolemäus weitgehend überein.

Nachdem Kopernikus in den ersten drei Kapiteln die Kugelform behandelt hatte, ging er im vierten auf die Bewegung der Himmelskörper über. Man müsse zugeben, schrieb er, „daß die gleichmäßigen Bewegungen uns ungleichmäßig erscheinen, entweder wegen der Verschiedenheit der Pole jener Kreise, oder weil die Erde nicht im Mittelpunkt der Kreise sich befindet, in welchen sich jene bewegen; und daß sie uns, die wir die Bewegungen der Gestirne von der Erde aus beobachten, wegen der ungleichen Entfernungen, in größerer Nähe größer vorkommen, als wenn sie in größerem Abstande von uns vor sich gehen – wie das in der Optik nachgewiesen wird."

Er kam zu der Feststellung, daß die Bewegung der Himmelskörper gleichförmig und kreisförmig sowie ununterbrochen sei oder aus kreisförmigen Bewegungen zusammengesetzt.

Kopernikus zog daraus die Schlußfolgerung:

„Deshalb halte ich es vor allen Dingen für notwendig, daß wir sorgfältig untersuchen, welche Stellung die Erde zum Himmel hat, damit wir, während wir das Erhabenste erforschen wollen, nicht das Nächste außer acht lassen, und irrtümlich das, was der Erde zukommt, den Himmelskörpern zuschreiben." Er fragte, ob der Erde eine kreisförmige Bewegung zukomme und wo sich ihr Ort in der Welt befinde.

Kopernikus zitierte dann: „Daß aber die Erde sich drehe, mit mehreren Bewegungen im Raum fortbewege und zu den Planeten gehöre, soll nun der Pythagoräer Philolaos, ein nicht gewöhnlicher Mathematiker, geglaubt haben."

Er polemisierte mit den Ansichten der „Alten", nach denen die Erde im Mittelpunkt des Alls stillstehe und dessen Mittelpunkt sei. Und er fuhr fort: „Die Erde befindet sich nicht im Mittelpunkt der Welt", fügte dem aber hinzu, der Abstand sei jedoch nicht so groß, daß er an der Fixsternsphäre gemessen werden könne.

„Jeder scheinbare Wechsel einer Position beruht entweder auf einer Bewegung des beobachteten Objekts oder auf einer Bewegung des Beobachters oder auf ungleichen Veränderungen in den Positionen beider." – „Wenn also der Erde eine gewisse Bewegung zugestanden wird, so wird sie als eine ähnliche, aber im entgegengesetzten Sinn erfolgende Bewegung erscheinen, die alle Gegenstände außerhalb der Erde betreffen, als ob wir an ihnen vorüberkämen."

Wer zugesteht, „daß die Himmel keinen Teil an dieser Bewegung haben, sondern daß die Erde vom Westen nach Osten sich dreht", wird bei sorgfältiger Überlegung finden, „daß alles wirklich so geschieht in bezug auf augenscheinlichen Auf- und Untergang der Sonne und von Mond und Sternen."

Daß die Erde nicht im Mittelpunkt des Alls stehe – zu dieser Überzeugung war Kopernikus schon in Krakau gekommen –, bewiesen die wechselnden Abstände der Planeten. Die Erdmitte konnte für ihn nicht die Mitte der Kreisbahnen der Planeten sein.

„Wenn einer festsetzt, die Erde stehe nicht im Mittelpunkt der Welt, aber doch nicht so weit davon ab, daß diese Distanz in Rücksicht auf die Distanz der Sonne und der übrigen Planeten beträchtlich wäre, so ergäbe sich daraus gewiß keine unschickliche Erklärung für die Bewegung dieser Himmelskörper, wenn man annähme, sie drehten sich um einen anderen Mittelpunkt als die Erde, was ja auch schon aus der sehr merklichen Veränderlichkeit ihrer Distanzen von der Erde ohnehin notwendig folgt.

Daß eben nicht bloß der Halbmesser unserer Erdkugel, sondern auch die Distanz der Erde vom Mittelpunkt der Welt, im Vergleich mit der Distanz der Fixsterne ein unmerklicher Punkt, ein bloßes Nichts sei, erhellt deutlich daraus, daß der Horizont immer den Tierkreis genau halbiert, die Erde stehe, wo sie wolle."

„Der Horizont ist also eine Ebene, die immer durch den Mittelpunkt liegend erscheint, zu welcher Zeit man sie auch durch die Erde legt, die nicht in jenem Mittelpunkt steht."

Im sechsten Kapitel bewies Kopernikus, daß der Himmel im Vergleich zur Erde unendlich groß sei. Wie weit sich diese Unendlichkeit ausdehne, das stehe am wenigsten fest. Und er stellt sich die Frage, wie sich wohl um dieses winzige Pünktchen Erde ein so unendlich großer Himmel drehen könnte. „Daß aber an den Fixsternen keine Bewegung wahrzunehmen ist", fügt er hinzu, „beweist ihre unermeßliche Höhe, die bewirkt, daß selbst die Bahn der jährlichen Bewegung oder deren Abbild für unsere Augen verschwindet; denn alles Sichtbare hat eine bestimmte, begrenzte Größe der Entfernung, und es wird nicht mehr wahrgenommen, wenn diese erreicht ist."

Beiläufig nahm er das „Fallgesetz" vorweg, das Galilei einige Jahrzehnte später formulierte, indem er feststellte, daß die Körper, die sich nach oben erheben oder nach unten fallen, selbst wenn man die kreisförmigen Bewegungen unberücksichtigt ließe, keine zusammengesetzten und gleichmäßigen Bewegungen ausführten. Wegen ihrer Leichtigkeit oder der Beschleunigung ihres Gewichtes könnten sie sich nicht festsetzen. So habe alles, was fällt, am Anfang eine niedrige Geschwindigkeit, die sich beim Fallen laufend vergrößert.

Kopernikus stellte sich die Frage, warum die Alten glaubten, die Erde ruhe als Mittelpunkt inmitten der Welt. Er stand damit vor einem der schwierigsten Teile seiner Arbeit. Es galt, schlüssig zu beweisen, daß die These des Aristoteles und Ptolemäus von der Erde als Mittelpunkt der Welt unhaltbar sei. Hier würden sich die Kritiker auf ihn stürzen, hier würde man ihn des Sakrilegs gegenüber den Monolithen der Wissenschaft beschuldigen.

„Die Alten haben daher andere Gründe für die Ruhe der Erde aufgesucht. Sie sagen, nichts würde in gerader Linie fallen oder aufsteigen können, wenn sich die Erde um ihre Achse drehte. Die Wolken, meint Ptolemäus, würden alle von Morgen nach Abend ziehen und gar die Erde sich durch diese schnelle Umdrehung zerstreuen müssen. Ich aber halte die Schwere für nichts anderes als ein natürliches Bestreben, welches der Schöpfer in die Teile gelegt hat, damit sie sich zu einem Ganzen verbinden können, indem sie sich zu einer Kugel sammeln. Mit der Sonne, dem Monde und den übrigen Planeten ist es wahrscheinlich ebenso, und doch stehen sie nicht fest. Bei fallenden und aufsteigenden Körpern ist es klar, daß ihre Bewegung aus der geraden Linie und der Kreisbewegung zusammengesetzt sei. Denn als Teile der Erde geben sie die dem Ganzen eigene gemeinschaftliche Bewegung nicht auf, sondern behalten sie in jeder anderen bei. Allein jene gemeinschaftliche Bewegung, eben weil sie gemeinschaftlich ist, erscheint als Ruhe. Daß die Wolken nicht wie die Sterne vom Morgen gegen Abend laufen, rührt daher, weil die untere Luft, worin sie hängen, mit zur Erde gehört und sich folglich mit ihr dreht, entweder, weil die Luft mit wässerigen oder erdigen Teilen, denen diese Bewegung zukommt, vermischt ist, oder weil die Erde ihr diese Bewegung mitgeteilt hat. Was die Zerstreuung der Erde durch die Schnelligkeit der Umdrehung betrifft, die Ptolemäus befürchtet, so war sie vielmehr wegen der ungeheuren Schnelligkeit, womit sich die Himmelskugel drehen müßte, für diese zu befürchten.“

Im neunten Kapitel stellte Kopernikus die Frage, ob der Erde mehrere Bewegungen beigelegt werden könnten. Ausführlich geht er auf die Schwere und die Bewegungen der Erde ein und kommt zu dem Schluß, die Erde könne nicht der Mittelpunkt der Kreisbewegungen der Planeten sein, die Sonne stehe im Mittelpunkt der Welt.

„In der Mitte aber von Allen steht die Sonne. Denn wer möchte in

Verni,tunc exiſtētis proueniret ad XXIII. gradum Scorpij, iu
xta Ptolemei ſententiam. Erat enim locus ſtellæ apparens in
hoc tertio acronychio,ut relatum eſt,part. CCLXXVII. ſcrup.
XIIII.quibus ſi auferantur part. LI.ſcrup.XIIII.iuxta angulum
apparentiæ P D F
ut demonſtratū
eſt, remanet ipſe
locus ſummæ ab
ſidis eccentri in
part. CCXXVI.
ſcrup. XXIII.Ex
plicetur iam q̃q̃
orbis terræ annu
us,R S T, qui ſeca
bit P B lineam, in
R ſigno, & agat
dimetiens S B T,
iuxta C D lineam
medij motus pla
netæ. Æquali
bus igitur angu
lis S B D,ipſi C D F,
erit S B R angulus

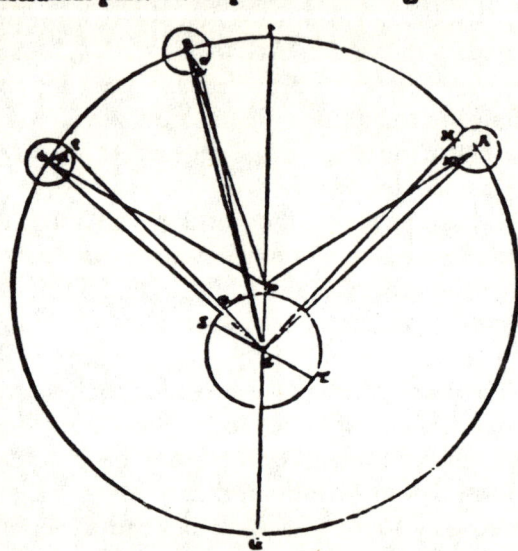

differentia & proſthaphæreſis inter apparentem medium q̃ mo
tum , hoc eſt,inter C D F,& P B D angulos partium V.ſcrup. XVI.
atq̃ eadem inter medium uerumq̃ commutationis motum,
q̃ dempta ex ſemicirculo relinquit R T circumferētiā CLXXIIII.
ſcrup.XLIIII.ac motum æqualem commutationis à ſigno T ſum
pto principio, id eſt,à media Solis & ſtellæ coniunctione uſq̃
ad hanc tertiam noctis extremitatem,Siue ueram terræ & ſtel
læ oppoſitionem.Habemus igitur iam,quod hora huius obſer
uationis , anno uidelicet XX. Imperij Adriani, Chriſti uero
CXXXVI.octauo Idus Iulij,XI.horis à media nocte, anomaliā
Saturni à ſumma abſide eccentri ſui part L VI,S.mediumq̃ mo
tum commutationis part.CLXXIIII.ſcrup.XLIIII.Quæ demō
ſtraſſe propter ſequentia fuerit opportunum.

                                        O   De alijs

diesem schönsten Tempel diese Leuchte an einen andern oder bessern Ort setzen, als von wo aus sie das Ganze zugleich erleuchten kann? Wenn anders nicht unpassend Einige sie die Leuchte der Welt, Andere die Seele, noch Andere den Regierer nennen. Trime Gistus nennt sie den sichtbaren Gott, Electra bei Sophokles den Alles Sehenden. So lenkt in der Tat die Sonne, auf dem königlichen Throne sitzend, die sie umkreisende Familie der Gestirne."

Und er fährt fort:

„Und so kommt es durch beide, einander fast gleiche und entgegengesetzte Bewegungen, daß die Achse der Erde, und also auch der Äquator, als der größte Parallelkreis, fast nach derselben Himmelsgegend gerichtet bleiben, gleich als ob sie unbeweglich wären, während die Sonne, wegen der Bewegung, mit welcher der Mittelpunkt der Erde fortrückt, durch die Schiefe des Tierkreises sich zu bewegen scheint."

Im zehnten Kapitel erläutert Kopernikus die „Reihenfolge der himmlischen Umläufe".

„Die erste und oberste aller Sphären ist die der Fixsterne, die sich selbst und alles andere enthält und daher unbeweglich ist, denn sie ist gewiß der Ort des Universums, auf den die Bewegung und Stellung aller übrigen Gestirne zu beziehen ist."

„Es folgt als erster Planet der Saturn, der in 30 Jahren seinen Umlauf vollendet. Hierauf Jupiter mit seinem 12jährigen Umlauf. Dann Mars, der in zwei Jahren seine Bahn durchläuft. Den vierten Platz in der Reihe nimmt der jährliche Kreislauf ein, in dem, wie wir gesagt haben, die Erde mit der Mondbahn als Epizykel enthalten ist. An fünfter Stelle kreist Venus in neun Monaten. Die sechste Stelle schließlich nimmt Merkur ein, der in einem Zeitraum von achtzig Tagen seinen Umlauf vollendet."

Man müßte, meinte Kopernikus, wie einst Martianus Capella, den Merkur und die Venus um die Sonne kreisen lassen. Ließe man darüber hinaus auch den Saturn, den Jupiter und den Mars um die Sonne, als den Mittelpunkt ihrer Laufbahn, kreisen, hätte man die Lösung dafür, daß uns diese Planeten entfernter erscheinen, wenn sie mit der Sonne aufgehen, als wenn sie aufgehen, wenn die Sonne untergeht.

Zum ersten Male hatte Kopernikus in diesem Kapitel kategorisch erklärt, die Sonne stehe unbeweglich als Mittelpunkt der Planetenbahnen inmitten des Alls. Sie „lenkt die Familie der sie umkreisenden Gestirne". Die Erde wird, so stellt er fest, keineswegs „des Dienstes des Mondes" beraubt, „sondern wie Aristoteles im Buch über die Lebewesen gesagt hat: der Mond hat die größte Verwandtschaft mit der Erde. Indessen empfängt die Erde von der Sonne und wird schwanger mit jährlicher Geburt. Wir finden also in dieser Anordnung eine bewundernswerte

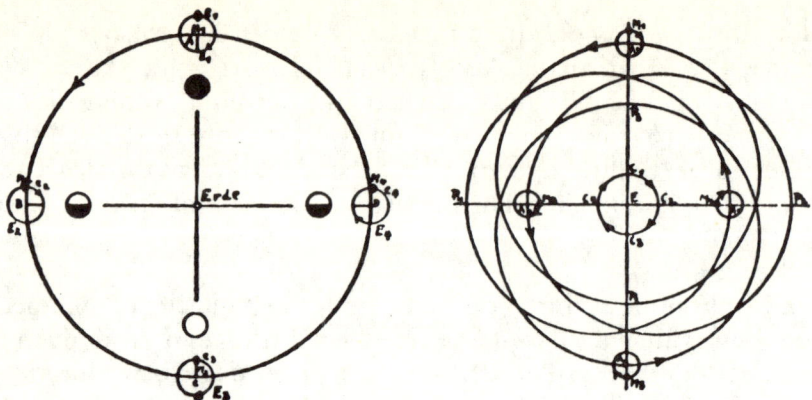

Mondbewegung nach Kopernikus und Ptolemäus

Harmonie der Welt und einen zuverlässigen, harmonischen Zusammenhang der Bewegung und Größe der Bahnen, wie er anderweitig nicht
gefunden werden kann."

Im letzten Kapitel des ersten Buches behandelt Kopernikus die drei
Bewegungen, die er in bezug auf die Erde festgestellt hatte: ihre Drehung
um die eigene Achse, ihre Bewegung im Tierkreis und jene Bewegung,
durch die die Erdachse ihre schiefe Lage erhält.

Das zweite Buch legte Kopernikus vorerst noch zur Seite. Es enthielt
die „sphärische Astronomie", die Beschreibung der Armilla und das von
ihm berichtigte Sternenverzeichnis des Ptolemäus.

Im dritten Buch mußte er die Untersuchungen über die Jahreslänge
und die Erdbahn, jenen Teil, der die Theologen am stärksten interessierte, weil er der Festlegung des Heiligenkalenders dienen konnte, noch
einmal gründlich überprüfen. Bei der Erklärung der Tafeln im zweiten
Teil dieses Buches hatte Kopernikus noch beide Möglichkeiten offen-
gelassen: daß die Mitte des Alls außerhalb oder innerhalb der Sonne liege.
„Über diese Frage", vermerkte er, „werden wir bei der Entwicklung der
fünf Planeten, welche wir nach unseren Kräften ebenfalls durchführen
wollen, noch mehr sagen."

Das vierte Buch war der Bewegung des Mondes und den Eklipsen
gewidmet. Hier konnte er einige Theorien des Ptolemäus einleuchtend
widerlegen. Seine Mondtheorie war wesentlich einfacher als die der
Alten. Auch bei der anschließenden Erforschung der Planetenbewegungen zeigten sich die Vorteile einer Annahme der Erdbewegung – im
Gegensatz zu Ptolemäus – deutlich.

Die beiden letzten Bücher galten ausschließlich den Bewegungen und
der Breitenwirkung der Planeten, wobei sich Kopernikus bei den

Planetenbewegungen weniger auf eigene Beobachtungen als vielmehr auf die Feststellung, inwieweit die Erdbewegung die Erkenntnisse des Ptolemäus – die auch nicht aus Beobachtungen erwachsen waren – veränderte.

Erneut kam Kopernikus, als er das großangelegte Werk überschaute, zu der Erkenntnis, daß noch vieles zu überdenken, zu überprüfen und richtigzustellen war. Er fand sein Zögern bestätigt, wurde sich aber auch immer mehr bewußt, daß ein Menschenleben nicht ausreiche, um ein solches Werk zu vollenden. Demütig und bescheiden, wie er war, vertraute er seine Arbeit schließlich doch der Welt an; er wollte und konnte sich den Bitten der Freunde, den Beschwörungen der Gelehrten, nicht zuletzt der Verantwortung vor sich selbst nicht länger entziehen.

Er war sich bewußt, daß er nun bald sieben Jahrzehnte seines Lebens hinter sich gebracht hatte, mehr als zwei Menschenleben nach damaliger Rechnung. Er war Gott dankbar für diese Gnade. Das erfüllte Leben sah er als ein Geschenk; er hatte stets dankbar empfangen; doch im Empfangen allein hatte für ihn das Leben nie gelegen. Er mußte auch geben. Und er hatte viel gegeben in seinem Leben, als Arzt, als Gelehrter, als Staatsmann. Sein Letztes und Größtes aber enthielt er der Welt noch immer vor. Jetzt schlug die Stunde, der er sich nicht entziehen durfte.

Trost gab ihm der Gedanke, er würde sein Werk in die Hände von Freunden legen; er war überzeugt, sie würden das Beste daraus machen. Er vertraute ihnen. Kopernikus glaubte an den Menschen. Ein gnädiger Tod hat ihn vor der letzten Enttäuschung bewahrt.

Der große Betrug

In Wittenberg wartete Rheticus voller Ungeduld auf das endgültige Manuskript. Es war ihm von Kopernikus für das Frühjahr versprochen worden, und Petrejus drängte, er müsse mit dem Druck beginnen, wolle er das Buch im Herbst rechtzeitig auf den Markt bringen. Schon damals waren die Verleger darauf aus, ihre Bücher zum Herbst erscheinen zu lassen, sie auf der Herbstmesse herauszustellen, um ihnen Beachtung und raschen Verkauf zu sichern.

Rheticus hatte inzwischen die letzten drei Kapitel, den „trigonometrischen Part" des ersten Teils der „Revolutiones", in seiner Abschrift in einer Wittenberger Druckerei als Sonderdruck erscheinen lassen. Er wollte die Aufmerksamkeit der Gelehrten, insbesondere Melanchthons, auf die wissenschaftlichen Verdienste des Mathematikers Kopernikus lenken und so mit diesem völlig „unverfänglichen" Stück den Weg für das kommende Hauptwerk bahnen, bei den Kritikern den Eindruck verstärken, daß es sich hier um keine bloßen Behauptungen, sondern streng durchdachte und mathematisch bewiesene Beobachtungen handle.

Als Mitte März das Manuskript noch immer nicht in Wittenberg eingetroffen war, gab Rheticus dem Drängen des Nürnberger Verlegers nach und übergab diesem die in seinem Besitz befindliche selbstangefertigte Abschrift des Manuskriptes, mit dem ausdrücklichen Vorbehalt, daß etwaige Änderungen des Autors später in den Korrekturen Berücksichtigung finden müßten.

Petrejus war damit einverstanden, dachte jedoch nicht weiter an diesen Vorbehalt: wie es Buchfabrikanten, auf ein Manuskript versessen, damals zu tun pflegten und teilweise heute noch immer tun.

Noch im März ging die Abschrift der „Revolutiones" in den Satz; bald darauf schrieb T. Forsther, der Pfarrer von St. Sebaldus in Nürnberg, an J. Schrad nach Reutlingen:

„Preußen hat uns einen neuen und wunderbaren Astronomen geboren, dessen Lehre schon hier gedruckt wird, ein Werk von ungefähr hundert Bogen Umfang, worin er versichert und beweist, daß die Erde sich bewegt und der Himmel ruhe. Vor einem Monat sah ich zwei Bogen gedruckt; der Korrektor des Satzes ist ein gewisser Wittenberger Magister."

Ein Zeichen dafür, daß die Werbetrommel schon tüchtig gerührt wurde!

Ende Mai erhielt Rheticus die ersten acht Blätter zur Korrektur. Als er im Juni für einige Tage nach Feldkirch fuhr, erreichte ihn dort seine Berufung an die Leipziger Universität.

Rheticus war im vergangenen Jahr Dekan seiner Fakultät in Wittenberg geworden; erste Verbindungen nach Leipzig wurden angeknüpft, und als die dortige Universität zu ahnen begann, welch eine Laufbahn und welch ein Ruf sich dem jungen Gelehrten erschlossen, zögerte sie keinen Augenblick, ihm das überaus verlockende Angebot – zweitausend Gulden! – zu machen, dem er nicht widerstehen konnte. Die Karriere war dem achtundzwanzigjährigen Gelehrten wichtiger als die Abwicklung eines Druckes und handelte es sich auch um das Lebenswerk eines Mannes, dessen Bedeutung er wie kaum ein zweiter erkannt hatte. Nun, Nikolaus Kopernikus war nahezu siebzig Jahre alt; Rheticus entschied sich für die Zukunft.

Vielleicht sah er auch eine günstige Gelegenheit, aus Wittenberg fortzukommen. Denn erste Schwierigkeiten bahnten sich an. Melanchthon erkannte zwar die drei „Trigonometrischen Kapitel", die er im Sonderdruck gelesen hatte, an und versagte dem Autor keinesfalls seine Hochachtung, doch äußerte er Rheticus gegenüber hinsichtlich des Gesamtwerkes Bedenken. Und wie würde erst Luther darauf reagieren, wenn er erführe, daß der hoffnungsvollste Gelehrte der neuen Lehre, der Wittenberger Dekan Rheticus, ein umstürzlerisches Werk redigierte, das die Welt und vor allem die Theologie auf den Kopf zu stellen drohte? Im November reiste Rheticus, pünktlich zum Semesterbeginn, nach Leipzig ab. Die Beaufsichtigung des Druckes hatte er zuvor dem lutherischen Prediger Andreas Osiander übertragen. Wahrscheinlich auf Melanchthons Vorschlag hin.

Der damals fünfundvierzigjährige Osiander, der als Prediger an der Nürnberger St.-Lorenz-Kirche zu den eifrigsten Verfechtern der Lehre Luthers zählte, der den Hochmeister des Deutschen Ordens zu dieser Lehre bekehrt hatte und seitdem ein Günstling des Herzogs von Preußen war, der ihn später als Prediger nach Königsberg und als Professor an seine Universität, die Albertina, holen sollte, war sich der einmaligen Chance bewußt, die in seine Hände gelegt worden war.

Mit allen Mitteln wollte er verhindern, daß die seinen Schutzherren

Andreas Osiander

Luther und Melanchthon unwillkommene Lehre vom Weltsystem des Kopernikus als wissenschaftliche Forschung Anerkennung fände. Er wußte genau, daß Gelehrte an allen Universitäten auf die Erkenntnisse des Frauenburger Domherrn warteten, und so befürchtete er, die Entthronung des Ptolemäus würde nicht lange ausbleiben, auf dessen System das Christentum und mit ihm die Lutherische Lehre fundiert war.

Dieser weltlichen Reform des Sternenhimmels müßte auf dem Fuße eine theologische Reform, eine Entthronung der heiligen Schriften, folgen.

Was er tun konnte, um dies zu verhindern, wollte er tun. Er hielt es nicht mehr für nötig, die Korrekturfahnen, die Petrejus ihm „zur sorgfältigen Durchsicht" zuschickte, mit dem inzwischen in Nürnberg eingetroffenen, von Kopernikus überarbeiteten Manuskript zu vergleichen; dem Verleger war das sicher recht angenehm: Er trug keine Verantwortung dafür und sparte obendrein die Kosten, die durch einen umfangreichen Neusatz entstanden wären. Doch damit begnügte sich

Osiander nicht. Er schrieb selbst eine Vorrede zu dem Werk, in der er die Lehre des Nikolaus Kopernikus als Hypothese, als eine bloße Annahme hinstellte, die einen Beitrag zur Berechnung der Himmelskörper darstelle. Damit beging er Verrat an dem ihm anvertrauten Werk. Obendrein unterzeichnete er diese Vorrede nicht mit seinem Namen, sondern versuchte, den Anschein zu erwecken, Kopernikus selbst hätte sie geschrieben. Er gab vor, Nikolaus Kopernikus auf diese Weise vor „all zu eifernden Theologen und Philosophen" schützen zu wollen. Nikolaus Kopernikus war, als er von dem Betrug erfuhr, hell entrüstet.

Von seinen Erkenntnissen, die er in nahezu fünfzigjähriger Forschungsarbeit gesammelt, überprüft, durchdacht, erprobt hatte, konnte man hier schwarz auf weiß lesen, dazu in seinem eigenen Werk: sie „brauchen nicht einmal wahrscheinlich zu sein".

„An den Leser über die Hypothesen dieses Werkes. Sicherlich werden manche Gelehrte, bei dem bereits weit verbreiteten Ruf dieser neuen Hypothesen, großen Anstoß an den Lehren dieses Buches genommen haben, daß nämlich die Erde sich bewege, die Sonne dagegen unbeweglich in der Mitte des Weltalls ruhe; man urteilt wohl allgemein, man dürfe die Wissenschaft, deren Fundamente schon im Altertum richtig begründet wurden, nicht in Verwirrung bringen.

Allein bei reiferer Überlegung wird man finden, daß der Autor dieses Werkes nichts Tadelnswürdiges unternommen habe. Denn es ist die eigentliche Aufgabe des Astronomen, die Geschichte der Bewegungen am Himmel, nach sorgfältigen und genauen Beobachtungen, festzustellen. Sodann muß er die Ursachen dieser Bewegungen ermitteln, oder wenn er schlechterdings die wahren Ursachen nicht auszufinden vermag, beliebige Hypothesen ausdenken und zusammenstellen, vermittels derer man jene Bewegungen nach geometrischen Sätzen, sowohl für die Zukunft als auch für die Vergangenheit, richtig zu berechnen vermag. Beide Forderungen hat der Meister in exzellenter Weise erfüllt.

Allerdings ist es nicht erforderlich, daß seine Hypothesen wahr seien; sie brauchen nicht einmal wahrscheinlich zu sein. Es reicht schon vollkommen aus, wenn sie zu einer Berechnung führen, die den Himmelsbeobachtungen gemäß ist; es müßte denn jemand in der Mathematik oder Optik so unerfahren sein, daß er den Epizykel der Venus für wahrscheinlicher erachte und ihn für die Ursache halte, daß der Planet mitunter der Sonne um vierzig Grad und darüber vorausgeht, mitunter ihr nachfolgt; denn wer sieht nicht, daß der Durchmesser dieses Gestirns in der Erdnähe mehr als viermal, der Körper selbst mehr als sechzehnmal so groß erscheinen müßte, als in der Erdferne; dem widerspricht jedoch die Erfahrung aller Zeiten.

Es gibt noch andere, nicht geringere Widersprüche in dieser Wissenschaft, deren Erörterung an diesem Ort nicht notwendig erscheint. Genugsam bekannt ist ja, daß die Astronomie die Ursachen der anscheinend ungleichmäßigen Bewegungen schlechterdings nicht kennt. Wenn die Wissenschaft aber dergleichen hypothetisch ersinnt – und sie hat solche Hypothesen wirklich in großer Zahl ersonnen –, so ersinnt sie dieselben keineswegs mit dem Anspruche, irgend jemanden zu überreden, daß die Sache sich wirklich so verhalte; es soll eben nur eine richtige Grundlage für die Rechnung aufgestellt werden.

Da ferner eine und dieselbe Bewegung zuweilen durch verschiedene Hypothesen zu erklären ist, so wird der Astronom am liebsten derjenigen folgen, welche die leichtest verständliche ist. Der Philosoph wird wahrscheinlich eine größere Wahrscheinlichkeit verlangen. Keiner von beiden wird jedoch etwas Gewisses zu ermitteln oder zu lehren imstande sein, wenn es ihm nicht durch göttliche Offenbarung enthüllt worden ist.

Gestatten wir demnach, daß auch die nachfolgenden neuen Hypothesen den alten angereiht werden, welche um nichts wahrscheinlicher sind. Sie sind überdies wirklich bewundernswert und leicht faßlich; außerdem finden wir hier einen großen Schatz der gelehrtesten Beobachtungen.

Übrigens möge niemand in betreff der Hypothesen Gewißheit von der Astronomie erwarten. Sie vermag diese nicht zu geben. Wer alles, was zu einem anderen Zwecke ersonnen ist, für Wahrheit nimmt, dürfte wohl unwissender von dieser Wissenschaft fortgehen, als er zu ihr gekommen ist. Hiermit lebe wohl, Leser!"

Diese Schmähung der Astronomie, der Königin der Wissenschaften, diese Herabsetzung und Entwertung seines eigenen Werkes, dieser niederträchtige, heimtückische Verrat an der Wahrheit mußten Nikolaus Kopernikus zutiefst treffen.

Er saß allein im fernen Frauenburg. Herbststürme tobten. Für ihn gab es keine Verbindung nach Nürnberg, nach Wittenberg. Nur über den Freund Tiedemann Giese. Dieser war wieder einmal krank. Kopernikus wagte nicht, ihn zusätzlich mit seinen eigenen Sorgen zu belasten. Der Arzt in ihm verbot es.

Er hatte keinen Menschen, mit dem er sich aussprechen konnte. Seine Domherren-Kollegen würden ihn auslachen, sein eigener Bischof hätte darin die Strafe für einen Mann gesehen, der sich mit Ketzern einläßt, der seine Erkenntnisse der Hexenküche des Satans, Wittenberg, anvertraut.

Er überlegte, was ihm zu tun bleibe. Noch einmal überlas er die Widmung an Papst Paul III., die er im Juni 1542 geschrieben hatte und die im Buch auf diese Schmährede des Osiander folgen sollte:

„Heiligster Vater! Es werden gewisse Leute, sobald sie vernehmen, daß ich in meinem Werk über die Umwälzungen der Weltkörper der Erdkugel gewisse Bewegungen zuschreibe, sofort ausrufen, eine solche Lehre sei durchaus verwerflich."

Er sah diese „gewissen Leute" vor sich, und mit Bitternis dachte er dabei an jene, die sein eigenes Werk der Öffentlichkeit vorstellten. Ja, gäbe es in Rom noch den Renaissancepapst aus dem Hause der Medici, den Florentiner Clemens VII., vielleicht hätte er im Papst einen Verteidiger seiner Lehre gefunden. Hatte dieser doch vor neun Jahren seinen Sekretär Widmanstadt fürstlich belohnt, weil er ihn mit dem Gedankengut des Hauptwerkes, der „Revolutiones", vertraut gemacht hatte.

In Rom aber herrschte Alessandro Farnese, der 1534 zum Papst gewählt worden war. Von ihm, der den Namen Paul III. trug, war zwar bekannt, daß er für alle Reformen aufgeschlossen war, hatte er doch eine Reihe reformfreudiger Männer ins Kardinalskollegium berufen: Carfa, Contarini, Sadoleto, Pole, Cervini und Morone. Er hatte 1536 eine Reformkommission gebildet, um die Orden zu reformieren. Paul III. war obendrein ein Förderer der Wissenschaften und der Kunst. Jedoch hatte der 74jährige Papst in diesem Jahr 1542 mit der Organisation der römischen Inquisition begonnen. Er war ein Mann, von dem es hieß, er fürchte nichts und niemanden und er wisse den Mut der Männer, die ihn umgeben, besonders zu schätzen.

„Nun bin ich keineswegs so sehr von meinen Ansichten eingenommen", fuhr Kopernikus in seiner Widmung fort, „daß ich nicht Wert darauf legen sollte, was andere darüber urteilen, und obschon ich weiß, daß die Gedanken eines Philosophen weitab liegen von dem Urteil der Menge, da es seine Aufgabe ist, in allen Dingen die Wahrheit zu erforschen, soweit dies von Gott der menschlichen Vernunft gestattet ist; so glaube ich dennoch, man müsse von dem Wahren und Richtigen völlig abweichende Ansichten vermeiden. Als ich daher bei mir erwog, wie jene Männer, welche durch die Übereinstimmung vieler Jahrhunderte die Ansicht für festbegründet erachten, daß die Erde unbeweglich in der Mitte des Himmels gleichsam als das Zentrum desselben gesetzt sei – wie jene Männer meine Theorie als widersinnig bezeichnen werden, wenn ich im Gegenteil behaupte, daß die Erde sich bewegt: so habe ich lange mit mir gekämpft, ob ich meine Erläuterungen und Beweise für diese Bewegung dem Druck übergeben sollte oder ob es nicht vielmehr besser sei, dem Beispiel der Pythagoreer und einiger anderer zu folgen, welche, wie der Brief des Lysis an Hipparch bezeugt, nicht schriftlich, sondern mündlich, und lediglich ihren Angehörigen und Freunden, die Mysterien der Philosophie zu überliefern pflegten."

Ja, dachte er, vielleicht wäre das besser gewesen. Doch er las weiter:

„Meiner Ansicht nach haben sie dies nicht, wie man wohl gemeint hat, in mißgünstiger Absicht getan, um ihre Wissensschätze nicht weiter zu verbreiten, sondern damit nicht das Herrliche, was durch die eifrige Nachforschung großer Männer erkundet ist, von denen verspottet werden könne, die entweder zu träge sind, irgendeiner Wissenschaft, wenn sie nicht Geld bringt, Fleiß zuzuwenden, oder die, wenn sie durch die Ermahnungen und das Beispiel anderer zu dem edlen Studium der Philosophie angeregt werden, doch wegen der Stumpfheit ihres Geistes unter den Philosophen sich bewegen wie Drohnen unter den Bienen.

Indem ich dies alles bei mir erwog, hatte mich die Scheu vor Spott und Hohn, die mich wegen meiner neuen und scheinbar ungereimten Meinungen treffen würden, beinahe bestimmt, die begonnene Arbeit ganz aufzugeben. Allein meine Freunde brachten mich, da ich allzulange zauderte und ihnen sogar geradezu widerstrebte, auf den richtigen Weg zurück. Unter ihnen war es vor allem der in jeglicher Wissenschaft hochberühmte Kardinal Nikolaus Schönberg, Bischof von Capua, nächst ihm ein mir innig befreundeter Mann, der Bischof von Kulm, Tiedemann Giese, der mit gleichem Eifer der Theologie wie jeder schönen Wissenschaft zugewandt ist.

Dieser namentlich hat mich oft gemahnt und zuweilen unter Vorwürfen aufgefordert, mein Werk herauszugeben und endlich an das Tageslicht treten zu lassen, da ich dasselbe nicht neun Jahre, sondern bereits viermal neun Jahre bei mir zurückgehalten und der Öffentlichkeit entzogen hätte.

Ebenso drangen in mich nicht wenige andere hervorragende und gelehrte Männer, indem sie mir vorstellten, ich dürfte mich nicht länger aus Furcht weigern, meine Arbeiten zu Nutzen aller Mathematiker bekanntzumachen.

Je widersinniger augenblicklich meine Lehre von der Bewegung der Erde den meisten erscheine, um so größer würden Bewunderung und Dank sein, wenn man sehen werde, wie durch die Veröffentlichung meiner Untersuchungen der Schein der Ungereimtheit vor den einleuchtenden Beweisen vollkommen verschwände.

Auf das Zureden dieser Männer also und in dieser Hoffnung gestattete ich es meinen Freunden endlich, den Druck meines Werkes, den sie lange von mir gefordert hatten, zu veranstalten."

Er wandte sich nun an den Papst direkt, dabei gewiß an dessen Vorgänger denkend, dessen Urteil er nicht zu fürchten brauchte:

„Allein vielleicht wird Deine Heiligkeit sich gar nicht so sehr darüber wundern, daß ich es gewagt habe, meine Arbeiten dem Drucke zu übergeben, da ich ja bei ihnen keine Mühe gescheut und meine Gedanken über die Bewegung der Erde eingehend niedergeschrieben habe. Wohl aber wird Deine Heiligkeit von mir zu hören erwarten, wie ich auf den kühnen Gedanken gekommen bin, gegen die allgemeine Ansicht der Mathematiker und vielleicht gar gegen den gesunden Menschenverstand, eine Bewegung der Erde anzunehmen.

Gern wünsche ich daher, Deiner Heiligkeit nicht zu verhehlen, daß nichts anderes mich veranlaßt hat, für die Bewegung der Himmelskörper eine neue Theorie zu suchen, als die Erwägung, daß die Mathematiker bei ihren Untersuchungen hierüber keineswegs übereinstimmen. Denn zunächst sind sie in betreff der Bewegung der Sonne und des Mondes so unsicher, daß sie nicht einmal die stetige Größe der Jahresperiode durch Beobachtung feststellen können.

Sodann bringen sie in betreff der Bewegung der Sonne und des Mondes, wie der fünf anderen Planeten, weder dieselben Grundsätze und Voraussetzungen noch dieselben Beweise für die erscheinenden Umdrehungen und Bewegungen in Anwendung.

Einige nämlich bedienen sich bloß der homozentrischen Kreise, andere der exzentrischen und der Epizykel; allein sie erreichen hierdurch doch nicht vollständig, was sie suchen. Denn diejenigen, welche homozentrische Kreise annehmen, können zwar nachweisen, daß ungleichmäßige Bewegungen sich aus ihnen zusammensetzen lassen; sie vermögen aber nichts Sicheres daraus herzuleiten, was mit den Erscheinungen nämlich in Einklang stünde.

Diejenigen aber, welche exzentrische Kreise zu Hilfe nehmen, können zwar größtenteils die erscheinenden Bewegungen durch Rechnungen darstellen; sie gestatten sich hierbei aber vieles, was den ersten Grundsätzen von der Gleichförmigkeit der Bewegung zu widersprechen scheint.

Auch haben sie die Hauptsache, die Gestalt des Weltalls und eine bestimmte Symmetrie seiner Teile, nicht zu finden oder aus jenen Kreisen herzuleiten vermocht. Vielmehr geht es ihnen ebenso wie jemandem, der von verschiedenen Bildern Hände, Füße, Kopf und andere Glieder, die nicht mit Beziehung auf einen und denselben Körper, wenngleich an sich sehr gut gemalt sind, zusammenfügen wollte – es würde, indem die einzelnen Glieder nicht zueinander passen, ein Ungetüm eher als ein Mensch bei der Zusammensetzung entstehen.

Es muß also im Verlauf ihrer sogenannten methodischen Beweisführung etwas Wesentliches übergangen sein oder etwas Fremdartiges, nicht zur Sache Gehöriges sich eingeschlichen haben.

Dies würde ihnen auf keinen Fall begegnet sein, wenn sie festen Grundsätzen gefolgt wären. Denn wenn sie nicht von trügerischen

Hypothesen ausgegangen wären, so würde sich alles, was aus ihnen hergeleitet wird, zweifelsohne als richtig bewähren."

Genug der Erklärungen und Vergleiche!

„Was ich hier sage, mag für jetzt noch unverständlich sein; an gehörigem Orte wird es deutlicher werden. Indem ich also diese Unsicherheit der überlieferten mathematischen Lehren in betreff der Bahnen der Himmelskörper lange bei mir erwogen hatte, berührte es mich sehr unangenehm, daß noch keine wichtigere Theorie für die Bewegungen in dem Weltall, das der allerbeste und allervollkommenste Baumeister für uns erbaut hat, von den Philosophen aufgestellt sei, welche doch sonst die verhältnismäßig wichtigsten Dinge so genau erforscht haben.

Daher habe ich mich der Mühe unterzogen, die Schriften aller Philosophen, die ich mir verschaffen konnte, durchzulesen, um zu erkunden, ob nicht einmal einer von ihnen die Meinung ausgesprochen hat, daß die Bewegungen der Himmelskörper andere seien, als die Mathematiker vom Fach annehmen.

Und da fand ich wirklich zunächst bei Cicero, Niketas habe gemeint, daß die Erde sich bewege.

Nachher las ich auch bei Plutarch, daß noch einige andere dieser Meinung gewesen sind. Ich werde die betreffende Stelle, damit sie alle vor Augen haben, gleich beifügen.

Plutarch sagt: ‚Die gewöhnliche Meinung ist, daß die Erde ruht; Philolaos der Pythagoreer aber nimmt an, daß sie sich, wie Sonne und Mond, in einem schiefen Kreise um das Feuer bewegt. Herakleides von Pontos und der Pythagoreer Ekphantos lehren auch, daß sich die Erde bewege, aber nicht fortschreitend, sondern nach Art eines Rades sich drehend, wodurch sie von Abend gegen Morgen um ihren eigenen Mittelpunkt geführt wird.'

Indem ich hierdurch Anregung erhalten, begann ich selbst, gleichfalls an eine Bewegung der Erde zu denken. Obschon diese Annahme widersinnig schien, so glaubte ich doch, weil ich wußte, daß anderen vor mir diese Freiheit zugestanden war, beliebige Kreise anzunehmen, um die Erscheinungen am Himmel zu erklären, es werde auch mir gestattet werden zu versuchen, ob nicht durch die Annahme einer Bewegung der Erde genügendere Erklärungen als die bisherigen für die Umwälzung der Himmelskörper aufgefunden werden können."

Zur Sache!

„Nachdem ich nun die Bewegungen angenommen, die ich der Erde in nachstehendem Werk zuerteile, fand ich endlich nach langjähriger und sorgfältiger Untersuchung, daß, wenn die Bewegungen der übrigen

Iouis prosthaphæreses.

Numeri communes.		Prostha. phæreſes eccentri.		Scrupu. propor. tionum.		parallaxes orbis.		Exceſſus parallax.	
Gra.	Gra.	G.	ſcr.	ſcr.		G.	ſcr.	G.	ſcr.
93	267	5	15	28	33	10	25	0	59
96	264	5	15	30	12	10	33	1	0
99	261	5	14	31	43	10	34	1	1
102	258	5	12	33	17	10	34	1	1
105	255	5	10	34	50	10	33	1	2
108	252	5	6	36	21	10	29	1	3
111	249	5	1	37	47	10	23	1	3
114	246	4	55	39	0	10	15	1	3
117	243	4	49	40	25	10	5	1	3
120	240	4	41	41	50	9	54	1	2
123	237	4	32	43	18	9	41	1	1
126	234	4	23	44	46	9	25	1	0
129	231	4	13	46	11	9	8	0	59
132	228	4	2	47	37	8	56	0	58
135	225	3	50	49	2	8	27	0	57
138	222	3	38	50	22	8	5	0	55
141	219	3	25	51	46	7	39	0	53
144	216	3	13	53	0	7	12	0	50
147	213	2	59	54	10	6	43	0	47
150	210	2	45	55	15	6	13	0	43
153	207	2	30	56	12	5	41	0	39
156	204	2	15	57	0	5	7	0	35
159	201	1	59	57	37	4	32	0	31
162	198	1	43	58	0	3	56	0	27
165	195	1	27	58	34	3	18	0	23
168	192	1	11	59	5	2	40	0	19
171	189	0	53	59	30	2	0	0	15
174	186	0	35	59	58	1	20	0	11
177	183	0	17	60	0	0	40	0	6
180	180	0	0	60	0	0	0	0	0

X in Martis

Tafel aus dem Hauptwerk

Planeten auf die Umkreisung der Erde bezogen und nach der Umwälzung eines jeden Gestirns berechnet werden, nicht bloß die an ihnen beobachteten Erscheinungen daraus folgerichtig sich erklären lassen, sondern auch die Reihenfolge und Größe der Gestirne und alle ihre Bahnen und der Himmel selbst eine solche harmonische Ordnung darbieten werden, daß in keinem Teile ohne Verwirrung der übrigen Teile und des ganzen Universums irgend etwas umgestellt werden könne.

Demgemäß habe ich den Plan meines Werkes entworfen. Im ersten Buch beschreibe ich alle Bahnen der Himmelskörper mit den Bewegungen, die ich der Erde zuweise, so daß dieses Buch gewissermaßen die allgemeine Anordnung des Weltalls enthält. In den folgenden Büchern aber vergleiche ich die Bewegungen der Erde, so daß man daraus ersehen kann, wieweit die Bewegungen der übrigen Gestirne und Himmelskörper beibehalten werden können, wenn sie auf die Bewegungen der Erde bezogen werden."

Kopernikus war sich seiner Sache sicher.

„Ich zweifle nicht daran, daß Mathematiker von Geist und Gelehrsamkeit mir beistimmen werden, wenn sie – da die Philosophie dies vor allem fordert – nicht oberflächlich, sondern gründlich die Beweise, die ich für meine Ansicht in diesem Werk beibringe, durchgehen und bei sich überdenken wollen."

Es folgte nun die eigentliche Widmung:

„Damit aber Gelehrte und Ungelehrte gleichmäßig sehen, daß ich durchaus niemandes Urteil scheue, so habe ich Deiner Heiligkeit lieber als irgendeinem anderen diese meine Untersuchungen widmen mögen; und zwar deshalb, weil Du auch in diesem so entlegenen Winkel der Erde, in dem ich lebe, durch die Würde Deines Amtes wie durch die Liebe zu allen Wissenschaften und auch zur Mathematik hochgefeiert bist, so daß Du durch Dein Ansehen und Urteil mich vor dem Biß der Verleumder schützen kannst, wiewohl das Sprichwort sagt, daß es kein Mittel gebe gegen den Biß der Sykophanten."

Hatte Kopernikus bei dem nun folgenden Abschnitt an die Wittenberger Theologen, hatte er an Luther gedacht, der ihn einen Narren gescholten?

„Wenn etwa leere Schwätzer auftreten sollten, welche, obwohl unwissend in der Mathematik, sich doch ein Urteil darüber anmaßen und aufgrund irgendeiner Stelle der Heiligen Schrift, die sie böswillig für ihre Zwecke verdrehen, sich herausnehmen werden, mein Unternehmen zu tadeln und anzugreifen, so werde ich mich um sie gar nicht kümmern, ihr Urteil vielmehr als ein leichtfertiges geradezu verachten.

Es ist ja weltbekannt, daß Lactantius, ein sonst berühmter Schriftsteller, der aber zu wenig Mathematiker war, recht kindisch von der Gestalt der Erde spricht, indem er diejenigen verspottet, die da lehren, daß die Erde die Gestalt einer Kugel habe.

Deshalb darf es die Männer der Wissenschaft nicht wundernehmen, wenn dergleichen Leute auch mich verspotten werden: Mathematik wird nur für Mathematiker geschrieben; diese werden – ich glaube mich nicht einer Täuschung hinzugeben – wohl der Ansicht sein, daß meine Arbeiten auch der Kirche von Nutzen sein können, deren Oberhaupt Deine Heiligkeit gegenwärtig ist.

Denn als vor nicht allzu langer Zeit unter Leo X. auf dem Laterankonzil über die Verbesserung des Kirchenkalenders verhandelt wurde, blieb dieselbe nur deshalb ungelöst, weil man der Meinung war, daß die Länge des Jahres und der Monate und die Bewegungen der Sonne und des Mondes noch nicht genau genug bestimmt seien. Seit dieser Zeit habe ich mich bemüht, diese Untersuchungen genauer anzustellen, aufgefordert durch den Bischof Paul von Fossembrone, welcher damals diese Angelegenheit leitete. Was ich nun wirklich darin geleistet habe, das überlasse ich vorzugsweise dem Urteil Deiner Heiligkeit und aller übrigen gelehrten Mathematiker. Damit es aber nicht scheine, als ob ich über den Nutzen dieses Werkes Deiner Heiligkeit mehr verspreche, als ich leisten kann, gehe ich jetzt zur Sache selbst über."

Was tun? fragte sich Kopernikus wieder. Der Gedanke ließ ihn nicht los: Was müsse Papst Paul III. von ihm denken, wenn er vor dieser Widmung das „Ad lectorem de hypothesibus huius operis" mit den ungeheuerlichen Unterstellungen des lutherischen Predigers aus Nürnberg lesen würde? Wollten Luther und Melanchthon in ihrem Feuereifer sein Werk vernichten? War dies die Rache dafür, daß er die schriftliche Forderung Osianders zurückgewiesen hatte, sein Werk als eine von hundert möglichen Hypothesen vorzustellen? War es die Rache dafür, daß er sein Werk dem Oberhaupt der katholischen Kirche gewidmet hatte?

Domherr Georg Donner war der einzige Freund, bei dem er Trost suchen konnte. Immer enger hatte er sich dem Kopernikus angeschlossen, seit er 1540 aus Danzig nach Frauenburg gekommen war, um seine Domherrnpflichten wahrzunehmen.

Es mag daran gelegen haben, daß der gebürtige Konitzer sein langjähriges Studium, wie Kopernikus, in Krakau begonnen hatte. In Leipzig hatte er dann nacheinander den Grad des Bakkalaureus und des Magisters erworben, ehe er nach Danzig ging, um dort Stadtschreiber zu werden und später die Pfarrei von St. Katharina zu übernehmen. Es hatte anfangs Schwierigkeiten gegeben, da man ihn reformatorischer Gedanken verdächtigte. Doch Johannes Dantiscus war sein mächtiger Fürsprecher gewesen. Rat und Stadt schickten ihn 1538 nach Wittenberg und nach Leipzig. Er sollte fähige Männer für den Dienst bei der Stadt anwerben. Melanchthon hatte dabei als Vermittler die Hand im Spiel. Er brachte Bewerber für das Syndikat und für das Rektorat nach Danzig mit. Dantiscus war es auch gewesen, der ihm 1540 das ermländische Kanonikat verschafft und ihn kurz darauf zum Generalvikar der Diözese ernannt hatte. In Frauenburg hatte Georg Donner Rheticus kennengelernt, dem er seitdem freundschaftlich verbunden war.

Tiedemann Giese – Georg Donner – Nikolaus Kopernikus – Rheticus hieß das „Viergespann", doch Giese weilte im fernen Löbau, Rheticus hatte nach Wittenberg zurückkehren müssen, so blieb dem Nikolaus Kopernikus in greifbarer Nähe nur der eine Freund. Selbst ihm wagte er anfangs die Ungeheuerlichkeiten nicht anzuvertrauen, die um die Herausgabe seines Werkes vor sich gingen. Viermal neun Jahre hatte die Welt auf seine Erkenntnisse warten müssen, sollten die wenigen Monate bis zum Erscheinen des Buches als Kette getrübter Stunden dahingehen? Kopernikus fraß seinen Kummer in sich hinein, zog sich in seine Turmstube zurück.

Die rauhen Herbststürme, der frühzeitig einsetzende Winter seien schuld daran, antwortete er auf die Fragen seiner Kollegen, warum er sich so wenig sehen lasse. Er hätte sein Werk nun doch vollendet, wandten sie ein. „Ein Mensch vollendet sein Werk nie", erwiderte er. Auf ein Lesezeichen, das man später in dem von Rheticus nach Frauenburg mitgebrachten Exemplar der „Optik" des Vitellios fand, schrieb er in jenen Tagen die Worte:

„Das kurze Leben, die schwachen Sinne, der Stumpfsinn der Nachlässigkeit und sinnlose Beschäftigungen sind schuld, daß wir armselig wenig wissen. Und was wir schon gewußt haben, schwindet uns oft nach einiger Zeit aus dem Sinn durch die unaufhaltsame Vergeßlichkeit, die betrügerische Feindin der Wissenschaft und des Wissens."

Das Eintreffen der ersten Druckfahnen gegen Ende des Jahres erschreckte Kopernikus. Nichts war verbessert worden, er las die Fälschung des Osiander, die „nahezu vollkommen" war. Kopernikus erkrankte. Als er tags darauf das Bett verlassen wollte, erlitt er einen Blutsturz, kurz darauf folgte ein Schlaganfall mit rechtsseitiger Lähmung.

Am 8. Dezember schrieb Tiedemann Giese aus Löbau einen besorgten Brief an den Domherrn Donner, der ihn von der Krankheit des Kopernikus unterrichtet hatte.

„Wie Kopernikus schon in gesunden Tagen die Zurückgezogenheit geliebt hat, so dürften dem Schwerkranken wohl nur wenige Freunde teilnehmend zur Seite stehen, während wir alle seine Schuldner sind wegen der Lauterkeit seines Gemütes, wegen seiner Integrität und seiner ausgebreiteten Gelehrsamkeit.

Ich weiß, daß er Dich immer zu den Treuesten gezählt hat. Ich bitte Dich daher, daß Du ihm beschützend zur Seite stehst, wenn sein Schicksal es also verlangt, und die Pflege des Mannes übernehmen mögest, den Du zusammen mit mir stets geliebt hast, damit ihm nicht in seiner Bedrängnis die brüderliche Hilfe fehle, und daß wir nicht als Undankbare erscheinen gegen den Freund, der Liebe und Dank sich reichlich bei uns verdient hat."

Um die Jahreswende verschlimmerte sich der Gesundheitszustand. Im Januar 1543 fragte Professor Gemma Frisius aus Löwen bei Bischof Dantiscus in Heilsberg an, wie es dem großen Kopernikus gehe. Besorgt antwortete der Bischof, man befürchte täglich sein Ende.

Domherr Georg Donner konnte dem Sterbenden nur noch einen letzten symbolischen Dienst erweisen, da Nikolaus Kopernikus bereits seit Tagen nicht mehr bei Besinnung war:

Am Morgen des 24. Mai 1543 traf in Frauenburg das erste fertige Exemplar seines Hauptwerkes ein: „Nicolai Copernici Torinensis De Revolutionibus orbium coelestium, Libri VI. Norimbergae apud Joh. Petrejum, anno M. D. XLIII."

Selbst der Titel war verfälscht worden. „De Revolutionibus" hatte Kopernikus sein Buch genannt. „Orbium coelestium" hatte man hinzugefügt, um die Umdrehungen auf die Himmelskörper zu beschränken und die Umdrehung der Erde auszuschließen.

Das Buch war in einer Auflage von tausend Exemplaren gedruckt worden, zahlreiche Holzschnitte zierten den Band.

Domherr Donner legte das Buch in die Hände des Freundes, der am Nachmittag dieses Tages die Augen für immer schloß. Tiedemann Giese berichtete darüber dem Rheticus:

„Er hatte schon viele Tage vorher das Gedächtnis und die geistige Kraft verloren, und sein fertiges Buch hat er nur in letzter Stunde gesehen, am selben Tage, an dem er starb."

Im Boden des rechten Seitenschiffes des Frauenburger Doms hat man ihn begraben, bei dem Altar, der ihm jahrelang gehört hatte. Achtunddreißig Jahre vergingen, ehe Bischof Martin Kromer, der ebenfalls in Padua und Bologna die Rechte studiert hatte, ein Eiferer für die Gegenreformation, der sich als bedeutender Historiker bewährte, im Jahr 1581 neben der Begräbnisstätte an der Außenwand des südlichen Seitenschiffes eine Gedenktafel anbringen ließ, die nach anderthalb Jahrhunderten wieder entfernt wurde, um einer Tafel für den Bischof Christoph Andreas Johannes Szembek, Graf in Slupow, Platz zu machen, den Sproß einer aus Tirol eingewanderten Adelsfamilie Schönbeck, die 1566 in den polnischen Adel aufgenommen worden war. Aus eigenen Mitteln hatte er 1732–1735 die Szembeksche Kapelle als barocken Anbau an den gotischen Dom in Frauenburg errichtet, in der er seine letzte Ruhestätte fand. Im 17. Jahrhundert wurden die Grabdenkmäler des Doms von den Schweden zerstört und die Gräber geplündert. 1758 beschloß das Domkapitel, links vom Hauptaltar eine Gedenktafel für

Kopernikus anzubringen, geschmückt mit seinem Porträt, das wahrscheinlich aus dem Jahr 1735 stammte.

Das materielle Erbe des Nikolaus Kopernikus teilten sich das Domkapitel, Christina Stulpawitz, die Frau des preußischen Heerpaukers, und die Kinder seiner Nichte Regina, die den Stargarder Kaufmann zum Mann hatte.

Sein Turm wurde auf 30 Mark, die Außenkurie auf 100 Mark geschätzt. Den Turm optierte Achatius von der Trenck, die Kurie der Kapiteldekan Leonard Niderhoff. Ein Enkel der Schwester des Bischofs Watzenrode erhielt vom Domkapitel das Kanonikat und die Pfründe des Nikolaus Kopernikus. Kaspar Stulpawitz nahm den seiner Frau, der Nichte des Kopernikus, zufallenden Erbteil in Empfang. Sieben Kinder der jüngsten Nichte, Regina Moller, erhielten je 71 Mark und 9,5 Groschen.

Die Bücher wurden in die Kapitelbibliothek eingestellt, die medizinischen Werke der bischöflichen Bibliothek in Heilsberg einverleibt bzw. dem Kapitelarzt Fabian Emrich übergeben. Die meisten wurden beim Schwedeneinfall im 17. Jahrhundert nach Schweden gebracht und befinden sich heute in der Bibliothek des Astronomischen Observatoriums Uppsala oder in der Staatsbibliothek Stockholm.

Die Handschrift der „Revolutiones" nahm Rheticus an sich, er vermachte sie seinem Schüler Valentin Otho, der sie nach Heidelberg mitnahm, als er dort einen Lehrstuhl erhielt. 1603 wurde sie eingebunden. Später ging sie in den Besitz des Dekans der Universität, Jakob Christmann, über. Dessen Witwe verkaufte sie dem Amos Comenius. Als dieser 1670 in Amsterdam starb, erwarb sie Otto von Nostitz, der sie in seine Prager Bibliothek stellte. 150 Jahre blieb sie im Familienbesitz derer von Nostitz. 1953 übergab der tschechoslowakische Staat sie der Jagellonen-Bibliothek in Krakau, wo sie sich seitdem befindet.

Das geistige Erbe des Kopernikus zu bewahren, bemühten sich die Freunde Tiedemann Giese, Georg Donner und Rheticus. Als Nikolaus Kopernikus starb, weilte der Kulmer Bischof anläßlich der Hochzeit Sigismund Augusts mit Elisabeth, der Tochter des Habsburgers Ferdinand I., in Krakau. Bei seiner Rückkehr erreichte ihn die Nachricht vom Tode des Freundes; in seiner Residenz in Löbau fand er zwei Exemplare der „Revolutiones" vor. Das zweite Exemplar war für Georg Donner bestimmt. Rheticus hatte es mit der Widmung versehen:

„Reverendo domino Georgio Donder canonico Varmiensi amico suo Joachimus Rheticus dono dedit." Ein weiteres Exemplar erhielt Domherr Donner später zur Weiterleitung an Herzog Albrecht von Preußen.

Tiedemann Giese erschrak, als er das anonyme Vorwort las. Sogleich setzte er·sich an den Schreibtisch und schrieb, um zu retten, was sich vielleicht noch retten ließe, einen Protestbrief an Joachim Rheticus nach Leipzig.

„Löbau am 26. Juli 1543

Von der Vermählung des Königs aus Krakau zurückgekehrt, fand ich zu Löbau die beiden von Dir übersandten Exemplare des soeben im Druck vollendeten Werkes unseres Kopernikus, dessen Hinscheiden ich erst vernahm, als ich preußischen Boden betrat. Den Schmerz über den Verlust unseres Bruders, des großen Mannes, hätte ich wohl durch das Studium seines Buches, welches ihn mir lebend vor die Augen zu stellen schien, mildern können. Allein gleich im Eingange gewahrte ich den Mißbrauch des Vertrauens und – Du gebrauchst den richtigen Ausdruck – die Impietät von Petrejus, welche bei mir einen Unwillen erregte, der schwerer wiegt als die anfängliche Trauer. Denn wer sollte nicht entrüstet sein, bei einem so großen unter dem Schutz des Vertrauens begangenen Frevel? Doch ist derselbe vielleicht nicht so sehr dem Drucker, der ja von anderen abhängig ist, zuzuschreiben als vielmehr einem neiderfüllten Menschen, der im Schmerz darüber, daß er von seiner angelernten Überzeugung abgehen müsse, wenn dieses Buch Ruf erlange, die Gutmütigkeit des Mannes benutzt hat, um dem Werk das Vertrauen zu entziehen. Damit aber der nicht ungestraft ausgehe, der sich für einen fremden Betrug hat bestechen lassen, habe ich an den Rat von Nürnberg geschrieben, zugleich angebend, was meiner Ansicht nach nötig ist, um das Vertrauen zum Verfasser wiederherzustellen. Ich schicke den Brief an Dich mit einem Exemplar des Werkes, damit Du nach den Umständen entscheiden kannst, auf welche Art die Sache einzuleiten ist. Denn ich kenne niemand, der diese Angelegenheit beim Rate zu betreiben geeigneter oder auch williger sein könnte als Du, der Du die Rolle des Vorführers bei der Durchführung des Stückes übernommen hast, so daß, wie mir scheint, dem Verfasser selbst nicht mehr daran liegen könnte als Dir, daß wiedergutgemacht werde, was gegen die Wahrheit gefehlt worden ist.

Wenn Dir aber die Sache irgend am Herzen liegt, so bitte ich Dich inständig, sie mit dem größten Eifer zu betreiben. Wenn die ersten Seiten des Buches zum Umdrucke kommen werden, so scheint es mir erforderlich, daß Du eine kurze Vorrede hinzufügst, damit auch diejenigen Exemplare, welche bereits ausgegeben sind, von der Fälschung gereinigt werden.“

Rheticus wandte sich an den Rat der Stadt Nürnberg. Er übersandte diesem den Brief des Kulmer Bischofs.

Der Rat faßte am 29. August 1543 folgenden Beschluß:

„Herrn Tidemanno bischoff zu Collem in Breußen, deß Johan petrej vyffe sein schreyben gegebne schrifftliche antwurt (in welcher die Scharpff herausgelassen und gemiltert werden soll) zusenden, daneben schreyben: man könn dem petreyo derhalb nach gestellt seiner antwurt nichtz ufflegen."

Dem Bischof wurde zusammen mit diesem Antwortschreiben die „gesäuberte" Antwort des Verlegers zugestellt, der sich angesichts des bevorstehenden Geschäfts und der Herbstmesse auf keinen Kompromiß einließ, vielleicht auch, weil er fürchtete, im Falle eines Nachgebens von den Wittenberger Autoren keine Manuskripte mehr zu erhalten oder gar den Boykott der dortigen Universität zu erfahren.

Tiedemann Giese, der fünf Jahre nach dem Tod des Nikolaus Kopernikus Bischof von Ermland wurde, hat zeitlebens für das Recht seines Freundes weitergekämpft. Die zweite – unveränderte – Auflage des Werkes erlebte er nicht mehr.

Rheticus, der sich nach 1545 in Krakau als Arzt niederließ, führte das Werk des Freundes mit astronomischen und mathematischen Untersuchungen fort.

Darüber berichtete er:

„Nikolaus Kopernikus, der immer noch nicht genügend gerühmte Hipparch unserer Zeiten, entdeckte als erster die Ursache für die Anomalie der Fixsternbahnen. Ich habe das an anderer Stelle ausführlich gezeigt. Als ich nach fast dreijährigem Aufenthalt in Preußen von dort abreiste, erlegte mir der ehrwürdige Greis die Verpflichtung auf, das zu Ende zu führen, was ihm Alter und irgendeine üble Vorbestimmung nicht zu vollbringen gestatten sollten. Jene Untersuchungen sind von großer Bedeutung und diese Aufgabe hat uns Herr Kopernikus übertragen, den ich nicht nur als Lehrer, sondern auch als Vater verehre und achte und dem ich immer meine Dankbarkeit erweisen wollte. Deshalb habe ich, nachdem ich mich in Geometrie und Arithmetik genügend vorbereitet hatte, als Beobachtungsort Krakau gewählt, da Kopernikus entdeckt hat, daß Frauenburg – der Ort seiner Beobachtungen – genau so weit vom Westen entfernt ist wie Krakau und beide auf demselben Meridian liegen."

Im selben Jahr 1543 erschien auf dem Büchermarkt noch ein zweites grundlegendes Werk von großer Bedeutung für die Entwicklung der Wissenschaft, das Buch des flämischen Gelehrten Vesalius „De humani corporis fabrica libri septem", in dem erstmals der Mensch aufgrund genauer Beobachtungen dargestellt wurde.

Andreas Vesalius, Sohn des kaiserlichen Hofapothekers, hatte in Löwen, Paris und Brüssel studiert. 1537 promovierte er in Padua und lehrte hernach als Professor der Chirurgie und Anatomie. Sein Buch ging als das erste vollständige Lehrbuch der menschlichen Anatomie in die Geschichte ein.

So wurde 1543 zum Jahr, in dem sich „die Anschauungen des Menschen über Natur und Welt grundlegend änderten".

Gelehrte und Forscher haben sich mit der Gestalt des Nikolaus Kopernikus immer wieder beschäftigt, mit ihm und seinem Werk, das sie fortzusetzen, zu vollenden trachteten. Nicht nur sie, auch Maler, Bildhauer, Dichter, Dramatiker waren von dem Menschen Kopernikus gefesselt, haben sein Bild geschaffen, haben ihm Denkmäler gesetzt, haben ihn und sein Werk in der Erinnerung der Menschheit über mehr als fünf Jahrhunderte hinweg lebendig gehalten.

Stellvertretend für alle, soll hier jenes Sprachdenkmal stehen, das der Dichter Arno Holz ihm im dritten Teil seines „Phantasus" gesetzt hat:

NIKOLAUS KOPERNIKUS
der
edelst starkgemut und stolzgeschwellt, sich seiner Riesenhochtat wohl bewußt,
nach
hartem, selbstgestrengstem, nach heißem, ideenschwerstem,
nach
mehr als menschenalterlangem Ringen
mit
allem, was als „Weltbild"
apodiktisch,
als kategorisch sakrosankt, als
heilige Ordnung Gottes überliefert war,
was
in den Köpfen
fest,
als „Faktum", als
Infallibilum, als Evangelium
stand,
was seit Kleanthes schon, was seit
Hipparch und Ptolemäus
unbestritten
und
was durch
beinah zwei Jahrtausende
als
unantastbar unumstürzbar
galt,
kühn, vor sein Werk,
das
herrlichst, hehrst, erhabenst,
zukunftsträchtigst,

feierlichst
uns
eine neue
Erde,
uns einen neuen Himmel, uns einen neuen
Kosmos
gab,
summarisch lapidar,
in
beinschwarz
blanker, freifrank ranker
schärfst
wie aus Stein geschnittener Zirkelschrift,
aere perennius,
das
immer wieder
posaunischst schmetternde, das immer wieder drommetischst wetternde,
das
immer wieder
unüberwindlichst, unwiderleglichst,
ununterdrückbarst
fanalische,
aufjauchzende, jubelnde, schwärmerische,
weltverjüngende,
weltumwälzende, weltumstürzende
Markwort setzt:
„De
Revolutionibus!"

Die Lehre lebt fort

Rom nahm zum Werk des Kopernikus nicht offiziell Stellung. Lag es daran, daß der Astronom gestorben war und man von einer durchschlagenden Wirkung des verfälschten Werkes nicht überzeugt war, daran, daß Kopernikus sein Buch dem Papst gewidmet hatte und dessen Vorgänger Clemens VII. sich bereits positiv dazu geäußert hatte, oder lag es daran, daß die „auf Ewigkeit" angelegte Kirche sich getrost Zeit lassen konnte? Wie dem auch sei, es schien, als würden immer mehr hohe kirchliche Würdenträger ihm ein gewisses Wohlwollen entgegenbringen, und sei es auch nur, um sich damit in einen gewissen Gegensatz zu den Anhängern der Reformation zu stellen, die das Werk des Kopernikus nach wie vor ablehnten oder aber, dem Beispiel Osianders folgend, als bloße Hypothese zur Kenntnis nahmen.

Der erste Widerstand kam zehn Jahre nach Erscheinen der „Revolutiones" von der Universität Zürich, die das Buch verdammte. Ihrem Urteil schloß sich zwanzig Jahre später die Universität Rostock an; es folgten 1576 die Sorbonne und 1582 Tübingen.

Zwölf Päpste, die auf Paul III. folgten, schwiegen, die „13" erwies sich als Unglückszahl.

Unter dem Borghese-Papst Paul V., einem Eiferer in den Wissenschaften und Mäzen der Künste – in dessen Pontifikat die Peterskirche vollendet wurde –, einem Papst, dem der Ausspruch zugeschrieben wird, die Theorie des Kopernikus sei ein größeres Übel als die Lehren Calvins und Luthers, kam es, ausgelöst durch den Brief eines Karmeliterpaters, zur Verurteilung der Kopernikanischen Lehre durch die Heilige Kongregation für Indexfragen. Der Sekretär der Kongregation, der Bischof von Albano, und der Dominikaner-Kardinal der hl. Cäcilia, Peter Magdalenus Capiferri, unterzeichneten 1616 – im selben Jahr, in dem Galilei erstmals verurteilt wurde – folgendes Dekret:

„Da es zur Kenntnis der genannten Kongregation gekommen ist, daß jene falsche, der Heiligen Schrift vollkommen widersprechende Lehre der Pythagoreer über die Bewegung der Erde und die Ruhe der Sonne, die von

Nikolaus Kopernikus

Nikolaus Kopernikus in ‚Über die Umdrehungen der Himmelskörper‘ und von Dydak aus Stunik in ‚Hiob‘ verkündet wird, sich schon verbreitet hat und von vielen angenommen worden ist, wie aus dem Brief eines Karmeliterpaters hervorgeht, der den Titel trägt ‚Brief des Hochwürdigen Paters Paol Antoni Foscarini, des Karmeliters, über die Lehre der Pythagoreer und des Kopernikus von der Bewegung der Erde und der Ruhe der Sonne und vom Pythagoreischen Weltsystem‘, der 1615 in Neapel an Lazar Scorrigio geschrieben wurde und in dem der genannte Pater zu beweisen bemüht ist, daß die bekannte Lehre von der im Mittelpunkt der Welt gelegenen Sonne und von der Bewegung der Erde der Wahrheit entspricht und nicht im Widerspruch zur Heiligen Schrift steht, damit sich nun die Lehre dieser Art nicht weiter zum Schaden der katholischen Wahrheit verbreite, erachtet man es für angebracht, unbedingt die oben genannten Werke ‚De Revolutionibus orbium coelestium‘ von Nikolaus Kopernikus und die Kommentare von Dydak aus Stunik zu ‚Hiob‘ zurückzuhalten, solange sie nicht verbessert sind, die Schriften des Karmeliterpaters Paol Antoni Foscarini dagegen vollkommen zu verbieten und sie einschließlich aller anderen Schriften zu verdammen, die das gleiche lehren, was mit dem heutigen Dekret auch verboten, verdammt und zurückgezogen wird. Als Zeichen dessen ist dieses Dekret durch Unterschrift und Siegel Seiner Durchlaucht, des Kardinals der hl. Cäcilia, und des Bischofs von Albano bestätigt worden."

Man ging gegenüber den „Revolutiones" behutsam vor; vielleicht um allzu großes Aufsehen zu vermeiden, setzte man sie dem im Vergleich zu ihnen völlig unbedeutenden Kommentar eines Dydak gleich, indem man sie mit diesem in einem Atem nannte. Man verbot sie nicht schlechthin, sondern „hielt sie zurück, solange sie nicht verbessert sind".

In einem zweiten Dekret, das erst vier Jahre später erlassen wurde, bezeichnete man genau die Stellen, die „zu streichen oder zu berichtigen" seien.

Es ging der Heiligen Kongregation nicht um die Thesen über Erde und Sonne, sondern allein um die Thesen über die auf der Erde lebenden Menschen. Für die Lehre von Erde, Sonne, Mond und Sternen zeigte sich die Kirche als nicht zuständig. Doch hinsichtlich der Konsequenzen, die sich daraus für den Menschen und sein Verhältnis zum Weltall ergaben, hielt sie sich für mitverantwortlich. Hier galt es einzugreifen.

Auch nach Erlaß des zweiten Dekrets durfte das System des Nikolaus Kopernikus weiterhin als Hypothese gelehrt, es durfte jedoch nicht als These verteidigt werden. So blieb es zweihundert Jahre lang, bis 1820 Papst Pius VII., ein Benediktiner, der 1804 in Paris an der Kaiserkrönung Napoleons I. mitgewirkt hatte und sich um die Neuordnung des 1815 wiederhergestellten Kirchenstaates und die kirchliche Neuorganisation in den durch die Revolutionszeit erschütterten Ländern bemühte, das Buch des Kopernikus vom „Index librorum prohibitorum" absetzte.

Gedanken des Nikolaus Kopernikus hatte der 1548 in Nola bei Neapel geborene Dominikaner Giordano Bruno aufgenommen, der – nachdem er zahlreiche europäische Universitäten aufgesucht hatte – 1592 in die Hände der Inquisition fiel, die ihm wegen seiner gegen die Aristotelische Naturlehre und die christliche Kosmologie gerichteten Lehre von der Unendlichkeit der Welt und der Vielzahl und Gleichwertigkeit der Weltsysteme den Prozeß machte. 1593 wurde er nach Rom ausgeliefert und dort sieben Jahre in Haft gehalten. Bruno betonte die „Unendlichkeit des Alls", da es absurd wäre anzunehmen, Gott könne nur Endliches geschaffen haben. Die Erde und alle übrigen Planeten umkreisen die Sonne; in den Fixsternen sah er ferne Sonnenkörper in Weltsystemen, die aus demselben Stoff zusammengesetzt sind wie das des

Menschen und demzufolge bewohnt sein können. Er wurde im Jahr 1600 auf dem Scheiterhaufen verbrannt. 1584 hatte er sein Hauptwerk „Del' infinito, universo et mondi", eine Lehre von den Welten im All, die ihre eigenen Sonnen haben, veröffentlicht.

Zur gleichen Zeit etwa beobachtete der 1546 in Schonen geborene dänische Astronom Tycho Brahe, der in Kopenhagen und Leipzig Rhetorik, Rechtswissenschaft und auch Astronomie studiert hatte, den Sternenhimmel und entdeckte an ihm 1572 eine Nova. Vier Jahre später erhielt er vom Dänenkönig Friedrich II. die Sundinsel Ven als Lehen, auf der er eine großzügig mit Instrumenten eingerichtete Sternwarte bauen ließ. Er hatte einen Assistenten nach Frauenburg geschickt, um an Ort und Stelle die Messungen des Nikolaus Kopernikus zu überprüfen, mit dessen eigenem selbstgefertigtem Triquetrum.

1597 verließ Brahe Dänemark und ging nach Prag, wo er 1599 Hofastronom Kaiser Rudolfs II. wurde. Er führte seine Beobachtungen ohne Fernrohr mit selbstgebauten astronomischen Instrumenten durch. Sie lieferten die Grundlagen für Keplers Arbeiten über die Planetenbewegung. Tycho Brahe blieb Anhänger der Epizykeltheorie und ein Gegner des Kopernikanischen Systems, das er aus physikalischen Gründen ablehnte, wußte dessen Vorzüge aber in einem eigenen Weltsystem mit dem geozentrischen System des Ptolemäus zu verbinden. In seinem System umkreisten Sonne und Mond die in der Mitte der Fixsternsphäre ruhende Erde, während die übrigen Planeten die Sonne umkreisten.

Seine Daten für Planeten- und Fixsternörter führten Kepler zur Entdeckung der elliptischen Form der Planetenbahnen und des Flächengesetzes von 1605.

Auch Johannes Kepler, geboren 1571 in Weil (der Stadt), arbeitete noch mit selbstgefertigten Instrumenten. Nach dem Besuch der Klosterschulen von Adelberg und Maulbronn hatte er in Tübingen evangelische Theologie studiert. Ab 1594 lebte er als Mathematiker in Graz. Der 24jährige veröffentlichte sein „Mysterium cosmographicum" („Weltgeheimnis") und schickte es Tycho Brahe, der ihn sogleich als Assistenten zu sich holte. 1600 übersiedelte er nach Prag und wurde im Jahr darauf, nach Tycho Brahes Tod, dessen Nachfolger als Hofastronom Rudolfs II. Er setzte Brahes Werk fort. Bei seinen Beobachtungen benutzte er ein selbstkonstruiertes „astronomisches Fernrohr", das aus zwei Sammellinsen, dem Objektiv und dem Okular, bestand – im Gegensatz zum „holländischen Fernrohr" des Galilei, 1609 von diesem nach niederländischem Modell gefertigt, bestehend aus einer Sammellinse als Objektiv und einer Zerstreuungslinse als Okular, das dreißigfache Vergrößerungen gestattete.

1605 entdeckte Kepler, daß die Marsbahn kein Kreis, sondern eine Ellipse ist.

Die drei Keplerschen Gesetze, die die Planetenbahnen und den zeitlichen Verlauf der Bewegung beschrieben, waren eine Bestätigung und Anerkennung des Kopernikanischen Weltbildes.

Kepler hat zu Beginn des 17. Jahrhunderts die Ellipse an die Stelle des Kreises als einzige den Himmelskörpern entsprechende Bewegung gesetzt.

„Die Planeten bewegen sich in Ellipsen, in deren einem Brennpunkt die Sonne steht."

„Die Strecke Planet–Sonne bestreicht in gleichen Zeiten gleiche Flächen."

„Die Quadrate der Umlaufzeiten zweier Planeten verhalten sich wie die dritten Potenzen ihrer großen Bahnachsen."

Nach dem Tode Rudolfs II. ging Kepler als Mathematiker nach Linz, erarbeitete dort seinen „Abriß der kopernikanischen Astronomie" in sieben Bänden und veröffentlichte die Rudolphinischen Tafeln, die sich allmählich gegen alle anderen Tafelwerke durchsetzten.

Nahezu gleichzeitig mit Kepler beobachtete der 1564 in Pisa geborene Mathematiker, Philosoph und Physiker Galileo Galilei die Gestirne mit dem Fernrohr. Er hatte die Klosterschule in Vallombrosa besucht, in Pisa Medizin, Mathematik und Physik studiert und dort 1589 eine Professur erhalten, die er drei Jahre später gegen eine lukrativere in Padua eintauschte.

Mit dem 1609 nach holländischem Vorbild gebauten Fernrohr, das er auf Himmelsobjekte richtete, entdeckte er unter anderem, daß die Milchstraße aus lauter Einzelsternen besteht. Er entdeckte vier Jupitermonde – Körper, die den Jupiter umlaufen, analog zum Lauf der Planeten um die Sonne. Er erkannte die Lichtphasen der Venus, stellte fest, daß der Mond der Erde stets die gleiche Seite zukehrt. 1613 entwickelte er seine Vorstellungen über das Verhältnis der Bibel zur Naturerkenntnis und vor allem zum heliozentrischen System. Er kam zu dem Schluß, daß eine Neuinterpretation der Bibel vonnöten sei. So geriet er in Konflikt mit der Kirche. 1616 ermahnte ihn Kardinal R. Bellarmino, „alle Irrtümer aufzugeben".

Als Urban VIII. den päpstlichen Stuhl bestieg, hoffte Galilei, in ihm einen Fürsprecher für die Kopernikanische Lehre zu finden. 1625 veröffentlichte er seine Argumente für diese Lehre, reiste 1630 nach Rom, um die Druckerlaubnis für seinen „Dialog über die beiden hauptsächlichsten Weltsysteme, das ptolemäische und das kopernikanische" zu erwirken. Das Werk erschien 1632, wurde aber wenige Monate später auf

Galileo Galilei

kirchliches Geheiß eingezogen. 1632 wurde Galilei von der Inquisition vorgeladen und „wegen Übertretung des Verbots von 1616" verurteilt. 1633 schwor er seinem Irrtum ab, wurde nach Arcetri verbannt, erblindete dort und starb dreiundsiebzigjährig. Seine Beobachtungen und Erkenntnisse wurden Ausgangspunkt und Grundlage für die naturwissenschaftliche Entwicklung bis zu Newton.

Die Verbesserung der Beobachtungsinstrumente brachte mit sich, daß 1659 Huygens die Gestalt des Saturnrings, 1671 G. D. Cassini dessen Teilung erkannte. Inzwischen hatte 1647 J. Hevelins die Mondtopographie begründet.

1667 wurde die Sternwarte Paris, 1675 die Sternwarte in Greenwich gegründet. E. Halley nahm 1676 bis 1678 von der Insel St. Helena aus die erste umfangreiche Erfassung des Südhimmels vor.

Um die Mitte des 17. Jahrhunderts ging von den Städten, an denen Nikolaus Kopernikus einst studiert hatte, von Ferrara und Bologna, der letzte nennenswerte Widerstand gegen seine Lehre aus. Der 1598 in Ferrara geborene Jesuit Giovanni Battista Riccioli, Professor in Parma und Bologna, faßte in einem großangelegten Kompendium das damalige astronomische Wissen zusammen. In seinem „Almagestum novum", der 1651 erschien, wandte er sich gegen das Kopernikanische Weltsystem.

Im Jahr 1687 veröffentlichte der 1643 in Woolsthorpe bei Grantham geborene Landwirtssohn, Mathematiker, Physiker und Astronom, Sir Isaac Newton, sein Hauptwerk „Philosophiae naturalis principia mathematica", in dem er die drei Axiome der Mathematik formulierte. Newton hatte in Cambridge studiert und lehrte später dort als Professor der Mathematik. Er wurde zum Begründer der Himmelsmechanik, der Lehre von den Bewegungen der Himmelskörper im Raum. Ansätze bei Kepler, Galilei, Huygens und anderen nutzend, schuf er die Grundlage zur gemeinsamen Mechanik terrester und kosmischer Systeme. Er entdeckte das Gesetz der allgemeinen Schwere, der „Gravitation", und leitete daraus mit Hilfe seiner „Fluxionsrechnung" die Keplerschen Gesetze ab. Er zeigte den Weg zur Bestimmung der Massen von Sonne und Planeten sowie der Präzession.

Auf seinem Werk aufbauend, publizierte der 1749 in Beaumont-en-Auge geborene Pierre Simon Marquis de Laplace, ein französischer Mathematiker und Astronom, 1799 bis 1825 seine fünfbändige „Mechanik des Himmels", in der er als erster die Unveränderlichkeit der mittleren Bewegungen der Planeten und die Stabilität des Sonnensystems nachwies.

Den lange gesuchten Beweis aber für die endgültige Richtigkeit der Lehre des Nikolaus Kopernikus erbrachte 1838 mit der ersten zuverlässigen Messung einer Fixsternparallaxe der aus Minden stammende Sternwartedirektor Wilhelm Bessel in Königsberg in Preußen, nur einen Katzensprung von der „curia coppernica" auf dem Frauenburger Domberg entfernt.

Damit hatte sich die Beweiskette für das Weltbild, das Nikolaus Kopernikus geschaffen, lückenlos geschlossen. Drei Jahre zuvor, 1835, hatte die Kirche die Werke Galileis vom Index der verbotenen Bücher zurückgezogen.

Natürlich wurde auch nach 1838 die astronomische Forschung energisch weitergetrieben. Friedrich Wilhelm Argelander, geboren 1799 in Memel, beschäftigte sich als Gehilfe F. W. Bessels in Königsberg mit der Aufstellung neuer Sternkataloge. 1823 wurde er Observator an der Sternwarte, ging aber 1837 als Professor der Astronomie nach Bonn, wo er sich besonders der physikalischen Erforschung der Fixsterne widmete. Sein bedeutendstes Werk ist die „Bonner Durchmusterung", ein Verzeichnis und Kartenwerk mit 324.198 Sternen der nördlichen Himmelskuppel. Es erschien 1846 bis 1863 in fünf Bänden und wurde durch einen „Atlas des nördlichen gestirnten Himmels" ergänzt.

Der 1856 in Görlitz geborene Astronom Friedrich Küstner, ab 1891 Professor und Direktor der Sternwarte in Bonn, entdeckte 1884/85 die Schwankungen der Polhöhen, bestimmte erstmals aufgrund spektrographischer Betrachtungen die Aberrationskonstante und 1905 die Sonnenparallaxe. 1908 erstellte er einen genauen Katalog von 10.663 Sternen.

Der 1863 in Heidelberg geborene Astronom, seit 1893 Professor an der Universität seiner Heimatstadt, seit 1917 Leiter der dortigen gesamten Sternwarte, Maximilian Wolf, wirkte bahnbrechend auf den Gebieten der Himmelsfotografie und Astrophysik. Er entdeckte mehrere hundert Planetoiden, zahlreiche Kometen und viele Sterne mit großer Eigenbewegung. Zusammen mit dem 1848 in Troppau geborenen und in Wien lehrenden Astronom Johann Palisa, der 1902 ein „Sternlexikon von $-1°$ bis $+19°$ Deklination" veröffentlicht hatte, erstellte er den ersten Sternatlas auf fotografischer Grundlage.

Besonderes Interesse haben in neuerer Zeit die Untersuchungen des Freiherrn Carl Friedrich von Weizsäcker, geboren 1912 in Kiel, nach längerer Forschungstätigkeit in Leipzig und Berlin Professor in Straßburg, Göttingen, Hamburg und schließlich Direktor des Max-Planck-Instituts zur Erforschung der Lebensbedingungen der wissenschaftlich-technischen Welt in Starnberg, gefunden. Zunächst beschäftigte er sich mit theoretischer Kernphysik, dann mit Astrophysik und Kosmogonie. Erwähnenswert in diesem Zusammenhang sind seine Schriften „Theorie der Entstehung des Planetensystems", 1943, und „Über die Entwicklung der Sterne und Sternsysteme", 1959.

Das besondere Interesse der Astronomen galt immer dem Mond. Die erste grobe Karte des Mondes schuf Galilei. Die Bewegung des Mondes zählte lange zu den schwierigsten himmelsmechanischen Problemen. Mehrere Forscher haben eigene Mondtheorien geliefert. Der amerikanische Amateurastronom Henry Draper, geboren 1837 in Virginia, der sich ab 1860 besonders für die Astrofotografie interessierte, hat 1872 zum ersten Male mit selbstkonstruierten Silberhohlspiegeln ein Fixsternspektrum fotografiert. Er hat das erste Foto vom Mond geschaffen. 1945 fing man das erste Radarecho vom Mond auf. Die erste Aufnahme von der Rückseite des Mondes machte 1959 die sowjetische Mondsonde Lunik 3. Seitdem brachten Raumsonden zum Mond neue Erkenntnisse über dessen physikalischen Aufbau, die zugleich Rückschlüsse auf allgemeine kosmologische Fragen gestatteten. Als erster Mensch betrat der 1930 im Staate Ohio geborene Neil Armstrong als Kommandant der Apollo 11 zusammen mit E. A. Aldrin am 20. Juli 1969 den Erdtrabanten.

Anhang

Lebensdaten

1473: Geboren am 19. Februar in der St.-Annen-Gasse in Thorn. Vermutlich Besuch der Pfarrschule St. Johannes.

1483: Tod des Vaters.
Vermutlich Besuch des Kulmer Partikulars.

1489: Sein Vormund, Lukas Watzenrode, wird Bischof von Ermland.

1491: Studienbeginn, Herbstsemester an der Krakauer Universität.

1494: Kopernikus verläßt die Universität Krakau ohne Abschluß.

1495: Kanonikat bei der ermländischen Kathedralkirche in Frauenburg: Nicolaus de Thorn, nepos episcopi.

1496: Immatrikulation zum juristischen Studium in Bologna – Eintritt in die „Natio Germanorum": „Nicolaus Kopperlingk".

1497: Kopernikus beobachtet am 9. März die Bedeckung des Aldebaran durch den Mond.

1499: Kopernikus erwirbt den Magistergrad „in utroque jure".

1500: Astronomische Beobachtungen in Bologna – Teilnahme an den Jahrhundertfeiern in Rom – dort mathematische Vorlesungen – Beobachtung einer Mondfinsternis in Rom.

1501: Kurzaufenthalt in Frauenburg – das Domkapitel bewilligt zweijähriges Medizinstudium in Padua.

1503: Am 31. Mai Promotion zum Dr. jur. in Ferrara – Scholastikus beim Heiligkreuzstift in Breslau – im Herbst Rückkehr ins Ermland – Leibarzt bei seinem Onkel in Heilsberg.

1504: Teilnahme an den Preußischen Landtagen in Marienburg und Elbing.

1506: Teilnahme an der preußischen Ständeversammlung in Marienburg.

1507: In Heilsberg entsteht der „Commentariolus".

1508: Papst Julius II. genehmigt am 29. November die Annahme weiterer Benefizien.

1509: Bei Haller in Krakau erscheint die lateinische Übersetzung der Episteln des Theophylaktos Simokattes aus dem Griechischen – am 2. Juni Beobachtung einer Mondfinsternis in Frauenburg.

1510: Erstmals zum Kanzler des ermländischen Domkapitels gewählt – Residenz in Frauenburg.

1511: Mit Fabian von Lossainen Visitation der Kammerämter Allenstein und Mehlsack – 7. Oktober Mondfinsternis in Frauenburg beobachtet.

1512: Marsbeobachtungen in Frauenburg am 1. Januar und 5. Juni – Tod des Onkels – Fabian von Lossainen zum Bischof von Ermland gewählt.

1514: Mitarbeit an der Kalenderreform – Saturnbeobachtungen am 25. Februar und 5. Mai.
Beginn der Niederschrift von „De Revolutionibus".

1515: Mehrere Himmelsbeobachtungen in Frauenburg.

1516: Administrator des Domkapitels – Residenz Allenstein.

1517: Kopernikus schreibt eine Abhandlung über Münzprobleme.

1518: Himmelsbeobachtungen in Allenstein am 7. Juni und 12. Dezember.

1519: Wahl zum Kanzler des Domkapitels – erstellt Gutachten zur Münzreform für den Landtag in Graudenz 1522.

1520: Kopernikus verlegt die Residenz nach Zerstörung Frauenburgs im Reiterkrieg nach Allenstein – die Administration der Kapitelsgüter wird dem Kanzler übertragen – Himmelsbeobachtungen in Allenstein.

1521: Tiedemann Giese wird Administrator der Kapitelsgüter – Rückkehr nach Frauenburg am 21. August – Wiederaufbau der Domburg – dort Residenz – mit Giese zum Landtag nach Graudenz – Beschwerde über das Verhalten des Ordens.

1522: Himmelsbeobachtungen – Mondfinsternis.

1523: Fabian von Lossainen stirbt – für die Sedisvakanz wird Kopernikus Generaladministrator des Fürstbistums – Mauritius Ferber zum neuen Bischof gewählt.

1525: Wahl zum Kanzler des Domkapitels.

1524: Himmelsbeobachtungen in Frauenburg – staatsmännische Aktionen im Zusammenhang mit dem Orden.

1526: Teilnahme am Landtag in Heilsberg – Mitarbeit an der ermländischen Landesordnung – am 28. November Himmelsbeobachtung in Frauenburg.

1527: Zahlreiche Himmelsbeobachtungen in Frauenburg.

1528: Teilnahme an der Beratung für die Münzreform.

1528: Wahl zum Kanzler des Domkapitels.

1529: Kopernikus zeichnet eine Karte Preußens.

1529/30: Berater bei der Münzreform.

1531: Als Arzt zu Bischof Ferber nach Heilsberg gerufen.

1532: Mitarbeit an den neuen Statuten des Domkapitels.
Niederschrift von „De Revolutionibus" abgeschlossen.

1533: Widmanstadt trägt Papst Clemens VII. die Lehre des Kopernikus vor.

1534: Beobachtung der Mondfinsternis am 29. Januar in Frauenburg.

1535: Kopernikus gibt den Almanach zur Verbreitung der astronomischen Tafeln frei.

1536: Kardinal Nikolaus von Schönberg bittet um Abschrift der „Revolutiones".

1537: Tod des Bischofs Mauritius Ferber – Kopernikus' Mittestamentsvollstrecker Giese schlägt ihn als neuen Bischof vor – die Wahl fällt auf Johannes Dantiscus von Höfen.

1538: Als Arzt zu Bischof Dantiscus nach Heilsberg gerufen – Verzicht auf die Einkünfte aus der Scholasterie Breslau – Rheticus, Schoner und Petrejus erwägen den Druck von „De Revolutionibus".

1539: Beobachtung der Sonnenfinsternis am 18. April in Frauenburg – Rheticus reist nach Frauenburg – Wochen bei Tiedemann Giese in Löbau.

1540: Rheticus veröffentlicht bei Rhode in Danzig die „Narratio prima" über die Lehre des Kopernikus – Beobachtung der totalen Sonnenfinsternis am 6. April in Frauenburg.

1541: Übernahme des Dombauamtes in Frauenburg – als Arzt zu Georg von Kunheim nach Königsberg gerufen – zweiter Druck der „Narratio" erscheint in Basel – Überarbeitung des Hauptwerkes.

1542: Rheticus veröffentlicht Auszüge aus „De Revolutionibus" unter dem Titel „De lateribus et angulis triangulorum" in Wittenberg – Niederschrift der Widmung an Papst Paul III. – Druckbeginn der „Revolutiones" bei Petrejus in Nürnberg.

1543: Am 24. Mai stirbt Nikolaus Kopernikus – am selben Tag trifft das erste Exemplar der „Revolutiones" in Frauenburg ein – Beisetzung im Frauenburger Dom.

Wichtige Daten der Astronomie

Vor Christus

4. Jahrtausend	Ägypten hat bereits eine Zeitrechnung nach einem Sonnenjahr von 365 Tagen.
2750	Die Babylonier geben den wichtigsten Sternbildern Namen.
2650	China baut die ersten Sonnenuhren.
1000	Auch die Azteken und Inder kennen bereits Sonnenuhren.
763	Erste exakte Beschreibung einer Sonnenfinsternis in Babylonien.
6. Jahrh.	Höhepunkt der babylonischen Astronomie.
6. Jahrh.	Pythagoreer lehren die Kugelgestalt der Erde.
um 640–545	Thales von Milet beschreibt eine Sonnenfinsternis.
um 580–500	Pythagoras von Samos stellt seine Lehrsätze auf.
5. Jahrh.	Philolaos von Kroton versucht als erster die Planetenbewegungen zu deuten.
427–347	Platon lehrt die Rotation der Erde.
408–355	Eudoxos von Knidos schafft ein Sphärensystem, das die Planetenbewegungen erklärt.
4. Jahrh.	Ekphantos von Syrakus lehrt die Drehung der Erde um ihre Achse.
388–310	Herakleides von Pontos lehrt die Drehung von Merkur und Venus um die Sonne.
384–322	Aristoteles aus Stageira in Mazedonien übt bis ins 17. Jahrhundert hinein entscheidende Einflüsse auf die Astronomie aus.
310–230	Aristarchos von Samos lehrt die Bewegung der Sonne um die Erde und bestimmt die Entfernung der Sonne und des Mondes von der Erde. Er ist der wichtigste Vorläufer des Nikolaus Kopernikus.
um 300	Euklid, der Mathematiker aus Alexandria, beobachtet die Sternbewegungen.
um 275–195	Eratosthenes von Alexandria mißt den Durchmesser der Erde.
um 190–120	Hipparchos von Nikäa gilt als der bedeutendste Astronom des Altertums und Begründer der astronomischen Wissenschaft.

Nach Christus

um 100 – um 180	Claudius Ptolemäus schreibt sein „Großes astronomisches System" (Almagest). Höhepunkt der griechischen Astronomie.
ab 8. Jahrh.	Weiterführung der Astronomie durch die Araber.
829	Gründung der Sternwarte von Bagdad.
ca. 850–929	Al Battani, bedeutendster arabischer Astronom.
1223–1284	Alphons der Weise von Kastilien läßt die „Alphonsinischen Tafeln" erstellen, neue Tafeln zu den Planetenbewegungen.

1240	Erster Astronomenkongreß in Toledo.
1401–1464	Nicolaus Cusanus schlägt auf dem Basler Konzil die Kalenderreform vor.
1423–1461	Georg von Peuerbach, seit 1450 auf dem astronomischen Lehrstuhl der Wiener Universität. Neue Theorie der Planetenbahnen (theoricae novae planetarum).
1436–1476	Johannes Müller (Regiomontanus), Schüler Peuerbachs, gilt als bedeutendster Astronom vor Nikolaus Kopernikus.
1445–1495	Albert Brudzewski (Blar) lehrt Astronomie an der Krakauer Universität. Konstruiert astronomische Instrumente.
1454–1504	Domenico Maria Novara lehrt Astronomie in Bologna. Großer Einfluß auf Nikolaus Kopernikus, der bei ihm Assistent war.
1465–1527	Laurentius Corvinus (Rabe), Lehrer und Freund des Kopernikus.
1468–1522	Johannes Werner, Pfarrer in Nürnberg, schreibt „De motu octavae sphaerae" und lockt den Widerspruch des Kopernikus heraus.
1472	Gründung der Sternwarte Nürnberg.
1473–1543	NIKOLAUS KOPERNIKUS
1480–1549	Tiedemann Giese, Freund und Mitforscher des Nikolaus Kopernikus.
1498–1552	Andreas Osiander, lutherischer Prediger in Nürnberg, redigiert die „Revolutiones" des Kopernikus und schreibt ein Vorwort dazu.
1511–1553	Erasmus Reinhold, Mathematiker in Wittenberg, publiziert 1551 neue Planetentafeln (Prutenicae tabulae coelestium motuum).
1524–1574	Joachim Rheticus, Mathematiker aus Wittenberg, schreibt die „Narratio prima".
1537–1612	Christoph Clavius, Jesuit, erarbeitete den Gregorianischen Kalender.
1546–1601	Tycho Brahe beobachtet in seinem Observatorium auf der Insel Hven die Planeten und schafft Grundlagen für die Arbeiten Keplers.
1548–1600	Giordano Bruno, Lehre von den Welten im Weltraum, die ihre eigenen Sonnen haben.
1564–1617	David Fabricius klärt die Ursachen der Sonnenfinsternis.
1564–1642	Galileo Galilei muß dem heliozentrischen System abschwören; erfindet das Fernrohr, entdeckt Jupitermonde, Mondgebirge und Sonnenflecke.
1570–1624	Simon Marius entdeckt den Andromedanebel wieder.
1571–1630	Johannes Kepler schreibt seine Planetengesetze.
1580–1642	Nicholas Peiresc entdeckt den Orionnebel.
1598–1671	Giovanni Battista Riccioli, Jesuit, Gegner der Kopernikanischen Lehre, schreibt „Almagestum novum".
1625–1712	Giovanni Domenico Cassini bestimmt die Entfernung Erde–Sonne. Cassinische Kurven.
1629–1695	Christiaan Huygens entdeckt den Saturnring und den ersten Saturnmond.
1642	Gründung der Sternwarte Kopenhagen.
1643–1727	Isaac Newton. Gravitationsgesetz. „Opticks." Neue Erkenntnisse auf den Grundlagen Galileis.
1693–1762	James Bradley entdeckt die astronomische Aberration des Lichtes und die Nutation.
1738–1822	Friedrich Wilhelm Herschel entdeckt den Uranus, baut große Teleskope.
1746–1826	Giuseppe Piazzi entdeckt den kleinen Planeten Ceres.

1777–1855	Carl Friedrich Gauß veröffentlicht eine Methode zur Planetenbahnbestimmung.
1784–1846	Wilhelm Bessel, Direktor der Königsberger Sternwarte, mißt die erste Fixsternparallaxe. Letzter Beweis für die Richtigkeit der Kopernikanischen Lehre.
1799–1875	Friedrich Wilhelm August Argelander entwickelt Methoden zur Erforschung veränderlicher Sterne. Bonner Durchmusterung.
1800–1867	William Parsons Earl of Rosse untersucht die Nebelflecken und erkennt die Spiralstruktur.
1811–1882	John William Draper fotografiert als erster den Mond.
1840	Gründung der Harvard-Sternwarte.
1846	Entdeckung des Neptun.
1849–1924	Hugo von Seeliger. Arbeiten zur Himmelsmechanik, Photometrie und Stellarstatistik.
1851–1922	Jacobus Cornelius Kapteyn. Arbeiten zur Photometrie. Erforschung der Milchstraße.
1856–1936	Friedrich Küstner entdeckt die Veränderlichkeit der Polhöhe und stellt zwei Sternkataloge auf.
1863–1932	Max Wolf führt die fotografische Himmelsbeobachtung ein, entdeckt zahlreiche Planetoiden und Nebel. Beweist die Existenz interstellarer Materie.
1868–1938	George Ellery Hale erfindet den Heliospektrographen und entdeckt die Magnetfelder in den Sonnenflecken.
1866–1938	Ernest William Brown legt eine neue Mondtheorie und Mondtafeln vor.
1889–1953	Edwin Powell Hubble bestimmt die Entfernung von Spiralnebeln.
1890	Erster internationaler Sternkatalog.
1893–1960	Walter Baade untersucht die Struktur der Spiralnebel, entdeckt zwei verschiedene Sternpopulationen.
1906	Hans Albrecht Bethe. Bethe-Weizsäcker-Zyklus.
1912	Carl Friedrich Freiherr von Weizsäcker. Hypothese über die Entstehung des Planetensystems.
1930	C. W. Tombaugh entdeckt als neunten Planeten den Pluto.
1946	Radarecho vom Mond festgestellt.
1949	21-cm-Linie des neutralen interstellaren Wasserstoffs gefunden.
1957	Erster künstlicher Erdsatellit.
1969 (21. Juli)	Neil Armstrong betritt als erster Mensch den Mond.

Bibliographie

De Revolutionibus:
Nicolai Copernici Torinensis De Revolutionibus Orbium Coelestium, Libri VI. Norim-
bergae apud Joh. Petrejum, anno M. D. XLIII. Unveränderter Nachdruck der
Nürnberger Ausgabe von 1543, Basel 1566.
Redigierte Nachdrucke: Amsterdam 1617; Warschau 1854 (mit einer polnischen
Übersetzung); Thorn 1873 (textkritische Ausgabe, besorgt von Maximilian Curtze).
Über die Kreisbewegungen der Weltkörper (deutsche Ausgabe von C. L. Menzzer),
Thorn 1879 (in französischer Übersetzung erschienen die ersten elf Kapitel 1934 in Paris,
hrsg. von A. Koyre).
Nikolaus Kopernikus Gesamtausgabe, hrsg. im Auftrag der deutschen Forschungs-
gemeinschaft und der Kopernikus-Kommission von F. Kubach, geplant in fünf Bänden,
München–Berlin ab 1944.
Bd 1: Opus de revolutionibus caelestibus manu propria (Faksimiledruck), bearbeitet von
F. Kubach, 1944.
Bd. 2: De Revolutionibus Orbium Coelestium Libri Sex, textkritische Ausgabe von Franz
Zeller und Karl Zeller, hrsg. von der Kopernikus-Kommission, 1949.
Nicholas Copernicus complete Works I. Englische Ausgabe, im Auftrag der Polnischen
Akademie der Wissenschaften, hrsg. von der Forschungsstelle beim Institut für die
Geschichte der Wissenschaften und Technik in Warschau, 3 Bände, London/Warschau
1972 (Faksimile der Handschrift „De Revolutionibus").
Nicolaus Copernicus Gesamtausgabe lateinisch-deutsch, geplant in 10 Bänden, 18 Teil-
bänden, Hildesheim ab 1972 im Auftrag der deutschen Kommission für die Copernicus-
Gesamtausgabe in Verbindung mit der Copernicus-Forschungsstelle der Polnischen
Akademie der Wissenschaften, hrsg. von Heribert M. Nobis.
Bd. 1: „De Revolutionibus", Hildesheim 1972 (Faksimile der Handschrift).

Commentariolus:
Nur in handschriftlichen Kopien vorhanden.
Erster Druck, hrsg. von Maximilian Curtze, Wien 1878.
Zweiter Druck, hrsg. von Arvid Lindhagen, Stockholm 1881.
Deutsche Übersetzung von Adolf Müller, aufg. i. d. zweiten Band der Kopernikus-
Biographie von Leopold Prowe, Berlin 1883/84.
Englische Übersetzung mit Noten in Edward Rosen: Three Copernican Treatises, New
York 1939 (hier auch der Brief an Werner und die Narratio prima des Rheticus).
Nikolaus Kopernikus Erster Entwurf seines Weltsystems sowie eine Auseinandersetzung
Johannes Keplers mit Aristoteles über die Bewegung der Erde, übers. und erläutert von
F. Rossmann, München 1948 (Commentariolus).

Narratio prima:
Rheticus, G. Joachimus: De Libris Revolutionum Narratio Prima, Danzig 1540 – Basel 1541, zweite Auflage Basel 1566.
Aufgenommen in Johann Kepler: Mysterium cosmographicum, Tübingen 1596 – Frankfurt/Main 1621.
Aufgenommen in den redigierten Nachdruck „De Revolutionibus", Warschau 1854 (mit einer polnischen Übersetzung).
In der Übersetzung ins Englische von Rosen, New York 1939.
Über die Kreisbewegungen des Kopernikus, deutsche Übersetzung der Narratio prima von Karl Zeller, 1943.

Einzelwerke über Kopernikus und sein Werk:
Adamczewski, Jan: Mikolay Kopernik und seine Epoche, Warschau 1972.
Adamczewski, Jan: Polnische Kopernik-Städte, Warschau 1972.
Armitage, Angus: Copernicus, The Founder of Modern Astronomy, London 1938.
Armitage, Angus: Sun, Stand Thou Still, The life and Works of Copernicus, The Astronomer, London/New York 1947.
Baranowski, Hendryk: Bibliografia Kopernikowska 1509–1955, Warschau 1948.
Batowski, Zygmunt: Wizerunki Kopernica, Thorn 1933.
Birkenmejer, Ludwik Antoni: Mikolaj Kopernik, Krakau 1900.
Birkenmejer, Ludwik Antoni: Mikolaj Kopernik jako uczony, twórca i obywatel, Krakau 1923.
Birkenmejer, Ludwik Antoni: Stromata Copernicana, Krakau 1924.
Biskup, Marian: Mikolaja Kopernika Lokacje lanów opuszczonych, Allenstein 1970.
Biskup, Marian: Nowe materialy do dzialalości publicznej Mikolaja Kopernika z lat 1512–1537, Warschau 1971.
Blumenberg, Hans: Die kopernikanische Wende, Frankfurt/Main 1965.
Flammarion, Camille: Vie de Copernic, Paris 1872.
Gassendi, P.: Tychonis Brahei Vita, Paris 1654 (als Zusatz die Vita des Nikolaus Kopernikus).
Hartner, Willy: Nicolaus Copernicus in „Die Großen Deutschen", Bd. 1, Berlin 1956.
Hermanowski, Georg: Nicolaus Coppernicus, sein Leben und sein Werk, München 1971; TB 1976.
Hermanowski, Georg: Das Ermland, unserer lieben Frauen Land, Mannheim 1983.
Hipler, Franz: Literaturgeschichte des Bistums Ermland, Braunsberg/Leipzig 1872.
Kuhn, Thomas S.: The Copernican Revolution, Cambridge/USA 1957.
Kauffeldt, A.: Nikolaus Kopernikus. Der Umsturz des neuen Weltbildes, Leipzig 1958.
Kesten, Hermann: Copernicus und seine Welt, München 1973.
Lichtenberg, Georg Christoph: Nicolaus Copernicus, Leipzig 1800, im Pantheon der Deutschen 3ten Teile.
Müller, Adolf: Nicolaus Copernicus, der Altmeister der neuern Astronomie, Freiburg i. Br. 1898.
Polkowski, Ignacy: Kopernikijana (1–3), Gnesen 1873–1875.
Prowe, Leopold: Nicolaus Copernicus (2 Bände im 3. Teil), Berlin 1883/1884, Neudruck Osnabrück 1967.
Prowe, Leopold: Zur Biographie von Nikolaus Copernicus, Thorn 1853.
Rosen, Edward: Three Copernican Treatises, New York 1959.
Rybka, E. und P.: Kopernik Czlowoek i Myśl, Warschau 1972.

Schmauch, Hans: Nicolaus Coppernicus und die preußische Münzreform, Gumbinnen 1940.
Schmauch, Hans: Nikolaus Kopernikus, Kitzingen 1953 (Schriftenreihe des Göttinger Arbeitskreises).
Schmeidler, Felix: Nikolaus Kopernikus, Stuttgart 1970 (Reihe: Große Naturforscher).
Sikorski, Jerzy: Mikolaj Kopernik na Warmii, Allenstein 1968.
Wasiutyński, Jeremi: Kopernik zwórca nowego bieba, Warschau 1938.
Zinner, Ernst: Entstehung und Ausbreitung der Coppernicanischen Lehre, Erlangen 1943.

Wichtige Einzelarbeiten befinden sich in:
Nicolaus Copernicus zum 500. Geburtstag, hrsg. von F. Kaulbach, U. W. Bargenda und J. Blüdorn, Köln 1973.
Nicolaus Copernicus, Akademische Festschrift aus Anlaß der 500. Wiederkehr des Geburtstages von Nicolaus Copernicus, Berlin-Ost 1973.
Nicolaus Copernicus, der große Astronom aus dem Preußenland, 1473– 1973 (Sonderdruck aus Westpreußen-Jahrbuch, Band 23), Münster 1973.

Ordnungen:
Landesordnung des Stiffts Ermland, Frauenburg 1526, aus Hugo Bonk: Geschichte der Stadt Allenstein (Bd. 3), Allenstein 1903, 1912–1929.
Statuten des Domkapitels von Frauenburg aus dem Jahr 1532, aus der Zeitschrift für die Geschichte und Altertumskunde Ermlands, Band 36, Münster i. W. 1972 (mit deutscher Übersetzung von Anneliese Triller). Abschrift des 16. Jahrhunderts (lat.) in der Universitätsbibliothek Uppsala.

Ermländische Forschungen:
Die wichtigsten Beiträge der ermländischen Kopernikus-Forscher Eugen Brachvogel, Franz Hipler und Hans Schmauch befinden sich in: Monumenta Historiae Warmiensis, 13 Bände, Braunsberg 1860–1937; Codex Diplomaticus Warmiensis oder Regesten und Urkunden zur Geschichte Ermlands, 4 Bände, Braunsberg 1860, 1864, 1874 und 1935; Zeitschrift für die Geschichte und Altertumskunde Ermlands 1–28, Braunsberg 1860–1943; ab 29 Osnabrück 1960 ff.

Landesordnung des Stiffts Ermland.

H. Br. A, C 1. Kasten 1525—31.

№ 78.

1526. Frauenburg.

Nachdem wir Mauritius[1]) von gots gnaden Bischoff, Johann Ferber[2]) Techent, Tidemannus Gise[3]) Custos, Johannes Sculteti[4]) Archidiacon, Albertus Bischoff, Nicolaus Copperling [sic!] Thumherrn vnd ganntz Capitel der Kirchen zu Ermlanndt vermerkt, das vnder vnnsern vnderthanen manigfaltige gebrechen vnd irrung bisher geschwebt, dadurch christliche einigkeit vnd fride zertrennet, gemeine wolfart, itzlichs stanndis in mercklich abwachsen kommen ist. Damit solche gebrechenn abgethann, vnnd einigkeit erhalten vnd vnnser arme vnderthane in gutte ordnung gesetzt wurdenn, haben wir gott dem Almechtigen, vorderlich zur ehre vnd gemeinem nutz zum besten mit wissen rath vnd bewilligung, Lannd vnd Stetten gedachter vnnser herschafft iczlich ordnung vnd satzung in folgenden artickeln begriffen aufgerichtet, auch vhest vnnd vnuergrifflich von einem jdern ben penen[5]) dazu bestimet zu halten beschlossen.

Von Cristlicher einigkeit vnd Bürgerlichem Regiment.

Zum Ersten, dieweill offentlich am tag wetz entpörung, zwitracht, zurspaltung Cristlicher einigkeit vnd liebe, auffruhr vnd blutzstörtzung,[6]) die newerung des glaubens vnd frembde von gemeiner Cristlichen Kirchen verdampte lere laider eingefurt hatt — Nachdem jdermeniglich

---

[1]) Mauritius war Bischof von 1523—37.
[2]) Johann Ferber war Dechant 1522—30.
[3]) Tiedemann Giese war Custos 1523—28.
[4]) Johannes Sculteti war Archidiakon von 1500—1526.
[5]) d. i. Strafen.
[6]) d. i. Blutsstürzung, Blutsturz. Diese und die folgenden Ausdrücke und Bestimmungen erklären sich daraus, daß diese Landesordnung unter dem frischen Eindruck der (1525) im Herzogtum eingeführten Reformation geschrieben ist.

146

die schrifft nach seinem gutduncken auslegen vnd die alte lobliche gewonheit gemeiner Cristlichen Kirchen, nach seinem muthwillen zu endern
vnd abzuthun vornimpt, daraus auch volgt, das nichts bestendigs, so
wol in weltlichen als geistlichen hendeln muge erhalten werden —
derhalben volgende den fußstappen Rhu[mischer] M[ajestä]t[1]) gebietten
wir ernstlich, das jdermeniglich in vnser Herschafft begriffen, weß
Condicion oder wesenns der sey, den alten brauch vnd wanndel
Cristlicher satzung an vnns, von vnnsern vorfarn sain aus einer hand
in die andere vberraicht, stet vnd vhestigclich halte vnnd handthabe.
Wem solchs widerlich vnd nicht traglich,[2]) mag sich auß vnnser herschafft inwendig eins monden zeit nach eröffnung diser vnser satzung
anderstwo nymmer widerzukommen begeben. Wurde jemandt daruber betretten, Soll an leib vnd gutt gestrafft werden.[3])

Auch wollen wir einen itzlichen bey dem Eide vnnd pflichten,
damit er vnns verhafftet, auch bey verlust aller gutter ernstlich ge-
botten haben, das je alle vnd itzliche Martin Lutters vnd seines anhangs Buecher, verteudtschung vnd auslegung, gedicht, Reime, Schent-
brieff,[4]) schmelich vnnd schimpflich gesenge vnd dergleichen vngeburliche
schrifften gedruckt vnd geschrieben, was namen sie haben mugen, auß
welchenn gedachter jamer vnnd betriebnus geflossen, inwendig eines
monden zeit nach eröffnung dieser vnnser ordnung, vnns ader vnnsern
amptsuerwaltern vberliefere vnnd on alle hilffrede vberantwurtte, sich
derselbigen hinfurter gar vnnd ganntz entschlage, weitter nicht brauche,
ader bey sich habe, auch nicht den wanndel des glaubens in Bier-
kriege[5]) ader sonst zurede setze, dauon disputiere, zancke ader klette.[6])
Auch das niemandt, Er sey Burger, Einwoner ader gast, Fraw ader
mann, weitter[7]) einigen mentschen geistlichs ader weltlichs Standts mit
schmelichen Reden, stachlingen gesenngen, ader heimliche anschreie, be-
tasche,[8]) anfertige,[9]) ader einiger ander weiß verbotten bey hundert
marck vnerleslich zun haltenn.

---

[1]) Römischer Majestät, d. h. des deutschen Kaisers.
[2]) d. i. erträglich.
[3]) D. h. Jeder Anhänger der neuen Lehre wird bei Strafe an Leben („leib")
und Gut binnen Monatsfrist ausgewiesen.
[4]) Schändbriefe.
[5]) d. h. am Biertisch.
[6]) „jurgari, kletten, schelden vel strafen", Grimm.
[7]) weiterhin, in Zukunft.
[8]) Betaschen, betalken, mhd., grob anrühren.
[9]) Ahd. anafarton, angreifen, mhd. anfahren.

147

Wo sich auch jemants heimlich zusamen kommen ader verbiet=
nus wider Cristliche ordnung die Obrigkeit ader Burgerliche einigkeit
zumachen vnderstunde, Seine Botschafft ader Brieff darzu schickte, hilff
vnd zuschub thette aber solchs wußte vnd der Obrigkeit nicht verkünte,
Soll nach rechts ordnung an Leib vnnd gutt gestrafft werden.

Daneben beuelen wir auch, das alle handtwercksleute, gutt acht
haben, wann sie solche frembde gesellen vnnd dienstbotten setzen[1]) ader
auffnemen, welche die zeit, dieweil sie in Stetten sein, dermassen wie
obbestimet nach Cristlichem wandell vnd altem löblichem gebrauch
leben, nichts Neues ader auffrieriges einsierenn, daruor sie die meister
trewlich warnen sollen. Wo solchs nicht geschehe, sollen sie vor ir
gesinde zu anttwurtten[2]) pflichtig sein. Wa sie aber gewarnet vber=
tretten[3]) wurden, sollen mit ernster straff vnnd vngnad gestrafft werden.
Dergleich gebietten wir auch ernstlich ben schwerer buß, das die
Krieger, vnd so offentliche gastheiser halten ader Bier schencken, Auch
alle Inwonner der Stette vnd sonst jedermeniglich vns vnderworffen
iren gesten vnnd frembden leutten dise vnser satzung vnnd gebot an=
sagen vnd dieselbigen vnderrichten sollen das sy sich in vnnser herr=
schafft im glauben, vnd seinem wandel nach altem brauch der gemeinen
Cristlichen Kirchen Auch sonst fridlich vnnd geburlich halten. Wa
daruber jhemandt ketzerei, vnchristliche ader vngewonnliche lehre fur=
geben vnndt handthaben, Oder sonst etwas gedachtem Cristlichenn
wanndel entgegen ader vngemest gebrauchen wurden, den sol der
wirt dem hern Amptman, mit vnderrichtung der vbertrettung balde
ansagen, damit sich die herrschafft gegen demselbigen nach gelegenheit
der Person vnnd vbertrettens mit der Straff wisse zu haltenn.

Verbietten auch darober ewigclich, das kein Rath die ganntze
gemein, auff einige stell versamle aber zusamen zukommen gestatte
an sonderliche zulaß der Oberherrschaft, ben verlurst der Stat Priui=
legien vnd sonst ernster straff. Wa aber wichtige sachen vnder augen
stiessen, welche man mit gemeinem rath auffueren mußte, mugen sie
die eltsten der werck vnnd gemein mit zu rath nemen vnnd zulassen,
jdoch darober zwenvnddreissig darzu nicht genommen werden. Waß
dann von inen samentschafft[4]) vor das beste erkannt vnnd beschlossen

---

[1]) Von ahd. satjan, hat auch die Bedeutung „einsetzen in ein Amt, an-
stellen", hier also mieten.

[2]) verantworten.

[3]) D. h. trotz der Warnung dabei betroffen.

[4]) Samenthaft, mhd., verbunden, zusammen.

wiert, Soll von der gantzen Stat vestiglich gehalten vnnd volestreckt werdenn. Wa sie aber der sachenn nicht konnen eins werden, soll zuerkentnus der Oberherschaft gestalt werden.

Item wa vnns jemanndts auffs new mit manschafft vnderworfig in Rat, Scheppenbanck ader zum Alterman eins gemeinenn wercks erwöllet wiert, Sol der Obrigkeit aber wem solchs beuolen, ein Eidt seiner pflichtigen trew thun, Auch alle auffrurer vnd steurer gemeines frides, sobald jme solchs wissentlich der Oberkeit trewlich anzukundigen vnd zuschaffen, das sie zue geburlicher straff genommen worden.

Von Feiertagenn.

In Feyertagen soll vor dem ausgang der hochmes kein Orttenbier [?] ader gebranter wein bey verlurst zwe marck[1]) geschanckt werden.

Wo sichs begebe, das ein Wochenmarckt auff einen Feirtag fallen wurd, Soll bey verlurst der whar vor dem außgang der hochmes nichts verkaufft oder gekaufft werden.

Daß man an der heiligen Pfingstfeir, Weichnachten aber andern grossen Feirtagen die gilden aber bruderschafften in Stetten vnnd dorffern im monntag nach der Hochmeß erstlich anfangen vnnd mitwochs auff den Abennt enden soll, deßgleichenn sol es auch mit vogelschos[2]) gehalten werden. Wer dargegen vbertrete, Sol itzliche Person aber heupt der Herrschaft ein halbe mark verfallen sein.

Von Geistlichen Renten.

Detzem, Opper Huner[3]) vnd andere geistliche zinsser vnd Renten sollen nach alter gewonheit gegeben vnd bezalt werden. Wa sichs aber begebe (welchs gott gnediglich abwende), das abermals vnfruchtbar jar anquemen, in welchem das getraide wie kurtzlich geschehen, vberschwencklich tewr wurde, Sol in vnser macht sein, Solch getreide auff ein treglich gelt zusetzen vnnd zu messigen, damit der Arme vnleidlicher weiß nicht beschwertt werde vnnd das gedachter detzem zwischen Sanct Mertins tag vnnd vnser lieben Frawen liechtmeß[4]) on weittern verzug aber auffschub gefallen vnnd behalt sey.

---

[1]) Damals etwa gleich 6 M.
[2]) Vogelschießen.
[3]) Opferhühner.
[4]) D. h. zwischen d. 10. November und 2. Februar.

149

Auch soll das Opper, dieweil man sich in demselbigen itzt vngeburlich helt, furter nicht aufs Altar gelegt, Sonnder den Pfarrern in ir heuser ader kirch in die hanndt dermassen vberantwurten, das ein hauswiert von itzlicher Person seines haus die des Hochwierdige Sacraments entpfengclich ist, 14 pfennig zwischenn mitfasten vnnd Ostern vberliffern vnnd seinem dienstboten solch oppergelt an irem verdienten Lohn abkurtzen. Wa ein dienstboth auff Ostern betroffenn wiert daselbst, Sol er sein ganntz opper zugeben schuldig sein.

Wolche [sic!] aber in vberraichung gedachter pflicht seumig sein vnnd dieselbige jnwendig bestimpter zeit nicht ablegen wurden, Sollen von den Pfarherrn, in Stetten den Rethen, auff dorffern den Schultheissen angezeigt vnnd darnach von denselbigen durch notturfftige wege zur bezalung newlich angehalten werden. Wa jemandt solche seine pflicht vierzehen taglang darvber muthwillig verhielte, Sol durch vnnsere Burggrauen vnd andere Amptsuerwalter zu vberlüffern gezwungen vnnd nichtdestoweniger mit einer halben marck busse, von wegen zwo vngehorsams gestrafft werden. Wa alsdann gedachte Burgermeister, Rethen ader Schulzen, wie obgeschriben, ersucht daran seumig sein vnnd diss vnnsers beuels kein acht haben wurden, wollen wir denselbigen mit geburlicher straff begegnen.

So aber solche schult nicht ganz lautter sonder zweiffelhafftig vnnd zengisch[1]) were vnd sich jemandt als zur vnbilligkeit beschwert an vnns vnd vnser erkentnus vnnd gericht derwegen ziehen wurde, Soll dem Burger in Stetten von dem Burgermeister, in dorffern den gebauern von den Schultissen mit bewilligung des pfarrers ein bequemer tag angesatzt werden vor vnns ader vnnsern Offizicialn Recht zu geben vnd zu nemen zu erscheinen. Wolch teil alsdann vngerecht erkannt, sol dem anndern Cost vnd zerung aufzurichten schuldig sein.

Nachdem von wuesten eckern vielfeltig zerung erholt, wollen wir das hinfurder dermassen sol gehalten werden. Wa jemandt in besetzten dorffern seins nachbars erledigte hube vmb vollen zintz vnnd anderpflicht von der Herschaft annimpt, Sol dem Pfarrer auch volkommen detzem geben. Wa aber allein der zintz on scharwerck gefiel, soll der pfarrer halben detzem entpfangen.

Wa aber ein ganntz wust dorff veldt ader sonnst wuste ecker vmb einen bestimpten gelt zintz angenommen wurden, Soll der muetter

---

[1]) strittig, vgl. zänkisch.

von der marck zinſſes, ſo er der Herſchaft zalt, dem pfarrer vier ſchilling[1]) detzam zugeben ſchuldig ſein, jdoch das hiemit alte vertrege, zwiſchen den pfarrern vnd den muettern vorgeſchehen, vnuerletzt pleiben.

Wa aber wuſte ecker vmb getraide zinſs vermuet werden, wan der mieter dem herrn zehen ſcheffel getraid gibt, Soll dem pfarrer deſſelbigen getraides einen in ſtat des detzams zuvberraichen ſchuldig ſein.

Dieweil der Baur freiſitz vnd der Oberkeit keinen zintz gibt, ſoll auch dem pfarrer kein detzam, Sonnder allein das opper geben. Wann dem hern die helffte des zintz ſellig, Soll dem pfarrer auch die helffte des detzams fallen.

Von welden vnd Heiden darff man kein detzem geben. Dagegen ſol der Pfarrer gleich den andern zu ſeinem nutz freye holtzung darinnen haben.

Dieweil ſich auch mit gartten hunern manigfaltig zanck erhelt, Sol furter dermaſſen gehalten werdenn, das von jtzlichem garten auff welchem leuth mit hewſlicher wonung ſitzen den pfarhern ein par huner ſollen vberraicht werden, Außgenomen die hierten, welche frey ſein ſollen. Gartten aber die nicht bewonnt ſein, dorffen auch keine huner zalenn.

Die pfarrer ſollen vor ir viech den andern gleich hiertlon, vnd die malzeit geben, Sonnder die zeche[2]) zu hietten, ſollen ſy nicht verpflicht ſein.

Damit auch die pfarkirchenn, die mercklich in abwachſen komen, mit Baw, Schulmeiſtern, glöknern vnd dergleichen Kirchendienern, deſter[3]) ſtatlicher mechten gehalten werden, Sol jtzlich menntſch dieſelbig kirch darzu er gehörig, Oder zu wolcher er ſein begrebnus verordnet, im letzten willen vnd Teſtament nicht vergeſſen vnnd nach ſeinem gefallen vnnd gelegenheit ſeiner guetter etwas beſcheiden. Wa er ir gantz vergeſſen, vnnd ſie mit ſtilſchweigen vorvber gehn wurde, Sol ſolch ſein Teſtament von vnwierden vnd craftlos ſein, darinnen ſollen ſie ire Seelwarter trewlich ermanen vnnd warnen.

Es ſoll auch itzlich pfarherr ſein erbawt hauß vnnd pfarrhoff in zimlichem Baw haltenn vnnd nicht verfallen laſſen. Wo ſolchs geſchehe, ſoll durch die kirchenvetter vnnd eltſten des kirchſpils der Her-

---

[1]) Die Mark hatte 60 Schilling.
[2]) zeche, Reihenfolge des Hütens, ſchließlich die Herde ſelbſt.
[3]) Mhd. deſte, deſt, deſter, (aus des þe) = deſto.

schafft angesagt, vnnd des zuthun angehalten werdenn. Wa aber
solch gebeude verbrannt oder sonnst zur wonungk vntichtig ist, Sol
so wol in Stetten als dorffern mit Stuben vnd anderer notturfft,
auffm Lande auch mit einer scheune vom ganntzen kirchspiel auffs new
gebawt werden.

Daß auch in kunfftigen zeitten Geistliche guetter vnd Renthe
dest aufrichtiger vnnd vnuerdechtlich gehandelt werde, Wollen wir, das
further alle jar jerlich die Kirchenvetter in Stetten in gegenwertigkeit
des pfarrers vnnd zwen Ratleutten, in dorfern des Lehenherrn (wa
er da wonhafftig oder sonnst gegenwertig sein wurde), des pfarrers
vnd zween eltsten aus dem Kirchspil auff bequemen tag von allem
so sie des jars vber entpfangen vnnd aufgeben, bey zwr pflicht auf-
richtige rechenschafft trewlich vnnd eigenntlich[1]) thun. Vnd niemandt,
er sey geistlich ader weltlich, einich kirchengelt on zulaß der Oberkeit
ausleihenn sollen. Wa das geschehe vnnd die Kirch solch ir gelt nicht
widerumb vberkommen konnte, Sollen die kirchenvetter vnd ir erben
daruor antwurten vnd dasselbige gelt erstatten. Obgedachte personen[2])
sollen auch sammthafft auffm lande mit gemeiner bewilligung Schulmeister vnnd glokner aufzunemen vnnd zuentsetzen macht habenn,
vnnd nicht jtzlicher insonnderheit.[3])

Dergleichen sollen auch die Alterleuth, vetter vnnd verweser der
Hospitalien, gilten, Bruderschafften vnd geistlicher Lener,[4]) darauff ge-
pflanzet, in beiwesen vnnsers Amptmanns ader denen wir darzu verordnen werden vnnd zweer ausim Rat aller zugenng vnnd außgab
bey ernster straff vnd vngnad, weitter jerlich rechenschafft thun, damit
man auff die Arme geburliche acht habe vnnd sie notturstigclich ver-
sorgen muge, Auch gemelte verweser vnuerdacht vnnd vnnachgeredt
verpleiben.

Von pfening zinssern[5]) vnd Erbgelden.

Wo noch hinderstellige pfening zinsser in Stetten vnd ausim
Lande, auff verbrannten vnd new gebaunen heusern, von wolchem

---

[1]) Mhd. eigenliche = nach Art eines Leibeigenen, ausdrücklich, bestimmt,
genau.

[2]) D. h. also die Kirchenväter.

[3]) D. h. Schulmeister und Glöckner werden von dem gesamten Kirchenrat
ein- und abgesetzt, nicht von einzelnen Kirchenvätern.

[4]) Lehen.

[5]) Vgl. S. 43 Anm. 1.

152

seider des nechsten krieges[1]) bisher vnuermugens halben kein zinß ge=
fallen ist, stunden soll das dritte theil an der heuptsuma, von dem
zinßgeber gefellet vnd die vbrige zwetheil von dem besitzer, witwer
wie vor, von michaelis vber ein jar, das ist im 27. anzuheben ver=
zinset vnd auff drey Termin mit bezalung des jerlichen Zinsses von
hinderstölliger suma abgelest werden. Wo aber der zinß angegangen
ist, Sol auch weitter ganghaftig pleiben. Auch soll alle schuldt der=
selbige pfening zinsser von nechstem krieg bisher hinderstöllig, erlassen
vndt todt sein, Es hette sich dann jemandt vor dieser zeit mit seinen
schuldigern sonst freuntlich vereiniget, So aber eine Erbe höher, dann
mit drey marcken durch pfening zinß beschwert ist, Wollen wir in
dem fall ein gleichmessig einsehen zu thun macht habenn.

Dieweil auch die wuesten grundt abgebranter vnd nidergefalner
hewser, dreymal nach altem brauch aufgebotten vnnd jtzt ins vierte,
etlich jns funffte jar, vnd sechste zu mercklichem vorfang gemeines
nutzes, vnd derselbige Stette, vnnd flecken verderbung, nichtdesto=
weniger vngebawt pleiben, Seind sie aller beschwer frey, rechtlich an
vnns gefallen, vnnd mochten jdermenigclich, nach vnnser ordnung zu=
bawen gestattet werdenn, So doch das die jhenige, welche pfening
zinß ader erbgelde darauf haben (Sofer jn dieselbigen anzunemen
zubawen gesinnet), furgezogen wurden. Jdoch damit sich niemandt
als beschwert zubeclagen einichen grundt hab, Wollen wir die vol=
streckung oder Execution diß thuns, biß auf allerheiligen tag, nechst=
kunfftig beruwen lassen, das jdermenigclich den solchs belanngt, mitler
Zeit vor vnns erscheinen vnd ehrhaffte vrsache, seiner beschwerung
vorbringen mug, lauts der heischung vnnd ladbrieffs, derwegen zum
oberflus von vnns außgegangen.

Wa auch jemanndt in gedachten vnnsern Stetten vnd Flecken
auff erbe seider dem nechsten krieg abgebrandt vnbezalt erbgelt steen
hat, Sol sich jnwenndig jn gemelter Zeit mit dem besitzer derwegen
freuntlich vereinigen ader von vnns, durch gleichmessige erkentnus
vertragen lassen, Sonnst werden wir vervrsacht, die wusten erbe wie
obgemelt freyzugeben vnnd die erbautten vntraglicher Burde zu=
enntledigenn.

Wa aber jemanndt ein wuest erbe zubawen gekaufft, ader sonst
sein eigenes mitler Zeit, ader die wir jme ansetzen, bawen wurde,
Sol mit den pfening Zinssern vnnd erbgueten, so darauff stunden, ge=
halten werden, wie jn nachfolgenndem gemeinen Artickel begriffenn ist.

¹) Seit dem letzten Krieg, dem Reiterkrieg (1519—25).

Wa sichs nun in zukünfftigen zeitten begebe, daß erbgueter ader hewser, die mit widerkeuffigen pfening Zinßern beschwert abbrannten, Soll allenthalben in vnnser herrschafft dermassen gehaltenn werden, das dem besitzer das dritte theill an der heuptsumma, vnnd volgenndt am zinß soll gesellet vnd drey jarlanng zinßfrey gegeben werdenn. Desgleichen sol es auch mit den ergulden geschehen, das der drittetheil des vnbezalten erbgelts, dem besitzer gesellet, drey jar frey gegeben, vnnd an der jerlichen gulde, Auch das drittetheil abgekurtzt werdenn. So aber etzliche erbgelt ader pfening zinsser, vor dem Brannd ver= sessen[1]) weren, soll damit wie mit annderer schuld gehaltenn werden.

Es soll auch further aufim lande, on der Oberherschaft zulaß vnnd schrifftlichen schein, jn Stetten auch on derselben Herrschafft, vnnd der Reth der Stetten, offentliche bewilligung vnnd verzeihung, jn der Stat Buerger keine pfening zinsser gekaufft ader die erbe vnnd heuser sonnst beschwert werden. Wa solchs geschehe, sollen die keuffer jhres gelts vorlustig vnd der verkeuffer nach billigkeit gestrafft werden.

Auch soll niemandt sein erbe einiger weiß beschweren, Er habs dan vormals gar vnd gantz bezahlt, ben verlurst 20 Mark, der aber gelt darauff geliehen hat, soll desselbigen verlurstig sein.

Von vnmessigen Costen.

Nachdem vnmessige kostunge vnnd Kindelbier zu vnuberwintlichem schadenn vnd verderbnus raichen, Gebieten wir ernstlich, das further die Kindelbier, So wol in derffern, heffen, als Stetten, gar vnnd genntz= lich sollen abgestalt vnnd weitter in keinen weg gehalten werdenn. Auch soll man vnder den sechs wochen ader darnach sonst kein Co= lation[2]) derhalben machen, Auch weitter kein Scheppenkost thun.

Die Brautkostung vnd wiertschafft sol des ersten tags mit der Colation[2]) auff den Abenndt angehn, vnnd des nachfolgenden tags mit einer malzeit vnndt Abenndt Colation[2]) beschlossenn werden. Wa solchs jn disen zwen Artickeln vbergangen wurde, Soll der wiert zehenn marck, vnndt itzliche gegenwertige person, Sy sei Edel ader vnedell, Burger ader Bawr, Schultz ader Freyer, eine halbe marck buß ver= fallen sein.

Auch ists am tage, das manigfaltig jrrunge vnnd zwitracht daraus erwachsen, So etzliche personen nach absterbung jres Elichenn

---

1) Vgl. S. 31 Anm. 2.
2) Siehe Seite 35, Anm. 2.

gemahels vor gethanner schicht vnd teillung, aufs new zur Ehe greiffen, Soll derwegen further niemanndt, weß Condition er sey, dem sein Ehegatt durch todt abgegangen ist, bey dreissig marck buß, sich weitter jn ehelichen stannd begeben, Ehr habe dann vormals deß verstorbenen nachgelassen kynnder, vnnd Erben, nach lenndlicher gewonnheit, schicht vnd theilung gethan. Wa aber sollichs aus ehehafften[1]) vrsachen nicht geschehen konnte, sol gedachte theillung durch zulaß vnnd nach erkenntnus der Herschafft aufgeschoben werdenn.

Von kauffen vnnd verkauffen.

Erstlich wollen wir hinfurth stets gehalten haben, das die merkt jn Stetten vnnser Herrschafft allenthalben, So wol frembdenn Kauffleutten, als Burgern vnnd sonnst jdermenigclich sollen frey sein vnnd das die Burger, bey harter straff keine satzung vnnder sich machen vnnd bestimmen, jn wes kauff Es sey, getraid vnnd anndere wahr so zu marckt kommen, keuffen wollen.[2])

Nachdem auch kauffenschafft auff dörffern verderblich, den Stetten vast abreglich vnnd vormals offt verbotten ist, soll hinfurbas stracks auffim Lannde vnnd dörffern so wol von vnderthannen diser vnnser herschafft, als frembden, gar vnd ganntz kein kauff ader verkauff mit einiger whar geschehen. Forderlich soll auch kein wildt, ader rauchwerck, welche wider verbotten, der Obrigkeit durch landtserige frembde vnnd auslendische heimlich vnnd dieblich außgefuert wierth, daselbst vorkaufft ader gekaufft, Sonnder der Obrigkeit vberantwurt werdenn. Wa solchs vbergangen, soll der keuffer pferde, wagen vnd ware, der verkeuffer zehen marck, der Herrschafft verfallen sein.

Auch soll niemanndt weitter Saltz, Dorsch, Hering, Oel, gewanndt, vnnd andere whar, vnnd hanndlung, Was namen die habenn, jn dorffern verkauffen, Auch in Stetten, Außgenommen die Hecker, so dauon zinssen, aushaugken[3]) bey verlurst der whar vnnd zehen marck buß.

Dieweil vnnser Armen vnderthanen, so wol aufim Lannde, als jn Stetten, zusichtiglich abnemen vnnd gantz daraus verderben, das sie sich vorderlich kauffmans whare, alls hoppen vnnd flachs zu bawen beflissen, damit selbst kauffschlagen[4]) vnnd jn weit gelegen stet ver-

---

1) êhaft, mhd., vor dem Gesetz bestehend, gesetzmäßig, rechtsgiltig.
2) Vgl. cap. 26 der Willkür (S. 40).
3) verhökern.
4) Siehe S. 25, Anm. 1. Die Bezeichnung bezieht sich auf den Handschlag beim Kaufabschluß.

155

furen, jre Pferdt abtreiben, den acker vngebawt ligen vnnd ver=
wachsenn lassenn, vnnd bewrliche narung ganntz vbergeben, Sollen
weitter an allerheiligen tag nechstkunftig anzusahen, keine Priester,
Lanndtsessen, Freyen, Schultissen, gebaurn ader ackerleut, vnnser her=
schaft kaufschlagen, handlen vnd fuerwercken, Auch niemand anders
die kaufmans ware versuerenn, Sonnder jres ackers vnnd Baurlicher
narungk, die Priester jrer Kirchen vnnd Ampts außwarten vnnd ge=
dachte kauffmans whar, Alls nemlich flachs, hoppen vnnd wolle, jn
die Stett dahin sie zu marck gehorig, fueren vnnd vorkauffen. Wa
sie nach gehaltenem marckte dieselbigen darjnn nicht verkauffen konn=
den, mogen sie in annderer vnserer Herrschafft Stette, Sonnder ge=
traide, mulchspeiß vnd andere whar vnnd handthierung, wahin sie
wollen, fueren Wollen doch aus ehehafften[1]) vrsachen diß eine zu=
kunfftige jar zugelassen haben, das jdermenigclich das jhenige Allein
so ehr von kauffmans whar erbawt hat, nach seinem gefallen ver=
fuerenn, Auch einer mit dem anndern derwegen zusamenn spannen
muge, So das er nichts darzu kauffe, wolchs er bey seinem eynde
erhaltenn soll. Wer nur diß jhar vber sein erbautte vnnd des zu=
kunfftige jar, auff Natiuitatis Marie an zu rechnen, mit jr keiner
kauffmans whar weitter furwercken, kaufschlagen, Oder dieselbe
artickel vbertretten wurde, Soll Pferde vnnd wagen mit sampt der
whar verfallen sein vnd auch nach erkentnus der Herschafft gestrafft
werden. Es sollen doch die vom adell, die ware, so sie erbawt, ader
von jren Paurn vor den zinß genommen, zu verfueren nach jrem ge=
fallen macht haben.

Dieweil auch mit flachs, hoppen vnnd anderer whar, vnseglich
viel valscheren vnnd betriegnus geschiche, Also das die Herschaft bey
den Nachbarn schimpflich zureden gesatzt wiert, Sollen further bracker=
messer[2]) vnnd weger jn Stetten verordnet vnd gesatzt werden vnnd im
anfang jres Ampts vor der Oberherrschaft jn beiwesen Burgermeister,
Ratmannen, ein Eid schwerenn, dem frembden als dem Einwoner,
Armen als Reichen, Burger als Baurn vnnd jdermenigclich gleich zu=
bracken, messen vnnd wegen, vnnd das darnach mit der that vleissig
vnnd trewlich volestrecken vnnd solchs gethanen endts von Retten[3]) der
Stetten, alle jar jerlich ermanet werden. Wa sie darvber strefflich
erfunden wurden, Soll man sie als meineidige felscher nach rechts

---

[1]) Siehe Seite 154, Anm. 1.
[2]) Warenprüfer. Bracken, mhd. = ausmerzen.
[3]) Räten.

ordnung on alle gnad am halß straffenn. Wa auch wider umb ein
Armer Paurhman ader sonst jemandt am wegen ader messen seinem
schaden eigenntlich vnd erweislich ermerckt, soll das der Oberkeit an=
sagen vnnd in gegenwertigkeit des Amptsverwalters, auffs new messen
ader wegen lassen. Wurde aber der Pawr vngleich befunden, Soll
von der Herrschafft gestrafft werdenn.

Auch sollen jn dorffern, Stetten vnnd sonst allenthalben weitter
gar vnd gantz kein furkauff[1]) gemacht ader beschlossen werden, darauff
dann vnnser Amptleuthe vnnd Rethe der Stett gutt achtung haben
sollen. Wa alsdann ein vbertretter befunden, Soll der keuffer sein
whar, vnnd der verkeuffer zwantzig marck zur Buß verfallen sein,
also vnderschiedlich. Wa der furkauff jn der Herrschafft gericht ge=
schicht, soll das gelt vnnd whar der Herschafft zuekommen, Geschicht
es affim lande, vnnder den vom Adel, Soll der Edelman die war
vnnd die Oberkeit das gelt nemen. Wa es aber jn Stetten ader
jren gerichten geschicht, Soll die wahr dem Rotth vnnd das gelt der
vberherrschafft zuekommen.

Hoppen soll man further, nicht in die Rempfe[2]) kauffen, Sonder
wie von alders mit geeichtem hoppenscheffel der Statt, durch den ge=
schwornen messer, So auch den flachs vnnd andere whar auff der
Statt wag durch den geschwornen weger gewogen vnnd gewhert
nemen, Vnnd kein gewicht ader maß auff dorffern bei hoher straff
further darzuehalltenn ader gebrauchen. Diß eine zuekunfftige jar
vber mag man aber den Hoppen, wann der kauff in der Statt ge=
macht ist, mit der Statt Scheffel auffim Lande messen, vnnd gewert
nemen, damit den Burgern, welche gellt darauff gelihen haben, nicht
entzogen werde.

Dieweil auch von Hoppen vnnd flachs darren jerlich viel grosser
schadenn durch Brannt geschehenn, Wollen vnnd gebieten wir, das so
woll jn Stetten als dorffern kein flachs ader gruner hoppe hinfur jn
hewsern oder hewen soll gedorret oder getreugt[3]) werdenn, Sonnder so
wol die Brechstuben, alls hoppen dorren auffs nechstkunfftige jar, so
ferrne von den hewen gebawet werden, das sie durch jr abbornnen[4])
sonst zu keinem weittern Branndt vrsach gebenn. Wa jemandt

---

[1]) Fürkouf, mhd., „Vorwegkauf für späteren wucherhaften Wiederverkauf".
[2]) Siehe S. 52 Anm. 2.
[3]) Treug noch heute im Ermland prov. für trocken, plattdeutsch drög,
niederländisch droog, vom ahd. truchan, mhd. truge.
[4]) Abbrennen.

hierjnn vngehorsam erfundet wurde, soll zehen marck zur Busse der
Oberherrschafft verfallen sein; wa darvber auch (das gott verhalte)
einicher Brannd weitter gevrsacht, Sol der von welchem das feur
auskommen, vor den schaden zuantwurtten pflichtig sein. Darauff
wollen wir vnnsern Amptsleutten, Rethen vnd Schultissen nach ge=
legenheit der Flecke vleissig achtung zugeben hiemit entpfolenn habenn.

Von Gewicht vnnd maß.

Damit die goldwicht allenthalben in vnnser Herrschafft gleich=
formig annd recht gehalten werde, Wollen wir jn alle Stette jtzlichs
goldts, so hie jm lannde gebreuchlich, ein geeichte, rechtfertige gewicht
verordnenn, nach welchen die andern gerichtet, vnnd das goldt genng
vnnd gebe sein soll. Darzue sollen die Rethe einen gemeinen weger
verordnen mit dem ende recht zuwegen beladenn.

Auch sollen die Rethe in Stetten gut acht haben, das der scheffel,
gewicht vnnd Ele ganntz recht fertig sey. Wa anders befunden, sollen
jrer Priuilegien verlurstig vnnd samt mit ernnster straff nach ver=
mugen des Rechts gestrafft werdenn.

Deßgleichen sollen sich die Cremer, goldtschmid vnd kauffleuthe
jn vnnsern Stetten vnnd auch frembde, so darjnnen fail haben oder
hanndlen wollen, befleissen vnnd dermassen mit jren gewichten, Ele
vnnd guettern vnd [?] kauffman schatz schicken, das sie allenthalben
rechtfertig vnd vnstrefflich befunden werdenn. Wa nicht, soll jnen das
gut genommen vnnd vnns vberantwurt werdenn. Darauff wollen
wir vnnsern Amptleutten vnnd Rethen gut aufsicht zuthun ernstlich
beuolen haben.

Wa die Preische leinmeth[1]) so zu marckte kommet, nicht vole=
kommen ele breith befunden wiert, soll als falsch gut der herrschafft
verfallenn sein.

Von Bierbrawen vnd Schencken.

Damit auch vielseltige clag vnnd vnbequemigkeit auß dem
Bierschenncken erwechst, weitter verpleibe, soll further niemanndt vom
Adel ader Priester, dieweils jmm verweislich auch Burgerlicher narung
abtreglich ist, bierzuschenncken aussponnden [?] ader einichen anndern
hanndel damit zuetreiben, Sonnder allein zue jres hawses notturfft
ben verlurst des Biers vnnd zehenn marck, Brewen ader meltzen.
Aber Freyen, Schultissen vnnd Pauern sollen ben harter straff kein

[1]) Leinwand.

Bier brawen, vielweniger schencken, Sonnder geringe trincken mugen sie zu kesseln zu jres hauses notturfft machenn.

Die Krieger, welche vber ein meil weit von der Statt wonen aber die solchs sonst in jren priuilegien haben, mugen in jren kriegen meltzen vnnd Brawen Souil sie darjnnen verschencken konnen, Sollen aber kein Bier ben Fassen, thonnen, halben thonnen aber auff die whar borgenn ben der Peen zehenn marck, so offts solchs geschicht.

Es sollen auch die melzenbrewer jnhalts der Stett wilkhör[1]) mit frembdem Bier nicht vberfuert werdenn. Desgleichen soll kein frembd Bier, in kriegen aufim Lannde gelegen geschannckt, Sonndern auß vnnsern Stetten geholt vnd erkaufft werdenn, ben verlurst des Biers vnnd zehenn marck buß vnns zuberantwurtten.

Auch wollen wir das die Bierschencke hinfurt stets rechtfertige maß ben zwaintzig marck buß gebrauchen. Wa aber jemandt mit falschem aber betrieglichem messen alls das zuuil ist darjnn gemacht befunden wurde, Soll jm all sein Bier, so er jm keller hat, genommen vnnd den Armen leuthen gegeben werdenn. Derwegen wollen wir den Rethen in Stetten ernstlich beuolen haben, jhemanndts zuuerordnen, vnnd mit dem ent zu beladen, der vnderweilen jhn vnnd fur die keller gehe, die maß besichtige vnnd das Bier widerumb messe. Vnnd wa falschheit befunden vnns aber vnnsern Amptsuerwaltern vnnd Rath solchs ansage, damit man solchen felschern nach geburlicher straff begegnen muge.

Auch wollen wir durch vnns aber vnnsern Amptsuerweser mit sampt den Rethen der Stette den kauff des Biers alle jar jerlich auf aller heiligentag nach gelegenheit der gerste vnnd des hoppens setzen vnd namhafftig machen.

Von Pawrenn.

Nachdem auch etzliche Pawrn jre wolfart vergessen, jm marckt vnnd anndern tagen so hoch auff das sauffen geflissenn sein, das sie tag vnnd nacht, auch lenger on vnderlaß jm Bier ligen, jre Pferdt aufim marckt, Weib vnd kindt daheim hunngern lassen, jr arbeith verseumen vnnd grundtlich verderbenn, Soll weitter jdermeniglich ben

---

[1]) Darnach dürfte auch Allenstein im Jahre 1526 schon eine Willkür gehabt haben, so daß die S. 21—70 abgedruckte vom Jahre 1568 also nicht die älteste war, oder wenigstens nicht die Urform, auf die alle späteren Redaktionen bis 1768 zurückgehen. Die hier erwähnte Bestimmung, welche das Einführen fremden Biers zum Schaden der einheimischen Brauer — daher der Ausdruck „überführt" — verbietet, steht in cap. 6 der Willkür; siehe Seite 28.

159

Sonnenschein sich auß den Stetten heimwertz begeben. Wer darnach
gefunden wurde, soll von der Herrschafft Amptsuerwaltern angegriffen,
jn ketten gespannen ader sonnst zu hartter straff genommen werden.

Nachdem auß der mennge des flachs viel vorderblicher vnbe=
quemlichkeit erwächst, Soll weitter niemanndt mer, dan von einer
huben einen halben morgen mit Leinsamen vngeteilt beseen vnnd
souil newes ackers, alß er darzue Reden vnnd reumen wierth, welchen
er zwe jar vnnd nicht lennger darzu brauchen mag. Wer vbertretten
wurde, soll nach anzall der morgen von jtzlichem vier marck, vom
halben zwo marck verfallen sein.

Auch soll kein Baur seinen acker darauff zu sehen ader sonst
andere dan vmb die garbe vermieten ader zu steen lassen.

Auch soll niemanndt Bier, getraid, brott, gelt ader einige anndere
whar, denn Paurn auff jr ecker zuuorn außgebenn bey verlurst des
getraidts, so darauff gewachsenn ist.

Es soll auch niemanndt den Paurn Bier ader schongewannde
borgenn. Wiert das jemanndt darvber thun, Sol jm kein recht da=
rvber verholffen werdenn.

Von Wiltgruben ader Buchsenschiessen in Velderrn.

Nachdem das Bichsenschiessen, Wiltgruben, Schlege, Stricke etc.
vast schedlich befunden, Soll niemanndt jn kunfftiger zeit in Welden,
Heidenn vnnd holtzern mit buchsen schiessen, wiltgruben, Schlegstrick
ader messer halten vnd brauchen. Wer daruber schießen ader mit
der buchs betretten wurde, soll derselbigen buchs vnd daruber zehenn
marck, so offt solchs geschicht, der Oberherrschaft verfallen sein. Wer
aber wiltgrubenn, Schlege, Strick ader messer brauchen wurde, Soll
denn schaden, daraus geursacht, erstmals erstatten vnnd nichtdesto=
weniger auch jn zehen marck verbusset, ader am leib hart gestrafft
werden. Darauf wir vnnseren Amptsuerwaltern gut achtung zuhaben
entpfelenn, Sonnder wolffsgrubenn mag man on jdermenigclichs vor=
fanng mit bewilligung der Herrschafft haben. Was auch wildtschweine
ader Rehe Armen leutten jn jrem getraide schadenn thetten, mugen
sie mit zulas vnnsers Amptmanns jn jren feldenn, dieweil das ge=
traide darauff stehet, an annderer schaden solch thier zufangen gruben
machen vnnd darnach bald widervmb zufullen.

Beschließlich gestatten wir allen vnnd jden vnnsern Amptsleuthen
vnnd Rethen jn Stetten, das sie auf obbestimpte vnnser satzung vnnd

160

ordnung vleißig acht haben vnnd starck darvber haltenn, das die vbertretter zu geburlicher straff muge genommen werden. Damit sich aber niemanndt vnwissenheit halben zu entschuldigen hab, Beuelen wir vnnsern Amptleuten, gedachte Artickel aufim Lannde den Rethen jn Stetten aufs schierste zueroffnen vnnd einem jdern clerlich an tag zubringenn. Jdoch vorbehalten wir vnns dieselbigen mit gemeinem Rath vnd bewilligung zuenndern, zue vnnd abzuthun, wie solchs die noth vnnd gemener nutz nach gelegenheit der zeit erfordern wurde. Darnach sich jdermenigclich hab zuerichtenn.

Die Statuten der Ermländischen Kirche von 1532

In Gottes Namen. Amen.

So wie der Lauf der Zeiten und Jahrhunderte die Generationen der Lebenden mit sich reißt, so verändern die Verhältnisse die Sitten und die Natur der Menschen in mannigfacher Hinsicht. Daher sind auch die menschlichen Gesetze und Satzungen, durch die die Taten und Rechtsfälle der Sterblichen nach dem Maßstab des rechten Verhaltens gegen Gott und den Nächsten geregelt werden, notwendigerweise selbst einem Wandel unterworfen, und eine Gemeinschaft, deren Gesetze den Sitten nicht angepaßt sind, kann nicht gut geordnet sein.

Daher finden Wir, Mauritius, von Gottes Gnaden Bischof, und Wir Prälaten und Kanoniker der Ermländischen Kirche, die das Kapitel rechtmäßig darstellen, wenn Wir uns die von unseren Vorgängern in dieser Ermländischen Kirche erlassenen Verordnungen und Statuten und die in ihr eingeführten alten Gewohnheiten genau ansehen, daß sie zum großen Teil mit den Verhältnissen unserer Zeit nicht mehr in Einklang stehen, teils den modernen Sitten nicht genügend entsprechen, teils sogar Anlaß zu recht weitgehender Zweideutigkeit und zu Streitigkeiten geben. Daher erachten Wir es für notwendig, einiges davon umzugestalten, einiges ausführlicher zu fassen, einiges zu kürzen, einiges ganz aufzuheben und abzuschaffen und auch einiges neu einzuführen. Wir wollen deshalb in der Ermländischen Kirche, in der Wir gleichsam wie im Weinberge Gottes als Winzer und Arbeiter eingesetzt sind, einen Schatz geistlicher Güter ansammeln, die uns übertragenen Güter nutzbringend verwalten, allen Anlaß zu Streit beseitigen und die Seelenruhe, Einheit und Eintracht, ohne die Gott kein Dienst angenehm ist, soviel an uns liegt, stärken. Darum haben Wir zu Ehren des allmächtigen Gottes, der seligen Jungfrau Maria und des heiligen Apostels Andreas und zur Erhaltung des Standes und der Würde dieser Ermländischen Kirche sowie zur Vermehrung des Friedens und der Liebe nach Einladung derer, die von Rechts wegen dazu berufen waren, die nachfolgenden Feststellungen, Neuerungen, Erklärungen, Verordnungen und Statuten verfaßt, zu denen Wir uns und unsere Nachfolger und alle, die es angeht, vom nächsten Pfingstfeste an verpflichten wollen.

Von den kirchlichen Ämtern

(1) Da, wie die Autorität der Heiligen Väter lehrt, ein Benefizium um des Amtes willen verliehen wird, und es die Absicht der Gründer der genannten Kirche und derer, die ihr ihre Benefizien übertragen haben, gewesen ist, in

Von den Wochendiensten

dieser Kirche die Ehre Gottes und das Gedächtnis seiner Heiligen durch Gottesdienste immer wieder zu feiern, bestimmen und verordnen Wir erstens, daß in dieser Ermländischen Kathedrale Messen und andere Tages- und Nachtoffizien, die von der katholischen Kirche zum Lobe Gottes und seiner Heiligen sowie für die Lebenden und Verstorbenen eingerichtet wurden, ständig in der Weise und Ordnung gehalten werden sollen, daß Gott noch mehr versöhnt und seinen Heiligen noch größere Ehre zuteil werden kann.

(2) Desgleichen bestimmen und verordnen Wir, daß die residierenden Domherren, angefangen bei den Prälaten und weiter in der Reihenfolge ihrer Aufnahme [ins Kapitel], den Wochendienst in der Kathedrale in der Weise versehen, daß der Domherr, auf den der Wochendienst fällt, an den hohen Duplex-Festen[1] dieser Woche das Festoffizium selbst feiert oder durch einen anderen Kanoniker feiern läßt, angefangen von der ersten Vesper[2] bis zur Komplet des Festtages einschließlich, wenn das Fest nicht auf einen Samstag fällt. Dann nämlich ist der unmittelbar folgende Domherr verpflichtet, außerhalb der Fastenzeit die zweite Vesper mit der Komplet – in der Fastenzeit nur die Komplet – zu halten. In liturgischer Hinsicht beginnt nämlich nach unserer Auffassung die Woche am Samstagmittag und endet am Mittag des folgenden Samstags. An den [gewöhnlichen] Duplex- und an den Semiduplex-Festen[3] aber ist der Kanoniker der betreffenden Woche nach dem oben erwähnten Modus nur zur Feier des Hochamts verpflichtet. Das übrige Festoffizium kann er durch den Vikar, der den Wochendienst versieht, vollziehen lassen. Doch ist er an beiden Festen gehalten, die Altardiener und die Glöckner zum Frühstück einzuladen. Versäumt er etwas von den genannten Pflichten, so werden ihm bei den nächsten Geldzuteilungen, die durch den Allensteiner Administrator vorzu-nehmen sind, für jede nicht von dem Kanoniker gelesene Messe 15 Schilling[4] guter Münze, für jede Matutin 10 Schilling, für jede Vesper 5 Schilling und für jede der übrigen Horen 2 ½ Schilling abgezogen.

Der Kanoniker, der den Wochendienst versieht, muß bei den einzelnen kanonischen Horen anwesend sein

(3) Desgleichen bestimmen Wir, daß der Kanoniker, der den Wochen-dienst versieht, gehalten ist, beim Gesang der einzelnen morgendlichen Horen seiner Woche, und zwar wenigstens vom Beginn der ersten Lesung bis zum Ende der Prim, bei allen anderen Stundengebeten aber vom Beginn des zweiten Psalmes bis zum Ende einer jeden Hore persönlich in seinem Gestühl als Vorsteher anwesend zu sein oder einen anderen Kanoniker als Vertreter zu wählen sowie eifrige Sorgfalt walten zu lassen, daß die Offizien der Horen mit der schuldigen Ehrfurcht und vollständig vollzogen werden, wovon ihn weder ein Auftrag noch eine Krankheit noch irgendeine andere Verpflichtung, ausgenommen die Kapitelsversammlung, entbindet. Er soll andererseits für ein solches vollständig vollzogenes Wochenoffizium aus

---

[1] Hochfeste und gehobene Feste.
[2] Am vorhergehenden Tag. Die Vesper begann immer in der Stunde, die zwischen Mittag und Sonnenuntergang lag.
[3] Feste, die zwischen den gewöhnlichen Duplex-Festen und den einfachen Festen stehen.
[4] Es galt folgende Relation: 1 Mark = 20 Groschen = 60 Schilling. Vergleichsweise kostete ein gutes Pferd etwa 3 Mark.

den Zinseinnahmen von Tolkemit[5] aus der Hand des Administrators jenes Distrikts eine Mark aus der ihm zustehenden Zuteilung erhalten. Wenn er jedoch nachlässig gewesen ist und die Matutin sowie die Prim versäumt hat, sollen ihm dafür 3 Schilling, für die Vespern 1 ½ Schilling, für die einzelnen anderen Horen aber 1 Schilling bei derselben Geldzuteilung abgehalten und den Choralisten, die die Versäumnisse der Abwesenden aufzuzeichnen und dem eben genannten Administrator oder seinem Vertreter getreu anzuzeigen haben, zugeschlagen werden. Wenn sich aber jemand trotz Aufforderung hartnäckig weigern sollte, seinen Wochendienst, wie oben dargelegt, zu versehen, soll er durch Entzug aller Erträge und Zuteilungen aus seiner Pfründe bestraft werden, bis er seinen Widerstand aufgibt und sich der Bestimmung fügt.

(4) Desgleichen bestimmen Wir, damit Zahl und Ordnung der im Chore Psallierenden in gebührender Vollständigkeit und Harmonie gewahrt bleibe, daß sich die Choralisten während des Gottesdienstes, bei dem sie zu singen haben, auf keinen Fall vom Chore entfernen dürfen, es sei denn, sie haben in einem schweren Notfall von dem Kanoniker, der den Wochendienst versieht, hierzu die Erlaubnis erhalten. Die Choralisten haben die ihnen überreichten Anordnungen und Statuten unverbrüchlich zu beobachten. Lassen sie sich aber Versäumnisse und Ungehörigkeiten zuschulden kommen, so soll der Kanoniker, der den Wochendienst versieht, das dem Dekan der Ermländischen Kirche oder seinem Stellvertreter anzeigen. Dieser hat sie von Amts wegen zu überwachen und sich zu bemühen, sie von solchen unerlaubten Übertretungen und anderen schlechten Angewohnheiten und Vergehen zurückzuhalten.

Von der Beaufsichtigung der Choralisten

(5) Desgleichen bestimmen Wir, daß bei der Feier des Gottesdienstes durch den Herrn Bischof in der Ermländischen Kathedrale jedesmal zwei der Aufnahme nach jüngere Kanoniker, die nicht das Amt eines Dignitärs bekleiden, verpflichtet sind, ihm zu ministrieren, indem einer den Dienst des Diakons, der andere den des Subdiakons versieht. Auch sollen ihm zwei der höheren Prälaten oder, wenn diese fehlen oder rechtmäßig verhindert sind, ältere Kanoniker, die Priester sind, am Altare bei der Messe und bei der Darbringung der Vesperinzensation assistieren. Die Lesungen der Matutin, die Evangelienhomilien und die Prophetien sollen die Kanoniker der Reihe nach, von den jüngeren angefangen, lesen. Sie sind ferner gehalten, die Responsorien bei den Vespern, den Introitus bei der Matutin und anderes, was die Kanoniker zu singen pflegen, nach der Art, Zahl und Ordnung, wie bisher üblich, zu singen. Auch an den anderen hohen Duplex-Festen, an denen der Bischof nicht zelebriert und die Lesungen der Matutin ausfallen, sind sie verpflichtet, die Homilien, die die Diakonatsweihe erfordern, und alles andere, wie oben gesagt, zu lesen und zu singen. Wenn ein Kanoniker eine heilige Weihe, die für die vorgenannten oder andere Bestimmungen des vorliegenden Statuts erforderlich ist, noch nicht empfangen hat oder sonst aus irgendeinem Grund – ausgenommen schwere Krankheit, Berufung oder

Von den Kultdienern des zelebrierenden Bischofs

Von der Lesung der Homilien

---

[5] Das Gebiet um Tolkemit war dem Kapitel im Jahre 1508 vom polnischen König Sigismund I. geschenkt worden. Da der polnische Reichstag diese Schenkung nicht bestätigt hatte, verlor das Kapitel das Kammeramt Tolkemit um 1569 an den Danziger Kastellan Matthias Działyński.

Auftrag seitens des Bischofs oder des Kapitels – verhindert ist, dann soll er dafür sorgen, daß ein geeigneter Mitkanoniker den betreffenden Dienst verrichtet. Wer aber in bezug auf die vorgenannten Bestimmungen für nachlässig oder schuldig befunden wird, soll im ersten Fall mit einem Abzug von 15 Schilling, in den anderen Fällen von je 5 Schilling bei den nächsten Zuteilungen durch den Allensteiner Administrator bestraft werden.

Von den Kerzen, die auf den Altären der Kanoniker angezündet werden sollen

(6) Desgleichen bestimmen Wir, daß jeder Kanoniker, auch wenn er abwesend ist, an den hohen Duplex-Festen bei der ersten und zweiten Vesper, der Matutin und dem Hochamt, an den [gewöhnlichen] Duplex- oder an den Semiduplex-Festen aber, seien es nun feierliche oder nicht, nur bei der ersten Vesper, der Matutin und der Messe auf seinem Altar zwei Kerzen brennen läßt. Er muß das ganze Jahr hindurch auch bei den Messen, die sein Vikar für ihn feiern soll, und überhaupt zur Ehre Gottes jeweils für zwei Kerzen auf dem Altar sorgen. Wenn er aber noch nicht die Nutznießung seiner ganzen Pfründe erhalten hat, soll ihm der Administrator die Ausgaben dafür ersetzen.

Von der Rangordnung der Prälaten und Kanoniker

(7) Desgleichen bestimmen Wir, daß in der Ermländischen Kathedrale in den Chorstühlen, bei den Prozessionen und bei anderen Gelegenheiten, die mit dem kirchlichen Dienst und der Feier der Liturgie zu tun haben, die Prälaten, welche die Dignitäten in dieser Kirche innehaben, auch wenn sie kein Kanonikat und keine Pfründe besitzen, den ersten Platz einnehmen sollen, so daß der Propst dem Dekan, jener dem Kustos, der Kustos dem Kantor vorangeht. Bei den anderen Kanonikern soll aber die Ordnung des gemeinen Rechts gewahrt werden, nach der zu beachten ist, daß die Priester die erste Stelle, die Diakone die zweite, die Subdiakone die dritte und so die übrigen der Reihe nach einnehmen, auch wenn sie erst später ins Kapitel aufgenommen worden sind. Bei denen aber, die dem Weihegrad nach gleich sind, ist eine frühere Aufnahme für einen Vorrang ausschlaggebend. Gleichwohl soll bei den Homilien, die von Kanonikern zu lesen sind, die Reihenfolge nach der Aufnahme gewahrt bleiben. Wenn sich also jemand herausnimmt, aus Ehrgeiz oder Streitsucht ohne Grund dieser Verordnung zuwiderzuhandeln, so soll er jedesmal durch Abzug von 2 Mark bei den nächsten Zuteilungen durch den Administrator von Allenstein bestraft werden.

Von den Altären der Domherren

(8) Desgleichen bestimmen Wir, daß 16 Altäre außerhalb des Chores der Kirche mit ebenso vielen an ihnen dienenden Vikaren den Kanonikern, nicht den Prälaturen, als zugewiesen gelten und daß keiner der Kanoniker die Vollmacht besitzen soll, einen dieser Altäre zu optieren, sondern mit dem Altar zufrieden sein muß, den sein Vorgänger ihm hinterlassen hat. Jedoch soll die alte Gewohnheit beobachtet werden, wonach die vier ersten Altäre immer den Prälaten mit Pfründen gehört haben. Jedesmal, wenn also wegen Erlangung einer Prälatur ein Altar zu vergeben ist, soll die Option aus der Reihe der hinterlassenen Altäre nach der Reihenfolge der Aufnahme [ins Kapitel] und in der sonst gewohnten Art und Weise erfolgen.

Von den Neueintretenden

(9) Desgleichen bestimmen Wir, daß jeder Domherr, der neu [ins Kapitel] eintritt, während der ersten dreißig Tage seiner Residenz dafür sorgen soll, daß von allen heiligen Geräten, den Schmuckstücken, der Ausrüstung, den Gewändern, Büchern und anderen Gegenständen, die zu seinem Altar gehören und die sein Vorgänger ihm hinterlassen hat, zwei gleichlautende Inventare durch den Kapitelnotar oder einen anderen Beauftragten des Kapitels angefertigt werden, von denen er eines selber behalten, das andere aber dem Herrn Kustos oder seinem Vertreter übergeben soll. Vorher kann er zum Empfang der Erträge seiner Pfründe nicht zugelassen werden. Er soll ferner dafür sorgen, daß diese Aufzeichnungen von seinem Vikar oder anderen, je nachdem, wie er es für sicherer hält, zum Nutzen für seinen Altar sorgfältig und ohne Abstriche aufbewahrt werden. Wenn aber etwas davon durch seine Nachlässigkeit verlorengeht oder sonstwie entfremdet wird, ist er zu entsprechendem Ersatz des Verlorenen verpflichtet. Falls er ihn nicht geleistet hat, bevor seine Pfründe durch seinen Weggang oder Tod frei geworden ist, ist es dem Kapitel gestattet, aus den Erträgen seines Benefiziums oder anderen Gegenständen den Altar schadlos zu halten. Für das aber, was durch den Gebrauch abgenutzt wurde, wollen wir ihn nicht haftbar machen.

Von der Inventarisation der liturgischen Gegenstände jedes Domherrenaltars

(10) Desgleichen bestimmen Wir, daß kein Benefiziat der Ermländischen Kirche zum Besitz oder zur Nutznießung der Erträge seines Benefiziums zugelassen werde, wenn er nicht vorher persönlich – in Abwesenheit durch einen Bevollmächtigten, und wenn er dann zur Kathedrale gekommen ist, [ebenfalls] persönlich – bei den heiligen Evangelien Gottes einen Eid in der unten beschriebenen Form ablegt.

Jeder Benefiziat muß vereidigt werden

Der Benefiziat selbst, ob er nun Prälat oder Kanoniker ist, soll wie folgt schwören:

Der persönliche Eid eines Kanonikers

Ich N. schwöre, daß ich dem Herrn Bischof von Ermland und seinen kanonisch eingesetzten Nachfolgern gehorsam sein werde. Ich will die Beschlüsse und die Geheimsachen der Kirche und des Kapitels von Ermland geheimhalten. Die Rechte, Privilegien, Statuten und Gewohnheiten dieser Kirche und des Kapitels will ich achten, verteidigen und bewahren, und ich will mich zum Wohle, zum Nutzen und zur Ehre dieser Kirche und des Kapitels einsetzen, soviel ich kann und zu leisten vermag. Dies alles schwöre ich hier und jetzt und verspreche es guten Glaubens, so wahr mir Gott helfe und diese heiligen Evangelien Gottes.

Ein Bevollmächtigter aber schwört wie folgt:

Der Eid des Bevollmächtigten eines Domherrn

Ich N., Bevollmächtigter des Herrn N., schwöre, daß eben dieser N. dem Herrn Bischof von Ermland und seinen kanonisch eingesetzten Nachfolgern gehorsam sein wird. Er will die Beschlüsse und Geheimsachen der Kirche und des Kapitels von Ermland geheimhalten. Die Rechte, Privilegien, Statuten und Gewohnheiten dieser Kirche und des Kapitels will er achten, verteidigen und bewahren, und er will sich zum Wohle, zum Nutzen und zur Ehre dieser Kirche und des Kapitels einsetzen, soviel er kann und zu leisten vermag. Dieses alles schwöre ich hier und jetzt in seinem Namen und verspreche es guten Glaubens. So wahr mir Gott helfe und diese heiligen Evangelien Gottes.

(11) Ebenso schwört ein Vikar persönlich wie folgt:

Ich N. schwöre, daß ich dem Herrn Bischof von Ermland und seinen rechtmäßig eingesetzten Nachfolgern und meinen Herren, dem ermländischen Kapitel, gehorsam sein und jedem Herrn Kanoniker die schuldige Achtung und Ehrerbietung überall erweisen werde. Ich will die Geheimsachen und Beschlüsse des Kapitels, wenn sie mir bekannt werden, geheimhalten. Die Statuten und Gewohnheiten dieser Kirche, die die Vikare betreffen, will ich achten. Ich will mich zum Wohle, zum Nutzen und zur Ehre dieser Kirche und des Kapitels getreulich einsetzen, soviel ich kann und zu leisten vermag. Dieses alles schwöre ich hier und jetzt und verspreche es guten Glaubens, so wahr mir Gott helfe und diese heiligen Evangelien Gottes.

Der Bevollmächtigte eines Vikars aber schwört in dieser Form:

Ich N., Bevollmächtigter des Herrn N., schwöre, daß dieser N. dem Herrn Bischof von Ermland und seinen rechtmäßig eingesetzten Nachfolgern sowie den Herren, dem ermländischen Kapitel, gehorsam sein und jedem Herrn Kanoniker dieser Kirche die schuldige Achtung und Ehrerbietung überall erweisen wird. Er will die Geheimsachen und Beschlüsse des Kapitels, wenn sie ihm bekannt werden, geheimhalten. Die Statuten und Gewohnheiten dieser Kirche, die die Vikare betreffen, will er achten. Er will sich zum Wohle, zum Nutzen und zur Ehre dieser Kirche und des Kapitels getreulich einsetzen, soviel er kann und zu leisten vermag. Dieses alles schwöre ich hier und jetzt und verspreche es guten Glaubens, so wahr mir Gott helfe und diese heiligen Evangelien Gottes.

(12) Desgleichen bestimmen Wir, daß kein neu [ins Kapitel] eintretender Kanoniker zum Empfang irgendwelcher Erträge und Zuwendungen zugelassen wird, bevor er nicht an das Broteamt, wie es bisher üblich war, 40 Mark gezahlt hat.

(13) Desgleichen bestimmen Wir, daß ein neu [ins Kapitel] eintretender Kanoniker, der in den Genuß von Erträgen gelangt ist, innerhalb von fünf Jahren zehn Mark an die Kirchenfabrik[6] und acht Mark für Paramente zum Gottesdienst bezahlen muß. Auch ein Prälat ist verpflichtet, ob er nun eine Pfründe besitzt oder nicht, aufgrund seiner Prälatur für die genannten Paramente innerhalb eines Jahres, von der Zeit der Übernahme der Pfründe oder Prälatur [an gerechnet], zwei Mark zu zahlen. Denjenigen, die das nicht tun, sollen diese Gelder nach Ablauf dieser Fristen von den Gesamterträgen ihrer Pfründe oder Prälatur abgezogen werden. Wenn aber jemand durch Fortgang oder Tod oder irgendeine andere Art von Vakanz diese Benefizien ganz oder teilweise freigegeben hat, bevor die geforderten Gebühren gezahlt worden sind, so soll ihm ebensoviel aus den Erträgen jener Benefizien oder aus anderen Gütern, die ihm gehören, zu den genannten Zwecken abgenommen werden.

Von der Residenz der Domherren, den Pfründen und Distributionen

(14) Da Wir für den öffentlichen Nutzen und die zukünftigen Bedürfnisse unserer Kirche und des Kapitels vorsorgen wollen, bestimmen und verordnen Wir, daß für alle Zukunft in dieser Ermländischen Kirche ein ständiges

---

[6] Dombaukasse.

zusätzliches Kanonikat auf den Titel des heiligen Apostels Andreas, des immerwährenden Patrons dieser Kirche, eingerichtet werde. Dieses begründen, schaffen und errichten Wir von nun an im Namen des Herrn, und Wir überweisen, übereignen und inkorporieren ihm aus den allgemeinen Zinseinnahmen des Kammeramtes Mehlsack als Pfründenmasse 30 Mark guter Münze und an Stelle von Gesamt- und Einzelzuteilungen, wie sie Kanoniker erhalten, nochmals 30 Mark jährlich. Dazu bestimmen Wir, daß diese jährlich einkommenden 60 Mark den Kapitelsschatz darstellen und zum Schutz der Rechte der Kirche und des Kapitels und zur Erleichterung in künftigen Notlagen in der Burg Allenstein zu hinterlegen und sicher aufzubewahren sind. Sie sollen nur im dringenden Notfall oder bei ganz offensichtlichem Nutzen ausgegeben werden. *Vom Kapitelsschatz*

(15) Desgleichen bestimmen Wir, daß ein neu eintretender Kanoniker, der als residierend gelten will, bei der genannten Kirche 30 Tage lang ununterbrochen residieren, täglich wenigstens zwei kanonischen Horen an dem Ort, wo sie gesungen werden, von Anfang bis Ende persönlich beiwohnen und in dieser Zeit wöchentlich mit der Zuteilung von einem Scheffel Getreide sich begnügen muß. Wenn er nach diesen 30 Tagen weiter die Absicht hat zu residieren, was er vor dem Kapitel und seinem Vorsteher erklären muß, und wenn erwiesen ist, daß er täglich eine Dienerschaft, d. h. wenigstens zwei Diener und drei eigene Pferde, [zur Verfügung] hat, erklären Wir ihn zum residierenden Domherrn und, falls dem nichts anderes entgegensteht, für berechtigt, die weiter unten genannten Zuwendungen zu erhalten. Das soll auch für diejenigen gelten, die nach längerer Abwesenheit zur Kathedrale zurückkehren und zu residieren beabsichtigen, sofern man nur ihre Absicht zu residieren erkennen kann. Da Wir aber hinsichtlich des Empfangs jener Zuteilungen nur demjenigen die Absicht zu residieren zuerkennen, der nach dem Zeitpunkt, da er irgendwelche Zuteilungen erhalten hat, wenigstens während der nächstfolgenden drei Monate sein Benefizium persönlich zu verwalten vorhat und sich nicht von der Ermländischen Kirche entfernen und an einen anderen Ort begeben will, [...] *Von der 30tägigen Residenz*

Wem die Absicht zu residieren zuerkannt wird

(16) Desgleichen bestimmen Wir, damit die Kanoniker von verbotenen Ausschweifungen zurückgehalten werden, derentwegen den Laien häufig Gelegenheit zur Verunglimpfung gegeben wird, daß ein ständig residierender Kanoniker, der länger als 30 aufeinander folgende Tage von der Kirche abwesend war, jeglicher Zuteilung von Getreide wie auch anderer Dinge verlustig gehen soll, bis zu sehen ist, daß er wieder am Gottesdienst persönlich teilnimmt. Unterdessen soll er als abwesend und nicht residierend betrachtet werden, wenn er nicht für eine längere Abwesenheit eine Erlaubnis erbeten und erhalten hat. Außerdem ist dies vorgesehen: Will ein Domherr als ständig residierend gelten, muß er im Laufe des Jahres länger bei der Kathedrale als anderswo tätig und anwesend sein, damit er nicht bei häufiger unterbrochener Residenz den Anschein der Habsucht erwecke und der Gottesdienst hintangesetzt werde. Andernfalls sollen ihm nach Ablauf eines Jahres bei der nächsten Zuteilung aus der Pfründenmasse zehn Mark abgehalten werden. Auch die Kanoniker, die nach langer Abwesenheit zur Residenz zurückkehren, sollen von jeglicher Zuteilung so lange ausgeschlossen sein, bis sie sich wieder beim Gottesdienst einfinden. *Von der Abwesenheit residierender Domherren*

Wie man die gesamte
Pfründenmasse erhält

(17) Desgleichen bestimmen Wir, daß ein Kanoniker mit Pfründe, der vom Feste des heiligen Bischofs Martin, an dem wir unser kapitularisches Jahr beginnen, bis zum Feste der Aufnahme der glorreichsten Jungfrau Maria einschließlich, wie oben dargelegt, ständig residiert hat, die volle Pfründenmasse, nämlich dreißig Mark, zuerkannt erhalten soll, die ihm aus den am nächsten Martinsfest einzuziehenden Zinsen ausgezahlt werden.

Von einem abwesen-
den, nicht residieren-
den Domherrn, der
dennoch die Residenz-
pflicht erfüllt hat

(18) Desgleichen bestimmen Wir, daß ein Kanonikus, der, wie oben erwähnt, nach 30 Tagen Residenz zur tatsächlichen Besitznahme seiner Pfründe vom Kapitel zugelassen ist, auch in Abwesenheit am Feste des heiligen Martin die Hälfte der Pfründeneinnahme zuerkannt erhält. Und wenn er danach einmal bis zum Fest der Aufnahme der seligen Jungfrau [Maria] durch Weggang oder Tod oder eine andere Art der Vakanz aufgehört hat, Kanonikus zu sein, oder wenn er zeitweise nicht residiert hat, aber noch vor dem genannten Fest zur Residenz zurückgekehrt ist, dann sollen ihm über die halbe Pfründe hinaus für jede Woche seiner Residenz bis zum erwähnten Feste der Aufnahme 22 ½ Schilling pro Pfründe ausgezahlt werden. Dies soll jedoch so geschehen, daß der abwesende Kanoniker in gleicher Weise wie die anwesenden von der Hälfte dieser Pfründe für die Fabrik und zur Ausbesserung der Kirche einen Beitrag leisten muß. Der Einkünfte seines Allodiums[7] aber kann er sich, wenn er ein solches hat, ohne Rücksicht auf seine Abwesenheit in voller Höhe erfreuen.

An welchen Tagen die
anwesenden Kanoniker
bestimmte Zuteilungen
erhalten

(19) Desgleichen bestimmen Wir, daß ein Kanoniker mit Pfründe, der, wie oben angegeben, residiert und an den unten genannten Festen und anderen Tagen oder an sieben Festen und den ihnen unmittelbar folgenden Tagen wenigstens an zwei kanonischen Horen, beginnend mit der ersten Vesper, und der an anderen Offizien und [liturgischen] Handlungen – worüber unten noch zu sprechen ist – an dem Ort, wo sie gesungen oder gehalten wurden, vollständig teilgenommen hat – ausgenommen, er war durch eine solche Unpäßlichkeit gehindert, daß er die Kirche nicht ohne große Schwierigkeit und Gefahr aufsuchen konnte, wovon er rechtzeitig oder unmittelbar vor den genannten Offizien das Kapitel oder seinen Vorsteher unterrichten soll, oder er war durch einen Ruf oder Auftrag des Bischofs oder des Kapitels verhindert –, folgende Naturalien und Gelder erhalten soll:

Am Feste der Geburt des Herrn als Offertorialien[8] 2 ½ Mark.

Am Sonntag Quinquagesima Lebensmittel für die Fastenzeit oder an deren Stelle 5 Mark.

Am Osterfeste als Offertorialien 1 ½ Mark.

Am Pfingstfeste Holz für den kommenden Winter und Hühner aus dem Allensteiner Kammeramt oder an deren Stelle 2 ½ Mark.

Am Feste des heiligen Johannes des Täufers Heu und an Stelle von Fleisch und Aalen 4 Mark.

Am Feste des heiligen Michael den üblichen Honig.

Am Kirchweihfest als Offertorialien 1 ½ Mark und Lebensmittel für den Winter oder an deren Stelle 1 ½ Mark.

---

[7] Eigengut.
[8] Meßopfergelder.

(20) Desgleichen bestimmen Wir, daß ein residierender Domherr, der den Exequien, die zum Gedächtnis der Prälaten, Kanoniker, Kirchendiener und aller Benefiziaten der Ermländischen Kirche an den Quatemberfreitagen gehalten werden, und zwar den Vigilien vom Beginn des vierten Psalms bis zum Beginn der Laudes und den Messen vom Beginn des Kyrie-Gesangs bis zum Agnus Dei einschließlich, beigewohnt hat, die „Trostgelder" erhält, die am Feste der Epiphanie ausgegeben zu werden pflegen, und daß derjenige, der an den vier Vigilien und Messen, die die „kapitularischen" genannt und an den Festen der Heiligen Agnes, Johannes vor der Lateinischen Pforte, Agapitus sowie am Tage nach Allerseelen gehalten werden, nach der oben erwähnten Vorschrift teilgenommen hat, die „Weingelder", nämlich 1 Mark, 15 Schilling und die üblichen „Wachgelder" entsprechend der Zahl der einzelnen soeben aufgeführten acht Gedächtnisfeiern bekommt. Wenn er aber bei einer von ihnen nur an den Vigilien, nicht aber an der Messe, oder an der Messe, aber nicht an den Vigilien teilgenommen hat, so soll er bei einer jeden Zuteilung leer ausgehen. Diese Vorschrift wollen wir auch in bezug auf die Exequien für die Könige Polens beachtet sehen. Handelt es sich aber um andere Anniversarien und Gedächtnisfeiern für Verstorbene, so soll er nur die Hälfte der Vigilgefälle erhalten, während die andere Hälfte an diejenigen verteilt wird, die [bei den Feiern] anwesend waren. Was aber den Zeitpunkt betrifft, an dem die vorgenannten Messen gesungen werden sollen, so bleibt es dabei, daß das sowohl an den Quatemberfreitagen als auch bei allen anderen Exequien, die ganz bis zum Ende zu singen sind, immer und unverändert unmittelbar nach der Frühmesse geschehen soll. Als Tag der Exequien aber bestimmen Wir den, an dem die Messe für die Verstorbenen gefeiert wird. Die Vigilien sind am voraufgehenden Tag zu halten.

Vom Vigiliendienst

Wein- und Wachgelder

Der Tag der Exequien

(21) Desgleichen bestimmen Wir, daß ein Domherr, der bei der Messe, die aufgrund der frommen Stiftung des durchlauchtigsten Herrn Sigismund, des Königs von Polen, in der St.-Georgs-Kapelle am Festtag dieses Heiligen gleich nach der Frühmesse gesungen zu werden pflegt, vom Beginn des Kyrie eleison bis zum Ende des Agnus Dei anwesend war, eine Mark aus den Tolkemiter Zinseinnahmen erhalten soll. Wer aber an den ersten königlichen Exequien teilgenommen hat, deren Vigilien sich an die eben genannte Messe vom heiligen Georg am selben Tage unmittelbar anschließen, soll am halben Keutelzins,[9] der beim nächsten Jakobusfest einkommt, teilhaben, und wer an den anderen Exequien, die zum Gedächtnis der durchlauchtigsten verstorbenen Könige Polens am Freitag nach Quatember im Monat September feierlich begangen werden, und zwar an den Vigilien und an der Messe, wie oben ausgeführt, teilgenommen hat, soll von dem übrigen Keutelzins, der am Feste des heiligen Michael einkommt, zusätzlich zum gewohnten Vigiliengefälle einen angemessenen Anteil erhalten. Fällt aber der Tag der Exequien auf einen Sonntag oder ein anderes Fest, so sollen die Vigilien an demselben Sonntag [gehalten], die Exequien aber auf den unmittelbar folgenden Tag verschoben werden, der kein Festtag ist, was

Von der Königsmesse

Von den königlichen Exequien

Keutelzins

---

[9] Fiskalische Abgabe der Haffischer, die beim kapitularischen Teil des Frischen Haffs mit Hilfe eines über den Boden geschleppten Sacknetzes die Keutelfischerei betrieben.

nach Unserem Willen im allgemeinen auch bei allen anderen Exequien so geschehen soll.

Von den Prozessionen und Messen der Kanoniker

(22) Desgleichen bestimmen Wir, daß Kanoniker, die an den üblichen Prozessionen während des Jahres in Domherrengewandung, das heißt mit Superpellitium[10] und Almutium[11] oder der Cappa[12] bekleidet, teilgenommen haben, für jede dieser Prozessionen 1½ Schilling erhalten. Diejenigen aber, die an den hohen Duplexfesten auch beim Hochamt vom Beginn des Kyrie eleison bis zum Ende des Agnus Dei im Chor und in ihrem Gestühl zugegen waren oder selber zur gleichen Zeit eine Messe gefeiert haben, sollen 2½ Schilling aus den Tolkemiter Zinseinnahmen erhalten. Diejenigen aber, die am Gründonnerstag bei der Fußwaschung und der Verkündigung des Liebesgebots zugegen waren, sollen eine halbe Mark aus den Mehlsacker Zinseinnahmen erhalten, und zwar gelegentlich der Distributionen, die die Administratoren der Kammerämter vornehmen.

Von der Fußwaschung

Von der Abwesenheit der privilegierten Kanoniker

Von den Einkünften der Prälaturen

(23) Desgleichen bestimmen Wir, daß wegen der geringen Einkünfte der Prälaturen und Dignitäten einem aus irgendeinem Grunde abwesenden Prälaten nach der persönlich vollzogenen Besitzergreifung jährlich die gesamten Einkünfte seiner Prälatur zukommen sollen, vorausgesetzt, daß die [Inhaber der] Prälaturen in bezug auf die ihnen auferlegten Pflichten den schuldigen Dienst nicht vorenthalten. Deshalb sollen sie [gegebenenfalls] Vertreter bestellen. Wenn aber vor dem Ende des Jahres, das am Feste des heiligen Martin beginnt und endet, eine Prälatur durch Fortgang oder Tod oder auf eine andere Weise frei geworden ist, sollen die Einnahmen einem Domherrn nur im Verhältnis zu der Zeit zukommen, in der er die Prälatur innegehabt und besessen hat. So soll es auch mit einem neu [ins Kapitel] eintretenden Prälaten gehalten werden.

Von einem Domherrn, der studiert, einen Arzt aufsucht oder eine Pilgerfahrt unternimmt

(24) Desgleichen bestimmen Wir, daß ein Kanoniker, der sich mit Erlaubnis des Bischofs und mit Zustimmung des Kapitels zum Zwecke des Studiums an einem privilegierten Studienort oder – ebenfalls mit Wissen beider – zum Zwecke einer Kur bei Ärzten aufhält oder wegen einer Wallfahrt zu den Stätten der Heiligen abwesend ist, um einen Ablaß zu erlangen oder weil er ein Gelübde geleistet hat, den vollen Ertrag seiner Pfründe erhalten soll, wenn er nur schwört, daß er ohne Betrugsabsicht aus den genannten oder irgendeinem anderen Grunde sich fortbegeben hat.

Von einem Domherrn, der in einem Auftrag abwesend ist

(25) Desgleichen bestimmen Wir, daß ein im Auftrag des Kapitels abwesender oder vom residierenden Ortsbischof gerufener Domherr, sei er nun mit irgendeinem Auftrag im Dienste der Kirche mit Zustimmung des Kapitels innerhalb des Königreichs Polen und seiner Länder oder in Sachen einer Wahl oder Bestätigung nach Rom entsandt, sich wie ein residierender und beim Gottesdienst anwesender Domherr des vollen Empfangs der gesamten Einkünfte und aller Zuteilungen erfreuen kann. Wenn aber ein derart Berufener in eine ständige Hausgemeinschaft aufgenommen und oder

---

[10] Chorrock aus weißem Leinen.
[11] Schultermäntelchen aus Pelz.
[12] Chormantel mit Kapuze.

bereits zur Familie des Bischofs gezählt wird, dann soll er mit dem Anteil zufrieden sein, der in der jüngsten Verordnung für die Studierenden festgesetzt worden ist.

(26) Wenn ein Kanoniker oder Prälat, der seine Pfründe oder Prälatur während eines Jahres friedlich innegehabt und persönlich bei der Kirche residiert hat, wegen dieser Pfründe oder einer anderen nach Ablauf des genannten Jahres in einen Rechtsstreit verwickelt wird, und wenn er zur Verteidigung seines Rechtes an den Ort reist, wo der Prozeß anhängig ist, und fortbleibt, so soll er, solange der Prozeß dauert, ebenso, wie oben von den Studierenden gesagt, [seine Zuteilungen] erhalten, wenn er nur schwört, daß kein Betrug bei diesen Dingen im Spiel ist.

Von einem Domherrn oder Prälaten, der in einen Rechtsstreit verwickelt ist

(27) Desgleichen bestimmen Wir, daß ein Kanoniker oder Prälat, der zur Verteidigung seines Rechtes oder zum Zweck des Studiums, einer Pilgerfahrt oder der Wiedererlangung seiner Gesundheit, so wie es oben im einzelnen dargelegt wurde, oder aus einem ähnlichen ehrenhaften und legitimen Grund, für den er die Zustimmung, Erlaubnis und das Einverständnis des Bischofs und des Kapitels erlangt hat, sich fortbegeben möchte, auch wenn er nicht die Absicht zu residieren hat, aber wenigstens in der oben genannten Weise am Gottesdienst teilgenommen und damit die Vorschriften erfüllt hat, an allen so verdienten Einkünften und Einnahmen rechtmäßig, so als ob er die nächsten drei Monate zu residieren beabsichtigte, den üblichen Anteil erhalten kann.

Wann die Absicht zu residieren nicht erforderlich ist

(28) Desgleichen bestimmen Wir, daß jeder neu [ins Kapitel] eintretende Kanoniker, der sich vorher nicht drei Jahre lang an einem privilegierten Studienort der Wissenschaft gewidmet und das vierzigste Lebensjahr noch nicht überschritten hat – ausgenommen, er ist Magister der Theologie oder Bakkalaureus oder Doktor oder Lizentiat im Kirchenrecht, Zivilrecht, in der Medizin oder den freien Künsten, oder Priester, oder er hat durch eine lange Krankheit Schaden erlitten –, nach dem ersten Jahr seiner Residenz, wenn es dem Kapitel richtig erscheint, wenigstens drei Jahre lang an einem privilegierten Studienort Theologie, kanonisches Recht oder die freien Künste studieren und sich dem Studium so gründlich widmen soll, daß er während der genannten Zeit unnunterbrochen und beständig dabei verharrt, es sei denn, er sucht wegen einer Pest, Krankheit, Hungersnot, Kriegsgefahr oder wegen eines bequemeren Studiums ohne Zeitverlust einen anderen privilegierten Studienort auf. Wenn er aus einem anderen vernünftigen und wichtigen Grund sein Studium innerhalb der genannten drei Jahre aufgegeben hat, so soll das Kapitel ihn für die Zeit, in der er das Studium ausgesetzt hat, dennoch wie einen Studierenden behandeln. Wenn er aber mit einer leichtfertigen Begründung, was zu beurteilen dem Kapitel überlassen bleibt, sich von dem erwähnten Studium fernhalten zu können glaubte, so soll er für die ganze Zeit eines solchen nicht vollendeten Studiums einfach als abwesend gelten. Er muß nichtsdestoweniger das genannte Triennium wieder ganz von vorne anfangen und das Studium, wie oben erwähnt, bis zum Schluß fortsetzen, so als ob er vorher darin noch gar nichts geleistet hätte. Er soll daher über das, was oben gesagt ist, im ganzen und einzelnen und bevor er nach seiner Rückkehr zum Empfang der Zuwendungen zugelassen wird, durch Dokumente, die mit dem Siegel des Rektors des Studienortes, wo er sich aufgehalten hat, beglaubigt sind, und durch eigene

Von den Voraussetzungen für einen Domherrn, der residieren will

Vom dreijährigen Studium

eidliche Versicherung den vollen Nachweis liefern. Wenn er außerdem nach Vollendung der dreijährigen Studienzeit um Erlaubnis zur Fortsetzung des Studiums bittet, soll sie ihm nicht verweigert werden, falls er sich beim vorausgegangenen Studium angemessen geführt hat.

Von einem verstorbenen Domherrn

Vom Gnadenjahr

(29) Desgleichen bestimmen Wir, daß ein Prälat oder Kanoniker, wo und wann er auch gestorben ist, ein Gnadenjahr haben, d. h., daß er in dem auf seinen Tod folgenden Jahr die Hälfte der Einkünfte seiner Pfründe oder seiner Prälatur erhalten soll; sie wird aus dem Gesamtbestand seines Benefiziums genommen, auch wenn der Nachfolger es verwaltet.

Von den Rechten der Erben und der Hausgemeinschaft eines verstorbenen Domherrn, der ein Testament gemacht hat

(30) Desgleichen bestimmen Wir, daß die Verwandten, Erben und Testamentsvollstrecker, ja selbst die Diener eines verstorbenen Domherrn, der ein Testament gemacht hat, die Domherrnkurie, falls er eine solche hinterlassen hat, an den unmittelbar auf seinen Tod folgenden zwanzig Tagen bewohnen und in dieser Zeit in jeder Woche je einen Scheffel Winterweizen im Namen des Verstorbenen empfangen können. Wenn sie von dort fortgehen, können sie alle beweglichen Gegenstände der Kurie, die jenem Domherrn bei Lebzeiten gehörten und nicht testamentarisch vermacht wurden, mit sich nehmen, nachdem jedoch zuvor die anerkannten Schulden, wenn über sie ein Einvernehmen besteht, bezahlt worden sind. Voraussetzung ist allerdings, daß das Kapitel einen Kanoniker bestimmt, der ein Inventar über die beweglichen und unbeweglichen, rechtmäßig zu jener Kurie gehörenden Gegenstände anfertigt und auf diese Weise von den oben genannten Testamentsvollstreckern und Erben eine Kaution empfangen kann, daß die Kurie nicht ihres Eigentums beraubt werde.

Von den Domherrnkurien und -allodien

Von der Voraussetzung für einen Domherrn, der eine Kurie oder ein Allod optieren will

(31) Desgleichen bestimmen Wir, daß ein Kanoniker, der ein Jahr lang im wirklichen, unangefochtenen Besitz seiner Pfründe war und persönlich, wie oben angegeben, residiert hat, nach der Reihenfolge seiner Aufnahme [ins Kapitel] eine Domherrenwohnung und ein Allod optieren kann und darf, wenn sie frei geworden sind, und zwar kann er sie, von dem Tage des Bekanntwerdens einer solchen Vakanz bei der Kathedrale an gerechnet, innerhalb von dreißig Tagen entweder im Kapitel optieren oder auch außerhalb des Kapitels, wenn er das nur dem nächsten Generalkapitel

Von der Zahlung des Preises für optierte Kurien

mitteilt. Wer in dieser Weise optiert hat, soll die Summe des Preises, auf den die Kurie oder das Domherrenhaus durch das Kapitel, dem allein diese Taxierung zusteht, geschätzt wurde, innerhalb der nächsten zwei Jahre, nämlich die eine Hälfte im ersten, die zweite im zweiten kanonischen Jahr, an den Domherrn, der die Kurie hinterläßt, oder an die Erben eines verstorbenen Kanonikers oder an dessen Testamentsvollstrecker – wenn er ohne Testament verstorben ist, an das Kapitel – ohne Abzug zahlen, falls nicht die, welchen die Zahlung geschuldet wird, bezüglich Summe oder Zahlungstermin milder mit ihm zu verfahren gedenken. Wir bestimmen

Von den Vakanzen, die die Option nach sich ziehen

auch, daß Kurien und Allodien, bei Weggang oder Tod oder einer anderen wirklichen Pfründenvakanz, bei Erhebung zur Bischofswürde, bei freiwilligem Verzicht oder bei Erlangung einer anderen Kurie oder eines Allods als frei gelten und zur Option gelangen sollen.

(32) Desgleichen bestimmen Wir, daß ein Kanoniker, der zum Zwecke des Studiums, einer Pilgerfahrt, der Verteidigung seines Rechts auf eine Prälatur oder Pfründe, zum Besuch von Ärzten, um die Gesundheit wiederzuerlangen, oder aufgrund eines Auftrages des Herrn Bischofs oder des Kapitels in der oben angegebenen Weise abwesend ist oder sich im Haus und in der Hausgemeinschaft des genannten Herrn Bischofs aufhält, wenn er nur aufgrund der obigen Statuten dazu berechtigt ist, in der Zeit seiner Abwesenheit eine Domherrenkurie und ein Allod, oder was sonst frei geworden ist, durch einen Bevollmächtigten in der oben angegebenen Weise und Form optieren kann. Wer sich aber aus irgendeinem anderen Grund entfernt hat, kann, wenn er sonst, wie vorhin gesagt, zur Option berechtigt ist, eine Kurie oder ein Allod in der oben angegebenen Weise nur innerhalb zweier Jahre vom Tage seines Fortgangs an optieren.

Ein abwesender privilegierter Domherr kann während seiner Privilegierung auch über zwei Jahre hinaus optieren, ein nicht privilegierter nur innerhalb von zwei Jahren

(33) Desgleichen bestimmen Wir, falls innerhalb der genannten 30 Tage ein frei gewordenes Domherrenhaus oder Allod nicht optiert wurde, daß das Haus dem Domherrn verbleibt, der es hinterlassen hat, oder denen, die in die Rechte des Verstorbenen eingetreten sind, das Allod aber an das Broteamt fällt. Jedoch können von da an, d. h. nach Ablauf der 30 Tage, Kurie und Allod von jedem berechtigten Kanoniker jederzeit optiert werden, ohne daß die Reihenfolge der Aufnahme [ins Kapitel] beachtet zu werden braucht, entscheidend ist, wer zuerst kommt.

Von Haus und Allod, die innerhalb von 30 Tagen nicht optiert wurden

(34) Desgleichen bestimmen Wir, daß die Taxierung der leerstehenden Kurie innerhalb der ersten 20 der genannten 30 Tage vom Kapitel durch Abstimmung vorgenommen werden soll, und zwar so, daß keine Taxierung wirksam werden kann, wenn nicht wenigstens die Hälfte der Abstimmenden damit einverstanden ist. Wenn aber das Haus innerhalb dieser 20 Tage vom Kapitel nicht taxiert worden ist, dann ist der Kanoniker, der es später irgendwann optiert, an den Preisvorschlag des Kapitels nicht gebunden, sondern darf sich nach dem Gutachten rechtschaffener Männer richten. Wenn nicht anders, kann er sich mit denjenigen, denen das Haus verblieben ist, einigen.

Von der Taxierung der Kurien

(35) Desgleichen bestimmen Wir, daß die Zinsen für die Allodialgüter auch nach dem Tode des Besitzers geleistet werden müssen, und zwar entsprechend der [Länge der] Zeit, in der er die Güter in Besitz gehabt hat. Wenn aber ein Domherr sein Allod, das er lieber durch seine eigene Dienerschaft hat bewirtschaften lassen, durch Fortgang oder Tod zurückgelassen hat, so bleibt die Ernte für den, der gesät hat, aber dem Nachfolger soll nach der oben genannten Verhältnismäßigkeit zugesichert werden, daß der Zins auf der gleichen Höhe bleibt, wie [er] bei der Verpachtung ähnlicher Allodien [üblich ist].

Von den Zinsen für die Allodialgüter nach der Verhältnismäßigkeit

(36) Desgleichen bestimmen Wir, daß es einem Kanoniker nicht gestattet ist, sein Allod oder seine Domherrenkurie ohne Zustimmung und besonderen Beschluß des Kapitels an jemanden zu verkaufen, zu verschenken oder zu vertauschen. Wenn das doch geschieht, sollen Kurie bzw. Allod als frei betrachtet werden; der Käufer, Beschenkte oder am Tausch Beteiligte kann gar kein Recht darauf erwerben, sondern Kurie bzw. Allod gelangen zur Option, wie es [auch] bei anderen Vakanzen zu geschehen pflegt.

Daß niemand ein Allod oder eine Kurie ohne Zustimmung des Kapitels entfremde

(37) Desgleichen bestimmen Wir, daß es jedem Domherrn, ob an- oder abwesend, gestattet ist, zwei Domherrenkurien, eine innerhalb und die andere außerhalb der Domburg, zugleich zu haben, die, wie Wir [ausdrücklich] erklären, in einer Hand vereinbar sind. Er ist gehalten, diese entweder selbst oder durch seinen Vertreter in ihrem Bauzustand zu bewahren und die

innerhalb der Mauern gelegene, wenn sie verfallen ist, auch wiederherzustellen. Wer dem ohne Grund widerspricht, soll durch Einbehaltung der Einnahmen seiner Pfründe in seine Schranken gewiesen werden, und ein solcher nachlässiger Kanoniker soll so lange des Rechtes, eine andere Kurie zu optieren, verlustig bleiben, bis er selbst jene Instandsetzung ausgeführt hat. Wer aber ein Grundstück ohne ein Gebäude innerhalb der Domburg besitzt, das er in fünf Jahren nicht bebaut, ist verpflichtet, es einem anderen Kanoniker, der darauf ohne Verzug ein ordentliches Haus bauen will, abzutreten und zu überlassen.

(38) Desgleichen bestimmen Wir, daß jeder Domherr, der ein Allod hat, verpflichtet ist, das ihm von seinem Vorgänger überlassene Rechnungsbuch weiterzuführen oder neuanzulegen, in das die gesamten und einzelnen Einnahmen und Einkünfte, die Vergabe der Hufen, die Käufe und Rückkäufe von Zinsen und alles andere, was für die Verwaltung des Allods sinnvoll ist, von Jahr zu Jahr eingeschrieben werden sollen. Sooft er ein Allod freigibt und ein anderes optieren will, soll er, bevor er zur Option schreitet oder die bereits vollzogene dem Kapitel meldet, das Rechnungsbuch selbst mit allen Geldern, die er möglicherweise aus Zinsrückkäufen

oder sonstwie zugunsten des Allods empfangen hat, dem Kapitel in ordentlicher Weise vorlegen und präsentieren. Andernfalls soll er, wenn er in einem der genannten Punkte nachlässig befunden wird, deswegen das Optionsrecht verlieren, und nichtsdestoweniger soll er, wenn er die genannten Gelder erhalten hat, sie innerhalb eines ihm zu setzenden Termins im Kapitel persönlich in Verwahrung geben; Wir wollen sie zusammen mit den Zinsurkunden und anderen Gerechtsamen seines Allods in der Burg Allenstein aufbewahren, was, wie Wir bestimmen, bei allen Allodien so beobachtet werden soll.

(39) Desgleichen bestimmen Wir, daß jeder Kanoniker, wenn er ein Allod besitzt, gehalten ist, es selbst oder durch seinen Vertreter mit Sorgfalt so zu verwalten, daß es in seinen Rechten erhalten bleibt und nicht durch irgendein Ereignis in die Gefahr des Verfalls gerät oder einen anderen Schaden erleidet. Wenn bekannt wird, daß das durch seine Nachlässigkeit oder Schuld geschehen ist, wird er zur Option eines anderen nicht eher zugelassen, bis er das Allod wieder in seine frühere Verfassung gebracht hat. Die Erträge des Allods, die zu dieser Wiederherstellung verwandt werden sollen, darf er unterdessen daraus nicht beziehen.

Von den Testamenten

(40) Desgleichen bestimmen Wir, daß ein Kanoniker über den Preis oder Wert seiner Domherrenkurie und aller anderen Dinge, die er in dieser Kurie oder anderswo hat oder besitzt, sowohl im Leben wie beim Tode nach seinem Wunsch und Willen frei bestimmen und darüber ein Testament errichten kann. Einem solchen Testament, das von seiner eigenen oder auch

einer fremden Hand geschrieben, mit eigener Hand unterschrieben und entweder von zwei Priestern oder einem öffentlichen Notar und zwei Zeugen oder auch ohne Notar in Gegenwart von drei vertrauenswürdigen Männern beglaubigt, errichtet und aufgesetzt ist, soll, ohne daß andere Urkunden oder feierliche Handlungen erforderlich sind, voller Glauben geschenkt werden, und wenn nichts weiter entgegensteht, soll es als rechtmäßig gelten. Das Recht, den Auftrag zur Vollstreckung des Testaments zu erteilen, steht aber dem Kapitel zu. Wenn ein residierender Kanoniker stirbt, ohne über seinen Besitz, wie eben gesagt, verfügt zu haben, kommt die Verteilung all seiner hinterlassenen Habe mit Ausnahme dessen, was er für sich ganz persönlich erworben hat und was seine Erben erhalten sollen, dem Kapitel zu. Das Kapitel soll seinen Nachlaß zum Nutzen der Kirche oder der Armen verwenden, nachdem jedoch alle Schulden, wenn der Verstorbene Schulden hinterlassen hat und darüber auch Klarheit besteht, vorher vollständig bezahlt worden sind. Diese Verordnung wollen Wir auch auf die Prälaten und Vikare der Kathedrale ausdehnen.

Von der Form des Testaments eines Domherrn

Von einem ohne Testament verstorbenen Kanoniker

(41) Desgleichen bestimmen Wir, daß die Vollstrecker des Testaments von verstorbenen residierenden Prälaten oder Kanonikern innerhalb der ersten 20 Tage nach deren Tod die von ihnen errichteten Testamente, bevor sie mit der Vollstreckung beauftragt werden, widerspruchslos dem Kapitel vorlegen und um die Erlaubnis zu ihrer Vollstreckung nachsuchen, damit jeder Zweifel an ihrer Rechtmäßigkeit beseitigt werde. Lediglich die Beerdigung können sie aus eigener Vollmacht vornehmen. Ist in den Testamenten etwas enthalten, was die Kirche oder das Kapitel betrifft, so sollen sie das dem Kapitel ehrlich anzeigen und innerhalb der oben angegebenen Zeit Abschriften davon vorlegen.

Von der Vollstreckung der Testamente der Domherren

(42) Desgleichen bestimmen Wir, daß die Vollstrecker der von Vikaren errichteten Testamente innerhalb von 15 Tagen nach dem Tod der Erblasser von diesen Testamenten, ehe sie zur Vollstreckung kommen, dem Kapitel Mitteilung machen und sie ihm vorlegen sollen. Falls unter den Testamentsvollstreckern kein Kanoniker ist, kann das Kapitel, wenn es das will, um besser dafür Sorge zu tragen, daß die freie Vikarie vor Schaden geschützt und der Wille des Erblassers in gebührender Weise erfüllt werde, jenen [von ihm] ernannten Testamentsvollstreckern einen Kanoniker beigeben, ohne den diese die Testamentsvollstreckung, zu der sie beauftragt sind, nicht vornehmen sollen.

Von der Vollstreckung der Testamente der Vikare

Von Pferden und Gesandtenaufträgen

(43) Desgleichen bestimmen Wir, daß jeder Kanoniker, der die Absicht hat, nach der oben erwähnten dreißigtägigen Residenz seine Residenz fortzusetzen oder nach einer Abwesenheit wiederaufzunehmen, verpflichtet ist, innerhalb der 30 unmittelbar folgenden Tage für die der Kirche und dem Kapitel obliegenden Aufgaben drei eigene Pferde im Wert von wenigstens neun guter Mark gemeiner Schätzung anzuschaffen und fortan ständig zu halten, bei Strafe von 7 ½ Schilling pro Pferd, die vom Ertrag seiner Pfründe einbehalten werden, sooft er dieser Bestimmung nicht nachkommt. Wenn einem [Domherrn] ein oder mehrere der genannten Pferde verenden oder mit Gewalt entwendet werden, muß er sich innerhalb der nächsten beiden

Von der Pferdehaltung

Monate ein oder mehrere andere Pferde von gleichem Wert beschaffen. Allerdings hat er inzwischen dafür zu sorgen, daß möglicherweise anfallende Aufträge nichtsdestoweniger erfüllt werden.

Von der Wahl der Beauftragten

(44) Desgleichen bestimmen Wir, daß die Wahl der Personen für die genannten Dienste und Aufträge nur dem Kapitel zusteht; die Kanoniker sollen soweit wie möglich Gerechtigkeit walten lassen, damit niemand mehr als andere belastet werde, wobei nichtsdestoweniger Rücksicht auf die Art der anfallenden Aufgaben und die Eignung der Personen zu nehmen ist.

Der Bischof soll keinen Domherrn ohne Zustimmung des Kapitels berufen

Auch der Herr Bischof soll, wenn er in irgendwelchen Angelegenheiten zu Versammlungen oder an andere Orte reisen will, einen Kanoniker nicht ohne Rückfrage beim Kapitel und ohne dessen Zustimmung zu sich rufen oder mitnehmen.

Von den Entschuldigungsgründen der Beauftragten

(45) Desgleichen bestimmen Wir, daß ein Kapitular, der vom Kapitel dazu gewählt und abgeordnet ist, die oben erwähnten Aufträge oder Aufgaben oder sonstige Verpflichtungen des Kapitels zu übernehmen, diese ohne Widerspruch erfüllen soll und sich ihnen in keiner Weise entziehen darf. Wenn er irgendwelche Gründe und Hindernisse, mit denen er sich zu entschuldigen versucht, vorbringt, soll das Kapitel darüber urteilen, ob er deswegen von einer solchen Bürde vernünftigerweise zu befreien ist. Weigert er sich aber andererseits hartnäckig, sollen ihm nach zweifacher Mahnung von den nächsten Zuteilungen durch den Administrator von Allenstein 10 Mark abgezogen werden.

Von den Briefsendungen des Kapitels

(46) Desgleichen bestimmen Wir, daß der Kanoniker, der den Wochendienst versieht, verpflichtet ist, die Briefschaften des Kapitels nach Mehlsack und an andere bis zu fünf Meilen entfernte Orte auf eigene Kosten zu besorgen, und soweit es sich bei der Erfüllung dieses Auftrages nicht um Briefpost handelt, sondern wenn es Kapitelsbeschlüsse sind, dann muß – so bestimmen Wir – auf den rechten Zeitpunkt geachtet werden.

Von den Beamten und ihren Ämtern

Vom Eid der Beamten

(47) Desgleichen bestimmen Wir, daß Kanoniker und andere, seien es geistliche oder weltliche [Personen], die ein ihnen vom Kapitel übertragenes Amt verwalten, bei der Amtsübernahme schwören, ihre Ämter gewissenhaft und nach dem Gesetz auszuüben.

Von der Jurisdiktion der einzelnen Kapitelsbeamten

(48) Desgleichen bestimmen Wir, damit den Kapitelsbeamten die schuldige Ehre erwiesen und jeder Anlaß zu Streit ausgeräumt werde, daß jeder Kapitelsbeamte seine Jurisdiktion und sein Amt so ausübe, daß er seine Sense von fremder Ernte fernhalte. Damit niemand Unwissenheit vorschützen kann, wenn er irrt, haben Wir es für richtig angesehen, in diesem Statut zu erklären, welchen Beamten eine bestimmte Jurisdiktion und Administration obliegen soll. Die Administratoren von Allenstein, Mehlsack, Frauenburg und Tolkemit haben im Namen des Kapitels jeder in der Stadt und im ganzen Territorium ihres Amtes die Verwaltung der Temporalien und ebenso die Jurisdiktion, wobei demjenigen auch die Beseitigung von Mißständen zukommt, der in einem Gebiet die Oberherrschaft hat. Jedoch haben eine örtlich begrenzte Jurisdiktion: der Leiter des Broteamtes in der Mühle, dem Mälz- und Brauhaus und bei der Ablieferung bzw. Abholung ihrer Erzeugnisse, der Leiter der Kirchenfabrik in den Angelegenheiten

seines Amtes, der Leiter der Ziegelei in bezug auf das Ziegelamt, die Herren der Allodien über ihre Alloduntertanen, soweit es sich um die Erhebung des Zinses handelt, jeder Domherr aber in seiner Kurie und über seine Dienerschaft, soweit es um die häuslichen und die persönlichen Angelegenheiten zwischen ihm und der Dienerschaft geht, und bei Vergehen, Verbrechen und Ausschreitungen, die in seiner Kurie vorfallen. Außerdem kann jeder Beamte, dem für die Ausübung seines Amtes einige Kapitelsuntertanen zugewiesen wurden, während der Zeit dieser Zuweisung bei Versäumnissen und Vergehen gegen sie einschreiten. Doch wollen Wir die Jurisdiktion nicht auf alle Vorgenannten in der Weise ausdehnen, daß Wir sie dem Kapitel völlig absprechen. Vielmehr können, wenn dem das oben Gesagte nicht entgegensteht, die Untertanen des Kapitels und andere, in Gemeinschaft oder einzeln, sich auf dem Wege der Klage oder der Appellation frei an das Kapitel wenden. Nichtsdestoweniger kann das Kapitel Urteile, die von den genannten Beamten oder anderen Personen bereits gefällt wurden, oder andere Akte, wenn ihm das gut dünkt, ohne ihnen Unrecht zu tun, kraft seines Amtes zum Besseren ändern. Es muß auch dafür sorgen, daß die genannten Administratoren und Beamten nicht Bienen, Zinshühner oder andere Einkünfte und Erträge kraft ihres Amtes sich aneignen und zum persönlichen Gebrauch verwenden. Holz, Vieh und Getreide aber sowie andere Dinge zur Unterstützung der Kapitelsuntertanen und auch Strafgelder für Vergehen sollen sie je nach Sachen und Personen so austeilen, eintreiben und erlassen, wie es ihnen zum Nutzen und zur Ehre des Kapitels und seiner Untertanen mit gutem Gewissen richtig erscheint. Winterweizen aber sollen sie ohne Zustimmung des Kapitels nicht zu verkaufen wagen.

Von der Jurisdiktion der Domherren, die Allodien und Kurien besitzen

Bemerkung über den Winterweizen

(49) Desgleichen bestimmen Wir, wenn jemand gegen eine Person, die einer anderen Jurisdiktion untersteht, einen Rechtsstreit führt, so soll er, auch wenn es ein Domherr ist, sie vor ihrem zuständigen Richter belangen, dessen Entscheidung über die Streitangelegenheit er annehmen soll; wenn er sich aber in ähnlicher Weise von diesem ungerecht belastet glaubt, soll ihm die Möglichkeit bleiben, das Kapitel anzurufen.

Vom Richter, der für einen klagenden Domherrn zuständig ist

(50) Desgleichen bestimmen Wir, daß die oben genannten Administratoren kraft ihres Amtes alle und jeden einzelnen der Beamten und Magistrate ein- und absetzen können, die in den Städten und Burgen, welche ihrer Jurisdiktion unterstehen, bestimmt zu werden pflegen, mit Ausnahme des Kapitelsvogts, des Scheffers und der Burggrafen, deren Wahl und Einsetzung allein dem Kapitel vorbehalten bleibt.

Von der Wahl der Magistrate und Beamten

(51) Desgleichen bestimmen Wir, daß in jedem Jahr alle Kapitelsbeamten, ob sie nun geistliche oder weltliche Personen sind, ihre in dem Jahr ausgeübten Ämter in einer Form und zu einem Zeitpunkt, wie weiter unten beschrieben, wieder dem Kapitel zurückgeben, und zwar sollen ihre Ämter unter Vorlage der Rechnungsbücher, Siegel und Schlüssel sowie aller anderen Amtsutensilien wirklich zurückgeben: die Kanoniker, von den Administratoren angefangen, der Frauenburger Vogt und der Tolkemiter Burggraf auf dem Generalkapitel, das gewöhnlich nach dem Allerheiligenfest abgehalten wird, in die Hand des Kapitels selbst; der Mehlsacker Burggraf und der Kämmerer am Fest des heiligen Martin und der Allensteiner Scheffer sowie der Burggraf am Feste der Beschneidung des

Von der Ämterrückgabe

Herrn in die Hand des Herrn Administrators und der Visitatoren; die anderen aber dort, wo sie ihre Ämter innegehabt haben, in die Hand derer, deren Jurisdiktion sie unterstehen. Für Übertretungen, Versäumnisse und das, was sie sonst vielleicht in ungebührender Weise sich angeeignet, entfremdet, begangen oder getan haben, müssen sie sich bei dieser oder sonst einer anderen Gelegenheit vor dem Kapitel verantworten und dessen Urteil in diesen Angelegenheiten unterwerfen. Wenn jemand an den genannten oder anderen wegen dieser Verpflichtungen für ihn festzusetzenden Stellen und Terminen aus irgendeinem Grund nicht erschienen ist oder zu tun versäumt hat, was oben gesagt ist, so soll sein Amt nichtsdestoweniger als stillschweigend aufgegeben gelten, und das Kapitel kann darüber ohne besondere Ermahnung oder Entlassung [des bisherigen Amtsinhabers] wie über ein freies Amt verfügen.

Von den Administratoren, die aus ihren Ämtern geschieden sind

(52) Desgleichen bestimmen Wir, daß die aus ihren Ämtern geschiedenen Administratoren verpflichtet sind, das Register und die Bücher, in denen die Dörfer, das Zinseinkommen und die kapitularischen Güter verzeichnet sind, sowie die Rechnungsbücher ihrer Verwaltungszeit, die von ihnen oder einem ihrer Mitkanoniker eigenhändig geschrieben wurden, und die Siegel der genannten Ämter im Kapitel zu überreichen sowie über die Kleinodien, Waffen, Geschütze, Getreidevorräte und die anderen Gegenstände und Dinge, die zur Verteidigung und zur Versorgung der Burg Allenstein und der Häuser in Mehlsack und Tolkemit bestimmt sind, und alles andere, das sie dort zurückgelassen haben, unter Vorlage eines Inventars dem Kapitel Rechenschaft zu geben.

Von den bäuerlichen Diensten, die nicht zum privaten Nutzen auferlegt werden dürfen

(53) Desgleichen bestimmen Wir, daß kein Kanoniker es wage, den Kapitelsuntertanen irgendwelche bäuerlichen Dienste, in der Volkssprache „Scharwerk" genannt, aufzuerlegen, es sei denn, das steht ihm von Amts wegen zu. Auch dann darf er es aber nicht zum eigenen oder eines anderen privaten Nutzen tun, wenn er nicht vom Kapitel die Erlaubnis dazu erbeten und erhalten hat.

Von Gegenständen, die der Kirche gehören und die sich niemand aneignen darf

(54) Desgleichen bestimmen Wir, daß kein Prälat, Kanoniker oder Vikar irgendwelche beweglichen Sachen und Gegenstände, die der Kirche oder dem Kapitel gehören, ohne Zustimmung dessen, dem die Sorge dafür anvertraut ist, sich anzueignen oder in seinen Besitz zu nehmen wagen soll. Wenn er widrigenfalls, nachdem das Kapitel ihn deswegen zur Rückgabe aufgefordert hat, innerhalb eines Monats nach Wiedergutmachung der eingetretenen Schäden, die vom Kapitel selbst abzuschätzen sind, nicht wirklich zurückgegeben hat, dann soll er, wenn es sich um Kapitelsbesitz handelt, gezwungen werden, durch Einbehaltung der Erträge seines Benefiziums in gebührender Höhe Ersatz zu leisten, es sei denn, er kann behaupten, was er da an sich genommen habe, gehöre ihm; in diesem Fall soll ihm eine Verteidigung nach Recht und Gesetz nicht versagt werden. Handelt es sich aber bei den genannten Dingen um solche der Kirche oder ihrer Fabrik, so soll die Angelegenheit dem Bischof oder seinem Vikar angezeigt werden.

Von den Visitationen

Vom Amt der Visitatoren

(55) Desgleichen bestimmen Wir, daß jedes Jahr beim Generalkapitel, das gewöhnlich um das Fest Allerheiligen abgehalten wird, zwei kapitularische Kanoniker bestellt werden, die zusammen mit dem Mehlsacker Administrator zum Tag des heiligen Martin in Mehlsack und zum Fest der Beschneidung des Herrn in Allenstein eingesetzt werden und sowohl alles Versagen bei den Menschen als auch die Mängel im Zustand des Landes eifrig aufspüren sollen. Sie sollen sich dann bemühen, diesen Mißständen abzuhelfen und die Rechtsfälle, Klagen und anderen Angelegenheiten der Untertanen sorgfältig zu prüfen und darüber zu entscheiden; die schweren Fälle, die sie nicht lösen können, sollen sie zur Besserung oder Entscheidung vor das Kapitel bringen. Sollten die genannten Deputierten oder ein anderer rechtmäßig verhindert sein und ihre Aufgabe in der oben angegebenen Zeit nicht erfüllen können, so kann das Kapitel an ihrer Stelle einen oder mehrere andere nachwählen lassen oder auch die Angelegenheit selbst auf eine andere, günstigere Zeit verschieben, wenn ihm das vorteilhaft erscheint.

Von den Versammlungen und den Tätigkeiten des Kapitels

Ein Prälat ohne Pfründe ist kein Kapitular

(56) Desgleichen bestimmen Wir, daß keiner der Prälaten als Kapitular gelten oder ins Kapitel aufgenommen werden darf, wenn er nicht zugleich in der erwähnten Kirche ein Kanonikat mit Pfründe besitzt, wie es auch schon bisher gehalten worden ist.

Von den Generalkapiteln

(57) Desgleichen bestimmen Wir, um wirksamere Maßnahmen zum Nutzen der Kirche und des Kapitels sowie für seine Untertanen zu treffen, die zur Entscheidung ihrer Streitfälle und in anderen Angelegenheiten häufig zu ihm Zuflucht nehmen, daß an jedem ersten Freitag der üblichen zwölf Monate des Kalenders, wenn darauf kein hohes Fest fällt, sonst an dem nächstliegenden Tag zuvor, auf den ein solches Fest nicht fällt, die anwesenden Kapitularkanoniker auf den Klang der Kapitelsglocke hin zur Abhaltung eines Generalkapitels zusammengerufen werden sollen, gleichgültig ob ein Bittsteller dazu erscheint oder nicht. Im Januar aber und im Mai, August und November wird es wegen der Generalkapitel, die in diesen Monaten, und zwar jeweils an den [Festen der] Heiligen Agnes, Johannes vor der Lateinischen Pforte und Agapitus sowie am Tag nach Allerseelen, oder, falls diese Tage auf einen Sonntag fallen, am Montag danach, jährlich vom Kapitel gehalten werden, nicht notwendig sein, an den ersten Freitagen jener Monate das Kapitel zusammenzurufen, wenn nicht gerade irgendeine dringende Notwendigkeit oder eine Frage von augenscheinlicher Wichtigkeit das erfordert.

Von der Kapitelsglocke

(58) Desgleichen bestimmen Wir, daß es eigens eine Kapitelsglocke geben soll, die zu keinem anderen Zweck als nur zur Kapitelsversammlung der Kanoniker auf Anordnung des Vorstehers geläutet werden darf. Sooft sich das Generalkapitel an den festgesetzten Tagen versammeln muß oder wenn Urkunden mit dem großen Kapitelssiegel zu besiegeln sind, dann soll man nach einem Glockenschlag zur Stunde der Terz, also nach der ersten Messe oder der Frühmesse, am Ort der Kapitelsversammlung zusammenkommen. Wenn aber schwierigere Angelegenheiten zur Verhandlung stehen oder solche, bei denen Eile not tut, dann soll zweimal geläutet werden. Beim

zweiten Läuten soll nur die eine Seite der Glocke angeschlagen werden, zum Zeichen, daß nach dem Läuten in Kürze eine dringend notwendige Kapitelsversammlung beginnt.

Wenn ein zur Kapitels-versammlung gerufe-ner Kanoniker nicht erscheint

(59) Desgleichen bestimmen Wir, daß ein Kanoniker, der zu den genannten zwölf Generalkapiteln und den einzelnen anderen im Laufe des Jahres abzuhaltenden Kapitelsversammlungen, zu denen er vom Vorsteher oder auf den Schlag der Glocke hin gerufen wurde, zu kommen bewußt versäumt hat und der nach Wegfall eines legitimen Verhinderungsgrundes, was er dem Vorsteher melden müßte, es von sich gewiesen hat, zu den Versammlungen zu kommen, sooft er in diesem Punkt für schuldig befunden wurde, bei der nächsten vom Allensteiner Administrator vorzu-nehmenden Geldverteilung mit Abzug von fünf Schilling bestraft werde. Hat er sich aber auch geweigert zu kommen, als ihn der Vorsteher unter Hinweis auf irgendeine Notwendigkeit oder anstehende schwierige Fragen ein zweites Mal aufforderte, so muß er, falls er sich nicht persönlich oder durch einen anderen in der Kapitelsversammlung begründet entschuldigen konnte, fünf Mark als Strafe zahlen. Diese sollen ihm ebenfalls bei den nächsten vom Allensteiner Administrator vorzunehmenden Zuteilungen abgezogen werden. Auch soll kein im Kapitel Anwesender die Kapitels-versammlung vorzeitig verlassen, wenn er nicht vom Vorsteher mit Zustim-mung des Kapitels die Erlaubnis dazu erhalten hat, bei Strafe von ebenfalls fünf Mark, die in der oben genannten Weise abgezogen werden.

Von den geheimen Beschlüssen des Kapitels, die nicht verbreitet werden dürfen

(60) Desgleichen bestimmen Wir, daß niemand die Beratungen, Abstim-mungen und Beschlüsse des Kapitels, die erledigten und noch zu erledigen-den Punkte, die geheimzuhalten sind, außerdem das, was vom Vorsitzenden auf Wunsch des Kapitels dazu erklärt wird, dazu die Rechte und die Bestimmungen zum Schutz der Kirche, die bekannt zu machen gefährlich wäre, und auch das, was jemand im Kapitel ausdrücklich in Kapitelsangele-genheiten sagt und tut, falls es sich nicht um etwas handelt, was von Rechts wegen nicht geheimgehalten werden muß, bei Strafe des Meineids und des Ausschlusses vom Kapitel, zu enthüllen wage, bevor das Kapitel selbst die Bekanntmachung beschlossen hat.

Von der Aufzeichnung der Kapitelsverhand-lungen

(61) Desgleichen bestimmen Wir, da nach unserer häufigen Erfahrung verschiedene Irrtümer entstanden, weil Kapitelsbeschlüsse nicht zur Stütze des Gedächtnisses schriftlich festgehalten wurden, daß der nach den Prälaten der Aufnahme nach jüngste unter den Kanonikern die Kapitelsver-handlungen und anderes, was vom Kapitel oder seinem Vorsitzenden [zur Niederschrift] bestimmt wurde, aufzeichnen soll. Wichtige Vorgänge und Kapitelsbeschlüsse soll er selbst oder ein anderer Kapitular, wenn das beschlossen und besonders vereinbart wurde, innerhalb eines Monats nach der Beschlußfassung in ein dafür bestimmtes Buch getreulich eintragen, jedoch muß er vorher dem Kapitel einen Entwurf zur Verbesserung und Genehmigung vorlegen. Wenn er dabei nachlässig gewesen ist, wird er jedesmal mit Entzug von einem Scheffel Winterweizen bei der Distribution bestraft. Dieses Buch darf auch niemals ohne die ausdrückliche Erlaubnis des Kapitels vom Ort der Kapitelsversammlung entfernt werden.

Von der im Kapitel zu wahrenden Ehre und Bescheidenheit

(62) Desgleichen bestimmen Wir, daß keiner der Domherren irgendwel-che Waffen zum Versammlungsort des Kapitels mitbringen darf. Bei den Sitzungen des Kapitels soll immer der erforderliche Anstand gewahrt

werden, und kein Kapitular soll bei der Abstimmung sein Votum vorschnell abgeben oder das Votum eines anderen hindern oder stören, sondern jeder soll der Reihe nach frei sein Votum abgeben. Kein Kapitular soll sich während der Kapitelsversammlung gegen einen andern Kapitular in ehrenrührige, schmähende und beleidigende Worte versteigen, sonst wird er von der Teilnahme an der Verteilung des Winterweizens nach dem Ermessen des Kapitels suspendiert, bis er dem Kapitel und der beleidigten Person wegen des Vorgefallenen Genugtuung geleistet hat.

Von den Zinsurkunden

(63) Desgleichen bestimmen Wir, daß Verträge, die über Zinsen aus Gütern unter kirchlicher Grundherrschaft durch einen Kanoniker oder Vikar oder eine andere Person ohne ausdrückliche Zustimmung, sei es des Herrn Bischofs, wenn die Güter zum bischöflichen, oder des Kapitels, wenn sie zum kapitulärischen Herrschaftsbereich gehören, zukünftig abgeschlossen werden, keine Gültigkeit und Geltung erlangen sollen. Auch ist der Besitzer dieser Güter zu einer Zinsleistung nicht verpflichtet, vielmehr gehalten, die Kapitalsumme zurückzuzahlen, die zur Strafe für das ungerechtfertigte Verhalten [= Abschluß des Zinskontraktes] ipso facto als durch die Herrschaft beschlagnahmt gelten soll. Auch besitzen die Briefe und Urkunden, die von einem öffentlichen Notar in den vorgenannten Angelegenheiten ausgestellt wurden, was die Wirksamkeit eines solchen Kontraktes angeht, vor Gericht und außerhalb keinerlei Geltung, wenn sie nicht mit dem Siegel des Herrn Bischofs oder des Kapitels, je nachdem, wen von ihnen es angeht, versehen sind.

Von der Ungültigkeit der ohne Zustimmung der Landesherrschaft geschlossenen, die Landgüter betreffenden Zinskontrakte

Von den Vikaren und ihren Pflichten

(64) Desgleichen bestimmen Wir, daß ein Vikar, der ein Vikariat durch Übertragung des Herrn Bischofs, des Kapitels oder irgendeines Prälaten oder Kanonikers innehat, das mit seiner Dignität oder Pfründe verbunden ist, über die üblichen Verpflichtungen in der Kirche und im Chor hinaus am Altare seines Kollators, wenn Gott ihm seine Gnade gibt, die Messe zu feiern und sich sorgfältig um den Altar selbst zu kümmern verpflichtet ist; er soll je nach der Festzeit für die Paramente, den Schmuck und die Kerzen sowie für den gebührenden liturgischen Dienst an ihm sorgen und ihn auf Kosten des Kollators in Ordnung halten, falls es nicht nach dem Willen des Kollators anders bestimmt ist. Wenn aber ein Domherr wegen Erlangung einer Prälatur oder durch Option einen anderen Altar übernimmt, soll der Vikar nichtsdestoweniger an seinem Platz bleiben, und der Titel seiner Vikarie soll deswegen nicht wechseln.

Ein Vikar hat für den Altar seines Kollators zu sorgen

(65) Desgleichen bestimmen Wir, daß bei den Wahlen zu den Ämtern einer aus der Mitte des Kapitels als Konservator der Vikarien bestimmt wird, der über die Rechte, Zinseinnahmen und die anderen zu beaufsichtigenden Gegenstände und Güter sowie über die daraus zu leistenden Distributionen aller in der Ermländischen Kirche bestehenden Vikarien zu wachen hat. Ihm sollen überdies die Vikare selber Käufe und Rückkäufe von Zinsen und andere wichtige, die weltliche Verwaltung betreffende Dinge mitteilen, und es dürfen ohne dessen Willen und Zustimmung für Zinskäufe

Von dem Domherrn, der Konservator der Vikarien ist

und andere ähnliche Kontrakte keine Gelder ausgegeben werden noch Veräußerungen von Wertsachen erfolgen. Die Urkunden aber über die Gründung wie auch über die Zinsen und über andere Rechte, Privilegien und Schutzbestimmungen jeder einzelnen Vikarie sollen nach unserem Willen zu ihrer größeren Sicherheit beim Kapitelsadministrator in der Allensteiner Burg aufbewahrt werden. Deren Abschriften oder Transsumpte müssen die Vikare bei sich aufbewahren, ob sie sie nun gemeinsam oder einzeln betreffen. Ferner sollen die Vikare, die gemeinsame Einkünfte

haben, jährlich zwei Vertreter aus ihrer Mitte wählen, die sich um das Einsammeln und Verteilen des gemeinsamen Zinsaufkommens kümmern, worüber sie jedes Jahr dem genannten Konservator unter Vorlage des Rechnungsbuches ausreichend Rechenschaft abzulegen haben.

(66) Desgleichen bestimmen Wir, daß jeder Vikar alle Kleinodien, den Schmuck, die Paramente, Bücher und andere Dinge, die zum Altar, an dem er seinen Dienst verrichtet, oder zu seiner Vikarie gehören und die ihm von seinem Kollator übergeben worden sind, getreu bewahre, und er ist verpflichtet, über sie, so oft es der Kollator selbst oder der Konservator verlangt, Rechenschaft abzulegen. Wenn in Erfahrung gebracht wird, daß davon etwas durch seine Unachtsamkeit, Nachlässigkeit oder aus böser Absicht verlorengegangen oder beschädigt worden ist, soll der Schuldige vom Empfang der Einnahmen und Zuteilungen aus seiner Vikarie ausgeschlossen sein, bis er für die entfremdeten oder verlorenen Gegenstände gleichwertigen Ersatz geleistet und die beschädigten wiederhergestellt hat. Wenn er aber, bevor das geschehen ist, stirbt oder seine Vikarie aufgibt, soll seine gesamte bewegliche und unbewegliche Habe eo ipso beschlagnahmt werden, und die Vollstrecker seines Testaments sollen das Testament auf keinen Fall vollstrecken, ehe die Schadloshaltung des Altars und der Vikarie und der Ersatz für alles, was oben gesagt, ausreichend sichergestellt ist.

(67) Desgleichen bestimmen Wir, da die Vikare der Ermländischen Kirche aufgrund ihres Amtes zu persönlichen Diensten verpflichtet sind, ohne die der Gottesdienst nicht gehalten werden kann, und da es ungerecht wäre, die residierenden mit den Pflichten der abwesenden zu belasten, daß, wenn einer der Vikare, die zusammengelegte und gemeinsame Einkünfte haben, anderswo residiert oder lange abwesend ist, es ihm nicht erlaubt sein soll, seine Anwesenheit durch einen Vertreter zu ersetzen, sondern er soll einfach als abwesend gelten, und der Anteil seiner Vikarie soll zugunsten des Anteils der anwesenden Inhaber ähnlicher Vikarien abgetreten werden, da sie ja die Pflichten jenes abwesenden [Vikars] mit übernehmen müssen.

Wenn aber jemand von jenen Vikaren, die getrennte Einkünfte aus ihren Vikarien haben, so [wie oben von den andern Vikaren gesagt] abwesend ist, so soll, weil ja diese Einkünfte nicht auf die anderen übertragen werden können, der Kollator dieser Vikarie oder in seiner Abwesenheit der Konservator der Vikarien dafür sorgen, daß die Verpflichtungen in Kirche und Chor, zu denen jener Vikar bei seiner Anwesenheit verpflichtet wäre, von einem dazu geeigneten Vertreter für einen gerechten Lohn, der aus eben jenen Einkünften zu zahlen ist, erfüllt werden, die übrigen Einkünfte aber sollen, wenn der abwesende Vikar von seinem Kollator eine Erlaubnis und Zustimmung, sie auch in Abwesenheit zu empfangen, nicht erhalten konnte, zum Nutzen und zugunsten jenes Benefiziums verwandt werden.

(68) Desgleichen bestimmen Wir, daß ein ohne Erlaubnis und Einwilligung seines Kollators von seiner Vikarie abwesender Vikar nach einer ihm von eben diesem Kollator rechtmäßig übermittelten Aufforderung verpflichtet ist, innerhalb einer ihm zu setzenden angemessenen Frist zur persönlichen Residenz zu erscheinen und sich ihr nicht mit dem vorgeschützten Hinweis auf ein anderes Benefizium, das eine ähnliche Residenz oder einen persönlichen Dienst erfordert, oder unter einem anderen Vorwand oder mit einer anderen Begründung, daß er der vorgenannten Aufforderung nicht nachkommen kann, entziehen darf. Wenn er jedoch eigensinnig Widerstand leistet, kann der Herr Bischof, das Kapitel, der Prälat oder Kanoniker, von dessen Kollation die Vikarie abhängt, nachdem er den abwesenden [Vikar] dreimal bei Strafe des Entzugs [der Vikarie] in angemessenen Zeitabschnitten und Fristen persönlich deswegen ermahnt hat, über diese Vikarie, wie wenn sie aufgegeben oder verlassen und [also] vakant wäre, zugunsten einer anderen Person frei verfügen, der abwesende [Vikar] aber soll ipso facto die Vikarie für immer verlieren, unbeschadet des Patronatsrechtes einer Person, die zu dem oben Gesagten ihre Zustimmung geben muß.

Wenn ein Vikar trotz Aufforderung nicht zur Residenz erscheint

Von der Lesung der Statuten

(69) Desgleichen bestimmen Wir, daß die vorgenannten Statuten und Verordnungen jedes Jahr einmal, nämlich am Quatembermittwoch nach Aschermittwoch, den kapitulärischen und nichtkapitulärischen Domherren und auch den Vikaren, nachdem sie durch den Klang der Kapitelsglocke zusammengerufen worden sind, von einem jüngeren Domherrn oder einem anderen geeigneten und dazu beauftragten Kapitular deutlich und verständlich, soweit sie jeweils die Kapitulare und die Nichtkapitulare und auch die Vikare betreffen, vorgelesen werden sollen, damit niemand Gefahr läuft, einen Meineid zu schwören, und vorschützen und sich darauf berufen kann, er kenne sie nicht.

Wie oft, wann und von wem die Statuten vorzulesen sind

Das Recht und die Vollmacht, alle vorgenannten Bestimmungen insgesamt und im einzelnen auszulegen, zu erklären, zu ändern, aufzuheben, zu berichtigen, zu ergänzen und zum Besseren zu reformieren sowie auch davon zu dispensieren, behalten Wir in jedem Fall, wo es nötig sein wird, Uns und Unseren Nachfolgern, d. h. den Ermländischen Bischöfen, oder, wenn sie auswärts tätig sind, ihrem Vikar sowie dem maior und sanior pars des Kapitels gemeinsam in jeder Weise vor. Dies wurde beschlossen, bestimmt und festgesetzt bei Unserer Kirche in Frauenburg im Generalkapitel, das zu diesem Zweck feierlich einberufen und abgehalten wurde, im Jahre 1532 nach der Geburt des Herrn, am 19. März. Zur Beglaubigung und Bezeugung alles dessen ließen Wir diese Statutenfassung durch Anhängung Unseres bischöflichen und des kapitulärischen Siegels bekräftigen.
Alexander Sculteti,
Domherr und Kanzler,
hat mit eigener Hand unterschrieben.

Das Recht der Auslegung bleibt unberührt

Namens- und Ortsregister

Weitere Biographien im Verlag Styria

F. Cardini
FRIEDRICH I. BARBAROSSA
Kaiser des Abendlandes
ISBN 3-222-11971-6

Ulrike Kessler
RICHARD I. LÖWENHERZ
König, Kreuzritter, Abenteuer
ISBN 3-222-12299-7

Jörg K. Hoensch
PREMYSL OTAKAR II. VON BÖHMEN
Der goldene König
ISBN 3-222-11910-4

Heinz Thomas
LUDWIG DER BAYER
Kaiser und Ketzer
ISBN 3-222-12217-2

Heinz Stoob
KAISER KARL IV.
und seine Zeit
ISBN 3-222-11942-2

Wilhelm Baum
KAISER SIGISMUND
Konstanz, Hus und Türkenkriege
ISBN 3-222-12203-2

Andreas Kraus
MAXIMILIAN I.
Bayerns großer Kurfürst
ISBN 3-222-11972-4

L. u. M. Frey
FRIEDRICH I.
Preußens erster König
ISBN 3-222-11521-4

Hans Rall
WILHELM II.
Eine Biographie
ISBN 3-222-12182-6

Johann Franzl
RUDOLF I.
Der erste Habsburger auf dem deutschen Thron
ISBN 3-222-11668-7

Wilhelm Baum
MARGARETE MAULTASCH
Erbin zwischen den Mächten
ISBN 3-222-12245-8

Ursula Tamussino
MARGARETE VON ÖSTERREICH
Diplomatin der Renaissance
ISBN 3-222-12336-5

Bernd Rill
KARL VI.
Habsburg als barocke Großmacht
ISBN 3-222-12148-6

Victor Lucien Tapié
MARIA THERESIA
Die Kaiserin und ihr Reich
ISBN 3-222-11261-4

Hans Magenschab
JOSEF II.
Revolutionär von Gottes Gnaden
ISBN 3-222-11162-6

Helga Peham
LEOPOLD II.
Herrscher mit weiser Hand
ISBN 3-222-11738-1

Egon Caesar Conte Corti/Hans Sokol
FRANZ JOSEPH
Im Abendglanz einer Epoche
ISBN 3-222-11962-7

Egon Caesar Conte Corti
ELISABETH
Die seltsame Frau
ISBN 3-222-10897-8